Manuel Vogel
Herodes

Biblische Gestalten

Herausgegeben von
Christfried Böttrich und Rüdiger Lux

Band 5

EVANGELISCHE VERLAGSANSTALT
Leipzig

Manuel Vogel

Herodes

König der Juden, Freund der Römer

EVANGELISCHE VERLAGSANSTALT
Leipzig

Die Deutsche Bibliothek – CIP-Einheitsaufnahme

Vogel, Manuel:
Herodes : König der Juden, Freund der Römer /
Manuel Vogel. –
Hrsg.: Christfried Böttrich ; Rüdiger Lux. –
Leipzig : Evang. Verl.-Anst., 2002
(Biblische Gestalten ; Bd. 5)
ISBN 3-374-01945-5

Printed in Germany · H 6706

Gesamtherstellung: druckhaus köthen GmbH
Umschlaggestaltung: Matthias Behne/Friedrich Lux

ISBN 3-374-01945-5

Meinen Eltern
Wilhelm Dieter und Marianne Vogel

INHALT

VORWORT

Herodes ist eine »biblische Gestalt« besonderer Art: Nur flüchtig taucht er im zweiten Kapitel des Matthäusevangeliums auf, als er des messianischen Kindes habhaft zu werden versucht und dabei zum Mörder unschuldiger Kinder wird. Er spielt im Neuen Testament nur eine Nebenrolle und hat es dennoch zu weltweiter Bekanntheit gebracht als Inbegriff des grausamen Tyrannen, als Gegenspieler Christi. Mittelalterliche Bilddarstellungen umgeben ihn mit Teufeln und Dämonen, zeigen ihn gar in Gesellschaft des Antichrists.

Das düstere Herodes-Bild des Neuen Testaments kommt nicht von ungefähr: Schon in der Antike war Herodes bekannt für seine unnachsichtige Härte gegen alle, die seinen Thron vermeintlich oder tatsächlich gefährdeten. Selbst eine seiner Frauen und drei seiner Söhne hat er dem Henker überantwortet. Doch ist dies nur eine Seite seiner Persönlichkeit und seiner mehr als drei Jahrzehnte währenden Herrschaft, und keineswegs die wichtigste.

Herodes war einer der bedeutendsten Herrscher seiner Zeit. Wer sich mit ihm beschäftigt, begegnet Größen wie Kleopatra, Julius Cäsar, Mark Anton und Augustus, erfährt etwas über den Übergang der römischen Republik zur frühen Kaiserzeit, findet sich wieder im kulturellen Spannungsfeld alter jüdischer Tradition und griechisch-römischer Weltkultur, und trifft auf antike Bauwerke, deren Überreste heute im Brennpunkt des Interesses der Archäologie stehen und Touristen aus aller Welt anziehen. Dieses Buch will Herodes als antike Herrscherpersönlichkeit vorstellen und Einblicke in die bewegte Zeit am Vorabend der christlichen Ära eröffnen, in der er gelebt und gewirkt hat. Auch das Dunkle seines Lebens wird dabei zur Sprache kommen, doch ohne die Überzeichnungen späterer Jahrhunderte.

Mein herzlicher Dank geht an HD Dr. Klaus Gereon Beuckers, Dr. Peter Busch, Eva Ebel, Dr. Joachim Jeska, Dr. Markus Sasse, Prof. Dr. Joseph Sievers, Dr. Peter Soellner und Dr. Jürgen Zangenberg. Den Genannten, die Teile des Manuskripts gelesen haben, verdanke ich anregende Gespräche, wichtige Ergänzungen und wichtige Korrekturen. Verbliebene Fehler sind meine eigenen.

Frau Dr. Annette Weidhas und Frau Elisabeth Neijenhuis (Evangelische Verlagsanstalt) danke ich für die sorgfältige Lektorierung des Bandes. Frau Dr. Weidhas danke ich außerdem für ihre unerschütterliche Geduld während der zähen Verhandlungen um notwendige, für den Autor jedoch unvermindert schmerzliche Kürzungen des Manuskripts. Zwei langen Kapiteln – einer historisch-geographischen Landeskunde, von der in Kapitel 5.3 nur wenige Bruchstücke erhalten geblieben sind, und einem ausführlichen Exkurs über jüdisches Leben in Rom – sei hiermit ein kurzer aber wehmütiger Nachruf verfasst.

Der SH-Verlag (Köln) hat für einige Abbildungen reprofähige Vorlagen zur Verfügung gestellt, auch hierfür vielen Dank.

Dass dieser Band nun gedruckt vorliegt, freut mich nicht zuletzt deswegen, weil ich nun die Gelegenheit habe, meinen Eltern ein Buch zu widmen.

Münster, im Frühjahr 2002 Manuel Vogel

A. EINFÜHRUNG

1. König Herodes von Judäa

Herodes (ca. 73–4 v. Chr.) ist im Neuen Testament eine Randfigur. Im 2. Kapitel des Matthäusevangeliums begegnen wir ihm in der Rolle personifizierter Bosheit und Torheit: Ein Herrscher, den die Nachricht von der Geburt eines messianischen Kindes in Schrecken versetzt, der seine ganze Schlauheit aufbietet, um dieses Kindes habhaft zu werden, der aber dennoch sein Ziel nicht erreicht und schließlich ein sinnloses Massaker unter den Säuglingen und Kleinkindern eines judäischen Dorfes namens Betlehem anrichtet. Obwohl diese Rolle kaum mehr ist als eine Nebenrolle, hat sich Herodes dem kulturellen Gedächtnis des Abendlandes doch unwiderruflich als der Kindermörder von Betlehem eingeprägt. Die christliche Ikonographie seit der Spätantike hat dieses Bild ebenso überliefert, wie die liturgischen Dramen des Mittelalters, Vorläufer dessen, was wir heute als Krippenspiele an Heiligabend kennen. Herodes: eine so dunkle wie einprägsame Figur der Weihnachtsgeschichte, ein zum Scheitern verurteilter Gegenspieler Christi, nicht weniger, nicht mehr.

Ein ganzes Buch für eine Nebenrolle? Auf den Herodes der Weihnachtsgeschichte werden wir erst am Schluss dieses Buches wieder zu sprechen kommen. Jenes Kapitel aus dem Matthäusevangelium ist nur ein winziger Splitter dessen, was wir in Quellentexten der römischen Antike sonst noch über das Leben dieses Königs erfahren. Über kaum einen antiken Herrscher sind wir so gut informiert wie über Herodes, dem die spätere Geschichtsschreibung den

Beinamen »der Große« gegeben hat, und dies nicht zu Unrecht. Herodes – der griechische Name bedeutet so viel wie »der Heldenhafte« – war 34 Jahre lang König von Judäa, nach offizieller römischer Zählung sogar 37 Jahre. Sein Herrschaftsgebiet wuchs während seiner langen Regierungszeit auf die Größe des einstigen Reiches Davids und Salomos. Er bescherte seinen Untertanen eine Friedenszeit von mehr als drei Jahrzehnten und verstand es, sein Volk so in das politische Gefüge des römischen Weltreiches einzugliedern, dass ihm ein beachtlicher Rest an Freiheit erhalten blieb. Er war ein Verbündeter Mark Antons, nahm es mit der nicht minder ehrgeizigen ägyptischen Königin Kleopatra auf und errang das Vertrauen Octavians, des nachmaligen Cäsar Augustus. Herodes war ein genialer Politiker, der die unruhigen Jahre des Übergangs von der römischen Republik zur frühen Kaiserzeit schadlos überstand, und ein ebenso genialer Bauherr. Er war der Begründer einer weit verzweigten und einflussreichen Herrscherdynastie, die sich bis in das 2. Jh. n. Chr. hinein verfolgen lässt. Nikos Kokkinos, der in seinem Buch *The Herodian Dynasty* erstmals systematisch und unter Verwertung des gesamten Quellenmaterials sämtliche Ahnen und Nachkommen des Herodes erfasst hat, zählt 15 Kinder, 20 Enkel, 13 Urenkel, acht Ur-Urenkel und zwei Ur-Ur-Urenkel, insgesamt nicht weniger als 144 Personen aus vier Jahrhunderten.[1] Die guten Beziehungen der Herodes-

---

1 Angesichts der zahlreichen und zu allen Zeiten gesellschaftlich und politisch einflussreichen Nachkommenschaft des Herodes ist es nicht verwunderlich, dass kaum Aussicht besteht, die in Mk 3,6 erwähnten »Herodianer« zufrieden stellend historisch zu identifizieren. Vgl. zuletzt J. P. Meier, The Historical Jesus and the Historical Herodians, JBL 119/2000, 740–746.

Dynastie zu den Cäsaren waren zu allen Zeiten prägend: Julius Cäsar ernannte Herodes' Vater Antipater im Jahr 47 v. Chr. zum Statthalter von Judaä, und Caius Julius Alexander Berenicianus, einer der erwähnten Ur-Ur-Urenkel des Herodes, war 116 n. Chr. unter Trajan Konsul. Dazwischen liegen über 160 Jahre einer kontinuierlichen Bindung der Herodianer an Rom. Ein gutes Drittel dieses großen Familienkreises werden wir in den folgenden Kapiteln kennen lernen.

Zugleich war Herodes ein orientalischer Despot, der jeden tatsächlichen oder vermeintlichen Angriff auf seine Machtstellung unnachsichtig ahndete. Das Bild vom Kindermörder ist, was die Gewaltsamkeit dieses Königs betrifft, nicht aus der Luft gegriffen: Herodes hat nicht nur das Herrschergeschlecht der Hasmonäer, als dessen Erbe er von Rom eingesetzt wurde, nahezu ausgerottet, sondern auch eine seiner Frauen und drei seiner Söhne wegen Hochverrats angeklagt und hinrichten lassen. In den *Saturnalien* des Macrobius (um 400 n. Chr.) ist ein Ausspruch des Augustus überliefert, es sei »besser, Herodes' Schwein zu sein als sein Sohn« (2,4,11). Dies ist eine Anspielung auf die von Herodes gegen seine eigenen Söhne verhängten Todesurteile und die jüdische Enthaltung von Schweinefleisch: Herodes hat als Jude, so jedenfalls die Meinung des Römers, kein Schweinefleisch gegessen und folglich auch keine Schweine schlachten lassen, wohl aber hat er seine eigenen Söhne umgebracht.

2. Die Quellen

Woher wissen wir das, was wir über Herodes wissen? Außer Macrobius erwähnen ihn noch einige andere griechisch oder lateinisch schreibende Autoren der römischen Kaiserzeit. Einige Notizen finden wir bei den Kirchenvätern und in der Literatur des rabbinischen Judentums. An nichtliterarischen Quellen kommen einige Münzen und Inschriften hinzu, aber auch die zahlreichen Bauten dieses Herrschers, die seit der Mitte des letzten Jahrhunderts Gegenstand intensiver archäologischer Forschung sind und zu unserem Bild von Herodes Wesentliches beitragen. Doch sind all dies nur weitere (wenn auch teilweise höchst aufschlussreiche) Splitter. Die Hauptmasse dessen, was wir von Herodes wissen, verdanken wir dem jüdischen Historiker Flavius Josephus. Ein Buch über Herodes ist notwendig zugleich auch ein Buch über Josephus, der in zwei seiner vier erhaltenen Werke ein großartiges Portrait von diesem Herrscher geschaffen hat. Wenn wir die Herodes-Darstellung des Josephus als »Portrait« bezeichnen, ist damit freilich zugleich ein Problem angedeutet, das sofort entsteht, wenn wir die Werke des Josephus als Geschichtsquellen lesen. Denn ein Portrait, ein Gemälde ist immer beides: Abbildung und Verfremdung, Darstellung und Interpretation. Selbst fotorealistische Malerei *deutet* den Gegenstand, den sie abbildet. Wir müssen uns deshalb, bevor wir uns Herodes zuwenden, ein wenig mit Josephus beschäftigen, mit seinem Leben und seinen Schriften, mit seinen Eigenschaften und Eigenheiten als Geschichtsschreiber, mit seiner »Maltechnik« sozusagen.

Josephus wurde 37 n. Chr. als Josef ben Matthia in Jerusalem geboren. Seine Familie gehörte zum Jerusalemer Priesteradel. Als im Jahr 66 n. Chr. der jüdische Krieg ausbrach, zählte auch Josephus, noch nicht dreißigjährig, zu den militärischen und wohl auch ideologischen Köpfen des Aufstandes gegen Rom. Er wurde mit dem Kommando über Galiläa betraut, musste sich jedoch den römischen Truppen unter der

Führung des späteren Kaisers Vespasian schon nach wenigen Monaten ergeben und geriet im Juli 67 n. Chr. in römische Kriegsgefangenschaft. Zwei Jahre später wurde er freigelassen, angeblich deshalb, weil er Vespasian die Kaiserwürde prophezeit hatte. Auf römischer Seite wurde er nun Zeuge der Eroberung Jerusalems unter dem Befehl von Vespasians Sohn Titus. Im Frühjahr 71 n. Chr. begleitete er den siegreichen Feldherrn nach Rom. Dort verbrachte er sein restliches Leben als Pensionär der flavischen Kaiser. Er starb wahrscheinlich um das Jahr 100 n. Chr. Zum Geschichtsschreiber wurde Josephus durch ein Auftragswerk: ein in aramäischer Sprache verfasster Kriegsbericht, der den Völkern des Ostens ein für alle Mal klar machen sollte, dass es sich nicht auszahlte, gegen die Weltmacht Rom aufzubegehren. Von dieser Schrift ist nichts erhalten. Was wir besitzen, ist eine spätere griechischsprachige Fassung, Josephus' *Bellum Judaicum* (»Jüdischer Krieg«) in sieben Büchern. Sollte Josephus in der aramäischen Erstfassung ein römischer Propagandaschriftsteller gewesen sein, im Bellum war er es jedenfalls nicht mehr. Natürlich schmeichelt er auch in diesem Werk den flavischen Kaisern noch gelegentlich, doch ist dies eine Nebensache. Das gegen Ende der siebziger Jahre des 1. Jh.s n. Chr. vollendete Bellum ist eine Apologie, eine Verteidigungsschrift. Nach der katastrophalen Niederlage des jüdischen Krieges verteidigt Josephus die Juden gegen den Vorwurf, ein Volk von Aufrührern und Sonderlingen zu sein. Er will im Bellum nachweisen, dass der Aufstand gegen Rom das Werk einiger weniger Extremisten war, die sich gegen die gemäßigten und dialogbereiten Kräfte, zu denen auch er selbst gehörte, durchgesetzt und ein von Natur aus friedliches Volk ins Chaos gestürzt haben. Provoziert wurde der

Aufstand durch die Korruption der römischen Statthalter. Man müsse es den Juden zugute halten, meint Josephus, dass sie angesichts der maßlosen Willkür der römischen Provinzbeamten nicht schon viel früher aufbegehrt haben. Geschichtlich betrachtet ist jedoch, so Josephus weiter, die Feindschaft zwischen Judäa und Rom nicht die Regel, sondern die Ausnahme. Als Beweis für die Richtigkeit dieser These dient Josephus nicht zuletzt die lange und friedliche Herrschaft des Herodes. Er stellt diesen Herrscher als zuverlässigen Bundesgenossen Roms dar, als aufrechten Charakter und (mit der merkwürdigen Inkonsequenz, dass er ihn schon im Bellum eines schmachvollen Todes sterben lässt) von Gott begnadeten König. Zwar hat er seine eigene Frau und einige seiner Söhne umgebracht, doch führt Josephus dies auf böswillige Intrigen Dritter zurück, denen Herodes zum Opfer gefallen ist. Soweit das Herodes-Bild des Bellum.

Josephus' zweites großes Werk sind die 20 Bücher umfassenden *Antiquitates Judaicae* (»Jüdische Altertümer«). In diesem Werk holt Josephus viel weiter aus als im Bellum. Gegenstand der Antiquitates ist die gesamte Geschichte des jüdischen Volkes von der Weltschöpfung bis zum Vorabend des jüdischen Krieges. Auch die Antiquitates sind ein apologetisches Werk, doch wird der im Bellum vorherrschende politische Aspekt überlagert von der Absicht, den geistigen, ja »philosophischen« Rang des Judentums mit seinen alten, bis auf Mose zurückgehenden Rechtstraditionen, seinem hohen Ethos und seiner einzigartigen Gottesverehrung zur Geltung zu bringen. Bezugsgröße in den Antiquitates ist nicht mehr in erster Linie das jüdische Volk, sondern das jüdische Gesetz, das Josephus als eine Art idealer Staatsverfassung preist, aber auch als Richtschnur für das Leben des Einzelnen. Josephus will zeigen, dass das Mosegesetz zu einem glückseligen Leben verhilft, dass aber diejenigen, die es übertreten, böse enden werden. Herodes steht in den Antiquitates vor allem für diese negative Seite. Josephus präsentiert ihn nun nicht mehr als vorbildlichen Verbündeten der Römer, sondern als niederträchtigen Charakter und als Juden zweifelhafter Herkunft, der das jüdische Gesetz übertritt, wo er nur kann. Josephus entwickelt in den Antiquitates außerdem die These, dass die mosaische »Verfassung« nur durch eine priesterliche Aristokratie realisiert werden kann, nicht aber durch die Monarchie, die stets Gefahr läuft, in Tyrannenherrschaft auszuarten. Die Regierungszeit des Herodes ist nun nicht mehr wie noch im Bellum ein historischer Glücksfall jahrzehntelanger außen- und innenpolitischer Stabilität, sondern im Gegenteil eine Epoche des Verfalls der von Mose entworfenen staatlichen Ordnung. So viel zum Herodes-Bild der Antiquitates.[2]

Es zeigt sich, dass wir bei Josephus nicht *ein* Portrait von Herodes finden, sondern zwei. Diese Portraits fallen nicht deshalb unterschiedlich aus, weil Josephus etwa bei der Abfassung der Antiquitates vergessen hätte, was er 20 Jahre zuvor im Bellum geschrieben hat, auch nicht deshalb, weil seine Meinung über Herodes inzwischen eine andere geworden wäre, schließlich auch nicht deshalb (so die Antwort der älteren Forschung), weil er für beide Werke unterschiedliches Quellenmaterial verwendet hat. Zweifellos hat sich Josephus, der vier Jahrzehnte nach dem Tod des Herodes geboren wurde,

2 Weitere Werke des JOSEPHUS sind seine *Vita*, ein autobiographischer Anhang zu den Antiquitates, und sein apologetisches Spätwerk *Contra Apionem*. In beiden Schriften spielt Herodes jedoch keine Rolle.

für die Darstellung der herodianischen Ära schriftlicher Quellen bedient. Auch stand ihm für die Antiquitates augenscheinlich weiteres Quellenmaterial zur Verfügung, das er bei der Abfassung des Bellum möglicherweise noch nicht kannte, doch erklärt dies nicht die divergierenden Aussagen über Herodes. Die Werke des Josephus sind nämlich weit mehr bzw. etwas ganz anderes als ein Flickwerk aus disparaten Quellenstücken. Die Aussagen über Herodes fallen vielmehr deshalb unterschiedlich aus, weil Josephus im Bellum eine andere Aussageabsicht verfolgt als in den Antiquitates und weil er die Figur des Herodes in beiden Fällen dieser Aussageabsicht bewusst und planvoll unterordnet. Zum Teil setzen die beiden Herodes-Darstellungen lediglich unterschiedliche Akzente, zum Teil widersprechen sie einander geradewegs, besonders dort, wo Josephus Urteile über den Charakter des Herodes abgibt.

Können wir Josephus dann aber überhaupt noch als ernsthaften Geschichtsschreiber anerkennen? Um diese Frage zu beantworten, müssen wir uns ein wenig mit antiker Historiographie beschäftigen.

3. Was ist antike Geschichtsschreibung?

Antike Geschichtsschreibung unterscheidet sich in mehrfacher Hinsicht von moderner Geschichtswissenschaft.[3] Ein wichtiges Unterscheidungsmerkmal ist die

3 Vgl. hierzu R. G. Hall, Ancient Historical Method and the Training of an Orator; L. H. Feldman, Josephus's Interpretation of the Bible, 3–7, und S. Mason, Flavius Josephus in Flavian Rome.

in der griechisch-römischen Antike meist unscharfe, bisweilen sogar programmatisch aufgehobene oder überhaupt fehlende Unterscheidung zwischen Historiographie und Biographie. Geschichte wurde nicht als kausale Verkettung anonymer Ereignisfolgen aufgefasst, sondern entlang der Lebensgeschichten und Taten großer Persönlichkeiten erzählt. Seit Aristoteles (384–322 v. Chr.) war damit eine Art moralisch-ethischer Charakterkunde verbunden. Für die Geschichtsschreiber der aristotelischen Schule, die sich die »peripatetische« nannte (von griechisch *peripatein,* »umherwandeln«, nach den Wandelgängen des Lykeion-Gymnasiums, der ersten Lehrstätte des großen Philosophen), waren die historischen Persönlichkeiten von Interesse, weil sie verschiedene Menschen- und Charaktertypen verkörperten und sich an ihrem Beispiel die Auswirkung unterschiedlicher Charaktereigenschaften auf das menschliche Handeln und dessen Resultate analysieren ließ. Etwas überspitzt formuliert war die Geschichtsschreibung nach aristotelischem Verständnis eine Hilfswissenschaft der Ethik. Das beste Beispiel für den antiken Zusammenhang von Geschichtsschreibung, Biographie und Charakterkunde sind die berühmten *Vitae parallelae* Plutarchs (ca. 46 bis ca. 120 n. Chr.). Plutarch hat in 23 Doppelbiographien das Leben je eines Griechen und eines Römers beschrieben und beide Gestalten anschließend einer vergleichenden Analyse unterzogen, in der er von ihren Taten auf ihren Charakter zurückschließt und die Eigenschaften beider Persönlichkeiten gegeneinander abwägt, die seinen Lesern als moralisch-ethische Negativ- und Positivbeispiele für die eigene Lebensführung dienen sollen.

Einen zweiten, nicht minder wichtigen Impuls empfing die antike Historiographie von Isokrates, dem berühmtesten Redner und Redelehrer seiner Zeit. Isokrates, der 338 v. Chr. fast hundertjährig in Athen starb, führte das rhetorische Prinzip in die Geschichtsschreibung ein. Damit hielten Stilelemente, die bisher der öffentlichen Rede vorbehalten waren, in breitem Maße Einzug in die griechische Historiographie: Ausschmückungen, dramatische und tragische Elemente, psychologisierende Ausführungen über die wahren Motive der Helden, fiktive Reden, die der Verfasser seinen Protagonisten in schicksalsschwangeren Stunden in den Mund legte. Hinzu kommt das der Rhetorik eigentümliche Verhältnis zur Wahrheit, das man, zurückhaltend ausgedrückt, als pragmatisch bezeichnen könnte, und das vom wichtigsten Betätigungsfeld antiker Redekunst herrührt: der Gerichtsrede. Es gehörte zu den elementaren Übungen der antiken Rhetorikausbildung, aus dem Stegreif auf Grund ein und desselben Sachverhalts einmal auf »schuldig« und einmal auf »nicht schuldig« zu plädieren. Ein Rhetor musste in der Lage sein, die Interessen jeder Prozesspartei gleichermaßen plausibel und überzeugend zu vertreten, d. h. aber, einen vorgegebenen Sachverhalt in unterschiedlicher, ja gegensätzlicher Weise zu interpretieren. Auf die Geschichtsschreibung übertragen bedeutete dies, dass ein Autor erheblichen Spielraum bei der Präsentation und Interpretation seines Stoffs hatte. Die Schule des Isokrates beurteilte die Qualität eines Geschichtswerkes nicht nach seinem Wahrheitsgehalt, sondern nach der Plausibilität, Anschaulichkeit und Publikumswirksamkeit der Darstellung.

Den Vertretern einer kritischen Geschichtsschreibung, die schon die Hinwendung der Peripatetiker zur personenbezogenen Historiographie nicht mitvollziehen mochten, war der Griff der Rhetoren nach dem historischen Genre ein Dorn im Auge. Der griechische

Historiker Polybios (ca. 200–120 v. Chr.), Verfasser einer Weltgeschichte in 40 Büchern, wendet sich in seinem Werk wiederholt gegen die Auswüchse rhetorischer Geschichtsschreibung, die sich in schmeichlerischen Lobreden ergeht, anstatt historische Sachverhalte und Zusammenhänge ohne Ansehen der Person zu erforschen und zu beschreiben. Noch Lukian von Samosata (ca. 120–180 n. Chr.) spottet in seiner Schrift *Quomodo historia conscribenda sit* (»Wie man Geschichte schreiben soll«) gegen allerlei rhetorischen Schwulst und Dilettantismus in den Geschichtswerken seiner Zeit.

Als Josephus seine Geschichtswerke verfasste, gehörten die Konventionen peripatetischer und isokratischer Geschichtsschreibung längst zum historiographischen Standardrepertoire. Wir finden diese Konventionen bei Josephus sämtlich wieder. Er erzählt die jüdische Geschichte in den Antiquitates anhand der Lebensgeschichten berühmter Gestalten wie Abraham, Jakob, Josef, Moses, Saul oder David. Diese Kette von Einzelbiographien setzt sich in nachbiblischer Zeit mit den Makkabäern, den hasmonäischen Königen und den Herrschern der Herodesdynastie fort. Regelmäßig schiebt Josephus Überlegungen zu den Charaktereigenschaften und Taten seiner Helden ein. Herodes, dem für die jüdisch-römischen Beziehungen wichtigsten jüdischer Herrscher, widmet Josephus in den Antiquitates nahezu vier von 20 Büchern.[4] Den verhältnismäßig breitesten Raum nehmen in der josephischen Darstellung die letzten zehn Lebensjahre des Königs ein, da sich dieser Lebensabschnitt am besten für eine dramatische, ja tragische Darstellung eignete,

4 Im Bellum füllt die Lebensgeschichte des Herodes einen Großteil des ersten von sieben Büchern.

wie sie der Publikumsgeschmack seiner Zeit verlangte. Im Vorwort skizziert Josephus das ethische Generalthema, unter das er die einzelnen Lebensgeschichten stellt: Seine Leser sollen lernen,

> »dass diejenigen, die dem Willen Gottes folgen und sich nicht erdreisten, sich über die vollkommene Gesetzgebung hinwegzusetzen, in unglaublicher Weise gedeihen und von Gott die Glückseligkeit als Belohnung erhalten. Wenn sie dagegen von der sorgfältigen Gesetzesbeachtung abweichen, wird in heillosem Verderben enden, was immer sie auch an Gutem auszurichten sich bemühen« (Antiquitates 1,3/14).[5]

Nach allem, was man damals von Herodes wusste, lag es für Josephus nahe, diese Herrschergestalt in den Antiquitates vor allem als Negativbeispiel zu entwerfen. Dass die Herodes-Darstellung im Bellum viel positiver ausgefallen war, störte Josephus offenbar ebenso wenig wie sein Publikum. Entscheidend war, dass dem Autor in beiden Fällen eine schlüssige, plausible, aber auch ansprechende und unterhaltsame Darstellung geglückt war. Was wir als eine Unzahl sachlicher Widersprüche ansehen, war nach antiker Auffassung Ausdruck einer Erzählkunst, die ein und denselben historischen Stoff aus ganz unterschiedlichen Blickwinkeln darzustellen vermochte.

Für uns stellt sich nun natürlich die Frage, wie weit auf Josephus Verlass ist, wenn wir versuchen, uns Herodes als einer historischen Gestalt anzunähern. Hierzu gibt es in der Josephus-Forschung zwei gegensätzliche Auffassungen (und natürlich zahllose vermittelnde Positionen): Die einen haben sich von der historischen Fragestellung traditionellen Zuschnitts ganz verabschiedet. Auch für diese Forscher sind die

---

5 Eigene Übersetzung. Zitiert nach S. Mason, Flavius Josephus und das Neue Testament, 116.

Schriften des Josephus »historische« Dokumente, jedoch primär insofern, als sie etwas über die schriftstellerischen Ziele ihres Verfassers und sein soziales und kulturelles Umfeld aussagen. Nach dieser Auffassung können wir zuverlässig nur zum Herodes-Bild des Josephus vorstoßen, nicht zu Herodes selbst. Die Gegenposition hält Josephus' Schriften trotz mancher rhetorischer Ausschmückung nach wie vor für zuverlässige Geschichtsquellen. Für diese Position spricht, dass nicht selten sogar kleinste Details des josephischen Berichts durch archäologische Forschungen und Inschriftenfunde auf frappierende Weise bestätigt werden. Dies zeigt, dass Josephus mitunter genau recherchiert, hervorragendes Quellenmaterial benutzt und dieses unverfälscht in seine eigene Darstellung übernommen hat. Seine mit Abstand wichtigste Quelle für die herodianische Ära war die Weltgeschichte des Nikolaos von Damaskus, der als Hofchronist und Biograph des Herodes über Informationen aus erster Hand verfügte oder sogar Augenzeuge des Berichteten war.

Indes schließen historische Genauigkeit und literarische Gestaltung einander keineswegs aus. In einem sorgfältig recherchierten historischen Roman etwa sind historische Fakten und erzählerische Phantasie zu einer literarischen Einheit verschmolzen. Bis zu einem gewissen Grad kann daher selbst ein solches Werk als historische Quelle verwendet werden, und umgekehrt sprechen historische Details nicht gegen das Vorhandensein fiktionaler Elemente. Im Falle der josephischen Schriften stehen wir vor dem Problem, dass sie zu Herodes meistenteils unsere einzige erhaltene Quelle sind, wir also in der Regel keinen unabhängigen Maßstab zur Verfügung haben, um Historie und Fiktion voneinander zu trennen. Es bleibt uns also zunächst einmal gar nicht anders übrig, als dem josephischen Bericht zu folgen und die auf weite Strecken parallelen Darstellungen des Bellum und der Antiquitates sorgfältig gegeneinander abzuwägen. Anders verhält es sich in den ersten zehn Büchern der Antiquitates, weil Josephus hier das Alte Testament als Quelle verwendet hat. Ein Vergleich der josephischen Darstellung mit der biblischen Vorlage zeigt ganz deutlich, wie Josephus mit den Stilmitteln rhetorischer Geschichtsschreibung aus den biblischen Gestalten Helden griechischen Zuschnitts gemacht und aus dem biblischen Stoff Charakterbilder, Dialoge und Handlungen herausgesponnen hat, die sich von der Vorlage zum Teil weit entfernen. Die biblischen Gestalten sind bei Josephus ganz auf das literarische Gesamtkonzept der Antiquitates zugeschnitten. Wenn wir von hier aus auf die josephischen Eingriffe in seine Quellen zu Herodes schließen, dann ist ein gehöriges Maß an Vorsicht geboten. Es kann nicht ausgeschlossen werden, dass Josephus seine Charaktere vielfach nicht nur »nach innen« stilisiert hat, im Blick auf ihre Motive und ihre Charaktereigenschaften also, sondern auch »nach außen«, hinsichtlich ihrer Mitwirkung am äußeren Geschehen, dass er also dieses Geschehen gewissermaßen um seine Charaktere und die ihnen zugedachten Rollen herum konstruiert hat. Hinzu kommt, dass auch das in Herodes' Auftrag verfasste Geschichtswerk des Nikolaos mit Sicherheit kein neutraler Faktenbericht war, sondern antike Hofgeschichtsschreibung, an die ihr Auftraggeber gewisse Erwartungen knüpfte.

Andererseits können wir davon ausgehen, dass sich Josephus an ein vorhandenes Grundgerüst aus Personen und Ereignissen gehalten hat, schon allein deshalb, weil alle schriftstellerische Kreativität nicht grenzenlos ist und lieber Vorhandenes ausdeutet als gänzlich Neues erfindet. Einen Kernbestand an zuverlässiger Überlieferung gewinnen wir, wenn wir das Kriterium historischer Nachprüfbarkeit anwenden: Josephus musste bei seinem Publikum mit gewissen Kenntnissen über die römische Ostpolitik der frühen Kaiserzeit rechnen. An diesen Rahmen musste er sich unbedingt halten, wollte er sich nicht von vornherein unglaubwürdig machen. Außerdem können wir mit einem gewissen Kontrollmechanismus rechnen, der sich aus der anzunehmenden Konkurrenz unter den römischen Geschichtsschreibern ergibt. Ein Beispiel hierfür bietet Josephus selbst, wenn er sich in seiner Vita mit einem gewissen Justus von Tiberias, der ebenfalls eine Geschichte des Jüdischen Krieges geschrieben hat, ein heftiges Wortgefecht darüber liefert, wessen Geschichtswerk das bessere sei. Die Verwendung zuverlässiger Quellen und Informationen war noch immer die beste Voraussetzung, um im Literaturbetrieb Roms zu bestehen. Im Übrigen hatte, wer ein Geschichtswerk wie etwa das Bellum oder die Antiquitates zur Hand nahm, immer auch ein Bildungsinteresse, dem der Verfasser zu entsprechen suchte, so gut er konnte.

Wir müssen uns, was Herodes betrifft, also auf beides gefasst machen: auf solide Historiographie ebenso wie auf hochrhetorische Passagen. Eine klare Trennungslinie lässt sich nur selten ziehen, und oft überlagert sich beides. Gelegentlich lassen sich die rhetorischen Kunstgriffe des Josephus sehr schön nachzeichnen. In zahlreichen anderen Fällen, etwa bei landeskundlichen Exkursen, annalistischen Stücken oder auch dort, wo Josephus durch andere antike Quellentexte bestätigt wird, können wir uns seiner Darstellung getrost anvertrauen, ohne den Irrtum einer naiv-positivistischen Lektüre fürchten zu müssen.

Ansonsten bleibt uns auf weite Strecken nichts anderes übrig, als uns an den josephischen Bericht zu halten, ohne dass wir wissen, wie gut wir damit fahren. Es scheint deshalb ratsam, stets einen gewissen Abstand zu dem Menschen Herodes zu wahren und uns weder die positiven noch die negativen Werturteile, die Josephus über diesen Herrscher fällt, einfach zu Eigen zu machen.

4. Zu diesem Buch

Ein Buch über Herodes steht notwendigerweise auf vielen Schultern. Ich habe es aber unterlassen, für jedes Detail in einer Anmerkung auf die einschlägige Sekundärliteratur zu verweisen, um den Anmerkungsapparat nicht unnötig aufzublähen. Sämtliche benutzte Literatur ist jedoch im Literaturverzeichnis aufgeführt, mit der Einschränkung, dass die in großer Zahl zu Rate gezogenen Artikel verschiedener Lexika (Neues Bibel-Lexikon, Der Kleine Pauly, Die Religion in Geschichte und Gegenwart, Encyclopedia Judaica, J. Irmschers Lexikon der Antike u. a.) nicht einzeln genannt werden. Aus dem gleichen Grund habe ich auch Josephusstellen nur in Auswahl angegeben. Wer sich näher mit Herodes beschäftigen will, wird ohnehin bei Josephus selbst nachlesen und versuchen, sich ein eigenes Bild von Herodes zu machen. Wer sich die Werke des Josephus anzuschaffen beabsichtigt, sei auf die dreibändige Ausgabe von Heinrich Clementz verwiesen.[6] Clementz' Übersetzung ist zwar veraltet und

---

6 Flavius Josephus, Geschichte des Jüdischen Krieges, Wiesbaden o. J.; Des Flavius Josephus Jüdische Altertümer, Wiesbaden 8. Auflage 1989; Flavius Josephus, Kleinere Schriften,

in vieler Hinsicht unzuverlässig. Außerdem enthält sie nicht die heute gängige Zählung nach Paragraphen sondern nach Kapiteln und Unterabschnitten.[7] Sie bietet jedoch den vollständigen Text und ist konkurrenzlos preiswert. Das Bellum ist außerdem in der vierbändigen griechisch-deutschen Ausgabe von O. Michel und O. Bauernfeind erhältlich. Das Bellum zitiere ich in der Regel nach dieser Ausgabe; Übersetzungen aus den Antiquitates sind, wenn nicht anders angegeben, meine eigenen. Sonstige antike Texte sind nach den in den Anmerkungen und/oder im Literaturverzeichnis genannten Ausgaben zitiert bzw. vom Verfasser dieses Buches übersetzt. Biblische Texte sind bis auf wenige Ausnahmen der Züricher Übersetzung entnommen.

Aus der Fülle der verwendeten Literatur möchte ich drei Werke nennen, auf die ich mich in besonderem Maße gestützt habe: Das Buch *Herod. King of the Jews, Friend of the Romans* von Peter Richardson (1996), das bereits erwähnte Werk The *Herodian Dynasty* von Nikos Kokkinos (1998) und die monumentale Herodes-Biographie König *Herodes. Der Mann und sein Werk* von Abraham Schalit (1969, Neudruck 2001). Richardsons Buch, dessen Untertitel ich in mein eigenes übernommen habe, war mir ein ständiger Ratgeber bei der Frage nach Auswahl und Anordnung des Stoffs. Sein vorsichtiges Urteil über Herodes als Herrscher und sein Verzicht, ihn als Menschen zu verdammen oder zu

---

Wiesbaden 2. Auflage 1995. Das im dritten Band enthaltene 4. Makkabäerbuch (»Über die Makkabäer«) stammt nicht von Josephus.

7 Mit Rücksicht auf die Benutzer dieser Ausgabe gebe ich Josephusstellen nach beiden Zählungen an. Beispiel: Antiquitates 17,9,5/229 heißt: Buch 17, Kapitel 9, Abschnitt 5 bzw. Buch 17, Paragraph 229.

verteidigen, machen sein Buch zu einer angenehmen Lektüre. Nikos Kokkinos hat als Erster unter Berücksichtigung sämtlicher verfügbarer literarischer und nichtliterarischer Quellen eine systematische Gesamtdarstellung der weit verzweigten Herodes-Dynastie unternommen. In der Frage nach Herodes' Stellung im bzw. zum Judentum, die wir in Kapitel 8 diskutieren werden, kommt er zu einem anderen Ergebnis als Richardson. Ich bin eher der Auffassung Richardsons, dass es gute Gründe gibt, Herodes als Juden gelten zu lassen, gebe jedoch zu, dass Kokkinos für seine gegenteilige Ansicht gewichtige Argumente vorbringt. Das Buch von Abraham Schalit schließlich ist ein monumentales Werk von fast 900 Seiten, das noch ganz im Geiste der gelehrten Altertumswissenschaft des 19. Jh.s geschrieben ist. Es ist, obwohl in mancher Hinsicht überholt, der unbestrittene Klassiker der Herodes-Forschung und mit Dutzenden von Zusätzen und Exkursen eine Fundgrube zu zahllosen Detailfragen der herodianischen Ära.[8]

Ein Wort noch zur »Leseökonomie«: An einigen Stellen des Buches werden die Leserinnen und Leser mit einer Fülle von Namen konfrontiert, darunter nicht selten auch verschiedene Personen gleichen Namens. Dies war angesichts des weit verzweigten und unübersichtlichen Stammbaums der Herodes-Dynastie bisweilen nicht zu vermeiden. Denjenigen, die sich ausführlicher mit der Materie befassen wollen, sei die beigefügte Stammtafel als Orientierungshilfe an die Hand gegeben. Alle anderen mögen solche Passagen getrost ebenso zügig lesen wie den

8 Benutzer von Clementz' Josephus-Ausgabe werden zu schätzen wissen, dass Schalit Josephusstellen stets nach beiderlei Zählung angibt.

übrigen Text auch. Die »Haupthandlung« bleibt auch dann verständlich, wenn man nicht jede Einzelheit präsent hat.

B. DARSTELLUNG

1. Der historische Rahmen

Herodes betrat im Jahre 47 v. Chr. die Bühne des politischen Geschehens, als er Kommandeur über Galiläa wurde. Bevor wir dieses Geschehen weiter verfolgen, sollten wir einen Blick auf die historischen Hintergründe werfen. Es dient dem besseren Verständnis des Lebens und der politischen Rolle des Herodes, wenn wir uns einen Überblick über die wichtigsten Ereignisse verschaffen, die diejenigen politischen Konstellationen hervorgebracht haben, in denen sich Herodes bewegt hat. Wir setzen ein mit dem Tod Alexanders des Großen im Jahre 323 v. Chr., unternehmen also einen historischen Streifzug durch fast drei Jahrhunderte. Nach gut der Hälfte dieses Weges begegnen uns Namen, die für die Geschichte des Herodes bereits unmittelbar von Bedeutung sind.

1.1. Palästina in der Zeit der Diadochenkriege

Als Alexander 323 v. Chr. in Babylon starb, setzte unter seinen Nachfolgern, den Diadochen, der Streit um das Erbe des großen Makedonenkönigs ein, wie fast immer in der Weltgeschichte ein Streit, der kriegerisch ausgetragen wurde. Die Diadochenkriege endeten mit dem Zerfall des Alexanderreiches in selbständige Staaten. Unter den wichtigsten – Makedonien, Syrien und Ägypten – interessieren uns vor allem die beiden letztgenannten, weil sie die Geschichte des syrisch-palästinischen Raumes entscheidend geprägt haben.

Syrien fiel Seleukos Nikator zu, der von 312 bis 280 v. Chr. regierte; in Ägypten herrschte bis 283 v. Chr.

Ptolemaios I. Soter, der seine Regierungsjahre vom Tode Alexanders an zählte. Seleukos und Ptolemaios hatten als Generäle im Heer Alexanders gedient. Nun wurden sie (und vollends ihre Nachkommen) zu erbitterten Rivalen im Streit um die Vorherrschaft im östlichen Mittelmeerraum. Alexander hatte einst auf die Einsetzung eines makedonischen Statthalters in Palästina verzichtet, so dass sich Juda als autonome Region hatte behaupten können. Nun aber geriet das Gebiet wieder einmal in die Zange der beiden großen Mächte im Norden und im Süden. Ptolemaios – nach ihm nennt man die Dynastie der ägyptischen Könige, die fortan für drei Jahrhunderte in Ägypten herrschte, die »Ptolemäer« – und Seleukos, Ahnherr der Seleukidendynastie, lieferten sich über 30 Jahre lang immer wieder Schlachten in dieser Region, die meist auch Jerusalem und das judäische Kernland in Mitleidenschaft zogen.

Erst 281 v. Chr. beruhigte sich die politische Großwetterlage für einige Jahrzehnte, als sich Ptolemaios dauerhaft gegen den Syrer durchzusetzen vermochte. Eine Änderung der Machtverhältnisse führte immer auch zu jüdischen Flüchtlingsbewegungen in das Reichsgebiet der unterliegenden Macht. Jüdische Ansiedlungen größeren Umfangs in der ägyptischen Metropole Alexandria gehen zum Teil auf Zeiten seleukidischer Vorherrschaft im syrisch-palästinischen Raum zurück, und umgekehrt wissen wir von jüdischen Kolonisten im syrischen Antiochia, die durch ihre Emigration dem ptolemäischen Einfluss im Mutterland entgingen. Dies zeigt, dass die jüdischen Sympathien zwischen Norden und Süden durchaus geteilt waren. Hier wiederholen sich im Grunde Muster aus alter biblischer Zeit. Schon gegen Ende des achten vorchristlichen Jahrhunderts hatte der Prophet Jesaja angesichts der assyrischen Übermacht vor Bündnissen mit Ägypten gewarnt. Die politische Geschichte Israels war immer auch ein Changieren der Loyalitäten, je nachdem, welche Macht man für die stärkere und vielversprechendere hielt.

Die ptolemäische Vorherrschaft bescherte dem palästinischen Judentum eine Epoche verhältnismäßiger Selbständigkeit und relativen Frieden. Das kleine Staatsgebiet um Jerusalem, das die Perser den jüdischen Heimkehrern aus dem babylonischen Exil wiedergegeben hatten, war unter der Führung des jüdischen Hohenpriesters religiös autonom (militärisch natürlich nicht, in Jerusalem war eine ptolemäische Garnison stationiert; verwaltungsmäßig unterstand Juda einem ptolemäischen Hyparchen), und konnte sogar um Gebiete im Süden Samariens vergrößert werden.

Die Seleukiden hatten indes die Hoffnung auf die Vorherrschaft in Palästina während des 3. Jh.s v. Chr. nie aufgegeben. Unter Antiochos III. dem Großen (223–187 v. Chr.) drangen sie zunächst ab 221 v. Chr. in die Küstengebiete von Phönizien und Gaza vor. Zwar unterlag Antiochos in der Schlacht von Raphia den ptolemäischen Truppen, doch konnte er sich im fünften syrischen Krieg (ab 201 v. Chr.) behaupten und hatte 198 v. Chr. Koilesyrien[9] und Palästina fest in seiner Hand. Da Antiochos an einem zuverlässigen Vasallen an der Südgrenze seines Reiches interessiert war, setzte er die liberale Linie seines ptolemäischen Vorgängers fort. Jüdische Gemeinden außerhalb des

9 Koilesyrien meint das »hohle«, d. h. in einer Senke gelegene Syrien, wahrscheinlich die Region zwischen den Gebirgen des Libanon und Antilibanon, möglicherweise unter Einschluss phönizischer Gebiete.

Tempelstaates partizipierten nun am Privileg religiöser Autonomie und innerer Selbstbestimmung nach den Gesetzen der Tora. Außerdem gewährte Antiochos Steuererleichterungen, damit sich der jüdische Staat von den Zerstörungen und Wirren des Krieges würde erholen können.

Die Dauerfehde zwischen proptolemäischen und proseleukidischen Kreisen in Jerusalem trat nun in eine neue Runde ein: Die Familie der Tobiaden (so genannt nach Tobias, einem Großgrundbesitzer im Ostjordanland), die bisher zu den Ptolemäern gute Beziehungen gepflegt hatte, zerstritt sich auf Grund politischer Differenzen und wechselte teilweise auf die seleukidische Seite über. Die hohepriesterlichen Oniaden hingegen – Ahnherr dieser Priesterdynastie war Onias I. (ca. 232–200 v. Chr.) – hielten in der Mehrzahl an ihrer politischen Orientierung nach Süden fest. Ein Enkel des Tobias, Hyrkan mit Namen und Anführer der proptolemäischen Fraktion der Tobiaden, floh ins Ostjordanland und baute sich dort eine Palastfestung.[10] Als Antiochos IV. 175 v. Chr. den Seleukidenthron bestieg, sah Hyrkan die Aussichtslosigkeit seiner Lage ein und beging Selbstmord.

Der seleukidische Machtzuwachs im Süden des Reiches ging allerdings mit einer empfindlichen Niederlage gegen die Römer einher. In den zwei Jahrhunderten vor der Zeitenwende vergrößerte Rom seinen Einfluss im östlichen Mittelmeerraum Schritt um Schritt. Eine entscheidende Wegmarke war der Sieg gegen Antiochos in der Schlacht von Magnesia

10 Die Deutung des archäologischen Befundes auf eine Tempelanlage, gar eine alternative Kultstätte zum Jerusalemer Tempel, der nun fest in proseleukidischer Hand war, ist überholt.

190 v. Chr. Im anschließenden Frieden von Apamea musste Antiochos die Auflösung seiner Flotte hinnehmen, seinen Anspruch auf Kleinasien aufgeben und sich zu horrenden Reparationszahlungen verpflichten. An Steuerermäßigungen für die Juden Palästinas war nun überhaupt nicht mehr zu denken, im Gegenteil: In der Regierungszeit von Seleukos IV. (187–175 v. Chr.) wuchs der Finanzbedarf des seleukidischen Hofes derart, dass man auch vor der Konfiskation von Tempelschätzen abhängiger Staaten nicht zurückschreckte. Einen Zugriff durch Antiochos' Minister Heliodor auf die im Jerusalemer Tempel deponierten Gelder – teilweise Mittel zum Unterhalt des Tempelkultes, teilweise Privatvermögen – konnte der amtierende Hohepriester Onias III. nur mit Mühe verhindern. Die politischen Umstände sprachen nun für eine erneute Umorientierung in Richtung Ägypten, zumal dort seit 181 v. Chr. der judenfreundliche Ptolemaios VI. herrschte und die Ptolemäer als Verbündete Roms außenpolitisch auf eine gute Karte gesetzt hatten. Die Seleukiden bekamen Palästina jedoch im Jahre 175 v. Chr. mit der Thronbesteigung Antiochos' IV. Epiphanes, der seinen schwachen Bruder nach seiner Rückkehr aus vierzehnjähriger römischer Geiselhaft ablöste, wieder fest in den Griff.

Die Parteikämpfe in Jerusalem verschärften sich nun einmal mehr: Der Oniade Jason bot dem König beträchtliche Summen für die Übertragung der Hohepriesterwürde und verdrängte damit seinen Bruder Onias III. aus dem Amt (sein Sohn Onias IV. floh später nach Ägypten und errichtete im unterägyptischen Leontopolis eine Art jüdischen Gegen- oder Filialtempel). Zugleich versprach er Antiochos, ihn bei seiner Hellenisierungspolitik nach Kräften zu unterstützen.

Schon für Alexander den Großen war der Hellenismus ein entscheidender Faktor in der Durchsetzung seiner politischen Ziele gewesen. Der Begriff bezeichnet seit J. G. Droysens »Geschichte des Hellenismus« (1836–1843) einerseits die Epoche von der Regierungszeit Alexanders bis zur Eingliederung des Ptolemäerreiches in das römische Imperium, also den Zeitraum von 336 bis 30 v. Chr., andererseits die für diese Epoche kennzeichnende gegenseitige Durchdringung von orientalischer und abendländischer Kultur. Dieser Prozess brachte ein kosmopolitisches Bildungsideal hervor, das sich in der Beherrschung der griechischen Sprache und einer gewissen Vertrautheit mit griechischer Geisteswelt und Lebensart äußerte. Kennzeichnend für den Hellenismus ist außerdem ein zunehmender religiöser Synkretismus, also die Vermischung orientalischer und griechisch-römischer Kulte, sowie die Tendenz der hellenistischen Herrscher, sich gottgleich verehren zu lassen. Herrschertitel wie *Sotēr* (Retter), *Euergetēs* (Wohltäter) und *Epiphanēs* (was soviel bedeutet wie »Erscheinung Gottes auf Erden«), belegen dies.

Das Streben Antiochos' IV. nach der kulturellen und religiösen Einheit seines Reiches bedeutete das Ende der liberalen Religionspolitik, die die Ptolemäer und später auch Antiochos III. dem jüdischen Staat hatten angedeihen lassen. Hatten die Kreise der Jerusalemer Oberschicht dem Hellenismus stets verhältnismäßig aufgeschlossen gegenüber gestanden, so wurde die Bereitschaft der gebildeten jüdischen Kreise, sich auf die hellenistische Weltkultur einzulassen und ihr Judesein im Rahmen dieser Kultur neu zu definieren, mit der Zeit auf eine harte Probe gestellt.

1.2. Der Aufstand der Makkabäer

Eine der ersten Maßnahmen in Jasons Hellenisierungsprogramm war im Jahre 175 v. Chr. die Errichtung eines Gymnasiums in nächster Nähe des Tempelberges. In dieser Sportstätte, in der man sich nach Griechenart nackt in Wettkämpfen übte, manifestierte sich die Absicht, Jerusalem in eine hellenistische Polis zu verwandeln. In der Bevölkerung stand man solchen Neuerungen zunächst wohl noch aufgeschlossen gegenüber. Als sich jedoch ein gewisser Menelaos einige Jahre später entgegen der legitimen Erbfolge in das Hohepriesteramt einkaufte, indem er Antiochos noch höhere Summen bot als vordem Jason, und als er obendrein den exilierten Onias III. ermorden ließ, spitzte sich die Lage zu. Lysimachos, Bruder des Menelaos, der immer dreistere Zugriffe auf den Tempelschatz unternahm, wurde von der aufgebrachten Volksmenge gelyncht. Eine Gesandtschaft, die daraufhin bei Antiochos in Tyrus gegen Menelaos Klage erhob, wurde nicht nur abgewiesen, sondern gleich auch noch hingerichtet.

In dieser Zeit unternahm Antiochos einen Vorstoß gegen den alten Rivalen Ägypten, wurde jedoch von Rom in seine Schranken verwiesen und zum Rückzug gezwungen. Auf das Gerücht hin, Antiochos sei ums Leben gekommen, versuchte der abgesetzte Jason, wieder in Jerusalem Fuß zu fassen, was ihm vorläufig auch gelang. Menelaos und ein arg zusammengeschmolzener Kreis radikaler Hellenisten, die Antiochos trotz allem nach wie vor unterstützten, mussten sich in den Schutz der seleukidischen Garnison begeben. Der politisch ohnehin schon gedemütigte Antiochos konnte die Absetzung des von ihm ernannten Hohenpriesters nicht dulden und eroberte Jerusalem 168 v. Chr. ohne Gnade. Die Unruhen, die daraufhin ausbrachen, beantwortete Antiochos 167 v. Chr. mit einem weiteren Feldzug, bei dem er die Mauern Jerusalems schleifen und zum Schutz seiner Soldaten und seiner jüdischen Parteigänger eine Stadtfestung, die so genannte Akra errichten ließ.

Im Zuge dieser Ereignisse verhärteten sich die Fronten zwischen konservativen und moderat hellenistischen Kreisen auf der einen und den kompromisslos proseleukidischen Kräften auf der anderen Seite. Letztere betrieben nun eine derart konsequente Hellenisierung der jüdischen Religion, dass das Jüdische daran fast gänzlich zu verschwinden drohte: Der Jerusalemer Tempel wurde dem Zeus Olympios geweiht. Im Dezember 167 v. Chr. musste der jüdische Opferkult eingestellt werden. Sabbatheiligung, Beschneidung und das traditionelle jüdische Opfer waren fortan bei Todesstrafe verboten. Ebenso wurde die Weigerung, an den neuen heidnischen Opferriten teilzunehmen, mit dem Tode bestraft. Das von Antiochos verfügte Verbot der jüdischen Religion erstaunt insofern, als der hellenistische Synkretismus per se religionspolitisch tolerant war. Derart radikale Maßnahmen gehen wohl nicht auf eine Initiative des Seleukidenkönigs selbst zurück, der als Erzbösewicht in die Geschichtsschreibung eingegangen ist, als vielmehr auf die radikalen Hellenisierungsbestrebungen der proseleukidischen jüdischen Kreise in Jerusalem. Das politische Programm dieser Gruppe wird im 1. Makkabäerbuch treffend umschrieben:

»Lasst uns hingehen und mit den Völkern, die rings um uns sind, ein Übereinkommen treffen, denn seit wir uns von ihnen abgesondert haben, traf uns viel Unglück« (1 Makk 1,11).[11]

---

11 Übersetzung nach K.-D. Schunck, 1. Makkabäerbuch, JSHRZ I/4, 299 f.

Wir stoßen hier auf den Versuch, die religiös bedingte jüdische Sonderexistenz durch eine kompromisslose Assimilation an die hellenistische Umwelt zu überwinden. Da sich der jüdische Glaube an den einen Gott Himmels und der Erde, der Alleinverehrung beanspruchte, immer nur begrenzt auf die hellenistische Weltkultur einlassen konnte, wurde er eben radikal bekämpft.

Ebenso radikal war indes der Widerstand, der sich gegen das jüdische Religionsverbot formierte. Die Quellen, die uns über die nun folgenden Ereignisse unterrichten, sind das 1. und 2. Makkabäerbuch. Diese Schriften gehören nach protestantischer Auffassung zu den »Apokryphen« (d. h. zu den nicht kanonischen und insofern »verborgenen« Schriften der Bibel), stehen aber im katholischen Bibelkanon.

Eine maßgebliche Rolle spielten der Priester Mattatias aus Modeïn und dessen fünf Söhne. Nach der Tötung eines seleukidischen Beamten und eines Juden, der am heidnischen Opfer teilnahm, mussten sich Mattatias und seine Söhne ins unwegsame Bergland zurückziehen. Von dort aus unternahmen sie Überfälle auf heidnische Kultstätten und nahmen Beschneidungen an unbeschnittenen (jüdischen? heidnischen?) Kindern vor.[12] Nach dem Tod des Mattatias übernahm sein Sohn Judas die Führung der Aufständischen. Er erhielt, wohl in Anspielung auf seine militärischen Fähigkeiten, den Beinamen *makkabi* (latinisiert: »Makkabäus«, von aramäisch *makkaba* = Hammer?), weshalb die Familie des Mattatias auch die »Makkabäer«

12 Ein Detail übrigens, das an die spätere Religionspolitik des Johannes Hyrkan und seiner Nachfolger erinnert (s. u.) und möglicherweise in die Gründergeneration »zurückdatiert« wurde, vgl. J. Sievers, The Hasmonaeans and Their Supporters, 35.

heißen und die Epoche des jüdischen Aufstandes ab 167 v. Chr. als »Makkabäerzeit« bezeichnet wird. Unter Judas verwandelte sich der unkoordinierte Widerstand verschiedener Gruppen in einen organisierten Guerillakrieg, in dem die nicht sehr zahlreichen seleukidischen Verbände bald das Nachsehen hatten. An Truppenverstärkung war nicht zu denken, da Antiochos im Osten seines Reiches mit den Parthern alle Hände voll zu tun hatte. Im Dezember 164 v. Chr. errang Judas ein Teilsieg durch die Eroberung des Jerusalemer Tempelbezirks.[13] Er ließ den Tempel, der drei Jahre zuvor durch die Umwandlung in ein Zeusheiligtum geschändet worden war, reinigen und neu weihen, ein Ereignis, an das das jährliche Chanukka- oder Tempelweihfest bis heute erinnert. In einem Kompromissfrieden wurde den Juden wieder die freie Religionsausübung zugesichert. Der Hohepriester Menelaos, der nun weder für die jüdischen Hellenisten noch für die Seleukiden tragbar war, wurde 162 v. Chr. hingerichtet.

In der Folgezeit verlegte sich Judas auf Kriegszüge außerhalb Judäas, vornehmlich mit dem Ziel, die Juden in Idumäa, Galiläa und im Ostjordanland vor Übergriffen syrischer Truppen und der einheimischen nichtjüdischen Bevölkerung in Sicherheit zu bringen. Gegen die Seleukiden blieb er weiterhin siegreich. Den syrischen Verbänden brachte er im Frühjahr 160 v. Chr. bei Bet Horon eine vollständige Niederlage bei. Doch schon im Sommer desselben Jahres bot der seleukidische Feldherr Bacchides eine Übermacht gegen die Widerständler auf, der Judas nicht gewachsen war. Auch die guten Beziehungen, die die Makkabäer neuerdings zu den Römern unterhielten, nützten

13 Die Akra war noch bis 141 v. Chr. in seleukidischer Hand.

nichts, da Rom in dieser Situation nicht militärisch intervenieren wollte. Judas fiel in der Schlacht bei Eleasa.

Der Seleukidenkönig konnte seine Machtposition erneut festigen, und in Jerusalem saßen die Hellenisten wieder fest im Sattel. Die Aufständischen, nun unter der Leitung von Judas' Bruder Jonatan, waren nur noch zu kleineren militärischen Aktionen im Hinterland fähig. Unter Demetrios I. Soter (162–150 v. Chr.) setzten die Hellenisten mit Alkimos einen Hohenpriester ein, der als Aaronide zwar formal den traditionellen Anforderungen entsprach, der jedoch konsequent die Interessen der hellenistisch-proseleukidischen Partei vertrat.

Im nun folgenden Streit um den Seleukidenthron, der zwischen Demetrios I. und Alexander Balas, angeblich einem Sohn Antiochos' IV., entbrannte, fand sich Jonatan jedoch mit einem Mal in der Position des lachenden Dritten. Demetrios und Alexander warben um die Gunst Jonatans, um die eigene Position gegenüber dem Rivalen zu stärken. Von Demetrios, eben noch sein erbitterter Gegner, erhielt Jonatan die Erlaubnis, nach Jerusalem zu ziehen und dort eigene Truppen zu unterhalten, und Alexander Balas übertrug ihm 152 v. Chr. sogar das Amt des Hohenpriesters, das seit dem Tode des Alkimos 159 v. Chr. vakant war. Jonatan setzte nach einigem Taktieren zwischen Demetrios und Alexander schließlich ganz auf den Letzteren. Das erwies sich als kluge Entscheidung: Alexander konnte sich 150 v. Chr. gegen Demetrios durchsetzen und regierte bis 145 v. Chr. Jonatan wurde nun sogar zum General im Heer des Seleukiden ernannt und kämpfte in dieser Eigenschaft gegen Demetrios II. Nikator, Sohn von Demetrios I., der Alexander ab 147 v. Chr. den Thron streitig machte. Als Demetrios seinen Gegenspieler 145 v. Chr. bezwang, konnte Jonatan problemlos das Vertrauen des neuen Herrschers gewinnen und für seinen eigenen Machtzuwachs nutzen. Auch in den folgenden Thronwirren, in denen der seleukidische Heerführer Tryphon Antiochos VI. gegen Demetrios II. durchsetzte, wusste sich Jonatan zu behaupten. Außerdem gelang es ihm, das jüdische Gebiet beträchtlich zu vergrößern. Bald wurde er dem Seleukiden jedoch zu mächtig, zumal er, wie schon sein Vater Judas, Beziehungen zu den Römern knüpfte und außerdem Jerusalem befestigte. Tryphon lockte Jonatan bei Akko in einen Hinterhalt, ließ ihn gefangen nehmen und hinrichten.

Der Aufstieg der Makkabäer zur judäischen Herrscherfamilie war indes nicht mehr aufzuhalten. Aus dem religiösen Befreiungskampf aus den Zeiten Antiochos' IV. war längst planvolle Machtpolitik geworden. Die Widerstandskämpfer von damals hatten sich zu Strategen der persönlichen Machtentfaltung gewandelt, die sich, wenn es der Festigung der eigenen Position diente, auch in die Dienste der einst so verhassten Seleukiden begaben. Die Gruppe der so genannten »Hasidäer« (vom hebräischen *Chassidim* = »die Frommen«) hatte sich schon zu einem frühen Zeitpunkt von der makkabäischen Bewegung losgelöst, dann nämlich, als nach der Wiedereinweihung des Tempels mit der Einsetzung des aaronidischen Hohenpriesters Alkimos die Zustände vor der hellenistischen Reform wenigstens formal wieder hergestellt waren. Auf eine weitere Spur einer religiösen Gruppe, die sich enttäuscht von der makkabäischen Erhebung abgewendet hat, stoßen wir im Danielbuch. In Kapitel 11 werden die Ereignisse der Makkabäerkriege als Geschichtsprophetie im Munde Daniels stilisiert. Dort erhalten die Makkabäer nur den minderen Status einer »kleinen Hilfe« (Dan 11,34) bei der Durchsetzung der Gottesherrschaft nach der endzeitlichen Drangsal. Während die Makkabäerbrüder das für sich entdeckten, was man heute Realpolitik nennt, zog sich der »linke Flügel« der Bewegung, der in der intensiven Erwartung des endzeitlichen Eingreifens Gottes selbst lebte, zurück. Diese Gruppen begegnen uns in den folgenden 200 Jahren in erster Linie als Trägerkreise der so genannten »apokalyptischen« Literatur, jener Offenbarungsschriften, deren Verfasser in Visionen und auf mystischen Himmelreisen etwas über die Ereignisse des herannahenden Endes erfahren haben und die wenigen Getreuen, die nicht den Verführungen der Endzeit erlegen sind, sammeln wollten.

Die Mächtigen hatten dagegen wenig Interesse an derlei Geheimwissen, und ihre Erwartungen richteten sich nicht so sehr auf das Handeln Gottes als vielmehr auf das eigene. Sie konnten die Figuren auf dem politischen und militärischen Schachbrett ja selbst verschieben und erwarteten von der Religion nicht den Umsturz aller Dinge sondern die Affirmation der bestehenden Verhältnisse. Im 1. Makkabäerbuch dient die Schilderung der glorreichen Anfangsphase des religiösen Befreiungskampfes auf weite Strecken der Glorifizierung der Herrscherdynastie, die aus diesem Kampf hervorgegangen ist. Der Ton des 2. Makkabäerbuches ist, was die dynastische Machtentfaltung der Makkabäer angeht, schon kühler.

1.3. Die Ära der Hasmonäer

Simon (143–134 v. Chr.) konnte nach dem Tode seines jüngeren Bruders Jonatan die Machtposition der Makkabäer weiter ausbauen. Er eroberte die Akra in Jerusalem, jene seleukidische Stadtfestung aus der Zeit Antiochos' IV., und zwang die seleukidische Garnison zum Abzug. Durch Eroberungen an der Küste und in Samarien konnte er das Territorium des jüdischen Staates erneut vergrößern. Mit Erlaubnis von Demetrios II. und mit Billigung einer Volksversammlung des Jahres 140 v. Chr. wurde er »Hoherpriester, Stratege und Ethnarch« der Juden, d. h. er vereinigte die höchsten religiösen, militärischen und politischen Ämter in seiner Person, und diese Ämter wurden von nun an in dynastischer Erbfolge weitergegeben: Mit Simon beginnt die Epoche der Hasmonäerdynastie. Die Bezeichnung »Hasmonäer« geht auf Josephus zurück, der als Stammvater der Makkabäer einen gewissen Hasmon nennt. Die hasmonäische Epoche ist mit der herodianischen bereits aufs Engste verwoben: Herodes' Großvater und Vater standen in hasmonäischen Diensten, und Herodes war mit der hasmonäischen Prinzessin Mariamme verheiratet. Doch der Reihe nach:

Demetrios II. geriet 138 v. Chr. in parthische Gefangenschaft und konnte deshalb dem erstarkenden jüdischen Staat nichts entgegensetzen. Auch seinen Bruder Antiochos VII. Sidetes (138–129 v. Chr.) hielt die Parthergefahr so in Atem, dass seine wiederholten Versuche, die seleukidische Oberhoheit wieder herzustellen, schließlich scheiterten.

Als Simon samt zweien seiner Söhne 134 v. Chr. von seinem Schwiegersohn und Strategen Ptolemaios ermordet wurde, trat ein weiterer Sohn mit Namen Johannes Hyrkan (134–104 v. Chr.), der dem Anschlag entkommen war, die Nachfolge Simons an. Er nutzte den Tod Antiochos' VII. im Jahre 129 v. Chr. und die darauf folgenden Thronwirren, um den jüdischen Staat in die völlige Selbständigkeit zu führen. Wichtige Daten seiner Expansionspolitik sind die Unterwerfung

Samariens samt der Zerstörung des samaritanischen Tempels auf dem Garizim sowie die Eroberung des im Süden angrenzenden Idumäa (des biblischen Edom) und die Einführung der jüdischen Religion in diesem Gebiet.

Während der Regierungszeit Hyrkans begegnet uns erstmals eine Gruppe, die auch in den neutestamentlichen Evangelien eine bedeutende Rolle spielt: die Pharisäer.[14] Über den Ursprung dieser Gruppe können wir nur Vermutungen anstellen. Möglicherweise sind sie aus den Chassidim hervorgegangen, die einst an der Seite der Makkabäer gekämpft, sich jedoch bald von ihnen distanziert hatten. Der Name dieser Gruppe (von griechisch *pharisaioi*) geht wohl auf das hebräische *parusch* (»Abgesonderter«) zurück, zunächst wahrscheinlich eine abwertende Bezeichnung von Seiten ihrer religionspolitischen Gegner, später dann Selbstbezeichnung in der Bedeutung »Absonderung (von unreinen Dingen)«, oder aber von hebräisch *paroschim*, »genaue Erklärer (des Gesetzes)«. Letztere Bedeutung passt gut zur wiederholten Auskunft des Josephus, dass die Pharisäer als die genauesten Ausleger des jüdischen Gesetzes galten. Sie treten im Bericht des Josephus erstmals in Erscheinung, als sie gegen die

---

14 Josephus erwähnt sie schon an einer früheren Stelle zur Zeit des Makkabäers Jonatan (Ant. 13,5,9/171–173), doch ist dies ein redaktionelles Stück ohne chronologischen Wert. J. Sievers, Josephus, First Maccabees, hat gezeigt, dass sich diese literarisch früheste Erwähnung der Pharisäer (sowie der Sadduzäer und Essener) einem editorischen Zufall verdankt, nämlich einer nachträglichen Ergänzung des bereits fertigen 13. Buches der Antiquitates um einen Exkurs über die drei jüdischen Richtungen. Josephus hat dafür eine Stelle gewählt, an der in der fertigen Handschrift ein entbehrlicher Text von etwa gleicher Länge überklebt werden konnte!

Verbindung von weltlicher und geistlicher Macht in der Person des Johannes Hyrkan Einspruch erheben und ihn zur Niederlegung des Hohepriesteramtes bewegen wollen. Johannes hat sich, so Josephus, auf diesen Einspruch hin von den Pharisäern abgewendet und sich fortan zur Partei der Sadduzäer gehalten. Diese Gruppe, in den Evangelien und der Apostelgeschichte ebenfalls eine bekannte Größe, rekrutierte sich vorwiegend aus dem einflussreichen und wohlhabenden Priester- und Landadel. Der Name »Sadduzäer« (griech. *saddkukaioi*, von hebräisch *zedukim*), leitet sich wahrscheinlich von Zadok, dem Priester aus den Tagen Davids und Salomos her.

Die folgende Geschichte der Hasmonäerdynastie liest sich wie die jedes anderen hellenistischen Herrscherhauses auch: Johannes' Sohn Aristobul ließ seine Mutter, die als Nachfolgerin von Johannes Hyrkan vorgesehen war, gefangen nehmen und in der Haft verhungern. Auch seine Brüder ließ er sicherheitshalber einkerkern. Er war der erste Hasmonäer, der sich den Königstitel beilegte. Die Expansionspolitik seines Vaters setzte er mit der Eroberung und Judaisierung des nördlich von Galiläa gelegenen Ituräa fort. Er starb nach einer Regierungszeit von nur etwa einem Jahr.

Mit seinem Bruder Alexander Jannai (103–76 v. Chr.) gelangte ein Herrscher auf den hasmonäischen Thron, der seine Vorgänger an militärischer Unternehmungslust nach außen und tyrannischem Gebaren nach innen noch übertraf. Seine Feldzüge, auf denen er mit Hilfe heidnischer Söldnertruppen die hellenistischen Städte des Ostjordanlandes und die südliche Küstenregion um die Stadt Gaza unterwarf, waren zwar von mancherlei Rückschlägen begleitet, dennoch erreichte das hasmonäisch kontrollierte Territorium unter Alexander Jannai etwa die Größe des einstigen davidisch-salomonischen Großreiches. Im Inneren regte sich trotz seiner Erfolge erheblicher Widerstand von Seiten der Pharisäer, der sich zu bürgerkriegsähnlichen Unruhen ausweitete. Alexander setzte seine Söldner gegen die Aufrührer ein und reagierte mit grausamen Verfolgungen und Hinrichtungen. Gegen Ende seines Lebens soll er aber eingelenkt und seiner Ehefrau und Nachfolgerin Salome Alexandra (76–67 v. Chr.) auf dem Sterbebett geraten haben, sich mit den Pharisäern zu arrangieren. Da Salome Alexandra als Frau nicht das Hohepriesteramt ausüben konnte – als Hohenpriester setzte sie ihren Sohn Hyrkan (Hyrkan II.) ein – war mit ihrer Thronbesteigung eine der zentralen Forderungen der Pharisäer erfüllt. Die Pharisäer gewannen während der Regierungszeit Alexandras im politischen Leben erheblichen Einfluss. Sie erhielten nun Sitz und Stimme im Jerusalemer Ratsgremium, dem später so genannten Synhedrion, und hatten gegenüber den Sadduzäern bald die Mehrheit. Josephus, dessen Pharisäerdarstellung durchaus reserviert ist, bemerkt nicht ohne kritischen Unterton:

»Die Gewalt über die anderen hatte sie [d. h. Alexandra], die Gewalt über sie aber hatten die Pharisäer« (Bell. 1,5,2/112).

Außenpolitisch setzte die Königin mehr auf Diplomatie denn auf Waffengewalt. Einen Krieg gegen den Armenierkönig Tigranes konnte sie abwenden, allerdings auch deshalb, weil die Römer dem Armenier zunehmend zu schaffen machten.

1.4. Der Beginn der römischen Vorherrschaft

Nach Alexandras Tod im Jahre 67 v. Chr. brach zwischen ihren Söhnen Aristobul und Hyrkan II. ein Bruderkrieg um die königliche und hohepriesterliche

Macht aus. Alexandra hatte Hyrkan II., der bereits als Hoherpriester amtierte, auch für den Königsthron vorgesehen. Aristobul rebellierte jedoch gegen seinen älteren Bruder und besiegte seine Truppen bei Jericho. Hyrkan musste nach Jerusalem fliehen, konnte sich dort jedoch nicht halten. Schließlich überließ er seinem Bruder nach einer Regierungszeit von nur drei Monaten Hohepriesteramt und Thron. Aristobul ließ Hyrkan am Leben und nahm ihm lediglich das Versprechen ab, sich aus dem politischen Leben zurückzuziehen – eine blauäugige Entscheidung, wie sich bald herausstellen sollte. In dem Idumäer Antipater, dem Vater des Herodes, hatte Hyrkan nämlich einen Parteigänger, der sich mit dem Machtwechsel nicht zufrieden gab. Er überredete Hyrkan zur Flucht in das nabatäische Petra, wo er sich in den Schutz des Nabatäerkönigs Aretas begab. Antipater, der seine Familie – darunter der junge Herodes, ein Knabe von etwa sechs Jahren – in Petra in Sicherheit gebracht hatte und von Aretas mit neuen Truppen ausgestattet worden war, zog gegen Aristobul zu Felde und drängte ihn bis nach Jerusalem zurück, wo er sich im Tempelbezirk verschanzte. Das Eingreifen der Römer in Gestalt des Scaurus, eines Feldherrn des Pompeius, verhinderte jedoch einen Sieg der Hyrkan-Partei. Die Römer, die 66 v. Chr. die Armenier besiegt und bald darauf auch ganz Syrien unter ihre Kontrolle gebracht hatten, schickten sich nun an, ihren Anspruch als Weltmacht auch in Palästina zu etablieren und die politischen Verhältnisse in dieser Region in ihrem Sinne zu ordnen. Als Scaurus vom Bruderzwist in Judäa hörte, machte er sich von Damaskus nach Judäa auf. Die beiden Brüder schickten ihm je eine Gesandtschaft mit der Bitte um Unterstützung entgegen, und beide boten ihm dafür eine erhebliche Summe. Scaurus setzte in die Zahlungsfähigkeit Aristobuls das größere Vertrauen, und Hyrkan hatte das Nachsehen. Aretas musste sich, wollte er nicht zum Feind Roms erklärt werden, zurückziehen. Aristobul, nun in der Position des Stärkeren, stellte seinen Truppen nach und brachte ihm herbe Verluste bei. Das Glück Aristobuls war freilich nicht von Dauer. Als Pompeius 63 v. Chr. nach Damaskus kam, schickten Hyrkan und Aristobul erneut Gesandtschaften, um den Römer für die eigenen Machtinteressen zu gewinnen. Eine dritte Gesandtschaft vertrat die Interessen weiter Teile der jüdischen Bevölkerung, die weder die eine noch die andere Partei favorisierte, sondern das weltliche Königtum überhaupt ablehnte und sich für die Wiederherstellung der alten theokratischen Ordnung aussprach. Pompeius vertröstete die Emissäre auf einen späteren Zeitpunkt, weil er über diesen Streitfall erst nach seiner Rückkehr von einem anstehenden Feldzug gegen die Nabatäer entscheiden wollte. Voller Ungeduld reiste Aristobul vorzeitig ab. Pompeius legte ihm dies als Unbotmäßigkeit aus und verfolgte ihn bis in die Festung Alexandreion, in der er sich verschanzt hatte. Nach Verhandlungen gewährte Pompeius freien Abzug, den Aristobul jedoch nur dazu nutzte, um nach Jerusalem zu ziehen und sich erneut zum Kampf gegen Pompeius zu rüsten. Auch von diesem Unternehmen ließ er schließlich ab, doch seine Parteigänger dachten nicht an Kapitulation. Zwar eröffnete die Hyrkan-Partei den Römern die Stadttore, doch Aristobuls Leute flüchteten auf den Tempelberg, der wegen seiner steil abfallenden Hänge nur schwer einzunehmen war. Pompeius kam um eine Belagerung nicht herum, für die er das übliche Belagerungsgerät eigens aus Tyrus heranschaffen musste. Nach drei Monaten drangen die Römer unter der Führung des Feldherrn Gabinius auf das Tempelgelände vor und richteten unter den Belagerten ein entsetzliches Blutbad an. Pompeius betrat das Allerheiligste, was nach jüdischem Recht nur dem Hohenpriester gestattet war, tastete jedoch Kultgeräte und Tempelschatz nicht an.

Politisch hatte der Widerstand der Kreise um Aristobul schwer wiegende Folgen: Jerusalem und Judäa wurden den Römern tributpflichtig. Außerdem wurde das judäische Territorium erheblich verkleinert, nämlich um einen Großteil der Küstenstädte und die nichtjüdischen Städte im Ostjordanland, die wieder zu griechischen *poleis* (Plural von griech. *polis* = Stadt) erklärt und der Provinz Syrien zugeschlagen wurden. Samaria, die Hauptstadt der Landschaft Samarien zwischen Judäa und Galiläa, sowie Gaba in Galiläa wurden autonome syrische Enklaven innerhalb des jüdischen Territoriums.

Mit diesen Eroberungen aus der Glanzzeit der Hasmonäer war es auch um das hasmonäische Königtum geschehen: Hyrkan II. wurde wieder als Hoherpriester eingesetzt, den Königstitel jedoch verwehrten ihm die Römer. Aristobul wurde samt seinen zwei Söhnen Alexander und Antigonos als Kriegsgefangener nach Rom gebracht. Die Dynastie des hasmonäischen Königshauses war damit, wenn wir die Geschichte von ihrem Ergebnis her betrachten, unwiderruflich an ihr Ende gelangt. Aus der Binnenperspektive des Beobachters der damaligen Ereignisse waren die Würfel jedoch noch nicht gefallen: Die Versuche Aristobuls und seiner Söhne, sich gegen Hyrkan und den politisch immer einflussreicheren Antipater durchzusetzen und das römische Joch abzuschütteln, endeten erst im Jahre 37 v. Chr. mit der Hinrichtung des letzten Hasmonäerkönigs Antigonos.

Antipater konnte seine Zuverlässigkeit als Parteigänger Roms unter Beweis stellen, als Scaurus

62 v. Chr. von Pompeius gegen die Nabatäer zu Felde geschickt wurde – ein Unternehmen, das Pompeius wegen seiner Querelen mit Aristobul hatte aufschieben müssen. Als die Römer während der Belagerung von Petra, der Hauptstadt des Nabatäerreiches, in Versorgungsschwierigkeiten gerieten, verschaffte Antipater den römischen Truppen im Auftrag Hyrkans die nötige Verpflegung. Als Verwandter des Aretas – er war über seine Frau Kypros mit dem nabatäischen Hochadel verschwägert – war er außerdem für die Rolle des Vermittlers prädestiniert, und er spielte diese Rolle gut: Er handelte einen Vertragsfrieden aus, bei dem die Nabatäer ihre Eigenständigkeit behielten und Scaurus 300 Talente Silber als Entschädigungszahlung bekam. Sein Vermögen und das Vertrauen, das Antipater bei den Römern genoss, waren so groß, dass er für diese erhebliche Summe persönlich bürgen konnte.

Die Darstellung des Josephus weist nun eine Lücke von fünf Jahren auf. Sein Bericht setzt wieder ein mit den Ereignissen des Jahres 57 v. Chr.: Aristobuls Sohn Alexander, der aus der römischen Gefangenschaft geflohen war und eine ansehnliche Streitmacht um sich geschart hatte, nahm Judäa im Handstreich und machte sich daran, die von Pompeius zerstörten Mauern Jerusalems wieder aufzubauen. Daran wurde er jedoch von den herannahenden Verbänden des Gabinius und Antipaters gehindert, und er musste sich nach schweren Verlusten in die alte Hasmonäerfestung Alexandreion zurückziehen und sich nach kurzer Belagerung durch römische Truppen (übrigens unter der Führung des jungen Marcus Antonius, der im Leben des Herodes noch eine bedeutende Rolle spielen sollte) ergeben. Genauso glücklos verlief ein weiterer Aufstandsversuch, den Aristobul, ebenfalls aus Rom entkommen, kurze Zeit später unternahm.

Aristobul wurde in Ketten nach Rom zurückgeschickt. Ans Aufgeben dachten er und seine Söhne jedoch noch nicht. Als Gabinius, nunmehr syrischer Statthalter in der Nachfolge des Scaurus, sich daran machte, das jüdische Territorium getreu der römischen Maxime *divide et impera* (»teile und herrsche«) in fünf Verwaltungsbezirke (*synedria*) mit je eigener Bezirksregierung aufzuteilen und den Hasmonäerstaat damit auch auf der Ebene der administrativen Strukturen abzuschaffen, stachelte dies den hasmonäischen Überlebenswillen nur noch mehr an. Im Unterschied zu dem politisch schwachen Hyrkan, der sich offenbar mit der Rolle des Hohenpriesters zufrieden gab und das Agieren auf der politischen Bühne faktisch seinem idumäischen Gefolgsmann Antipater überließ, hatten Hyrkans Bruder und Neffen die Idee eines unabhängigen Hasmonäerstaates noch nicht aufgegeben.

Antipater machte sich unterdessen den Römern erneut nützlich, als er Gabinius 55 v. Chr. auf seinem Feldzug nach Ägypten begleitete. Gabinius sollte dort gegen die horrende Summe von 100 000 Talenten König Ptolemaios XII. Auletes, der von den Alexandrinern vertrieben worden und nach Rom geflohen war, wieder zum Thron verhelfen – eine derart lukrative Unternehmung, dass er dafür seinen Partherfeldzug abbrach. Antipater sorgte auch dieses Mal wieder für Verpflegung und Waffen. Noch wichtiger war jedoch, dass er die in der ägyptischen Grenzstadt Pelusion stationierte jüdische Garnison, die den Römern zunächst den Durchmarsch verweigern wollte, zum Einlenken bewegen konnte. Als Idumäer jüdischen Glaubens – wir erinnern uns an die Einführung der jüdischen Religion in Idumäa durch den Hasmonäer Johannes Hyrkan (134–104 v. Chr.) – konnte er zu Gleichen sprechen, und er tat dies mit Erfolg.

Alexander ließ die Abwesenheit des Gabinius indes nicht ungenutzt und holte zu einem weiteren, allerdings wiederum erfolglosen Befreiungsschlag aus. Es ist erstaunlich, dass die Römer sein Leben auch dieses Mal schonten: Auf seinen Streifzügen durch Judäa tötete er alles, was römisch war. Wer sich retten konnte, floh auf den Berg Garizim in Samarien. Bei der Belagerung des Garizim kam Alexander der eilig aus Ägypten entsandte Antipater in die Quere. Antipater brachte es fertig, viele Soldaten des Hasmonäers zum Aufgeben zu bewegen. Eine Reststreitmacht blieb Alexander jedoch, und am Berg Tabor in Galiläa kam es zur Schlacht, die für den Hasmonäer desaströs endete. Dass Alexander künftig keine weiteren Erhebungen mehr unternahm, hat wohl damit zu tun, dass er auf Anregung Antipaters Alexandra, die Tochter Hyrkans heiratete (eine eheliche Verbindung, die sicherlich auch darauf zielte, die Familienbande zwischen Hyrkan, dem Vater der Braut, und seinem Bruder Aristobul, dem Vater des Bräutigams, zu stärken – leider eine vergebliche Maßnahme, wie die Zukunft zeigen sollte). Alexander war nun also der Schwiegersohn seines Onkels, des amtierenden Hohenpriesters, und hatte damit durchaus Chancen, dieses Amt selbst einmal zu bekleiden. Dass sich seine Hoffnungen nicht erfüllen würden, konnte er nicht absehen, und so gab er Ruhe.

1.5. Antipaters Aufstieg

Nach seiner Rückkehr aus Ägypten ordnete Gabinius die Verhältnisse in Jerusalem neu, und zwar »nach Antipaters Wunsch«, wie Josephus notiert, ohne weitere Einzelheiten zu nennen. Vermutlich ging es Antipater um die Wiederherstellung einer zentralen Regierungsinstanz in der judäischen Hauptstadt, die nicht zuletzt seine eigene Machtposition stärken sollte. 55 v. Chr. wurde Gabinius nach Rom zurückberufen. Dort wartete ein Prozess wegen Erpressung auf ihn, der mit seiner Verurteilung und Verbannung endete. Nachfolger des Gabinius wurde Licinius Crassus, der mit Cäsar und Pompeius dem ersten römischen Triumvirat angehörte und im Osten nach militärischen Ehren strebte. Zur Finanzierung seines Partherfeldzuges vergriff sich der neue syrische Statthalter am Jerusalemer Tempelschatz. Crassus hatte die Parther indes ganz gehörig unterschätzt. Nicht nur wurde sein Heer vernichtend geschlagen, auch er selbst bezahlte den Versuch, die Parther zu bezwingen, mit dem Leben. Er geriet in parthische Gefangenschaft und wurde nach grausamer Folter 53 v. Chr. enthauptet.

Nachfolger des Crassus wurde Gaius Cassius Longinus, der später als einer der Mörder Cäsars Bekanntheit erlangen sollte. Er war Truppenkommandant des Crassus und hatte sich aus der Niederlage gegen die Parther in den Westen retten können. Von dort aus unternahm er eine neue Offensive und vermochte die Parther in ihre Schranken zu verweisen. In Palästina galt es, neuen Aufständen der Juden zu begegnen. Aufstandsführer war dieses Mal ein gewisser Peitholaos, der vormals als General unter Antipater gedient, nun aber die Fronten gewechselt und sich Aristobul angeschlossen hatte. Die Aufständischen wurden am See Gennesaret bei Tarichaea, dem neutestamentlichen Magdala, vernichtend geschlagen. Josephus spricht von 30 000 Gefangenen, die in die Sklaverei verkauft wurden. Peitholaos wurde auf Anraten Antipaters hingerichtet. Auch nach der Schlappe, die die Römer auf dem Partherfeldzug des Crassus erlitten hatten, zweifelte Antipater offenbar nicht daran, dass Rom die

Weltmacht der Zukunft war, und ließ an seiner Loyalität gegenüber den Römern keinen Zweifel aufkommen.

Allerdings wurden die Verhältnisse in Rom zunehmend kompliziert. Nach dem Tode des Crassus war es zum offenen Bruch zwischen Cäsar und Pompeius gekommen, und Antipater musste aufpassen, dass er auf die sich wandelnden römischen Machtverhältnisse schnell genug reagierte und vor allem die richtigen Entscheidungen traf. Zu Beginn des Jahres 49 v. Chr. überschritt Cäsar mit zwei Legionen den Rubicon, jenen Grenzfluss zwischen *Gallia Cisalpina* und Italien, der zugleich die Grenze seines Machtbereichs markierte. Über seinen Führungsanspruch konnte nun kein Zweifel mehr bestehen. Im Zuge des Bürgerkrieges, der daraufhin zwischen den Lagern des Pompeius und Cäsars ausbrach, konnte sich Cäsar ziemlich genau ein Jahr später, im Januar 48 v. Chr., in Rom als *dictator* behaupten. Der Pompeius gewogene Teil des Senats war nach Thessalonich entkommen und etablierte dort eine Gegenregierung. Pompeius sammelte unterdessen eine Streitmacht von neun Legionen und 600 Schiffen, um Italien zurückzuerobern. Pompeius unterlag bei der entscheidenden Schlacht bei Pharsalos in Thessalien im August des Jahres 48 und floh nach Ägypten, um dort neue Kräfte zu sammeln.

Die unklare politische Situation in Rom hatte auf die Machtkonstellationen in Palästina erheblichen Einfluss: Da Cäsar im Osten, wo die Leute des Pompeius agitierten, Verbündete gut brauchen konnte, ließ er Aristobul aus der Kerkerhaft frei, stattete ihn mit eigenen Truppen aus und entließ ihn nach Palästina, wo er, so hoffte Cäsar, Antipater, der noch immer auf der Seite des Pompeius stand, ausschalten würde. Doch die Gefolgsleute des Pompeius waren schneller:

Sie vergifteten Aristobul, noch bevor er Rom verlassen konnte, und Alexander, dessen sie in Antiochia habhaft wurden, wurde auf Pompeius' Befehl hin von dessen Schwiegervater Q. Metellus Scipio, seit 49. v. Chr. syrischer Statthalter, enthauptet.

Die Hoffnungen des Pompeius, von Ägypten aus den Krieg gegen Cäsar fortsetzen zu können, zerschlugen sich indes ebenso schnell wie die Aristobuls auf die Rückkehr an die Macht: Die Berater des dreizehnjährigen Ptolemaios XIII., der gerade mit seiner einundzwanzigjährigen Schwester und Gemahlin Kleopatra VII. um den ägyptischen Thron stritt, hielten Cäsar für den aussichtsreicheren Verbündeten und ließen Pompeius, kaum dass sein Schiff angelegt hatte, ermorden. Als Cäsar wenige Tage später in Alexandria eintraf, wurden Kleopatra und Ptolemaios bei Cäsar vorstellig, damit dieser ihren Streit um den Thron schlichtete. Kleopatra machte des Rennen, weil sich Cäsar nämlich nachhaltig in die Einundzwanzigjährige verliebte, die zwar nicht die umwerfende Schönheit war, zu der sie der moderne Mythos gemacht hat – Münzbilder zeigen sie mit Hakennase und wenig femininer Physiognomie – wohl aber eine hochgebildete, geistreiche, charismatische Frau, die neun Sprachen beherrschte. Da die Kreise um den aus dem Felde geschlagenen Ptolemaios den Sieg der Kleopatra nicht hinnehmen wollten, kam es zum Krieg, der Cäsar sechs Monate in Atem halten sollte.

Für Antipater ergab sich nun eine willkommene Gelegenheit, die politischen Fronten zu wechseln und das Vertrauen Cäsars zu gewinnen, zu dessen Gegnern er ja offiziell noch zählte. Antipater gewann Mithridates von Pergamon, den Nabatäerkönig Malik und andere Herrscher aus der Region, zu denen er guten Beziehungen unterhielt, für das Unternehmen, Cäsar mit Hilfstruppen zu unterstützen. Dieser sah sich nämlich in Ägypten mit nur 4000 Mann einer Übermacht von 22000 Soldaten gegenüber. Auf ihrem Marsch nach Ägypten hatten die Verbände Antipaters zunächst Pelusion zu belagern und zu erobern und sahen sich dann dem Widerstand der ägyptischen Juden ausgesetzt, die im Gebiet von Heliopolis ansässig waren.[15] Wie schon während Gabinius' Ägyptenfeldzug acht Jahre zuvor leistete Antipater als Idumäer jüdischer Religion die entscheidende Vermittlungsarbeit. Er konnte ein Schreiben Hyrkans vorweisen, der mit der Autorität des Hohenpriesters zur Parteinahme für Julius Cäsar aufrief. So durften die Truppen, die dem Römer zur Hilfe eilten, unbehelligt passieren. Bei der anschließenden Schlacht im Nildelta stellte Antipater seinen Mut und sein strategisches Geschick unter Beweis, als die Truppen des Mithridates in Bedrängnis gerieten und Antipater sie durch eine Kriegslist rettete. In einem Brief an Cäsar lobte Mithridates den Heldenmut und die Verdienste Antipaters, und Cäsar zögerte nicht, diesen Loyalitätsbeweis zu honorieren: Er bestätigte Hyrkan, der nach der Darstellung des römischen Historikers Sueton übrigens selbst an der ägyptischen Kampagne teilgenommen hatte, als Hohenpriester, verlieh Antipater das damals für Ausländer noch seltene und dementsprechend begehrte römische Bürgerrecht und gewährte ihm Steuerfreiheit.

15 Ihr Siedlungsgebiet nennt Josephus »das Land des Onias«. Wir erinnern uns an den jüdischen Hohenpriester gleichen Namens, der vor rivalisierenden proseleukidischen Priesterkreisen aus Jerusalem nach Ägypten geflohen war und in Leontopolis einen eigenen jüdischen Tempelkult zu etablieren suchte. Offenbar hatte er damit Erfolg, denn rund 100 Jahre später trug ein ganzer von Juden bevölkerter Landstrich seinen Namen.

Anschließend unternahmen Cäsar und Kleopatra eine zweimonatige Fahrt auf dem Nil. Cäsar wäre den Nil herauf bis nach Äthiopien gefahren, schreibt Sueton, wenn sich nicht seine Truppen geweigert hätten, ihm bei diesem Unternehmen Gefolgschaft zu leisten. Später gebar Kleopatra einen Sohn, Ptolemaios XV., den sie auch Cäsarion, »kleiner Cäsar« nannte. Die Vaterschaft Cäsars war nicht unumstritten, doch hat Cäsar das Kind als seinen Sohn anerkannt. Im darauf folgenden Jahr, im Herbst 46 v. Chr. holte er Kleopatra nach Rom, wo er sie mit Geschenken und Ehrenbezeugungen überhäufte. Zunächst kehrte er jedoch allein nach Rom zurück, nicht ohne zum Schutz seiner Geliebten drei Legionen in Ägypten zurückzulassen.

In Rom wurde Antigonos, der sich nach der Ermordung des Vaters und des Bruders noch keineswegs geschlagen geben wollte, bei Cäsar vorstellig und klagte Hyrkan und Antipater an, sie hätten in Palästina unrechtmäßig die Macht an sich gerissen. Die Unterstützung Cäsars in Ägypten sei nichts anderes als ein Versuch gewesen, von der Freundschaft mit Pompeius abzulenken. Josephus erzählt nun eine schöne kleine Szene: Der ebenfalls in Rom anwesende Antipater habe, anstatt sich wortreich zu verteidigen, seinen Oberkörper entblößt und auf seine Wunden verwiesen, die er bei den Gefechten in Ägypten davongetragen hatte – eine Geste, die ihre Wirkung auf Cäsar nicht verfehlt hat. Er bestätigte erneut das Hohepriesteramt Hyrkans und ernannte Antipater zum Gouverneur von Judäa. In dieser Eigenschaft baute er mit römischer Erlaubnis die Mauern Jerusalems wieder auf. Außerdem betraute er zwei seiner Söhne mit politischen Ämtern: Phasaël, den Erstgeborenen, machte er zum Befehlshaber (*stratēgos*) von Jerusalem und Umgebung, und Herodes, den jüngeren, entsandte er mit gleicher Machtbefugnis nach Galiläa. Herodes war damals (47 v. Chr.) 26 Jahre alt.

2. Der Kampf um den Thron

2.1. Gouverneur in Galiläa

Nachdem Antigonos durch die klare Stellungnahme Cäsars zu Gunsten Antipaters in die Schranken verwiesen war, schien dem weiteren politischen Aufstieg des Idumäers und seiner Söhne nichts mehr im Wege zu stehen. Es sollte jedoch noch geschlagene zehn Jahre dauern, bis Herodes im Jahre 37 v. Chr. der König der Juden war, als der er in die Geschichte eingegangen ist.

In Galiläa machte Herodes schnell von sich reden, als er entschlossen gegen das Bandenunwesen durchgriff, das den Menschen besonders in den syrischen Grenzgebieten im Nordwesten zu schaffen machte. Von galiläischem Territorium aus unternahm ein gewisser Hiskia (auf Griechisch: Ezekias) mit seinen Freischärlern immer wieder Streifzüge auf syrischem Gebiet und überfiel und plünderte die Dörfer. Als Herodes dieser Bande habhaft wurde, ließ er sie kurzerhand hinrichten. Bei den Syrern war er damit ein gefeierter Mann, dessen Ruhm sich bis zum syrischen Statthalter Sextus Cäsar, einem Verwandten Julius Cäsars, herumsprach.

In Jerusalem dagegen versuchte der alteingesessene jüdische Adel, dem der Aufstieg Antipaters und seiner Söhne längst ein Dorn im Auge war, Herodes aus dieser Militäraktion einen Strick zu drehen. Unterstützt von den hartnäckigen Klagen der Mütter der Hingerichteten, die nach Jerusalem gekommen waren, um Herodes vor Gericht zu bringen, wirkten sie auf Hyrkan ein, er solle Herodes den Prozess machen, weil er ohne Zustimmung des jüdischen Rates, des Synhedrions, Todesurteile vollstreckt und sich damit eines Kapitalverbrechens schuldig gemacht habe.[16] Der von Josephus vermittelte Eindruck, dass Hyrkan ein zaghafter und entschlussloser Geist war, verstärkt sich hier einmal mehr: Einerseits schenkte Hyrkan den Gegnern Antipaters Gehör, die den Idumäer beschuldigten, heimlich die Macht an sich reißen zu wollen, andererseits sagt Josephus, Hyrkan habe den jungen Herodes geliebt wie einen Sohn. Jedenfalls kam es zum Prozess, zu dem Herodes mit einer Schutztruppe erschien. Nach der Darstellung der Antiquitates trat er bei diesem Prozess außerdem im Purpurgewand und mit herrscherlichem Gestus auf und schüchterte das Ratsgremium mächtig ein. Nur eine aufrechte Gestalt namens Schammai (griechisch: Sameas) habe Herodes die Stirn zu bieten gewagt. Herodes habe sich später an seinen Anklägern bitter gerächt und das ganze Ratsgremium kurzerhand ermorden lassen. Nur Schammai, den er wegen seiner aufrechten Haltung respektierte, habe er am Leben gelassen. Die Episode um den Prozess des Herodes ist ein schönes Beispiel für Josephus' Fähigkeit zur ausgewogenen Darstellung seiner Charaktere: Einerseits wirkt das herrscherliche Auftreten des Herodes wie ein Donnergrollen seiner

16 Wir wissen nicht, ob es sich bei diesem Gremium um eine ständige oder nur ad hoc vom Hohenpriester einberufene Institution handelte, ob es außerdem noch einen ständigen Jerusalemer Stadtrat gab und welche Rechtskompetenzen das Synhedrion im Einzelnen hatte. Aus den Angaben des Neuen Testaments zum Prozess Jesu geht hervor, dass die letzte Entscheidung bei Kapitalprozessen zumindest im 1. Jh. n. Chr. der römischen Verwaltung oblag.

späteren Tyrannenherrschaft; andererseits hat Herodes die Größe, einem Gegner, der es wert ist, Respekt zu zollen. In wie weit diese Episode auf historische Ereignisse zurückgeht, wissen wir nicht. Wir können nur etwas aussagen über die Funktion des Erzählten im Zusammenhang des Gesamtbildes, das Josephus von Herodes entwirft.

Herodes war, so Josephus weiter, mit einem Schreiben des Sextus Cäsar ausgestattet, Hyrkan solle sich hüten, es zu einer Verurteilung des Herodes kommen zu lassen. Nach der Darstellung des Bellum kam es zum Freispruch; in den Antiquitates heißt es dagegen, Hyrkan habe die Fortsetzung des Prozesses wegen der für Herodes ungünstigen Stimmung auf den nächsten Tag verschoben und Herodes zur heimlichen Flucht geraten. Herodes zog sich nach Damaskus zurück und fühlte sich von Hyrkan – wir wissen nicht, welche Fehlinformationen und Missverständnisse hierbei eine Rolle gespielt haben könnten – tief gekränkt und rüstete sich für einen Marsch auf Jerusalem. Seine Position war inzwischen gefestigt, weil ihn Sextus Cäsar (gegen entsprechende Bezahlung) zum Statthalter von Koilesyrien gemacht und ihm außerdem auch Samarien unterstellt hatte. Nur durch das beschwichtigende Einwirken seines Vaters und seines Bruders ließ sich Herodes von seinem Vorhaben abbringen.

Die weiteren Ereignisse standen wieder ganz im Zeichen der Machtkämpfe in Rom. Zwar war Pompeius 48 v. Chr. ermordet worden, doch dauerte das Kräftemessen zwischen Cäsarianern und Pompeianern an: Herodes' politischer Freund Sextus Cäsar wurde 45 v. Chr. von Caecilius Bassus umgebracht. Bassus übernahm die Truppen des Sextus Cäsar, riss auch die Statthalterschaft über Syrien an sich und verbündete sich mit den Parthern, die eigentlich Erzfeinde Roms waren. Die Cäsartreuen schickten sogleich Truppen, um Bassus aus dem Felde zu schlagen. In Apamea am Orontes kam es zur Belagerung des Bassus durch die cäsartreuen Verbände. Die römisch-römische Konfrontation zog sich, da die Belagerten offenbar gut versorgt und die Mauern Apameas ausreichend befestigt waren, in die Länge. Doch im März 44 v. Chr. wurde Julius Cäsar ermordet, und Cassius, einer der Cäsarmörder, kam nach Syrien. Dort gelang es ihm, die einander bekämpfenden römischen Truppen unter seiner Führung zu vereinigen und sich als neuer syrischer Statthalter zu behaupten – ein Amt, das ihm Cäsar ohnehin zugedacht und das er schon einmal in den Jahren 53–51 v. Chr. als Nachfolger des von den Parthern hingerichteten Crassus bekleidet hatte. In dieser Eigenschaft trieb er, weil er wegen des bevorstehenden Krieges gegen die Rächer Cäsars – Octavian (der spätere Cäsar Augustus) und Antonius – einen enormen Geldbedarf hatte, in der ganzen Provinz immense Summen ein. Allein von den Juden forderte er 700 Talente Silber. Antipater, der mit der sofortigen Eintreibung des Geldes beauftragt war, delegierte diese Aufgabe an einige seiner Vertrauten, darunter seine Söhne Phasaël und Herodes sowie ein gewisser Malchos, den Josephus als Meister der Intrige darstellt.

Herodes hatte seinen Anteil von 100 Talenten, den er in Galiläa einzutreiben hatte, schnell beisammen; in anderen Regionen, die sich nicht so zahlungswillig bzw. -fähig zeigten, griff Cassius hart durch und verkaufte die Bevölkerung ganzer Städte in die Sklaverei. Auch Malchos hätte den Zorn des Cassius zu spüren bekommen, hätte nicht Hyrkan Malchos' 100 Talente aus seinem eigenen Vermögen bezahlt. Die weitere Darstellung des Josephus ist ganz undurchsichtig: Auf einmal finden wir Antipater im Ostjordanland wieder, wo er sich vor Malchos, der erfolgreich gegen ihn agitiert hat, in Sicherheit bringen musste – ein erstaunlicher Vorgang, wenn man bedenkt, dass Antipater nach Hyrkan der erste Mann im Staate war. Als sich Phasaël und Herodes einschalten, löst sich auf einmal alles in Wohlgefallen und allseitige Versöhnung auf. Doch Malchos verspritzt weiter sein Gift, diesmal wortwörtlich: Er lässt Antipater bei einem Bankett vergiften und ergeht sich anschließend gegenüber seinen Söhnen in Unschuldsbeteuerungen. Herodes hatte gerade seine Position ein weiteres Mal stärken können: Da ihn Cassius für einen aussichtsreichen Verbündeten in der drohenden Konfrontation mit den Cäsarianern Octavian und Antonius hielt, erweiterte er seine Vollmachten in Syrien, stattete ihn mit weiteren Truppen aus und stellte ihm angeblich sogar den Königstitel in Aussicht. Wohl um seinen guten Ruf bei Cassius nicht durch innere Unruhen zu gefährden, unternahm er nichts gegen Malchos.

Dieses Detail zeigt, dass wir es nicht mit einem intriganten Einzelgänger zu tun haben. Offenbar hatte Malchos im Volk großen Rückhalt, so dass Herodes ihn nicht einfach beseitigen konnte. Möglicherweise ist Malchos Exponent eines breiten Widerstands im jüdischen Adel wie in der Bevölkerung gegen den Aufstieg Antipaters und den wachsenden Einfluss der Römer in der Region. Die Eigenart rhetorischer Historiographie kommt in der Episode um Malchos besonders deutlich zum Vorschein: Josephus ist auf weite Strecken gar nicht an einer objektiven Analyse von Machtkonstellationen interessiert, sondern am Rollenspiel seiner Charaktere, die er scharf profiliert: Hyrkan ist der Entschlusslose, Antipater, dem Josephus einen im Bellum wie in den Antiquitates gleichermaßen positiven Nachruf schreibt, der uneigennützig Tatkräftige, dem seine Arglosigkeit zum Verhängnis wird, Malchos der intrigante Bösewicht.

Malchos konnte noch eine Zeit lang gegen Herodes agitieren: Als Herodes »zum Fest«, wie Josephus schreibt (gemeint ist wahrscheinlich das jüdische Laubhüttenfest), nach Jerusalem kommen wollte, verwehrte Hyrkan auf Betreiben des Malchos der offenbar ganz oder überwiegend nichtjüdischen Leibgarde des Herodes den Zutritt zur Stadt mit dem Hinweis, dass sich während der Festtage keine Fremdstämmigen in Jerusalem aufhalten dürften. Herodes scherte sich nicht um diesen Befehl und betrat die Stadt in Begleitung seiner Garde zu nächtlicher Stunde. Als ihm Tags darauf Malchos über den Weg lief, tat dieser wieder so, als sei nichts geschehen und erging sich statt dessen in Bekundungen seiner Trauer über den Tod seines »Freundes« Antipater.

Die Gelegenheit für Herodes, den Tod seines Vaters zu rächen, ließ jedoch nicht mehr lange auf sich warten: Als Cassius von den Umtrieben des Malchos erfuhr, gab er höchstselbst den Befehl zu dessen Liquidierung. Herodes hatte nun freie Hand: Als man sich in Laodizea traf, wo sich Cassius gerade nach militärischen Erfolgen gegen die Cäsarianer feiern ließ, lud Herodes seinen Antagonisten (auch Hyrkan war anwesend) zu einem Strandspaziergang ein. Anschließend wolle er ein großes Festmahl veranstalten, gab Herodes vor, und schickte Diener in die Stadt voraus, angeblich für die zu treffenden Vorbereitungen, in Wahrheit, um einigen Militärs des Cassius Bescheid zu sagen, dass sie mit Dolchen bewaffnet an den Strand kommen sollten, um Cassius' Anordnung auszuführen. Hyrkan musste mit ansehen, wie sein Gefolgsmann niedergestochen wurde, und fiel vor

Entsetzen in Ohnmacht. Als er wieder zu sich kam, erfuhr er, dass hinter dem Anschlag auf Malchos kein Geringerer als Cassius stand. Da beeilte er sich, seine Zustimmung zu demonstrieren und sich von Malchos, dem Staatsfeind, zu distanzieren.

Cassius verließ Syrien 42 v. Chr., um sein Heer mit den Truppen des Brutus zu vereinigen und sich zur Entscheidungsschlacht gegen M. Antonius und Octavian zu rüsten. Herodes und Phasaël bekamen das Fehlen einer starken römischen Hand sofort zu spüren: Ein gewisser Helix, der wie Malchos dem Widerstand des prohasmonäischen Jerusalemer Adels zuzurechnen ist, erhob sich gegen Phasaël. Was mit dem Anschlag auf Antipater und der Agitation des Malchos nicht gelungen war, sollte nun mit Hilfe der Truppen Hyrkans, die dem Kommando des Helix unterstanden, bewerkstelligt werden: den Einfluss Antipaters und seiner Söhne auszuschalten und die Macht wieder ganz in hasmonäische Hände zu legen. Helix scheiterte mit seinem Aufstandsversuch, wurde jedoch von Phasaël, wohl weil er den Zorn des Volkes im Falle einer Hinrichtung des Helix fürchtete, verschont. Auch gegen Hyrkan, der das ganze Unternehmen offenbar gebilligt hatte, unternahm Phasaël nichts und beließ es bei Vorwürfen. Unterdessen versuchte ein Bruder des Malchos, der sich auf der am Westufer des Toten Meeres gelegenen Felsenfestung Masada verschanzt hatte, den Kampf gegen die Antipatersöhne fortzusetzen, jedoch erfolglos. Herodes, der Phasaël krankheitshalber gegen Helix nicht hatte beistehen können, eilte nach seiner Genesung aus Damaskus herbei und griff hart gegen die Aufständischen durch. Malchos' Bruder musste Masada schließlich aufgeben, doch kam auch er mit einem Verhandlungsfrieden davon.

Auch Antigonos, der nach Cäsars Machtwort zu Gunsten Antipaters vor fünf Jahren von der Bildfläche verschwunden war, meldete sich in den unruhigen Monaten des Jahres 42 v. Chr., in denen so mancher lokale Fürst seine Machtposition glaubte stärken zu können, auf der politischen Bühne zurück. Er hatte sich 47 v. Chr. an den Hof des Ptolemaios von Chalkis im Libanon zurückgezogen, mit dem er über seine Schwester verschwägert war. Ptolemaios versorgte ihn mit den nötigen Mitteln für eine Offensive gegen seinen Onkel Hyrkan und die Antipatersöhne, die seinen Ambitionen gleichermaßen im Wege standen. Antigonos bestach Fabius, den römischen Strategen in Damaskus, der eben noch auf Herodes' Seite gestanden hatte, und verbündete sich mit Marion, dem Fürsten von Tyrus. Antigonos sollte Herodes noch hart zusetzen, doch für dieses Mal vermochte er ihn zurückzuschlagen und Marion aus dem galiläischen Territorium, in das er bereits vorgedrungen war, zu vertreiben.

2.2. *Die Verlobung mit Mariamme*

Auch das gespannte Verhältnis zwischen Herodes und Hyrkan nahm eine zunächst glückliche Wendung, die jedoch nicht mit militärischen, sondern mit familienpolitischen Mitteln zu Stande kam: Herodes verlobte sich, einunddreißigjährig, mit der Hasmonäerprinzessin Mariamme. Zum Zeitpunkt ihrer Verlobung war Mariamme erst zwölf Jahre alt. Sie war die Tochter der Alexandra, der Tochter Hyrkans, und des Alexander, des Sohnes Aristobuls. Zur Erinnerung: Aristobul, ihr Großvater väterlicherseits, und ihr Vater Alexander waren 49 v. Chr. den politischen Wirren in Folge der Rivalität zwischen Pompeius und Cäsar zum Opfer gefallen. Die bittere Erfahrung der Sechsjährigen, einen nahen Angehörigen durch einen politischen Mord zu verlieren, sollte nicht die letzte dieser Art im Leben der Mariamme sein.

Über die Motive des Herodes einerseits und Alexandras und Hyrkans andererseits, die zu dieser Verlobung geführt haben, ist viel nachgedacht worden. Josephus führt Herodes' Verlobung und spätere Heirat mit Mariamme auf politisches Kalkül zurück: Er habe durch die Einheirat in die Familie ihres angesehenen Großvaters die Gunst des Volkes gewinnen wollen. Die Herodesforschung hat sich diesem Urteil weitgehend angeschlossen und die Verbindung mit Mariamme als klugen Schachzug des Herodes auf dem Weg zum judäischen Thron gewertet. Abraham Schalit hat dem widersprochen und die These vertreten, Herodes habe als politisch erfahrener Kopf wissen müssen, dass eine Ehe mit Mariamme weder sein Ansehen beim Volk, geschweige denn bei den einflussreichen Pharisäern steigern, noch ihm die Legitimation als König der Juden einbringen konnte. Allein leidenschaftliche Liebe sei Herodes' Motiv gewesen. Dass die Ehe mit Mariamme der späteren Herrscherstellung des Herodes eher geschadet als genützt hat, ist jedoch aus der Rückschau des Historikers geurteilt. Die Verlobung mit einer Zwölfjährigen – die Hochzeit erfolgte erst fünf Jahre später! – sieht doch eher nach einer politischen Verbindung aus (was nicht ausschließt, dass Herodes Mariamme später dennoch leidenschaftlich und eifersüchtig geliebt hat). Herodes' Einheirat in die alte jüdische Aristokratenfamilie brachte ihm zumindest kurzfristig einen erheblichen Zuwachs an Beliebtheit beim Volk – »auch die, die ihm lange Zeit widerstrebt hatten, wurden damals durch die Verschwägerung mit Hyrkan für ihn gewonnen«, merkt

Josephus an (Bell. 1,12,3/240) – und Hyrkan hatte in Herodes nun einen zuverlässigeren Verbündeten, der gute Beziehungen zu Rom garantierte und seine Position gegenüber Antigonos stärkte. Möglicherweise verstehen wir die Verlobung mit Mariamme am besten als Versuch beider Parteien, sich durch die neu geknüpften Familienbande gegenseitig in die Pflicht zu nehmen, ohne dass damit konkrete politische Schachzüge verbunden gewesen wären. Man signalisierte einander einfach, dass man sich in unübersichtlicher politischer Lage aufeinander zu verlassen gedachte oder doch zumindest nicht gegeneinander arbeiten wollte.

Mariamme war bereits Herodes' zweite Frau. Das erste Mal hatte er 47 v. Chr. geheiratet, als er seine Kommandantur in Galiläa antrat. Die Vielehe war zur Zeit des Herodes in Palästina zwar nicht unbedingt üblich, grundsätzlich aber durchaus möglich. Über die Herkunft von Herodes' erster Frau Doris macht Josephus unklare Angaben: In Bell. 1,12,3/241 nennt er sie *gynaika tōn epichōriōn ouk asēmon*, was mit »eine vornehme Frau aus jüdischem Geschlecht« bei Michel und Bauernfeind interpretierend und möglicherweise unkorrekt übersetzt ist. Entnehmen lässt sich der Stelle nur, dass Doris aus einer angesehenen, in Judäa ansässigen Familie stammt. Ob sie jüdisch war, lässt sich auf Grund des Wortlauts weder beweisen noch ausschließen. Aus Bell. 1,22,1/432 (*genos ēn ex hierosolymōn*) geht nur hervor, dass Doris' Familie in Jerusalem lebte, nicht, ob sie auch von dort stammte. Die dritte Stelle, an der Josephus Angaben über Doris' Herkunft macht, ist Ant. 14,12,1/300. Dort nennt er Doris *dēmotin ek tou ethnous*, was man mit »Bürgerin des Volkes« übersetzen kann. Die Frage ist nur, welches Volk gemeint ist: das jüdische oder das des Idumäers Herodes. Hier divergieren die Übersetzungen ebenso wie die Angaben der Herodes-Biographen. Peter Richardson führt Doris ein als »Jüdin aus Jerusalem«, bei Nikos Kokkinos lesen wir dagegen: »Doris war offenbar von idumäischer Abstammung«. Beide Autoren zeichnen sich dadurch aus, dass sie jeweils in einer Anmerkung auf die unsichere Textgrundlage ihrer Interpretation hinweisen. Wir haben uns diesem Detail nun ebenfalls ausführlicher gewidmet, weil es erstens ein schönes Beispiel dafür abgibt, wie unzuverlässig Übersetzungen antiker Texte im Zweifelsfall sein können. Man ist immer gut beraten, auf den Text in der Originalsprache und auf wissenschaftliche Kommentare zurückzugreifen, wenn sich Entscheidungen in der Interpretation auf den genauen Wortlaut einer Stelle stützen. Zweitens ist Doris' Herkunft deshalb von Bedeutung, weil sie möglicherweise Rückschlüsse auf Herodes' Verhalten ihr gegenüber zulässt: Als er nämlich 37 v. Chr. Mariamme heiratete, verstieß er Doris und Antipater, ihren gemeinsamen Sohn, aus seinem Umfeld. Antipater durfte Jerusalem fortan nur noch zu den großen Jahresfesten betreten. Hat Herodes seine erste Frau verstoßen, weil eine Ehe mit einer Idumäerin für den in der jüdischen Gesellschaft aufstrebenden Herodes nicht opportun war? Gab es Eifersucht zwischen Doris und Mariamme wie einst zwischen den Patriarchenfrauen Sara und Hagar? Wir wissen es nicht, können aber darüber mutmaßen. Sollte Doris idumäischer Herkunft gewesen sein, wie Nikos Kokkinos annimmt, könnte die Trennung von Doris politische Gründe gehabt haben.

Im Herbst des Jahres 42 v. Chr. kam es bei Philippi zur Entscheidung zwischen Cassius und Brutus und den Cäsaranhängern Marcus Antonius und Octavian. Cassius und Brutus hatten ihre Truppen in zwei Lager aufgeteilt. Antonius rückte gegen Cassius vor, während Brutus Octavian angriff. Cassius wurde besiegt und wählte den Freitod. Brutus konnte sich zunächst gegen Octavian behaupten, der sein Heil in der Flucht suchte. In einer zweiten Schlacht Ende Oktober unterlag jedoch auch Brutus, der wie Cassius durch Selbstmord endete. Octavian kehrte nun nach Italien zurück, Antonius bereiste den Osten, um die dortigen Verhältnisse neu zu ordnen und bei dieser Gelegenheit den östlichen Provinzen, die für die Finanzierung der innerrömischen Machtkämpfe schon genug geblutet hatte, gleich weitere Summen aufzuerlegen. Für Herodes und Phasaël, die bisher treue Verbündete des Cassius gewesen waren, hatte der Sieg des Antonius natürlich erhebliche Konsequenzen. Wie würde der neue starke Mann mit den Parteigängern seines Erzfeindes umgehen? Zweifellos wurden die politischen Karten nun neu gemischt, und die Feinde der Antipatersöhne hielten ihre Zeit für gekommen. Doch hatten Herodes und Phasaël eigentlich nichts zu befürchten. Wer sich der Macht nicht allzu sehr genähert und nicht in den obersten Rängen mitgemischt hatte, konnte in der Regel davon ausgehen, dass er Situationen des Machtwechsels unbeschadet überstand. Es war ja nicht das erste Mal, dass die Neuverteilung der Macht in Rom in Judäa glatt über die Bühne ging: Antipater war von Pompeius zu Pompeius' Rivalen Cäsar übergewechselt und dann von Cäsar zu den Cäsarmördern Cassius und Brutus. Nun standen also Antipaters Söhne vor der Aufgabe, Antonius davon zu überzeugen, dass sie ihm genauso loyale Gefolgsleute sein würden wie vordem Cassius.

2.3. *Herodes und Marcus Antonius*

Als Antonius 41 v. Chr. ins kleinasiatische Bithynien kam (die am Schwarzen Meer gelegene römische Provinz im Nordwesten der heutigen Türkei), wurden zahlreiche Delegationen bei ihm vorstellig, die dem neuen Herrscher ihre Aufwartung machen wollten. Es erschien auch eine jüdische Abordnung, die Herodes und Phasaël beschuldigte, sie hätten längst die Macht im Staate an sich gebracht und Hyrkan sei Herrscher des Landes nur noch dem Namen nach. Doch Herodes, der ebenfalls zugegen war, sorgte mit Geld und guten Worten dafür, dass Antonius die Delegation gar nicht erst anhörte. Einer zweiten Gesandtschaft gelang es jedoch, zu Antonius vorzudringen, als dieser sich gerade in der Nähe von Antiochia aufhielt. Mit Marcus Valerius Messala, einem angesehenen Rhetor im Dienste des Antonius, hatte Herodes jedoch den besseren Anwalt. Ausschlaggebend war schließlich das Votum Hyrkans, der sich ebenfalls für Herodes aussprach. Außerdem hatte Antonius Herodes' Vater Antipater noch in guter Erinnerung. Der junge Antonius war Antipater begegnet, als er unter Gabinius gegen den aufsässigen Aristobul und dessen Söhne gekämpft hatte. Das Ergebnis der Anhörung war für Herodes und Phasaël denkbar positiv: Antonius ernannte sie zu Tetrarchen.[17] Die jüdische Gesandtschaft äußerte ihren Unmut über Antonius' Entscheidung offenbar in einer solch unziemlichen Weise, dass

---

17 »Tetrarch«, ursprünglich Titel für den Herrscher über den vierten Teil eines Gebietes, bezeichnet auch allgemein einen Herrscher zweiter Ordnung unabhängig von der Größe des zugeteilten Herrschaftsgebietes. Hyrkan als Ethnarch, »Herrscher des Volkes«, war noch immer der erste Mann im Staat.

Antonius die Emissäre zum Teil in Haft nahm und im Übrigen mit Schimpf und Schande davonjagte. Die Situation eskalierte, als eine weitere, nunmehr 1 000köpfige Delegation bei Antonius eintraf, der inzwischen nach Tyrus weitergezogen war. Die Abgesandten wollten sich weder durch Antonius' Drohungen noch durch das gute Zureden Hyrkans und Herodes' warnen lassen und brachten ihre Proteste lautstark zum Ausdruck. Da riss Antonius der Geduldsfaden und er ließ unter den aus Jerusalem Angereisten ein Blutbad anrichten. Als sich die Entkommenen immer noch nicht zurückziehen wollten, ließ Antonius auch die Gefangenen, die er noch von der vorigen Delegation in Gewahrsam hatte, hinrichten. Der hartnäckige Widerstand gegen den weiteren Machtzuwachs der Antipatersöhne, der Antonius aus Jerusalem entgegenschlug, lässt die wenig freundliche Einstellung erahnen, die man nun in weiten Bevölkerungskreisen gegenüber Herodes und Phasaël hegte.

In den Antiquitates (14,12,2–3/304–313) berichtet Josephus noch von einer weiteren Gesandtschaft, die unter der Leitung Hyrkans bei Antonius vorsprach. Hyrkan ging es um die Freilassung der von Cassius versklavten Juden und um die Rückgabe galiläischer Gebiete, die an Tyrus gefallen waren (offenbar war es Herodes doch nicht gelungen, Marion, den Verbündeten des Antigonos, gänzlich aus dem von ihm annektierten galiläischen Territorium zu vertreiben). Josephus stellt nicht nur fest, dass Antonius den Bitten Hyrkans entsprochen hat, sondern zitiert sogar wörtlich die Dekrete, die Antonius daraufhin an die tyrischen Städte geschickt hat. Wir stoßen hier auf ein besonderes schriftstellerisches Anliegen der Antiquitates: Zwei Jahrzehnte nach der Niederschlagung des jüdischen Aufstandes gegen Rom will Josephus anhand möglichst vieler Beispiele zeigen, dass die Römer stets fair mit den Juden umgegangen und dass Repressionen von römischer Seite im Grunde die Ausnahme geblieben sind. Deshalb zitiert er in den Antiquitates offizielle römische Urkunden, die die seit alters her bestehenden Privilegien der Juden unter römischer Herrschaft dokumentieren. In manchen Fällen zeigt ein Vergleich mit den erhaltenen Originaldokumenten, dass Josephus den Wortlaut dieser Texte zu Gunsten der Juden etwas aufpoliert hat. Andere Texte stehen unter dem Verdacht, Josephus habe sie überhaupt selbst verfasst. Im Falle von Antonius' Briefen an die Tyrer muss sich Josephus von Rom aus Abschriften aus tyrischen Archiven beschafft haben – trotz gut funktionierender Postwege im römischen Reich ein aufwendiges Unterfangen. Doch wollen wir Josephus nicht nachspionieren, ob er Urkunden geschönt oder gar gefälscht hat. Entscheidend ist, dass er als Geschichtsschreiber zugleich Apologet seines Volkes war, dem die Lebensbedingungen seiner jüdischen Landsleute im Mutterland wie in der Diaspora am Herzen lagen, und nicht etwa ein Propagandaschriftsteller der Römer, für den ihn die Forschung immer wieder gehalten hat.

Als Antonius die zweite jüdische Gesandtschaft in Antiochia empfing, war er, so Josephus, »schon Sklave der Liebe zu Kleopatra geworden«. Er hatte die damals Achtundzwanzigjährige ins kilikische Tarsus zitiert, um wegen ihrer Unterstützung für Cassius Rechenschaft von ihr zu fordern. Sie kam auf einer prächtigen Barke den Fluss Kydnos heraufgesegelt, die mit Gold, Silber und edlen Stoffen derart reich verziert und geschmückt war, dass es Antonius schier den Atem verschlug. Vor allem aber die Erscheinung Kleopatras selbst, die im Gewand der Venus auftrat, verfehlte ihre

Wirkung auf Antonius nicht. Vergessen war alles politische Misstrauen, vergessen waren auch die Parther, die Rom an der Ostgrenze des Imperiums immer gefährlicher wurden. Antonius folgte Kleopatra nach Ägypten und verbrachte den ganzen Winter (41/40 v. Chr.) mit ihr. Bei Plutarch lesen wir:

»Den Antonius fesselte sie so sehr an sich, daß er ... sich ohne Bedenken von Kleopatra mit nach Alexandreia nehmen ließ, wo er sich, gleich einem müßigen Jüngling, ganz den Spielen und Lustbarkeiten überließ und die Zeit, das kostbarste aller Güter, ... in Üppigkeit verprasste« (Antonius 28).[18]

2.4. Niederlage und Flucht

Die Parther ließen die günstige Situation, die durch Antonius' Müßiggang entstanden war, nicht ungenutzt und rüsteten sich für eine Westoffensive. Gegen Ende des Jahres 41 v. Chr. überschritt das Partherheer den Euphrat und nahm Syrien im Handstreich. Den militärischen Oberbefehl hatten Pakoros, Sohn des Partherkönigs Orodes II., und – ein Römer! Quintus Labienus war der Sohn des berühmten T. Labienus, der sich als Cäsars Legat in Gallien große Verdienste erworben hatte, während des Bürgerkrieges aber zu Pompeius übergewechselt und zu einem der gefährlichsten Gegner Cäsars geworden war. Wie dem Vater, der 45 v. Chr. in Spanien in der Schlacht bei Munda sein Leben gelassen hatte, so gab auch dem Sohn die Gegnerschaft zu den Cäsarianern die Richtung seines Handelns vor. Schon 43 v. Chr. war er als Gesandter von Cassius und Brutus zu Orodes II. gereist, um den Partherkönig als Verbündeten gegen Antonius und Octavian zu gewinnen. Nach der Niederlage von

18 Zitiert nach PLUTARCH, Lebensbeschreibungen, Bd. 6, 128.

Philippi 42 v. Chr. hatte es Labienus vorgezogen, nicht mehr auf römisches Territorium zurückzukehren, doch nun sah er seine Stunde gekommen. In Syrien traf das Partherheer kaum auf nennenswerten Widerstand: die Truppen des von Antonius eingesetzten syrischen Statthalters L. Decidius Saxa liefen zu Labienus über, der sich siegesgewiss den Titel *Imperator Parthicus* beilegte und diesen Anspruch mit eigenen Münzen (Q LABIENUS PARTHICUS IMP) dokumentierte. Er wandte sich mit einem Teil des Heeres nach Kleinasien, während Pakoros in Begleitung des parthischen Satrapen Barzaphranes durch Syrien bis nach Phönizien und Judäa zog. Allerorten wurden die parthischen Truppen als Befreier vom römischen Joch willkommen geheißen. Zu schamlos hatten sich die Agenten Roms an den Völkern Syriens und Kleinasiens bereichert, zu drückend war die Last der zahlreichen Sonderabgaben geworden, die den Menschen seit Pompeius' Einmarsch in Syrien auferlegt worden waren. Auch in Judäa verknüpfte man mit der neuen Situation große Hoffnungen. Auf einmal bestand die realistische Chance, den romhörigen Hyrkan samt Herodes und Phasaël, den Vollstreckern der römischen Habgier, loszuwerden. Dies rief Antigonos auf den Plan, dessen Bündnis mit Marion von Tyrus zwei Jahre zuvor nichts gefruchtet hatte. Nun konnte er auf ungleich stärkere Verbündete hoffen, und tatsächlich nahm das weitere Geschehen eine dramatische, für die Antipatersöhne höchst folgenschwere Wendung.

Antigonos und Lysanias, Sohn und Nachfolger des inzwischen gestorbenen Ptolemaios von Chalkis, gewannen die parthische Unterstützung für das Ansinnen des Antigonos, endlich die Macht wieder zu übernehmen, die seinem Vater Aristobul entrissen worden war. Man vereinbarte eine Vergütung von

1 000 Talenten und 500 Frauen. Während Barzaphranes den Weg durch das Binnenland nahm, rückte Pakoros entlang der Küste nach Judäa vor. Ein königlicher Mundschenk gleichen Namens bildete mit einer berittenen Einheit die Vorhut. Zahlreiche Juden schlossen sich Antigonos und den parthischen Truppen auf dem Vormarsch nach Jerusalem an. Die Stadt war schnell eingenommen, wenn die Juden die Stadttore nicht überhaupt freiwillig geöffnet hatten. Herodes und Phasaël, die von ihren Gegnern in der Königsburg belagert wurden, verteidigten sich nach Kräften. Die Lage verschärfte sich, als zum jüdischen Wochenfest zahlreiche Festpilger vom Lande nach Jerusalem strömten und sich dem bewaffneten Kampf gegen die Antipatersöhne anschlossen. Da Antigonos seiner Gegner dennoch nicht Herr wurde, versuchte er, sie zu überlisten: Er schlug vor, den Konflikt auf dem Verhandlungsweg zu lösen und bei Barzaphranes, der sich gerade in Galiläa aufhielt, einen formellen Friedensschluss auszuhandeln. Herodes misstraute diesem Vorschlag zu Recht, Phasaël und Hyrkan dagegen schlugen alle Bedenken in den Wind und machten sich auf den Weg nach Galiläa. Barzaphranes empfing sie äußerst freundlich und ließ sie nach den Verhandlungen auch unbehelligt wieder abziehen. Auf dem Rückweg kam Phasaël und Hyrkan jedoch zu Ohren, dass Antigonos die 500 Frauen, die er den Parthern zugesagt hatte, aus den Familien Hyrkans und der Antipatersöhne zu rekrutieren gedachte. Außerdem merkten sie, dass sie während der Rückreise ständig beschattet wurden. Anstatt sein Heil in der Flucht zu suchen, machte Phasaël kehrt und stellte Barzaphranes empört zur Rede. Dieser stritt alle Vorwürfe ab, ließ freilich Phasaël und Hyrkan wenig später dennoch gefangen nehmen. In Jerusalem versuchte unterdessen

Pakoros der Mundschenk, Herodes in seine Gewalt zu bekommen. Doch Herodes, der von der Gefangennahme Phasaëls erfahren hatte und für den die Situation in der Hauptstadt immer gefährlicher wurde, setzte sich mit seinem engsten Umfeld, darunter seine Mutter Kypros, seine Verlobte Mariamme und deren Mutter Alexandra, heimlich in Richtung Idumäa ab. Sowie die Parther die Flucht des Herodes bemerkten, setzten sie ihm nach und attackierten den Zug der Flüchtlinge. Noch mehr machten Herodes Angriffe von jüdischer Seite zu schaffen, die ihn einige Kilometer vor dem Ziel seiner Flucht zu einem längeren Gefecht zwangen, wenngleich sie ihn nicht zu bezwingen vermochten. Josephus berichtet, Herodes habe später an derselben Stelle die Palastfestung Herodeion errichtet. Dass er sich damals gegen die jüdischen Angreifer hatte behaupten können, war offenbar weder militärisch eine Kleinigkeit, noch politisch eine Nebensache. Die Errichtung einer Festung an symbolträchtigem Ort war für Herodes wohl eine ständige Erinnerung daran, dass er, der spätere König der Juden, sich vor den Juden, obwohl er doch selbst jüdischen Glaubens war, stets in Acht nehmen musste.

Wie Herodes seine Lage in diesen Tagen einschätzte, geht aus einer Episode hervor, die wiederum nur in den Antiquitates enthalten ist: Als in unwegsamem Gelände ein Eselskarren umstürzte und es so aussah, als sei seine Mutter dabei lebensgefährlich verletzt worden, überkam Herodes die Verzweiflung. Er fürchtete um das Leben seiner Mutter und musste außerdem damit rechnen, dass die Feinde ihn einholen würden, bevor der Karren wieder in Stand gesetzt war. So zückte er sein Schwert und hätte sich auch das Leben genommen, wenn ihn nicht die Umstehenden daran gehindert und zum Durchhalten ermahnt hätten.

Daraufhin kam seine Mutter wieder zu sich, offenbar doch nur leicht verletzt, und der Treck setzte sich wieder in Bewegung. Es ist schwer zu sagen, ob die Szene historisch ist oder nicht. Ein wenig konstruiert wirkt sie schon. Im Erzählzusammenhang soll sie wohl signalisieren, dass Herodes in den Tagen seiner Flucht auf dem absoluten Tiefpunkt angelangt war und dies auch selber so empfunden hat. Die Dramatik des Erzählten wird auf diese Weise gesteigert (man liest nun die Geschichte nicht einfach aus der Perspektive des Rückblicks auf den guten Ausgang) und das Charakterbild des Herodes erhält größere Tiefe: Selbst Herodes, »der Heldenhafte«, war nicht so unangreifbar, dass er nicht auch hat verzweifeln können. Schon antike Leser waren für menschliche Züge im Charakter großer Persönlichkeiten empfänglich.

Als Ziel seiner Flucht wählte Herodes die Felsenfestung Masada, die durch ihre Lage auf einem Hochplateau am Westufer des Toten Meeres praktisch uneinnehmbar war (erst die Römer eroberten Masada 73 n. Chr. mit großem Aufwand und unter Einsatz ihrer modernsten Belagerungstechnik). Bei Masada entließ Herodes auf Anraten seines Bruders Joseph, der ihm aus Idumäa entgegengezogen war, den Teil seines Gefolges, den die auf der Festung gelagerten Vorräte nicht ernähren konnten, nach Idumäa, und quartierte nur seine Familienangehörigen samt einer ausreichenden Bewachung dort ein. Er selbst machte sich auf den Weg ins nabatäische Petra, wo er Unterstützung gegen die Parther und Antigonos zu gewinnen hoffte.

Die Parther, die in Jerusalem den Besitz des Herodes plünderten und dabei feststellen mussten, dass Herodes einen großen Teil davon zuvor nach Idumäa in Sicherheit gebracht hatte, drangen auf idumäisches

Gebiet vor und verwüsteten die Stadt Marisa. Möglicherweise bestanden alte Beziehungen zwischen Marisa, in hasmonäischer Zeit das Verwaltungszentrum für ganz Idumäa, und der Familie des Herodes. Schon Herodes' Großvater Antipas war unter dem Hasmonäer Alexander Jannai Gouverneur von Idumäa gewesen, wahrscheinlich mit Sitz in Marisa. Es ist gut möglich, dass Herodes alte Kontakte dorthin nutzte, als er sich nach dem Verlust seiner Jerusalemer Machtbasis neu orientieren musste.

In Jerusalem kam es indessen, wie es kommen musste: Die Parther »setzten Antigonos als König ein«, d. h. wohl, dass er wie sein Vorgänger Hoherpriester und zugleich oberster weltlicher Herrscher in Judäa wurde. Die Entmachtung Hyrkans und der Antipatersöhne war damit gewissermaßen amtlich. Um ganz sicher zu gehen, dass Hyrkan nicht durch irgend eine Wendung der Ereignisse doch wieder an die Macht zurückkehren würde – in den Antiquitates heißt es, die Parther seien wegen der versprochenen Frauen, die Antigonos auf Grund der weisen Voraussicht des Herodes nun schuldig bleiben musste, etwas verstimmt gewesen – ließ Antigonos seinem Onkel die Ohren abschneiden (nach den Antiquitates hat er sie ihm höchstselbst abgebissen). Damit war Hyrkan für das Hohepriesteramt untauglich, da das jüdische Gesetz nur körperlich Unversehrte als Priester zuließ. In diesem bejammernswerten Zustand wurde er als Gefangener nach Babylonien geschickt. Phasaël kam seiner Hinrichtung, der er sich wegen seiner Gegnerschaft zu Antigonos sicher sein konnte, durch den Freitod zuvor. Josephus erzählt, er habe, weil er wegen seiner Fesseln nicht selbst Hand an sich legen konnte, seinen Kopf an einem Felsen zerschmettert. Die Darstellung von Phasaëls Tod ist ein schönes Beispiel dafür, wie ein griechisch-römischer Autor einen Helden ehrenhaft sterben lässt. In der Antike musste das Sterben nämlich anders als heute bestimmten gesellschaftlichen Standards genügen. Während sich die abendländische Menschheit seit Augustin um ein seliges Sterben sorgte, ging es in der griechisch-römischen Antike darum, so zu sterben, dass der Tod einem ehrenvollen Leben gewissermaßen die Krone aufsetzte. Dazu gehörten Todesmut, ein aufgeräumter Seelenzustand und wohlgesetzte letzte Worte. Bei Phasaël finden wir alle drei Elemente: Obwohl er gefesselt war, gelang es ihm, der entwürdigenden Hinrichtung durch den Freitod zuvorzukommen. Josephus bescheinigt ihm:

»Er starb wahrhaft tapfer und gestaltete so sein Ende würdig den Taten seines Lebens« (Bell. 1,13,10/271).

Damit Platz für letzte Worte ist, muss Phasaël seinen Sturz auf den Felsen zunächst überleben. Erst als ihm Ärzte, die von Antigonos geschickt werden, Gift verabreichen, stirbt er. Dazwischen hat er noch Zeit, von einer Informantin über die Flucht des Herodes in Kenntnis gesetzt zu werden. Sein Kommentar:

»Jetzt gehe ich bereitwillig dahin, da ich lebend zurücklasse den, der meine Feinde bestrafen wird« (Bell. 1,13,10/272).

Im Griechischen ist dieser Satz so konstruiert, dass das Wort »lebend« wirkungsvoll am Ende steht: Phasaël »stirbt« guten Mutes, weil sein Bruder und Rächer »lebt«. Ein wesentliches Element dieser Sterbeszene ist auch der Kontrast, der durch die Verschlagenheit des Antigonos aufgebaut wird: der Schuft heuchelt Hilfeleistung durch Ärzte, doch diejenigen, die ausgebildet wurden, um Leben zu retten, kommen, um zu töten. Antike Biographie lebt nicht zuletzt vom scharf gezeichneten Kontrast zwischen guten und schlechten Charakteren. Die antike Rhetorik nennt dieses Stilmittel *synkrisis*, »Vergleich«. Antike Biographie ist immer auch ein Mittel, Charaktere nach konventionell vorgegebenen Kriterien zu stilisieren. Diese Charakterbilder entsprechen nur bedingt, manchmal auch gar nicht historischen Sachverhalten. Wie Phasaël tatsächlich gestorben ist, wissen wir nicht. Wir können nur vermuten, dass Herodes' Hofchronist Nikolaus von Damaskus dem Bruder seines Auftraggebers ein ehrendes Andenken zu bewahren hatte. Da Phasaël in den großen thematischen Spannungsbögen weder des Bellum noch der Antiquitates eine Rolle spielt, konnte Josephus die Darstellung vom Ende des Phasaël einfach aus seiner Quelle übernehmen. Herodes ist in der josephischen Zeichnung ein weitaus komplexerer Charakter als sein älterer Bruder. Wir sollten deshalb umso größere Vorsicht walten lassen, wenn wir vom »literarischen« auf die Persönlichkeit des »historischen« Herodes schließen.

Doch kehren wir zur äußeren Handlung zurück. Nachdem Herodes seine Familie auf Masada sicher untergebracht hatte, machte er sich auf den Weg nach Petra, um dort vom Nabatäerkönig Malichos den Betrag von 300 Talenten zu leihen. Mit diesem Geld wollte er Phasaël, von dessen Tod er noch nichts wusste, bei den Parthern auslösen. Einen siebenjährigen Sohn Phasaëls wollte er den Nabatäern als Sicherheit zurücklassen. Herodes hoffte darauf, dass ihm die freundschaftlichen Beziehungen, die sein Vater mit dem nabatäischen Herrscherhaus unterhalten hatte, nun von Nutzen sein würden. Außerdem stammte ja seine Mutter Kypros aus nabatäischem Adel, und Herodes selbst hatte Kindheitserinnerungen an einen längeren Aufenthalt in Petra. Dorthin hatte

Antipater seine Familie einst während seines Feldzuges gegen Aristobul in Sicherheit gebracht. Herodes' Hoffnungen trogen jedoch. Malichos ließ ihm, als er noch auf dem Weg war, durch Boten ausrichten, dass er sich hüten solle, sein Territorium zu betreten. Offenbar wollte man sich nicht auf die Seite eines erklärten Gegners derer stellen, die die neuen Herren in der Region waren. Da die Nabatäer Herodes nicht helfen wollten, blieben ihm nur noch die Römer. Also zog er nach Alexandria, um dort Antonius zu treffen. Auf dem Weg erreichte ihn die Nachricht vom Tode Phasaëls.

Inzwischen, so Josephus, sei bei Malichos, der seine Furcht vor den Parthern nur vorgeschützt habe, um von seinem Geiz und seiner Geldgier abzulenken, ein Gesinnungswandel eingetreten. Er habe Herodes Boten hinterhergeschickt, er wollte ihn nun doch empfangen. Die Boten hätten Herodes jedoch nicht mehr erreicht. Auch hier lebt die Darstellung wieder vom kontrastierenden Vergleich der Charaktere: Herodes handelt trotz seiner verzweifelten Lage zielstrebig und verfolgt unbeirrt sein Ziel; der Nabatäer dagegen ist wankelmütig und handelt aus niedrigen Motiven. Besonders die zweite Entsendung der Boten hat etwas Satirisches: Man sieht sie förmlich keuchend von Station zu Station hasten, um jedes Mal feststellen zu müssen, dass Herodes schon über alle Berge ist. Der Nabatäerkönig steht schließlich als lächerlicher Mensch da, dessen Reue über eine von Feigheit und Habgier diktierte politische Fehlentscheidung buchstäblich zu spät kommt.

Als Herodes nach Alexandria kam, musste er feststellen, dass Antonius wegen innenpolitischer Spannungen und der sich zuspitzenden Parthergefahr bereits nach Rom zurückgekehrt war. Kleopatra bereitete dem begabten Judäer, den sie als Feldherrn zu gewinnen hoffte, einen glänzenden Empfang, doch Herodes hatte es eilig, bei Antonius vorzusprechen, zumal der Winter nahte und Schiffspassagen über das Mittelmeer zunehmend riskant wurden. Die Reise sollte sich lohnen: Herodes wurde von Antonius wie auch von Octavian freundlich aufgenommen. Beide hegten an seiner loyalen Haltung gegenüber Rom, die ja bereits Antipater ausgezeichnet hatte, keinen Zweifel. Da ein Verbündeter im parthisch besetzten Syrien von großem Nutzen war und Antigonos sich unmissverständlich auf die Seite der Feinde Roms gestellt hatte, schlugen sie dem Senat vor, Herodes zum König von Judäa zu machen. Konsul dieses Jahres war Asinius Pollio, der 23 v. Chr. zwei Söhne des Herodes in sein Haus aufnahm, als ihr Vater sie zur Erziehung und Ausbildung nach Rom schickte. Es verwundert nicht, dass der Senat dem Vorschlag des Antonius und Octavians zustimmte, hatte sich doch Antigonos den Königstitel, den Rom den judäischen Herrschern seit Pompeius verweigert hatte, mit parthischer Unterstützung, d. h. aber aus römischer Sicht unrechtmäßig, angeeignet. Rom brauchte sozusagen einen Gegenkönig, eine gleichwertige Figur auf dem weltpolitischen Schachbrett. Insofern war die Partherinvasion geradezu ein Glücksfall für Herodes.

Ob Herodes auf die Königswürde spekuliert hat, lässt sich schwer sagen. Nach dem Bericht der Antiquitates wollte er Antonius vorschlagen, Aristobul, den Bruder Mariammes, an Hyrkans statt zum König zu machen. Er selbst habe sich, weil er nicht königlicher Abstammung war und die Römer sich bei den Nachfolgeregelungen an die Gepflogenheiten der Provinzfürstentümer zu halten pflegten, keine derartigen Hoffnungen gemacht. Andererseits mag er sich, da

Phasaël tot war, Chancen auf einen Machtzuwachs ausgerechnet haben. Wenn er diesen politischen Weitblick gehabt haben sollte, Kleopatra hatte ihn jedenfalls nicht, wie Schalit zutreffend feststellt: Einen Thronprätendenten aus ehemaligem ptolemäischen Reichsgebiet, auf das die Ägypterin, wie sich später zeigen sollte, begehrlich blickte, hätte sie kaum lebend ziehen lassen.

Nach einem Aufenthalt von nur einer Woche machte sich Herodes auf den Rückweg. Nach dem triumphalen Auftritt in Rom waren die Gefahren einer weiteren Schiffsreise unter den ungünstigen Wetterbedingungen des Winters 40/39 v. Chr. indes nur der Auftakt für einen langwierigen Kampf um die Königsherrschaft, der ihn noch fast drei Jahre in Atem halten sollte.

3. König von Judäa

3.1. Der Kampf um Jerusalem

Herodes erreichte Palästina zu Beginn des Jahres 39 v. Chr. Er ging im phönizischen Ptolemaïs (Akko) an Land, von wo aus er ohne Umschweife ins nahe gelegene Galiläa weiterzog, seine alte Operationsbasis, um dort Truppen zu rekrutieren. Dem von Rom eingesetzten neuen Herrscher schlossen sich allerorts bereitwillig Söldner an, so dass Herodes bald eine ansehnliche Streitmacht beisammen hatte. Sein vordringlichstes Ziel war die Befreiung seiner Verwandten, die seit seiner Abreise nach Alexandria und Rom auf Masada ausharrten und der Belagerung durch Antigonos trotzten.

Für diese und die folgenden militärischen Aktionen hatte Herodes zwar ein römisches Mandat, aber kaum römische Unterstützung. Antonius' Feldherr Ventidius, der mit einer Offensive gegen die Parther betraut war, zeigte nämlich nach beachtlichen Erfolgen gegen Labienus und Pakoros in Kleinasien und Syrien wenig Neigung, nun auch noch Herodes beizuspringen. Antigonos, der sich der Parther nicht mehr sicher sein konnte, vermochte den Römer durch Bestechung zumindest zum Stillhalten zu bewegen. Dass sich römische Militärs in den Provinzen immer auch persönlich zu bereichern trachteten, war bekannt, und Antigonos ging mit seiner Vermutung, trotz der eindeutigen Beschlusslage in Rom zu Herodes' Gunsten die Situation vor Ort in seinem Sinne beeinflussen zu können, nicht fehl. Obwohl Ventidius in der Nähe Jerusalems lagerte, machte er keine Anstalten, Herodes bei der Eroberung der Stadt zu unterstützen. Statt dessen zog er nach Syrien ab und überließ das Feld seinem Stellvertreter Silo, der nicht minder bestechlich war und Ventidius' lukratives Doppelspiel fortsetzte.

Zunächst spürte Herodes davon kaum etwas. Den Sommer über war er offenbar mit Galiläa beschäftigt, wo er sich erst wieder Respekt verschaffen musste. Auch gelang es ihm aus eigenen Kräften, entlang der Küste nach Süden vorzudringen – die näher liegende Route durch den Jordangraben kam wegen der von Antigonos gehaltenen Hasmonäerfestungen nicht infrage – und den Belagerungsring um Masada aufzusprengen. Nach der Befreiung seiner Familie wandte er sich, nunmehr in der Begleitung Silos und seiner Truppen, Jerusalem zu. Im Westen der Stadt schlug er sein Lager auf und versuchte zunächst, eine friedliche Übergabe Jerusalems zu erreichen. Er ließ durch Herolde ausrufen, er sei zum Heil der Stadt gekommen und wolle selbst seine ärgsten Feinde schonen. In den Antiquitates gestaltet Josephus diese Szene noch weiter aus: Antigonos habe, von der Stadtmauer aus Silos Soldaten zurufend, dagegen gehalten: Es sei nicht rechtens, dass mit Herodes ein Mann aus dem Volk als König herrsche, während noch Nachkommen der Hasmonäer (gemeint ist Mariammes jüngerer Bruder Aristobul) am Leben seien. Außerdem sei Herodes ja ein Idumäer und somit – hier legt Josephus dem Hasmonäer Antigonos eine bedeutungsschwere Schmähung in den Mund – nur »ein Halbjude«. Mit dieser Formulierung, offenbar Josephus' eigene Sprachschöpfung, denn das Wort »Halbjude« kommt in der griechischen Literatur sonst nicht mehr vor, hat Josephus das Bild des Herodes hinsichtlich seines Judeseins bis heute nachhaltig beeinflusst. Wir werden auf dieses Thema noch zurückkommen.

Silo wurde nun in Antigonos' Sinne tätig: Er hielt seine Soldaten dazu an, sich über mangelnde Verpflegung zu beklagen und ihren Sold und den baldigen Rückzug in die Winterquartiere einzufordern. Herodes musste sich wohl oder übel fügen. Er organisierte Lebensmitteltransporte und wies Silos Truppen Winterquartiere in Idumäa, Galiläa und Samarien an. Antigonos beeilte sich, ebenfalls ein Truppenkontingent für den Winter aufzunehmen, um bei Antonius gegebenenfalls gut dazustehen.

Während sich die Römer also der Winterruhe und guter Verpflegung erfreuten, verfolgte Herodes seine Eroberungspläne um so hartnäckiger. Er sandte seinen Bruder Joseph mit einem Truppenkontingent nach Idumäa, um möglichen Versuchen des Antigonos, diese Region für sich zu gewinnen, zuvorzukommen. Seine Familie brachte er in Samarien an einen sicheren Ort und machte sich selbst daran, das noch immer unbotmäßige Galiläa in seine Gewalt zu bringen. Bei heftigem Schneesturm – wohl im Januar oder Februar

38 v. Chr. – erreichte er Sepphoris. Die Stadt fiel ihm kampflos in die Hände, weil Antigonos' Truppen schon vor Herodes' Eintreffen abgezogen waren. Sepphoris bot reichlich Lebensmittelvorräte, so dass Herodes nun auch seinen eigenen Soldaten eine Verschnaufpause gewähren konnte.

Unterdessen hatte Antigonos den römischen Truppen seine Unterstützung bereits wieder entzogen, vielleicht weil er angesichts einer sich ankündigenden neuen Offensive der Parther den Römern wieder offen zu widerstehen wagte. Herodes beauftragte deshalb seinen Bruder Pheroras, die entstandene Versorgungslücke zu schließen und die von Antigonos einquartierten Truppenteile mit Wintervorräten zu versorgen. Da Silo Herodes bisher nichts als Ärger und Unkosten bereitet hatte, ließ er ihn sicherlich ohne großes Bedauern ziehen, als Ventidius seine Verbände im Frühjahr 38 v. Chr. zur vorsorglichen Verstärkung gegen die Parther nach Syrien abkommandierte.

Herodes selbst rückte gegen die galiläischen Banden aus, mit denen er schon 47 v. Chr. zu tun hatte. Josephus bezeichnet sie plakativ als »Räuberbanden«, doch dürfte der Widerstand dieser Gruppen auch sozialgeschichtlich (verarmte Kleinbauern) und/oder politisch (antiherodianisch) zu klären sein. Bei den Höhlen von Arbela am Westufer des Sees Gennesaret erlitten sie eine schmerzliche Niederlage. Die in unzugänglichen Klippen gelegenen Höhlen, die untereinander zum Teil mit Gängen verbunden und mit Zisternen für größere Trinkwasservorräte versehen, d. h. für längere Aufenthalte geeignet waren, waren schon während der Makkabäerkriege als Rückzugsort bekannt. Da die Höhlen von unten her nicht einzunehmen waren, ließen sich Herodes' Soldaten in eigens angefertigten, an Ketten befestigten Kästen von oben zu den Höhlen hinab und drangen in die Höhlen vor. Josephus berichtet, ein Aufständischer, Vater von sieben Söhnen, habe alle Begnadigungsangebote des von Mitleid ergriffenen Herodes abgewiesen, seine Söhne und seine Frau eigenhändig niedergestochen und in die Tiefe geworfen. Dann sei er selbst in den Tod gesprungen, nicht ohne Herodes vorher noch wegen seiner niedrigen Herkunft zu verhöhnen. Josephus will das Bild, das sich der Leser von Herodes machen soll, an dieser Stelle wieder gezielt formen: Einerseits ist der König bei aller militärischen Härte kein Unmensch, sondern zu Mitleid fähig. Andererseits gerät der Widerstand jenes Vaters von sieben Söhnen zu einer Art bekenntnishaftem Heldentod dessen, der sich dem von Rom eingesetzten Emporkömmling nicht beugen will.

Herodes ließ einen Teil seiner Truppen unter dem Kommando eines gewissen Ptolemaios in Galiläa zurück, um sich auf eine Konfrontation mit Antigonos in Samarien vorzubereiten. Kaum war er jedoch abgezogen, als in Galiläa eine neuer Aufstand losbrach, dem die Verbände des Ptolemaios nicht gewachsen waren. Also musste Herodes umkehren und erneut mit Härte gegen die Aufständischen vorgehen. Außerdem belegte er die galiläischen Städte, die den Aufstand unterstützt hatten, mit einer Geldstrafe von 100 Talenten.

Inzwischen war Ventidius gegen die Parther so erfolgreich gewesen, dass er nicht nur keine weiteren Hilfstruppen benötigte, sondern Herodes sogar selbst mit 1 000 Reitern und zwei Legionen beispringen konnte. Mit Machairas, dem Kommandeur dieser Verbände, hatte Herodes jedoch genauso wenig Glück wie mit Silo. Machairas soll auf eigene Faust einen Angriff auf Jerusalem unternommen und aus Ärger über das Misslingen dieser Aktion auf dem Rückweg unterschiedslos alle Juden niedergemacht haben, die ihm über den Weg liefen, darunter auch Gefolgsleute des Herodes. Erbost eilte Herodes daraufhin zu Antonius, der vor Samosata am Euphrat die Schlussphase von Ventidius' Partherfeldzug leitete. Bei der Belagerung Samosatas konnte Antonius Herodes' Unterstützung gut brauchen, so dass Herodes den Sommer des Jahres 38 v. Chr. über am Euphrat blieb. Nach dem Fall Samosatas kehrte Herodes mit beträchtlicher Truppenverstärkung nach Palästina zurück. Der Einsatz an Antonius' Seite hatte sich für Herodes also doppelt gelohnt: Er hatte sich dem Römer als loyaler und tapferer Gefolgsmann erwiesen und war nun außerdem mit einer ausreichend großen Heeresmacht ausgestattet.

Die römischen Truppen, angeführt von Sossius, einem Offizier des Antonius, hatte Herodes bei seiner Rückkehr allerdings auch bitter nötig: Sein Bruder Joseph hatte sich trotz anderslautender Anweisungen auf Gefechte mit Antigonos eingelassen. Dabei war er kläglich gescheitert. Er selbst fiel im Kampf, und auch Machairas' Verbände wurden völlig aufgerieben. Antigonos machte seinem Hass dadurch Luft, dass er dem toten Joseph durch Pappos, einen seiner Kommandanten, den Kopf abschlagen und zu Pheroras schicken ließ. Antigonos' Sieg beflügelte auch die Galiläer dazu, sich erneut gegen Herodes zu erheben. Wo man der Gefolgsleute des Herodes habhaft werden konnte, ergriff man sie und ertränkte sie im See Gennesaret. Auch in Idumäa scheint die Lage unruhig gewesen zu sein. Als Herodes, bereits bis ins syrische Antiochia gelangt, durch Boten von den Verhältnissen in seinem Herrschaftsgebiet erfuhr, beschleunigte er seine Rückreise und warb unterwegs weitere Söldner an. Ohne sich eine Ruhepause zu gönnen, fiel er zu Beginn des

Winters 38/37 v. Chr. trotz widriger Wetterverhältnisse in Galiläa ein, zog dann nach Jericho weiter, wo er sich heftige Gefechte mit Antigonos' Truppen lieferte, und brachte von dort aus Stück um Stück die ganze Region unter seine Kontrolle. Von überall her erhielt sein Heer regen Zulauf, so dass sich seine Streitmacht ständig vergrößerte.

Josephus berichtet, Herodes sei in diesen Monaten zwei Mal auf wundersame Weise dem Tode entronnen: Einmal stürzte nach einem Festmahl, kurz nachdem Herodes das Haus verlassen hatte, das Dach ein. Als er später ohne Bewaffnung und Leibgarde ein Bad nahm, stürmten plötzlich bewaffnete Soldaten des Antigonos ins Badehaus, nahmen ihn aber nicht wahr, so dass er unerkannt entkommen konnte. Die herodianische Propaganda wird die Erinnerung an diese Ereignisse, die dazu angetan waren, den König im Lichte eines besonderen göttlichen Schutzes erscheinen zu lassen, sicherlich sorgsam gepflegt haben. Wenn Josephus diese Einzelheiten in seine Darstellung übernimmt, dann auch deshalb, weil solche Ereignisse einen längeren Faktenbericht auf unterhaltsame Weise auflockern. Im Gesamtzusammenhang der josephischen Herodesdarstellung ist die zweimalige wunderbare Bewahrung als Zeichen göttlicher Gnade außerdem Teil einer absteigenden Linie: Wenn Herodes der göttlichen Gnade teilhaftig war, dann hat er sie im Laufe seines weiteren Lebens verspielt, wie spätestens die Ereignisse um seinen Tod zeigen.

Antigonos geriet nun zunehmend in die Defensive. Pappos, der noch kurz zuvor triumphierend Josephs abgeschlagenen Kopf zu Pheroras geschickt hatte, kam bei einem Gefecht ums Leben und erlitt das gleiche Schicksal: Voller Genugtuung schickte Herodes nun auch Pappos' Haupt an Pheroras. Antigonos hatte sich unterdessen nach Jerusalem zurückgezogen, und Herodes war endlich in der Lage, in einem zweiten Anlauf die Eroberung der Hauptstadt in Angriff zu nehmen. Wie sicher er sich seiner Sache nun war, lässt sich daran ablesen, dass er die Vorbereitung der aufwendigen Belagerungstechnik seinen Leuten überließ und im Frühjahr des Jahres 37 v. Chr. nach Samarien reiste, um sich dort mit seiner Verlobten Mariamme zu vermählen. Der Hochzeitstermin war möglicherweise schon bei der Verlobung festgelegt worden; in der Situation der bevorstehenden Eroberung Jerusalems hatte die Heirat jedoch auch einen politischen Signalcharakter, der Herodes zumindest sehr willkommen sein musste, manifestierte sich darin doch unmissverständlich sein Anspruch, das Hasmonäerhaus zu beerben. Außerdem konnte es nur von Vorteil sein, wenn er als Gemahl einer Hasmonäerprinzessin in Jerusalem einzog und nicht einfach als von Rom auf den Thron gehobener Usurpator. Da eventuelle Kinder aus der Ehe mit Mariamme das hasmonäische Geschlecht ja wenigstens über die mütterliche Linie fortsetzen würden, konnte Herodes darauf zählen, dass die Nachricht von der Eheschließung mit Mariamme die Stimmung im Volk zu seinen Gunsten beeinflussen würde.

Zunächst bekam Herodes allerdings den erbitterten Widerstand der Jerusalemer Bevölkerung zu spüren. Wie einst Pompeius hatte er die verwundbare Nordseite, wo das Umland höher liegt als das Stadtgebiet innerhalb der Mauern, als Angriffspunkt gewählt. In römischer Machart ließ er Belagerungswälle aufschütten und darauf Türme errichten. Seine Streitmacht war mittlerweile auf elf Legionen und 6 000 Reiter angewachsen; hinzu kamen syrische Hilfstruppen. Da Antigonos inzwischen offiziell zum Feind Roms erklärt worden war, konnte Herodes sicher sein, dass die römischen Militärs am Ort nicht wieder ihr eigenes Süppchen kochten. In der Stadt verfielen die einen angesichts der Übermacht des Herodes in Hysterie, andere unternahmen bewaffnete Ausfälle und versuchten, die Versorgungsbasen für die Verpflegung der feindlichen Truppen anzugreifen und Herodes dadurch zu schwächen. Damit waren sie offenbar durchaus erfolgreich, denn Herodes musste zum Ausgleich von weit her Lebensmittel heranschaffen. Die Errichtung der Belagerungsmaschinerie versuchte man von der Mauer aus durch Pfeile und Geschosse nach Kräften zu behindern. Außerdem gruben die Belagerten Stollen unter der Stadtmauer hindurch, um die Wälle und Türme zu destabilisieren und die Belagerer durch Überraschungsangriffe zu verunsichern. Es war jedoch nur eine Frage der Zeit, bis eine römische Eliteeinheit die äußere Stadtmauer durchbrach und den Weg für die Einnahme der Stadt freimachte (nach Josephus hat die Belagerung insgesamt fünf Monate gedauert). Unter viel Blutvergießen drangen die Angreifer bis an den Tempelbezirk und von da aus in die Unterstadt und schließlich in die westlich des Tempelbezirks gelegene Oberstadt vor. Antigonos hatte sich in die so genannte Baris (von hebräisch *birah,* »Burg«) zurückgezogen, jene alte Hasmonäerfestung am nordwestlichen Ende des Tempelberges, die Herodes später palastartig ausbauen ließ. Als Antigonos die Aussichtslosigkeit der Lage erkannte, verließ er in einer Verzweiflungstat die Burg und warf sich Sossius zu Füßen. Der verspottete ihn jedoch, indem er ihn mit »Antigone« anredete, und ließ ihn in Ketten legen.

Nachdem der Widerstand der Juden gebrochen war, setzte Herodes alles daran, das Morden und Plündern der römischen Soldaten zu beenden. Da das geplünderte Gut nach einer erfolgreichen Eroberung zur üblichen Aufstockung des Soldes gehörte, sah sich Herodes genötigt, Sossius' Leuten aus eigenem Vermögen eine Entschädigung zu zahlen. Wichtiger noch ist die Notiz des Josephus, Herodes habe die syrischen Truppen unter Androhung von Gewalt davon abgehalten, den inneren Tempelbezirk zu betreten, zu dem Nichtjuden keinen Zutritt hatten. Selbst die Weltherrschaft sei ihm zu gering, wenn dies (im Bellum: das Morden an der Zivilbevölkerung; in den Antiquitates: die Entweihung des Tempels) der Preis für seinen Sieg sein sollte. Dies ist sicher kein absichtsloses historiographisches Detail, eher schon ein erzählerisches Mittel, um der Weltmacht Rom den Spiegel vorzuhalten, die im Jüdischen Krieg (66–70 n. Chr.) gegen die Juden grausam vorgegangen ist und den Tempel niedergebrannt hat.

Nach dem Fall Jerusalems im Sommer 37 v. Chr. wurde Antigonos zu Antonius gebracht, der sich damals in Antiochia aufhielt. Herodes sorgte dafür, dass Antigonos nicht nach Rom überstellt wurde, wo er möglicherweise die Gelegenheit bekommen hätte, vor dem Senat seinen Anspruch auf den Hasmonäerthron geltend zu machen, und wer weiß, vielleicht wäre es ihm gelungen, den Senat durch den Schwur künftiger Romtreue umzustimmen. Statt dessen ließ Antonius, der von Herodes für diese Eigenmächtigkeit gut bezahlt wurde, den Hasmonäer noch in Antiochia hinrichten. »Diesen«, sagt Josephus im Bellum (1,18,3/357) kurz und bündig, »der bis zuletzt mit einer nichtigen Hoffnung am Leben hing, erwartete, würdig seines niedrigen Verhaltens, das Beil«. Den Konventionen rhetorischer Geschichtsschreibung folgend, lässt Josephus einen schlechten Charakter eines schändlichen Todes sterben. Interessant ist nun, dass er Antigonos' Tod in den Antiquitates (14,15,4/489–491) in ganz anderem Licht erscheinen lässt. Die negative Bewertung von Antigonos' Verhalten fehlt ganz. Statt dessen schreibt Josephus einen lobenden und etwas wehmütigen Nachruf auf das Haus der Hasmonäer, mit dem er in der Vita, jenem autobiographischen Anhang zu den Antiquitates, selbst weitläufig verwandt zu sein vorgibt, und er verbindet dies mit dem wiederholten Hinweis auf die Herkunft des Herodes aus dem gemeinen Volk. Die für einen Aristokraten besonders schändliche Todesart der Enthauptung bleibt unerwähnt. An späterer Stelle (15,1,2/9–10) zitiert Josephus statt dessen den Geographen Strabon, Antonius sei der erste Römer gewesen, der einen König (!) mit dem Beil habe hinrichten lassen. Und zwar habe Antonius den guten Ruf des Antigonos durch die entehrende Hinrichtung nachträglich beschädigen wollen. Was im Bellum Antigonos zur Schande gereichte, wird in den Antiquitates zu einem wenig rühmlichen Detail römischer Machtpolitik. Dieses Beispiel zeigt, dass es ganz in die Entscheidung eines griechisch-römischen Geschichtsschreibers des 1. Jh.s gestellt war, in welchem Licht er seine Protagonisten erscheinen lassen wollte. Was für ein Mensch Antigonos war, wissen wir nicht. Wir können nur die unterschiedlichen Rollen analysieren, die ihm Josephus zuweist, und wir können fragen, welche Funktion diese Rollen im Erzählganzen haben.

Nach der Eroberung Jerusalems griff Herodes sofort mit aller Härte gegen seine Feinde durch. Josephus berichtet, er habe 45 hochrangige Parteigänger des Antigonos hinrichten lassen und ihre Vermögen eingezogen. Wahrscheinlich handelte es sich um die einflussreichsten prohasmonäischen Mitglieder des Jerusalemer Stadtrates. Die Pharisäer Sameas (Schammai) und Pollio – Ersterer hatte zehn Jahre zuvor dem Ratsgremium vorhergesagt, Herodes werde die Ratsmitglieder, die einen Kapitalprozess gegen ihn angestrengt hatten, einst allesamt töten – hielt er dagegen in Ehren, weil sie während der Belagerung für eine Übergabe der Stadt an Herodes plädiert hatten. Mit Sameas und Pollio haben wir es offenbar mit Repräsentanten der Pharisäer zu tun, die Herodes zwar ebenso wenig mochten wie der prohasmonäische Adel, die das Königtum des Idumäers jedoch als göttliche Strafe für die Sünden des Volkes akzeptierten und es als solches der Herrschaft der hasmonäischen Priesterkönige vorzogen, die in ihren Augen nichts anderes als ein dauernder Frevel am jüdischen Gesetz war. Wenn wir in Rechnung stellen, dass der Pharisäismus von Anfang an eine Bewegung aus dem Volk für das Volk war, dann kann es Herodes nur genützt haben, sich mit dieser Gruppe gut zu stellen.

3.2. *Die Ausschaltung des Hasmonäerhauses*

Ein schwierigeres Problem stellte nun der Umgang mit den Hasmonäern dar, denn mit seiner Ehefrau Mariamme hatte sich Herodes auch die übrige Hasmonäersippe, soweit sie den sich über 30 Jahre hinziehenden Bruderkrieg überlebt hatte, in die eigenen vier Wände geholt: Neben Mariamme lebten an Herodes' Hof ihr jüngerer Bruder Aristobul, ihre Mutter Alexandra, und nach Herodes' Herrschaftsantritt bald auch wieder der alte Hyrkan, der auf die Nachricht von Herodes' Sieg über Antigonos hin aus der parthischen Gefangenschaft zurückgekehrt war. Mag die Verbindung mit Mariamme fünf Jahre zuvor seinem Aufstieg von Nutzen gewesen sein, so zog das

Zusammenleben seiner eigenen mit der angeheirateten Verwandtschaft am Jerusalemer Hof nun ein überaus unerfreuliches und undurchschaubares Gewirr an Intrigen und Verdächtigungen nach sich, das Herodes' Königtum bis zu seinem Tode im Jahr 4 v. Chr. ganz erheblich belasten und das Leben dieses Königs bis zuletzt verdunkeln sollte. Es war ja gar nicht anders denkbar, als dass der gekränkte Stolz des depotenzierten Hasmonäergeschlechts in Alexandra und Mariamme überdauerte und unversöhnlichen Hass auf den König und seine Familie in ihnen hervorrief.

Für die Rückkehr Hyrkans, der unter Juden der großen babylonischen Diaspora hoch geachtet war, hatte sich Herodes selbst eingesetzt. Er habe Hyrkan in seiner Nähe haben wollen, um ihn besser kontrollieren und gegebenenfalls beseitigen zu können, berichtet Josephus. Als Hoherpriester kam Hyrkan seit seiner Verstümmelung durch Antigonos nicht mehr infrage. Statt dessen setzte Herodes einen gewissen Hananel, der aus einer babylonischen Hohepriesterfamilie stammte, in das höchste Priesteramt ein, wohl in Absprache mit Hyrkan, wie Richardson vermutet, und aus dem einfachen Grund, dass Aristobul, Mariammes Bruder, für die Ausübung des Hohepriesteramtes noch zu jung war. Alexandra war dennoch tief gekränkt, dass ihrer Familie nach dem Verlust der weltlichen Macht nun auch noch die geistliche Würde des Hohepriestertums verweigert werden sollte. Was sie daraufhin ins Werk setzte, war der erste Akt jenes hässlichen Intrigenspiels, das Herodes' Familie von nun an unaufhaltsam zerrüttete und den König, der zunehmend den Überblick und die Nerven verlor, zu einem politischen Mord nach dem anderen an seinen engsten Verwandten trieb.

Josephus hat dieser tragischen Seite im Leben des Herodes besonders in den Antiquitates viel Raum zugemessen. Wenn wir der josephischen Darstellung hierin folgen, dann muss einmal mehr betont werden, dass wir es hier keinesfalls flächendeckend mit zuverlässiger historischer Hofberichterstattung zu tun haben. Wo Josephus nicht selbst zur Unterhaltung und moralischen Belehrung seiner Leserschaft ausgeschmückt und dramatisiert hat, hat er auf Überlieferungen zurückgegriffen, die sich zumindest teilweise aus den Klatsch- und Tratschgeschichten speisten, wie sie sich um die Herrscherhäuser aller Zeiten rankten und ranken.

Wir erfahren, Alexandra habe sich brieflich an Kleopatra gewandt, die als Geliebte (seit 36 v. Chr. außerdem Ehefrau) des Antonius naturgemäß großen Einfluss auf den Römer hatte. Kleopatra solle bei Antonius darauf hinwirken, dass Hananel abgesetzt und das Hohepriesteramt Aristobul übertragen würde. Als Antonius dies abgelehnt habe, sei Dellius, ein Vertrauter des Antonius, der sich gerade in Jerusalem aufhielt, auf die Idee verfallen, Alexandra solle dem sinnenfrohen Antonius Gemälde ihrer außerordentlich gut aussehenden Kinder schicken, dadurch seine Lust anstacheln und ihn sich so gefügig machen. Die Bilder Mariammes und Aristobuls hätten, so Josephus weiter, ihre Wirkung auf Antonius nicht verfehlt. Zwar habe er nicht gewagt, die mit Herodes verheiratete Mariamme zu sich zu bestellen, wohl aber den Aristobul, der von nicht minder schöner Gestalt war. Homosexualität und Knabenliebe waren in der griechisch-römischen Antike keineswegs generell verpönt. Auf Antonius fällt nicht deshalb ein schlechtes Licht, weil er einen jungen Mann begehrt, sondern weil er ganz und gar als Sklave seiner Triebhaftigkeit erscheint. Josephus berichtet,

Herodes habe Antonius' Absichten klar erkannt und daher seinem Ansinnen (mit einer möglichst diplomatischen Begründung: Aristobuls Abwesenheit würde die Gefahr von Unruhen heraufbeschwören) nicht entsprochen.

Alexandras Protest hatte, unterstützt von den unablässigen Bitten Mariammes, schließlich dennoch Erfolg. Herodes entzog Hananel die Hohepriesterwürde – in den Augen des Priesters Josephus ein unglaublicher Willkürakt – und übertrug sie Aristobul. So konnte er sich wenigstens der Kontrolle des Herodes nicht mehr entziehen, da ihn seine Amtspflichten ständig an Jerusalem banden. Alexandra gab sich mit dem Prestigegewinn ihres Sohnes zunächst zufrieden, und auch Mariamme musste es behagen, dass ihr Bruder nun ungeachtet seines jugendlichen Alters das höchste religiöse Amt im Staate bekleidete.

Das erzielte Einvernehmen war jedoch nicht von Dauer. Herodes misstraute Alexandra trotz oder gerade wegen ihrer Beteuerungen, sie strebe selbst nicht nach der Herrschaft – keine ganz abwegige Idee, wenn wir uns die immerhin zehn Jahre währende Herrschaft ihrer Großmutter Salome Alexandra ins Gedächtnis rufen, die 76–67 v. Chr. Königin war. Herodes stellte Alexandra unter Hausarrest und ließ sie ständig bewachen. Alexandra nahm diese Einschränkung ihrer persönlichen Freiheit nicht hin und schrieb ein zweites Mal an Kleopatra, die ihr riet, sich mit Aristobul nach Ägypten abzusetzen. Alexandra habe zwei Särge anfertigen lassen, in denen sie zusammen mit ihrem Sohn unerkannt aus Jerusalem zu entkommen hoffte. Herodes erhielt jedoch Kenntnis von diesem Plan und ließ die Flüchtenden festnehmen. Weil er jedoch Kleopatra fürchtete, sah er von einer Bestrafung ab.

Die wiederholten Versuche Alexandras, sich Kleopatras Einfluss auf Antonius zu Nutze zu machen, deuten darauf hin, dass Herodes sich bereits den Hass Kleopatras zugezogen hatte. Schon während seines kurzen Aufenthalts in Alexandria 40 v. Chr. muss er Kleopatra arg brüskiert haben, als er das Angebot eines hohen Postens im ptolemäischen Heer ausschlug. Seit seinem Herrschaftsantritt drei Jahre später können wir von einer regelrechten Feindschaft ausgehen, weil Herodes nun mit römischem Mandat über ein Gebiet herrschte, das Kleopatra in ihrem Ansinnen, die Ptolemäerdynastie zu neuer Größe zu bringen, zu gern selbst besessen hätte. Je enger die Beziehung zwischen Kleopatra und Antonius wurde, desto gefährlicher wurden die Begehrlichkeiten der Ägypterin für Herodes. Zudem brachte ihn diese Verbindung längerfristig auch außenpolitisch in Verlegenheit: Antonius ließ es nämlich durch seine offizielle Eheschließung mit Kleopatra nach seinem Partherfeldzug 36 v. Chr. zum offenen Bruch mit Octavian kommen. Das ohnehin gespannte Verhältnis zwischen den Triumvirn erreichte nun seinen einstweiligen Tiefpunkt, weil die Ehe mit Kleopatra für Antonius' Gemahlin Octavia, die Schwester Octavians, eine schwere Kränkung darstellte. Ein Treffen zwischen Antonius und Octavia, das Antonius 35 v. Chr. in Athen anberaumt hatte, wusste Kleopatra zu vereiteln. Octavia kehrte unverrichteter Dinge und tief gedemütigt nach Rom zurück.

3.3. Kleopatra

Es erstaunt zunächst, dass Antonius nicht bereit war, Herodes der Habgier Kleopatras zu opfern. Warum verfuhr er mit ihm nicht so wie mit Lysanias, dem Fürsten von Chalkis im Libanon, den er aus fadenscheinigen Gründen kurzerhand hinrichten ließ, um Kleopatra sein Territorium zu Füßen zu legen?[19] Möglicherweise blieb Herodes deshalb unangetastet, weil er als zuverlässiger und kampferprobter Verbündeter zu wertvoll war, als dass Antonius im Blick auf den kommenden Machtkampf mit Octavian auf ihn hätte verzichten wollen.

Indes ergab sich für Alexandra bald ein weiterer, nun allerdings schwer wiegender Grund, Kleopatras Einfluss auf Antonius gegen Herodes in Anschlag zu bringen: Die außerordentliche Beliebtheit Aristobuls beim Volk wurde am Laubhüttenfest des Jahres 35 v. Chr. augenfällig, als ihm die Massen während der Verrichtung des hohepriesterlichen Zeremoniells frenetisch zujubelten. Die hoch gewachsene, wohlgestaltete Erscheinung des jugendlichen Hohenpriesters habe beim Volk wehmütige Erinnerungen an den vergangenen Glanz der Hasmonäerherrschaft wachgerufen, berichtet Josephus. Herodes mussten diese Sympathiebekundungen auf das Äußerste beunruhigen. Musste er nicht doch, solange noch ein männlicher Nachkomme der Hasmonäer am Leben war, ständig vor Verschwörungen und Anschlägen auf der Hut sein? Aristobuls Popularität konnte er jedenfalls nicht hinnehmen. Als die königliche Familie wenig später in ihrem Palast in Jericho weilte, gab Herodes einigen Vertrauten die Anweisung, Aristobul so unauffällig wie möglich aus dem Weg zu schaffen: Als man sich in den Teichen des Anwesens Kühlung verschaffte, ertränkten sie Aristobul und verbreiteten

---

19 Der Notiz in Bell. 1,22,3/440, auch der Nabatäerfürst Malichos sei den Expansionsbestrebungen Kleopatras zum Opfer gefallen, widerspricht Ant. 15,6,2/171, wonach Malichos um 30 v. Chr. noch am Leben war.

anschließend die Nachricht von einem Badeunfall. Herodes zeigte Trauer und Bestürzung und richtete Aristobul ein prachtvolles Begräbnis aus (Hoherpriester wurde nach nur einem Jahr wieder Hananel). Alexandra tat ihrerseits so, als hielte sie Herodes' Gemütsregungen für glaubhaft. Heimlich beklagte sie sich jedoch ein weiteres Mal bei Kleopatra, die daraufhin Antonius nötigte, Herodes wegen des offenkundigen Mordes zur Rechenschaft zu ziehen. Dieses Mal gab Antonius nach und zitierte Herodes nach Laodizea in Syrien, wo er auf seinem Weg von Ägypten zum Armenienfeldzug des Jahres 34 v. Chr. Station machte. Mit bösen Ahnungen machte sich Herodes auf den Weg zu Antonius. Seinen Schwager Joseph (den Mann seiner Schwester Salome, möglicherweise zugleich Herodes' Onkel, Bruder seines Vaters Antipater, falls hier nicht ein Irrtum des Josephus oder Textverderbnis vorliegt) beauftragte er mit der Verwaltung der Regierungsgeschäfte und befahl ihm im Vertrauen, Mariamme zu töten, falls er die Konfrontation mit Antonius nicht überleben sollte. Unglücklicherweise erwies sich Joseph als zu redselig: Während Herodes' Abwesenheit habe er Mariamme den geheimen Tötungsbefehl offenbart, um ihr die Liebe ihres Gemahls, der selbst im Tode nicht von ihr getrennt sein wollte, glaubhaft zu machen.[20] Begreiflicherweise hatte diese Auskunft auf Mariamme und ihre Mutter nicht die beabsichtigte Wirkung, und als obendrein das Gerücht umging, Herodes sei von Antonius gefoltert und hingerichtet

20 Ein ganz ähnliches Ereignis trug sich fünf Jahre später zu, weshalb die Forschung weithin von einer Dublette, d. h. einer irrtümlichen oder absichtlichen, historisch jedenfalls unzutreffenden Doppelüberlieferung ausgeht und meist zu Ungunsten des früheren Ereignisses während Herodes' Laodizeareise entscheidet.

worden, fasste Alexandra den Plan, sich in den Schutz der in Jerusalem stationierten römischen Legion zu begeben und nach Beruhigung der Lage ihren Anspruch auf den judäischen Thron bei Antonius geltend zu machen.

Offenbar ist es Herodes jedoch gelungen, die Beseitigung Aristobuls als eine notwendige innenpolitische Maßnahme darzustellen, die angesichts der allgemeinen Sympathie für die romfeindlichen Hasmonäer auch im römischen Interesse war. Jedenfalls ist bei Josephus nicht davon die Rede, dass Herodes den Mord an Aristobul vor Antonius abgestritten hat. Es heißt lediglich, Antonius habe sich mit Herodes auf die Formel geeinigt, dass das Vorgefallene zu den inneren Angelegenheiten eines Königs zähle und somit für Antonius (für den Herodes im Übrigen auch diesmal wieder einiges im Gepäck hatte) nicht weiter von Belang sei. Was Kleopatra betrifft, so erhielt sie zwar nicht Judäa, wohl aber Koilesyrien, Teile der syrophönizischen und palästinischen Küstenebene, einige nabatäische Territorien, sowie – diesen Verlust musste Herodes hinnehmen – Jericho mit seinen überaus einträglichen Balsampflanzungen. Außerdem übereignete ihr Antonius die profitable Ausbeutung der Bitumenvorkommen am Toten Meer.

Herodes informierte den Jerusalemer Hof brieflich vom guten Ausgang des Treffens mit Antonius und durchkreuzte damit Alexandras Pläne. Joseph, von seiner eigenen Ehefrau denunziert, bezahlte seine Geschwätzigkeit mit dem Leben, weil Herodes hinter seinem vertraulichen Umgang mit Mariamme Ehebruch vermutete, und Alexandra wurde eingekerkert. Mariamme vermochte den König von ihrer Unschuld zu überzeugen, doch wurde die Kluft zwischen ihr und Herodes, da sie den Tod ihres Bruders zu verschmerzen hatte und die Inhaftierung ihrer Mutter hinnehmen musste, zwangsläufig noch größer.

Kleopatra, die Antonius bis nach Armenien begleitet hatte, stattete Herodes auf dem Rückweg einen Besuch ab. Bei diesem Treffen pachtete Herodes die Ländereien um Jericho zurück, dazu die Gebiete, die der Nabatäerkönig Malichos auf Antonius' Befehl an Kleopatra hatte abtreten müssen. Kleopatra verlangte eine horrende Pachtsumme, die Herodes fast den halben Jahreshaushalt kostete, doch verpachtete er die nabatäischen Gebiete zu so guten Konditionen an Malichos weiter, dass sich für ihn das Geschäft zunächst offenbar dennoch lohnte. Josephus weiß zu berichten, dass Kleopatra die Fänge ihres weiblichen Charmes bei dieser Gelegenheit auch nach Herodes ausgestreckt habe. Dieser widerstand ihr jedoch klugerweise und überlegte sogar, ob er Kleopatra nicht am besten umbringen sollte. Doch auch das ließ er bleiben, um Antonius nicht gegen sich aufzubringen. Statt dessen entledigte er sich der Ägypterin, indem er sie bis Pelusion begleitete und reich beschenkt, wie es unter orientalischen Fürsten eben üblich war, in ihr Reich entließ.

Malichos kam seinen finanziellen Verpflichtungen gegenüber Herodes eine Zeit lang nach, stellte seine Zahlungen dann jedoch ein. Herodes sollte bald eine Gelegenheit erhalten, gegen den säumigen Pächter militärisch vorzugehen. 32 v. Chr. war es zum endgültigen Bruch zwischen Octavian und Antonius gekommen. Antonius hatte Octavia den Scheidebrief geschickt und damit vollends deutlich gemacht, dass er von nun an ganz auf sein neues Machtzentrum Alexandria setzte. Octavians schlimmste Befürchtungen bestätigten sich, als er sich aus dem Archiv der Vestalinnen (der Priesterinnen am Tempel der Göttin

Vesta) Antonius' Testament verschaffte und lesen musste, dass Antonius die Kinder der Kleopatra (darunter Cäsarion, anerkannter Sohn des 44 v. Chr. ermordeten Julius Cäsar) mit üppigen Zuwendungen bedacht und überdies für sich selbst nicht Rom sondern Alexandria als Begräbnisstätte vorgesehen hatte. Octavian ließ das Testament öffentlich verlesen und brachte damit das Volk und die Mehrheit des Senats derart gegen Antonius auf, dass ihm das Konsulat des Jahres 31 v. Chr., für das er vorgesehen war, sowie alle übrigen Amtsbefugnisse aberkannt wurden. Octavian erklärte daraufhin Kleopatra (nicht Antonius selbst, um die Gefahr eines Bürgerkrieges zwischen Antonius' und Octavians Anhängern nicht noch zu vergrößern) den Krieg. Herodes stellte sich darauf ein, dass er bei den nun anstehenden Kriegsvorbereitungen eine bedeutende Rolle für Antonius spielen sollte. Dieser beauftragte Herodes jedoch mit der Unterwerfung des unbotmäßigen Malichos, und zwar auf Kleopatras Betreiben hin: Sie wollte Herodes in einen Krieg mit Malichos verwickeln, »damit sie im Falle seines Sieges Arabien, und im Falle seiner Niederlage Judäa in ihre Hand bekäme und so den einen Herrscher durch den anderen beseitige« (Bell. 1,19,1/365). Im Ergebnis hat Herodes diese neuerliche Intrige Kleopatras nur genützt, weil es ihm auf diese Weise erspart blieb, gegen die Armeen Octavians zu Felde ziehen zu müssen. Zunächst brachte ihn der Nabatäerfeldzug jedoch arg in Bedrängnis. Nachdem er gegen die Truppen des Araberfürsten bei Dium, einer Stadt im Nordosten der Dekapolis, zunächst siegreich gewesen war, fassten die nabatäischen Verbände durch das Eingreifen des Athenion, eines Feldherrn der Kleopatra, neuen Kampfesmut, als Herodes' Soldaten schon gar nicht mehr damit rechneten und sich in falscher Sicherheit wiegten. Die neuerliche Konfrontation, die sie im Handstreich erledigen zu können glaubten, endete für Herodes in einer katastrophalen Niederlage. Er musste sich zurückziehen und war nur noch zu kleineren Überfällen auf nabatäisches Gebiet fähig. Ein heftiges Erdbeben, das die Region im Frühjahr 31 v. Chr. erschütterte, schwächte ihn zusätzlich. Er sah sich zum Aufgeben gezwungen und schickte eine Gesandtschaft mit einem Friedensangebot zu den Nabatäern, die sich darauf jedoch nicht einließen und die Delegation kurzerhand umbrachten. Unter Aufbietung aller seiner Kräfte vermochte Herodes seine Truppen jedoch erneut für den Kampf zuzurüsten. Bei Philadelphia in der südlichen Dekapolis kam es zur Schlacht. Nun gewann Herodes wieder die Oberhand: Es gelang ihm, die Feinde in ihrem Heerlager einzuschließen. Extreme Wasserknappheit (Richardson datiert die Schlacht auf Grund dieses Details auf den Spätsommer 31 v. Chr.) zwang die Nabatäer zum Aufgeben. Herodes' Sieg war so durchschlagend, dass die Nabatäer sich nicht nur ergeben mussten, sondern ihm zu seiner Besänftigung sogar den Ehrentitel des »Beschützers« ihres Volkes verliehen.

3.4. Erneuter Frontenwechsel: Von Antonius zu Octavian

Anfang September des Jahres 31 v. Chr. wurden Antonius und Kleopatra in der berühmten Seeschlacht bei Actium vernichtend geschlagen. Mit knapper Not entkamen sie nach Alexandria, wo sie ein Jahr später durch Selbstmord endeten. Antonius' Niederlage brachte Herodes, der doch eben erst die Nabatäer bezwungen hatte, schon wieder in eine höchst gefährliche Lage, musste doch Octavian in Antonius' Gefolgsmann einen ernst zu nehmenden Gegner erblicken. Die einzige Chance für Herodes bestand darin, nun augenblicklich und unzweideutig die Fronten zu wechseln. Also rüstete er sich für eine Begegnung mit Octavian, der sich im Frühjahr 30 v. Chr. in Rhodos aufhielt. Da er mit dem Schlimmsten rechnete, verwendete er vor seiner Abreise große Sorgfalt darauf, die Verhältnisse am Jerusalemer Hof in seinem Sinne zu ordnen. Das wachsende Misstrauen gegen seine hasmonäische Verwandtschaft, das ihn dabei leitete, musste der alte Hyrkan mit dem Leben bezahlen. Josephus präsentiert uns eine weitere undurchsichtige Geschichte, in der Herodes' intrigante Schwiegermutter Alexandra wieder einmal die Hauptrolle spielt: In der Hoffnung auf das baldige Ende des Herodes habe sie ihren Vater überredet, ihr bei ihren neuerlichen Fluchtplänen behilflich zu sein. Sie wollte zu Malichos fliehen und als Herrscherin zurückkehren, wenn Herodes erst aus der Welt geschafft war. Nach einigem Zögern habe sich Hyrkan bereit erklärt, einen entsprechenden Brief an Malichos zu verfassen. Diesen Brief habe Hyrkan dann einem Vertrauten namens Dositheos übergeben, der ihn aber nicht Malichos überbracht, sondern Herodes in die Hände gespielt habe. Herodes habe Dositheos daraufhin beauftragt, seine Mission zum Schein fortzusetzen, den Brief zu überbringen und das Antwortschreiben des Nabatäers in Empfang zu nehmen. Wie erwartet habe Malichos den Wünschen Alexandras gern entsprochen. Nachdem Herodes das Antwortschreiben gelesen habe, habe er Hyrkan gefragt, ob es Abmachungen zwischen ihm und Malichos gäbe. Als Hyrkan dies verneinte, habe ihm Herodes den Brief unter die Nase gehalten und ihn unverzüglich hinrichten lassen. Josephus gibt als Quelle für diese Ereignisse die Memoiren des Herodes an, referiert dann aber noch eine andere Version des Geschehens, die die Unschuld und Friedfertigkeit Hyrkans herausstreicht. In der Tat fragt man sich, warum es Herodes auf einmal so eilig hatte, Hyrkan, einen Mann in den Siebzigern, auszuschalten, Alexandra aber unangetastet ließ, für deren Anspruch auf den Thron es mit Königin Salome Alexandra doch einen historischen Präzedenzfall gab. Möglicherweise war Hyrkan, wie Schalit meint, als nunmehr einziger männlicher Vertreter des Hasmonäerhauses von Rang eine Schlüsselfigur für den Erhalt der Dynastie. Es sei Herodes angesichts der unheilschwangeren Konfrontation mit Octavian nicht um die persönliche Konkurrenz zwischen ihm und dem Großvater seiner Frau gegangen, sondern darum, den Parteigängern der Hasmonäer für den Fall, dass Rom zwischen der Hasmonäerdynastie und dem Haus des Herodes zu entscheiden haben würde, ihren wichtigsten Trumpf aus der Hand zu schlagen.

Die Verwaltung seines Reiches übertrug Herodes seinem Bruder Pheroras. Seine Mutter Kypros, seine Schwester Salome und seine übrigen Blutsverwandten brachte er auf Masada in Sicherheit, Mariamme und Alexandra ließ er in die Festung Alexandreion bringen. Dass er Ehefrau und Schwiegermutter nicht mit seiner Mutter und seiner Schwester allein lassen konnte, zeigt, wie vergiftet die Atmosphäre am Jerusalemer Hof bereits gewesen sein muss. Wie bei seinem Aufbruch zu Antonius nach Laodizea fünf Jahre zuvor befahl er die Tötung Mariammes, falls er von seiner Reise nicht zurückkehren sollte. Sein Schatzmeister Joseph und der Ituräer Soëmos, die mit Mariammes und Alexandras Bewachung betraut waren, sollten im Falle des Falles auch Alexandra umbringen. Die

Begründung, die Josephus für diesen Befehl anführt (Ant. 15,6,5/186), hat dieses Mal nichts mit eifersüchtiger Liebe zu tun, sondern mit Herodes' dynastischen Bestrebungen, die Schalit schon für die Hinrichtung Hyrkans ins Feld führt: Herodes wollte sicherstellen, dass die Herrschaft im Falle seines Todes an seine Nachkommen und seinen Bruder fiele.

Die Begegnung mit Octavian hätte für Herodes indes nicht besser ausgehen können. Herodes habe gar nicht erst versucht, berichtet Josephus, den Römer durch Gesten der Reue und Zerknirschung milde zu stimmen. Statt dessen habe er sehr selbstbewusst zu seiner Treue gegenüber Antonius gestanden und sogar eingeräumt, dass er ihn auch in der Entscheidungsschlacht gegen Octavian unterstützt hätte, wären ihm durch die Nabatäer nicht die Hände gebunden gewesen. Auch sei er um Antonius' Rettung besorgt gewesen und habe ihm deshalb den Rat gegeben, sich von Kleopatra zu trennen, ein Rat, den Antonius leider nicht befolgt hat. Die Szene vor Octavian liefert uns ein kleines Glanzstück antiker Gerichtsrhetorik, hier freilich aus dem Munde des Angeklagten selbst und nicht eines Anwalts. Josephus lässt seinen Protagonisten, vielleicht wiederum unter Verwendung von dessen autobiographischen Aufzeichnungen, mit klug gewählten Worten seinen Kopf aus der Schlinge ziehen. Historisch wird daran sein, dass Herodes seine Treue gegenüber Antonius erfolgreich als Treue gegenüber Rom darzustellen vermochte, die jeden Wechsel an der Spitze der Macht überdauerte. Herodes konnte außerdem darauf verweisen, dass er sich dem syrischen Statthalter Didius hilfreich erwiesen hatte, als dieser gegen Antonius' Gladiatoren vorgegangen war (Antonius hatte in Erwartung seines Sieges für die anschließenden Feierlichkeiten Gladiatorenspiele vorbereiten lassen. Die zu diesem Zweck ausgebildeten Gladiatoren hatten sich nach Antonius' Niederlage von Kyzikos am Hellespont bis nach Syrien durchgeschlagen. Von dort wollten sie nach Alexandria weiter ziehen, um Antonius zur Hilfe zu eilen). Dass Herodes sich nach der Schlacht von Actium von Antonius distanziert hat, bestätigt auch Plutarch (*Antonius* 71–72). Antonius habe vom Abfall des Herodes erfahren und durch einen Gesandten versucht, Herodes wieder an sich zu binden, doch ohne Erfolg.

Herodes gewann das volle Vertrauen Octavians, der sein Königtum bestätigte und ihn auf seinem triumphalen Zug durch Syrien und Judäa im Sommer des Jahres 30 v. Chr. in hohen Ehren hielt. Herodes seinerseits unterstützte Octavian auf dem Weg nach Alexandria, wo er mit Antonius und Kleopatra endgültig abrechnete, mit demonstrativer Ergebenheit und Großzügigkeit. Auf dem Weg durch die Wüste bis zur ägyptischen Grenze versorgte er die römischen Truppen mit Nahrung und Trinkwasser, wie es einst sein Vater getan hatte, als er Julius Cäsar auf dem Weg nach Ägypten begleitete. Nachdem Octavian Alexandria in seine Gewalt gebracht hatte, reiste Herodes in die ägyptische Metropole, um dem Imperator seine Aufwartung zu machen. Stewart Perowne stellt in seiner Herodesbiographie mit Recht heraus, dass Herodes, nachdem er Octavian bei Pelusion verabschiedet hatte, seiner Sache noch nicht sicher sein konnte. Musste er nicht damit rechnen, dass Kleopatra, die sich mit Julius Cäsar und Antonius die bedeutendsten Römer ihrer Zeit gefügig gemacht hatte, nun auch Octavian zum »Sklaven der Liebe« machen und Herodes' Aufstieg jäh beenden würde? Bei Cassius Dio (*Römische Geschichte* 51,11–14) lesen wir, dass Kleopatra alles daran gesetzt hat, Octavian zu gewinnen. Dieser habe jeden unnötigen

Blickkontakt mit ihr vermieden, um dem Zauber ihrer Erscheinung nicht doch noch zu erliegen. Herodes' Erleichterung muss jedenfalls grenzenlos gewesen sein, als er die Nachricht von Kleopatras Tod erhielt. Er traf Octavian, der mit Alexandria auch die Schätze des Ptolemäerhauses und dazu ganz Ägypten, die künftige Kornkammer Roms, in seine Gewalt gebracht hatte, in ausgesprochener Geberlaune an. Er schenkte Herodes die 400 Mann starke gallische Leibgarde Kleopatras und bedachte ihn mit umfangreichen Erweiterungen seines Territoriums: Herodes erhielt das Gebiet um Jericho und die Küstenstädte zurück, die Antonius vor nicht langer Zeit Kleopatra übereignet hatte, darunter die wirtschaftlich wichtigen Häfen Gaza, Joppe und Stratons Turm, das spätere Cäsarea. Octavians Schenkung umfasste außerdem Samaria sowie, mit Gadara und Hippos, zwei Städte der Dekapolis, die nun ihre Selbständigkeit, die sie von Pompeius erhalten hatten, wieder einbüßten.

Herodes Stellung war damit gefestigt wie nie zuvor. Die Landschenkungen aus der Hand Octavians vergrößerten sein persönliches Vermögen und das jährliche Einkommen seines Hofes ganz erheblich. Die Nabatäer waren in ihre Schranken verweisen. Kleopatra war tot, Hyrkan ebenfalls, und das hasmonäische Lager gehörig eingeschüchtert. Das Volk respektierte ihn, wenn es ihn auch nicht liebte, und sein Ansehen in der römischen Welt wuchs in den kommenden Jahren unaufhörlich.

4. Familiäres Unglück

Herodes' politischer Aufstieg hatte in den völlig zerrütteten Familienverhältnissen des Königs seine dunkle Kehrseite. Josephus arbeitet diesen Kontrast dadurch heraus, dass er Passagen über politische Erfolge des Herodes vielfach mit Episoden aus seinem Familienleben verschachtelt, was gelegentlich zu Lasten eines widerspruchsfreien und chronologisch nachvollziehbaren Erzählverlaufs geht. Wir halten uns im Folgenden so weit als möglich an die Darstellung in Ant. 15,7,1–7/202–246.

4.1. Mariamme oder die Chronik einer unglücklichen Ehe

Einen Anhaltspunkt für den zeitlichen Rahmen der berichteten Ereignisse, die mit Mariammes Hinrichtung ein trauriges Ende nehmen sollten, gibt Josephus in Ant. 15,7,4/221. Dort notiert er, die immer unerträglicher werdenden Spannungen zwischen Herodes und seiner Frau hätten sich nach der Rückkehr des Königs von Octavian noch ein ganzes Jahr hingezogen. Nun ist Herodes zweimal, wenn man die Eskorte bis Pelusion mitrechnet, sogar dreimal von einem Treffen mit Octavian zurückgekehrt. An der genannten Stelle bezieht sich Josephus wohl auf Herodes' vorerst letzte Rückkehr, nachdem er Octavian Ende 30 v. Chr. auf dessen Rückreise von Ägypten bis Antiochia begleitet hatte. Mariammes Tod wäre dann Ende 29 v. Chr. anzusetzen.

Wie kam es zu der tragischen Zuspitzung des Konflikts zwischen Herodes und Mariamme? Josephus schildert, dass Mariamme und Alexandra schon die Unterbringung und Bewachung auf der Festung Alexandreion als Inhaftierung aufgefasst, d. h. als schwere Kränkung empfunden haben. Hinzu kam, dass sie auch diesmal von Herodes' Befehl, Mutter und Tochter zu töten, sollte der König nicht zurückkehren, Kenntnis erhielten, was Herodes allerdings erst später zu

Ohren kam.[21] Mariamme reagierte dementsprechend unterkühlt, als ihr Herodes voller Liebe und Wiedersehensfreude vom glücklichen Ausgang des Treffens mit Octavian auf Rhodos berichtete. Sie unternahm keinen Versuch mehr, ihren Hass auf Herodes zu verbergen, und überhäufte ihn mit Vorwürfen. Herodes' Schwester Salome und seine Mutter Kypros, die ihrerseits seit Jahren unter den Schmähungen aus dem Munde der Hasmonäerprinzessin zu leiden hatten, rieben sich nun die Hände und gossen nach Kräften Öl ins Feuer des ehelichen Zerwürfnisses, das vor ihren Augen seinen Lauf nahm. Sie nutzten jede Gelegenheit, um Herodes immer neue Beweise für Mariammes Hass auf ihren Ehemann vorzulegen. Herodes, der hin- und hergerissen war zwischen leidenschaftlicher Liebe zu Mariamme und heftiger Erbitterung gegen sie, ertrug diese Situation eine Zeit lang. Dann habe sich, so Josephus, Folgendes zugetragen: Als Herodes' Verlangen eines Tages um die Mittagszeit nach seiner Frau stand und er sie zu sich rief, verweigerte sie ihm jede Zärtlichkeit und lastete ihm statt dessen den Tod ihres Vaters (d.h. Großvaters? – Alexanders Hinrichtung, die bereits zwanzig Jahre zurücklag, war ja nicht von Herodes angeordnet worden, sondern von Pompeius) und Bruders an. Herodes bekam hierauf einen Wutanfall und brüllte so laut durch den Palast, dass die Wände erzitterten. Salome sah nun die Stunde gekommen, eine sorgfältig vorbereitete Intrige, die ihre gewünschte Wirkung denn auch nicht verfehlte, ins Werk zu setzen. Mit einer abstrusen Geschichte von

21 Josephus lässt in Mariamme außerdem die Erinnerung an den vor fünf Jahren an Herodes' Schwager Joseph ergangenen Tötungsbefehl wach werden, setzt also die erwähnte Dublette (vgl. S. 100, Anm. 20), bewusst als erzählerisches Element ein.

einem angeblichen Versuch Mariammes, Herodes zu vergiften, versetzte sie ihren Bruder so in Rage, dass er einen Eunuchen, der zu Mariammes engstem Umfeld zählte, unter Anwendung von Folter verhören ließ. Der wusste zwar nichts von einem geplanten Giftanschlag, gab aber preis, dass Mariamme ihren Mann vor allem deswegen so hasste, weil Soëmos ihr Herodes' geheimen Tötungsbefehl verraten habe. Herodes bezichtigte Soëmos und Mariamme des Ehebruchs, ließ Soëmos sofort hinrichten und stellte Mariamme vor Gericht. Unter dem Eindruck von Herodes' blindem Hass sprachen die Richter Mariamme der Giftmischerei schuldig (nicht des Ehebruchs!) und verurteilten sie zum Tode. Herodes wollte die Vollstreckung des Urteils noch hinauszögern, doch Salome mahnte unter Hinweis auf mögliche Unruhen unter dem Volk zur Eile. Nun bekam es auch Alexandra mit der Angst zu tun, konnte sie doch kaum darauf zählen, dass Herodes ihr Leben schonen würde, wenn er sogar gegenüber Mariamme zum Äußersten entschlossen war. Sie unternahm den verzweifelten und höchst lächerlichen Versuch, einen plötzlichen Sinneswandel zu inszenieren, indem sie ihre eigene Tochter öffentlich der Treulosigkeit bezichtigte und ihr Undankbarkeit gegenüber Herodes vorwarf, der sie doch immer gut behandelt habe. Sie soll Mariamme sogar auf offener Straße tätlich angegriffen und dabei lauthals verkündet haben, für wie gerechtfertigt sie das über ihre Tochter gefällte Todesurteil halte. Mariamme dagegen, die für ihre Mutter unter diesen Umständen nur noch kühle, wortlose Verachtung übrig hatte, wahrte die Fassung und ging würdevoll, wie es sich für eine Hasmonäerin gehört, in den Tod. Sie starb fünfundzwanzigjährig im achten Jahr ihrer Ehe mit Herodes, nachdem sie Mutter von fünf Kindern geworden war (über drei dieser Kinder wissen wir kaum etwas, die zwei anderen werden uns noch ausführlich beschäftigen).

Abraham Schalit hat die josephische Darstellung des Ehedramas zwischen Herodes und Mariamme einschließlich seines tragischen Ausgangs zum Anlass genommen, grundsätzlich nach der Bedeutung rhetorischer Geschichtsschreibung für die historische Verwertbarkeit des Berichteten zu fragen.[22] Für die Passagen der Antiquitates, die wir eben nacherzählt haben, kommt er zu dem Ergebnis, dass der historische Kern der Ereignisse auf drei Elemente zusammenschrumpft: (a) der Hass der Mariamme auf Herodes, (b) die Intrigen Salomes gegen ihre Schwägerin und (c) die Hinrichtung Mariammes auf Herodes' Befehl hin. Alles andere verdankt sich den Konventionen einer Historiographie, die Geschichtliches tragisch und dramatisch ausgestaltet und sich mehr für biographische Exempla als für geschichtliche Zusammenhänge interessiert. Augenfällig ist dies besonders bei dem scharf gezeichneten Kontrast zwischen Mariamme und Alexandra. Die Darstellung dient dem kontrastierenden Vergleich zweier Charaktere, der eine nachahmenswert, der andere nicht. Mariamme erhält die Rolle der würdevoll Sterbenden, Alexandra, von der der Leser bald erfährt, dass ihr das ganze Gehabe im Ergebnis nichts genützt hat, verkörpert dagegen maßlose Niederträchtigkeit und Feigheit. Josephus (bzw. seine Quelle) hätte die Rollen genauso gut auch anders verteilen können. Man erinnere sich nur an die unterschiedliche Wertung, die er im Bellum und den Antiquitates mit dem Tod des Antigonos verbindet.

---

22 A. Schalit, König Herodes, 575–588: »Wirklichkeit und Phantasie in dem Zerwürfnis mit Mariamme«.

Ich meine, dass Schalit trotz seiner radikalen Kritik noch zu optimistisch ist. Die Trennung zwischen Historie und rhetorischem Ornament lässt sich in vielen Fällen nur vermutungsweise ziehen, weil die Konventionen antiker Rhetorik in der literarischen Kultur, in der sich Josephus bewegt hat, längst nicht mehr nur das »Wie«, sondern in hohem Maße auch das »Was« historiographischer Darstellung bestimmten. Schauen wir uns unter diesem Gesichtspunkt den Fortgang des josephischen Berichts an: Nach der Hinrichtung Mariammes sei Herodes schockartig klar geworden, was er angerichtet habe, und der Schmerz über den Verlust der Frau, die er trotz allem im Tode so innig liebte wie im Leben, raubte ihm fast den Verstand. Er wurde von Weinkrämpfen geschüttelt, wies seine Diener an, Mariammes Namen zu rufen, damit er sich wenigstens für Augenblicke der Illusion hingeben konnte, sie lebe noch, und veranstaltete, um sich abzulenken, Gastmähler und Trinkgelage. Doch konnte ihn all dies nicht trösten. Schließlich vernachlässigte er sogar die Regierungsgeschäfte und zog sich in die judäische Wüste zurück, um dort zu jagen. Es befiel ihn jedoch eine Krankheit, die zu Bewusstseinsstörungen führte und ihn so schwächte, dass er sich dem Tode nahe wähnte. Zu allem Überfluss brach um diese Zeit eine Seuche aus, die nicht nur im gemeinen Volk, sondern auch unter den Vertrauten des Königs wütete. Wo sollen wir nun den Trennungsstrich zwischen Fiktion und Historie ziehen? Selbst das für den Erzählfortschritt notwendige Machtvakuum infolge von Herodes' Krankheit – diese war der Anlass für einen neuerlichen Putschversuch Alexandras – passt zu gut in das düstere Gemälde von den Ereignissen um Mariammes Tod, als dass wir uns hier ohne weiteres auf historisch sicherem Boden wähnen dürften. Dies gilt auch erst recht von der erwähnten Seuche, die Josephus ausdrücklich mit dem Gedanken der Strafe Gottes für die an Mariamme begangene Untat in Verbindung bringt.

4.2. Das Ende Alexandras und Kostobars

Nicht lange nach Mariammes Tod ereilte auch Alexandra das Schicksal ihrer Tochter. Sie nutzte die Abwesenheit des Herodes, der in Samaria seine Krankheit auskurierte, für einen erneuten Versuch, die Macht an sich zu reißen. Ihr Plan war, die beiden Burgen der Stadt, nämlich die an das Tempelgelände grenzende Antonia und eine weitere Festung, über die wir nichts Genaues wissen, in ihre Gewalt zu bringen. Die Begründung für ihr Ansinnen – sie wolle sicherstellen, dass die Festungen bis zu Herodes' Genesung, erst recht aber im Falle seines Todes nicht Unbefugten in die Hände fielen – war jedoch ebenso fadenscheinig wie scheinheilig, so dass sich Herodes' Stadtkommandanten, darunter auch Herodes' Cousin Achiab, nicht darauf einließen und den König sofort von den Umtrieben Alexandras in Kenntnis setzten.[23] Herodes kam auf die Nachricht von Alexandras Umsturzplänen

23 Achiab war entweder der Sohn von Herodes' Onkel Phallion oder der Sohn Josephs, nach Ant. 15,3,5/65 ebenfalls ein Onkel väterlicherseits und zugleich Schwager des Herodes. N. Kokkinos, The Herodian Dynasty, 150, gibt letzterer Möglichkeit den Vorzug. Es erstaunt dann freilich, dass Achiab Herodes, wie wir bei Josephus erfahren, bis zu dessen Tod treu gedient hat, hatte Herodes diesen Joseph doch nach seiner Rückkehr aus Laodizea hinrichten lassen. Kokkinos, 151 argumentiert, Achiab habe den Tod seines Vaters Alexandra angelastet, nicht Herodes. Außerdem war er über seine Schwester, die namentlich nicht genannte Cousine unter Herodes' Frauen (s. u.), mit ihm verschwägert.

hin erstaunlich rasch wieder auf die Beine und machte mit seiner Schwiegermutter nun endlich kurzen Prozess.

Bald darauf ging Herodes dazu über, eine alte Rechnung zu begleichen, die zwischen ihm und dem Idumäer Kostobar (nach der Hinrichtung Josephs der zweite Mann seiner Schwester Salome) noch offen war. Kostobar entstammte einer angesehenen idumäischen Adelsfamilie, die die Priester für den Kult des Kos (Qos) stellte, des alten edomitischen Nationalgottes.

Religionsgeschichtlich liefert uns Josephus hier eine interessante Information, weil sein Bericht darauf schließen lässt, dass die Kos-Verehrung in Idumäa auch nach der Eroberung des Landes durch Johannes Hyrkan (135–104 v. Chr.) noch lebendig war. Mit Kostobar, dessen Name in seiner semitischen Form (*qwsgbr*)[24] so viel bedeutet wie »Kos ist stark«, stoßen wir auf Kreise der idumäischen Oberschicht, die sogar auf eine Restauration des Kos-Kultes hinarbeitete und die Vorherrschaft der jüdischen Religion brechen wollte. Kostobar verband dieses religionspolitische Programm mit dem Versuch, Idumäa vom Herrschaftsgebiet des Herodes abzutrennen und in die Selbständigkeit zu führen. 37 v. Chr. wurde Kostobar von Herodes mit der Verwaltung Idumäas betraut, wahrscheinlich als Nachfolger von Herodes' Bruder Joseph, der im Kampf gegen Antigonos sein Leben gelassen hatte. Um 34 v. Chr. heiratete er Salome, Herodes' Schwester, die seit der Hinrichtung ihres ersten Mannes verwitwet war. Vermutlich zu der Zeit, als sich Herodes' Stellung bei Antonius wegen der Begehrlichkeiten der Kleopatra zu verschlechtern drohte, warb

---

24 E. A. Knauf, Art. Qôs, Dictionary of Deities and Demons in the Bible, 675.

Kostobar bei Kleopatra um Unterstützung für sein Vorhaben. Doch Kleopatra blieb, wie wir sahen, der erhoffte Zugriff auf das Reich des Herodes verwehrt. Außerdem erhielt Herodes Kenntnis von den Sezessionsbestrebungen des Idumäers. Herodes hätte seinen abtrünnigen Gefolgsmann ohne viel Federlesens hinrichten lassen, hätten nicht Salome und Kypros zu seinen Gunsten bei Herodes interveniert. Nach etwa sechs Jahren (28/27 v. Chr.) hatten sich Kostobar und seine Frau jedoch auseinander gelebt, worauf Salome die Scheidung veranlasste. Obendrein denunzierte sie Kostobar und drei weitere Funktionäre bei Herodes, sie planten angeblich einen Aufstand. Diesen Vorwurf wusste sie durch die Information glaubhaft zu machen, dass Kostobar die Söhne eines gewissen Baba, die angeheiratet mit dem Hasmonäerhaus verwandt waren und 37 v. Chr. auf Antigonos' Seite gestanden hatten, seit zehn Jahren auf seinen idumäischen Besitzungen versteckt hielt, obwohl er Herodes bei der Einnahme Jerusalems Stein und Bein geschworen hatte, er wisse nichts über ihren Verbleib. Tatsächlich spürte Herodes die Söhne jenes Baba in Idumäa auf und schenkte nun auch den übrigen Anschuldigungen, die Salome vorgebracht hatte, Glauben. Damit war es sowohl um Babas Söhne wie auch um Kostobar geschehen.

4.3. Die politischen Ereignisse nach Mariammes Tod

Mit den politischen Morden und politisch motivierten Exekutionen in Herodes' familiärem und höfischem Umfeld hatte es nun für längere Zeit ein Ende. Erst ein Jahrzehnt später, ab etwa 17 v. Chr., als seine Söhne ihre Rollen im Spiel um die Macht gefunden hatten, legten sich wieder dunkle Schatten auf das Familienleben des Königs. Doch während der jetzt kommenden Jahre konnte Herodes unbehelligt von Anschlägen machtversessener Verwandter und Höflinge regieren und seine Königsherrschaft festigen.

An dieser Stelle trägt Josephus eine besonders massive Wertung in den Gang der Darstellung ein: Er beschuldigt Herodes, er habe seine nunmehr unangefochtene Machtstellung dazu missbraucht, die väterlichen Sitten und Gesetze – gemeint ist die Tora des Mose, das jüdische Gesetz – nach und nach auszuhöhlen und zu unterwandern. Da für Josephus das Recht der Juden, nach ihren eigenen Gesetzen zu leben, vom Bellum an bis zu seinem Spätwerk Contra Apionem ein herausragend wichtiges Thema ist, wiegt dieser Vorwurf schwer. Ob und inwiefern wir ihn als zutreffend ansehen müssen, werden wir später diskutieren. Josephus macht seinen Vorwurf an einigen Neuerungen fest, die Herodes in das kulturelle Leben des Landes eingeführt hat. Nach dem Vorbild der von Augustus erstmals 28 v. Chr. veranstalteten »Spiele von Actium« stiftete er sportliche und musische Wettkämpfe, die fortan alle vier Jahre in Jerusalem stattfinden sollten. Er lud Sportler, Schauspieler und Musiker aus der ganzen römischen Welt in seine Residenzstadt ein, die er mit einem Theater, einer Rennbahn und einem nahe Jerusalem gelegenen Amphitheater ausgestattet hatte. Sein besonderes Missfallen äußert Josephus gegenüber den Tierkämpfen, und er lässt es sich nicht nehmen, bei dieser Gelegenheit das hohe jüdische Ethos herauszustreichen (Ant. 15,8,1/273–275): Die übrigen Völker mögen sich daran ergötzen, wenn Menschen in Schaukämpfen von wilden Tieren zerrissen werden, die väterlichen Gesetze der Juden hingegen verbieten derlei gottlosen Frevel. An Stellen wie diesen wird deutlich, dass die Antiquitates immer auch als Apologie für die jüdische Religion und das jüdische Gesetz gelesen werden wollen. Josephus braucht Herodes an dieser Stelle in der Rolle des Gesetzesübertreters, um den hohen Wert des Mosegesetzes zur Geltung zu bringen. Nachfolgend erscheint Herodes denn auch in einem etwas günstigeren Licht: Als er feststellen musste, dass sich die Bevölkerung vor allem über die im Theater aufgestellten Siegestrophäen ereiferte, weil sie diese aus der Ferne für figürliche Darstellungen hielt und deshalb das biblische Bilderverbot verletzt sah, lud er eine Delegation ein, die Objekte des Anstoßes näher zu betrachten. Es handelte sich bei diesen Trophäen um Holzgestelle, die zur Erinnerung an errungene Siege mit Beutestücken drapiert waren. Nach und nach ließ Herodes von den Trophäen Gewänder, Helme und Waffen abnehmen, bis nur noch die bloßen Holzgerüste übrig blieben. Daraufhin erhob sich unter der Delegation ein herzliches Gelächter, man könne so etwas nicht ernstlich als figürliche Darstellung betrachten, und der Fall war erledigt. Allein eine Gruppe radikaler Juden (denen Josephus seine Entrüstung über das gesetzlose Handeln des Königs nochmals in den Mund legt) rottete sich zusammen und plante, Herodes bei einem seiner nächsten Theaterbesuche zu erdolchen. Durch einen Spitzel flog die Sache jedoch auf. Die Verschwörer wurde gefasst und hingerichtet. Josephus lässt sie würdig und im Bewusstsein, für Volk und Gesetz gehandelt zu haben, in den Tod gehen, während der Denunziant vom Volk ergriffen, in Stücke gerissen und den Hunden zum Fraß vorgeworfen wird. Man erkennt mühelos, wem Josephus' Sympathien gelten und wem nicht.

Für den Zeitraum von 28 bis 23 v. Chr. ist die josephische Darstellung weniger dicht und chronologisch nicht leicht in den Griff zu bekommen. Zwei weitere Ereignisse aus dieser Zeit, die wir nur unter Vorbehalt datieren können, werfen ein Licht auf Herodes' Bemühen, bei Augustus[25] als zuverlässiger Klientelkönig und bei seinem Volk als guter Herrscher dazustehen. Augustus beauftragte Aelius Gallus, den er als Statthalter über Ägypten eingesetzt hatte, 26/25 v. Chr. mit einem Feldzug gegen die Araber. Herodes unterstützte diese Unternehmung mit 500 Elitesoldaten. Zu seinem Glück zog er selbst nicht mit, denn aus Cassius Dio (53,29) wissen wir, dass der Araberfeldzug für die Römer, die in Scharen der Hitze und verseuchtem Trinkwasser zum Opfer fielen, in einer Katastrophe endete.

Während der ägyptischen Präfektur von Aelius Gallus' Nachfolger Petronius (vielleicht war er auch sein Vorgänger, woraus sich die genannte chronologische Unsicherheit ergibt) wurde Judäa von einer anhaltenden Dürre heimgesucht. Missernten, Hunger und Krankheiten waren die Folge. Obwohl Herodes durch seine zahllosen Bauprojekte – mit diesen werden wir uns in Kapitel 7 noch näher beschäftigen – kaum mehr Mittel zur Verfügung hatte, um Abhilfe zu schaffen, organisierte er unter Aufbietung seiner gesamten Gold- und Silberreserven (das Tafelsilber und die goldenen Teller eingeschlossen) ein beispielloses Hilfsprogramm. Er ließ seine Beziehungen zu Petronius spielen und konnte in Ägypten trotz gestiegener Nachfrage umfangreiche Getreidekäufe tätigen. Die Verteilung des Getreides, das zur Linderung des akuten Hungers wie auch zur Bereitstellung von Saatgetreide für das kommende Jahr diente, organisierte er so perfekt, dass er nicht nur der Not im eigenen Land

25 So nannte sich Octavian seit Januar 27 v. Chr.; s. u. Kap. 5.1.

wirksam zu begegnen vermochte, sondern sogar in der Lage war, Hilfslieferungen in angrenzende Gebiete zu schicken. Dadurch empfand das Volk wohl erstmals so etwas wie Zuneigung zu seinem König, und das mit Recht. Man mag Herodes unterstellen, er habe sich die Gunst seines Volkes mit seiner Großzügigkeit und Fürsorge erkaufen wollen – Josephus kann sich eine entsprechende Andeutung nicht verkneifen –, doch wäre bereits dies aller Ehren wert, denn für den bloßen Machterhalt hätte die Autorität Roms zur Not genügt.

4.4. Die Ehen des Herodes

Etwa 24 v. Chr. heiratete Herodes ein weiteres Mal. Seine neue Frau – eine von insgesamt zehn – hieß ebenfalls Mariamme, nach Josephus' Bericht eine unglaublich schöne Frau. Sie war die Tochter eines Priesters mit Namen Simon b. (*ben* = »Sohn [des]«) Boëthos. Dieser Boëthos stammte aus einer alten alexandrinischen Familie, doch hatte Simon in Jerusalem nicht den gesellschaftlichen Rang, dass seine Tochter Herodes ebenbürtig gewesen und für eine standesgemäße Heirat infrage gekommen wäre. Aus diesem Grund habe Herodes den amtierenden Hohenpriester, einen gewissen Jesus b. Phiabi, seines Amtes enthoben und Simon die höchste geistliche Würde übertragen. Eine beiläufige Notiz in Ant. 19,6,2/298 lässt die Vermutung zu, dass Simon ein Nachkomme Onias' IV. war, jenes Priesters, der 164 v. Chr. nach Ägypten geflohen war, dort einen eigenen Tempelkult etabliert und es bei den Ptolemäern zu hohem Ansehen gebracht hatte. Dies würde die beherrschende Stellung erklären, die Simon, Gründer einer ganzen Dynastie von Hohenpriestern, nach seinem unverhofften Aufstieg in der Jerusalemer Priesterschaft erlangen sollte.

Josephus informiert uns über die zehn Frauen des Herodes und deren Kinder ausgesprochen unsystematisch und lückenhaft. Der Versuch, die Chronologie seiner Eheschließungen zu rekonstruieren und sich einen Überblick über die komplizierten verwandtschaftlichen Beziehungen zu verschaffen, wie sie sich aus den polygamen Neigungen des Königs zwangsläufig ergaben (vgl. den beigefügten Stammbaum), ist dementsprechend mit Hypothesen belastet und mühsam.[26] In den antiken Gesellschaften des östlichen Mittelmeerraumes war Endogamie (Verwandtenehe) eine übliche Form der ehelichen Verbindung, und zwar unter Blutsverwandten ebenso wie unter angeheirateter Verwandtschaft. Im ptolemäischen Königshaus beispielsweise wurden mehrfach auch Ehen unter Geschwistern geschlossen. Ptolemaios VIII. Euergetes heiratete sogar nach seiner Schwester Kleopatra III. auch noch deren Tochter, seine Stieftochter und Nichte Kleopatra IV., eine Verbindung, die in der hellenistischen Antike ohne Beispiel, aber eben möglich war. Auch im nabatäischen Herrscherhaus hat es Geschwisterehen gegeben. Herodes hat nur zweimal endogam geheiratet, nämlich eine Nichte und eine Cousine. Beide Ehen sind kinderlos, d.h. aber für den Fortbestand der Dynastie bedeutungslos geblieben. Wir kennen weder die Namen dieser Frauen noch das Jahr der Eheschließungen. Denkbar ist, dass es sich bei der Cousine um eine sonst nirgends erwähnte Tochter von Herodes' Onkel Joseph handelt und bei der Nichte um eine ebenfalls unbekannte Tochter von Herodes' Bruder Joseph. Beide Frauen hätten dann in jungen Jahren

---

26 Das Folgende nach K. C. Hanson, The Herodians and Mediterranian Kinship, sowie N. Kokkinos, The Herodian Dynasty.

den Verlust ihrer Väter erlitten. Wir erinnern uns: Herodes' Bruder war 38 v. Chr. im Kampf gegen Antigonos gefallen, und sein Onkel, zugleich der Mann von Herodes' Schwester Salome und damit Herodes' Schwager, wurde 34 v. Chr. auf Herodes' Befehl hingerichtet. Möglicherweise ergab sich für Herodes die Notwendigkeit, die beiden Halbwaisen durch Eheschließung neu in die Familie einzubinden. Auch nach dem Tod seiner Söhne aus der Ehe mit Mariamme I. im Jahre 8 v. Chr. hat Herodes in Ausübung seiner patriarchalen und monarchischen Autorität für deren hinterbliebene Kinder Ehen im Familienkreis arrangiert.

Mit den übrigen acht Frauen, von denen wir nun bereits Doris, Mariamme I. und Mariamme II. kennen, ist Herodes exogame Ehen eingegangen. Wenn man bedenkt, dass Eheschließungen außerhalb der eigenen Großfamilie bei antiken ostmediterranen Eliten auf die Steigerung der eigenen Ehre und Macht durch familiäre Verbindungen zu anderen einflussreichen Clans zielen, erscheint Herodes' Verhalten eher untypisch, denn eine deutliche Statussteigerung hat ihm nur die Ehe mit Mariamme I. eingebracht. Er hat diese Verbindung denn auch noch weiter ausgebaut: Seinem Bruder Pheroras gab er Mariammes Schwester zur Frau, und seinen Sohn Antipater aus der Ehe mit Doris vermählte er mit der Tochter seines Erzrivalen Antigonos. Mariamme I. hat Herodes fünf Kinder geboren, drei Söhne und zwei Töchter. Der jüngste Sohn, dessen Namen wir nicht kennen, ist offenbar während seiner Ausbildungsjahre in Rom gestorben, seine älteren Brüder Alexander und Aristobul erregten mit ihrem Machtgebaren den Argwohn ihres Vater, mit der Folge, dass Herodes sie im Jahre 8 v. Chr. hinrichten ließ. Der Ältere, Alexander, war mit Glaphyra, einer Tochter des

Königs Archelaos von Kappadozien verheiratet, mit der er zwei Söhne hatte, Alexander II. und Tigranes. Tigranes wurde, wahrscheinlich weil Glaphyra mütterlicherseits eine armenische Prinzessin war, um 6 n. Chr. für einige Jahre König von Armenien. Aristobul, der jüngere Sohn der ersten Mariamme, erhielt Berenike, die Tochter von Herodes' Schwester Salome zur Frau, mit der er fünf Kinder hatte, darunter Agrippa I., der von 41–44 n. Chr. als König über das Reich seines Großvaters herrschte.

Mariamme II. hatte einen Sohn, der nach seinem Vater Herodes genannt wurde. Dieser Herodes erhielt Herodias zur Frau, eine Tochter Aristobuls. Da Herodes trotz seines hoffnungsvollen Namens in der Erbfolge nicht berücksichtigt wurde und den gesellschaftlichen Ambitionen, die seine Frau hegte, folglich nicht genügte, trennte sich Herodias jedoch bald wieder von ihm.

Die Namen der fünf übrigen Frauen sind: Malthake, Kleopatra, Pallas, Phaedra und Elpis. Malthake war nach der josephischen Terminologie Samaritanerin, was nicht bedeutet, dass sie zur Volksgruppe der Samaritaner gehörte, die sich seit spätpersischer Zeit zunehmend vom übrigen Judentum distanziert und eine von Jerusalem nie anerkannte Sonderform der israelitischen Religion entwickelt hat. Eine solche Verbindung hätte Herodes' Ansehen bei seinen jüdischen Untertanen nicht gerade gesteigert. Die notorische Konkurrenz zwischen Juden und Samaritanern in neutestamentlicher Zeit können wir anhand des berühmten Gleichnisses Jesu ermessen, in dem er seinen jüdischen Zuhörern skandalöserweise ausgerechnet einen Samaritaner als moralisches Vorbild präsentiert. Samarien hatte stets auch einen jüdischen Bevölkerungsanteil. Malthake kann also Jüdin gewesen sein;

der Name könnte, so Kokkinos' Vermutung, aber auch auf phönizische Siedler hindeuten, die in der Region ebenfalls sesshaft waren. Seit Herodes 47 v. Chr. von Sextus Cäsar mit der Kommandantur über Samarien betraut wurde, treffen wir ihn immer wieder in dieser Landschaft an: 43 v. Chr. baute er die von Unruhen arg mitgenommene Hauptstadt Samaria wieder auf; in den Jahren der Eroberung seines Reiches brachte er seine Familie dort in Sicherheit; in Samaria heiratete er auch Mariamme, und 30 v. Chr. wurde ihm von Octavian die Herrschaft über die samarische Metropole offiziell verliehen. In Samarien erholte sich Herodes von seiner schweren Krankheit nach Mariammes Tod, um 27 v. Chr. baute er die samarische Hauptstadt prachtvoll aus und gab ihr zu Ehren Octavians, der sich nun Augustus (griechisch *Sebastos*) nannte, den Namen Sebaste. Möglicherweise ist Herodes Malthake im Zusammenhang mit diesem Bauprojekt begegnet. Aus der Ehe mit ihr gingen zwei Söhne hervor, Archelaos und Herodes Antipas, sowie eine Tochter mit Namen Olympias. Archelaos, der ältere der beiden Brüder (geb. um 27 v. Chr.), wurde nach Herodes' Tod 4 v. Chr. Ethnarch über Judäa, Idumäa und Samarien. Nach zehn Jahren wurde er jedoch von Rom wegen Unfähigkeit abgesetzt und in die Verbannung geschickt. Sein Herrschaftsgebiet wurde daraufhin römische Provinz. Archelaos heiratete in erster Ehe eine Frau mit Namen Mariamme, bei der es sich wahrscheinlich um die Tochter seines Halbbruders Aristobul, des Sohnes von Mariamme I. handelt. Er verließ sie jedoch wegen Glaphyra, der Tochter des Königs Archelaos von Kappadozien und Witwe des anderen Mariammesohnes Alexander, den Herodes samt seinem Bruder 8 v. Chr. hinrichten ließ. Die Ehe mit Malthakes Sohn Archelaos war bereits Glaphyras dritte Ehe, denn nach dem Tod Alexanders war sie kurzzeitig mit Juba II. von Mauretanien verheiratet, den sie jedoch bald wieder verließ. Malthakes zweiter Sohn Antipas (geb. ca. 25 v. Chr.) überstand die Streitigkeiten um die Thronnachfolge, die in den letzten Lebensjahren des Herodes unter seinen Söhnen und deren Müttern ausbrachen, wie sein Bruder unbeschadet. In Übereinstimmung mit Herodes' Testament setzte ihn Augustus zum Herrscher über Galiläa und Peräa ein. In den Evangelien begegnet er uns als Landesfürst Jesu. Zwar erhielt er nicht das alte judäische Kernland, doch er erfreute sich im Gegensatz zu Archelaos einer langen, 43 Jahre währenden Herrschaft. Er regierte damit länger als Herodes selbst und jeder andere Herodesnachkomme. Verheiratet war er mit einer Tochter des Nabatäerkönigs Aretas IV., der von 9 v. Chr. bis 40 n. Chr. regierte. Mit dieser Eheschließung knüpfte Herodes erstmals wieder an die alten verwandtschaftlichen Beziehungen an, die über seine Mutter Kypros zwischen seiner Familie und dem nabatäischen Königshaus bestanden. Die eheliche Verbindung zwischen beiden Herrscherhäusern besiegelte den 7/6 v. Chr. erfolgten Friedensschluss zwischen Herodes und Aretas, nachdem man wieder einmal gegeneinander Krieg geführt hatte. Auf seine alten Tage hat sich Antipas noch von seiner nabatäischen Frau getrennt und Herodias geheiratet, die Exfrau seines Halbbruders Herodes, Sohn Mariammes II.

Josephus stellt Kleopatra, Mutter von zwei Söhnen, als Jerusalemerin vor. Kleopatra ist als Name für eine Jüdin ausgesprochen selten. Kokkinos weist darauf hin, dass Josephus keine jüdische Frau dieses Namens erwähnt und es ansonsten aus der Epoche des antiken Judentums bisher nur noch einen einzigen Beleg für eine Jüdin namens Kleopatra gibt (eine Inschrift auf einem Ossuar, einer antiken Urne zur Bestattung von Gebeinen). Der josephischen Angabe können wir daher nur entnehmen, dass Jerusalem der ständige Wohnort der Kleopatra war. Ob sie jüdischer Herkunft und jüdischen Glaubens war, wissen wir nicht, ebenso wenig, woher ihre Familie stammte. Der ältere von Kleopatras Söhnen mit Namen Herodes spielt im Bericht des Josephus keine Rolle (wir brauchen uns also nicht noch einen weiteren Träger dieses Namens zu merken). Möglicherweise ist er jung gestorben, da ihn Josephus nicht unter den Herodessöhnen nennt, die in Rom erzogen wurden. Dessen jüngerem Bruder Philipp vermachte Herodes den Nordosten seines Reiches. In Übereinstimmung mit Herodes' Testament machte ihn Augustus 4 v. Chr. zum Tetrarchen über das Gebiet von Paneas und die Landschaften Gaulanitis, Trachonitis, Batanäa sowie die nördliche Auranitis. Wie Antipas war Philipp eine lange Herrschaft beschieden; er starb 33 n. Chr. im Alter von etwa sechzig Jahren.

Wenn die Liste in Bell. 1,28,4/562–563 chronologische Rückschlüsse zulässt, heiratete Herodes nach der Eheschließung mit Kleopatra noch dreimal, nämlich Pallas, Phaedra und Elpis. Die Namen dieser Frauen, über deren Herkunft wir ebenfalls nichts wissen, sind gänzlich griechisch, weshalb Kokkinos in Erwägung zieht, Herodes könnte ihnen auf seiner Reise nach Griechenland und Rom (17/16 v. Chr.) begegnet sein. Pallas hatte einen Sohn, der nach Herodes' Bruder Phasaël hieß. Wie Herodes, der Sohn der Kleopatra, hat er in der Geschichte keine weiteren Spuren hinterlassen. Wahrscheinlich war er noch ein Kind, als die Streitigkeiten um das Erbe seines Vaters ausbrachen, so dass weder er selbst Ansprüche auf den Thron geltend machen konnte, noch seine Mutter sich für ihn verwendete. Über Phaedra und Elpis erfahren wir, dass sie je eine Tochter zur Welt brachten, Roxane und Salome. Der Name Roxane könnte auf eine persische Herkunft der Familie Phaedras schließen lassen, wenn dieser Name nicht seit Alexander d. Gr., dessen Frau Roxane hieß, auch im griechischen Kulturraum heimisch geworden wäre. Von Roxane und Salome berichtet Josephus, dass sie in ständigem Streit mit Pheroras' zweiter Frau lebten. Die Tatsache, dass Augustus die beiden Halbschwestern nach Herodes' Tod ausgerechnet mit den Söhnen des Pheroras verheiratet hat, macht schlaglichtartig deutlich, dass die Querelen in Herodes' Großfamilie mit dem Tod des Königs kaum aufgehört haben dürften.

Der ungefähre Überblick, den wir uns nun über die komplizierten Verwandtschaftsverhältnisse im Hause des Herodes verschafft haben, lässt erahnen, wie wenig entspannt die Atmosphäre am Jerusalemer Hof erst recht zu seinen Lebzeiten gewesen sein muss. Wir werden den genannten Frauen, Kindern und Enkeln des Herodes noch mehrfach begegnen, brauchen uns also für den Moment nicht alle Namen zu merken. Angesichts der unübersichtlichen Verflechtungen im Familienkreis des Königs mag es uns trösten, dass selbst die josephische Darstellung weder erschöpfend noch gänzlich irrtumsfrei ist, obwohl er einen Urenkel des Herodes, Agrippa II., noch selbst kannte und in regem persönlichen Verkehr mit ihm stand.[27]

27 Agrippa II. war ein Urenkel der ersten Mariamme und mag das negative Herodes-Bild v. a. der Antiquitates durchaus gebilligt haben.

5. Der römische Klientelkönig

5.1. Augustus

Im Gegensatz zu Herodes' familiären Verhältnissen entwickelten sich seine Beziehungen zu Octavian und damit zu Rom ausgezeichnet. Octavian machte sich nach seiner triumphalen Rückkehr aus Ägypten mit Tatkraft und Reformgeist an die Neuordnung der römischen Verhältnisse. Nach der symbolischen Schließung des Janustempels, die die Einkehr eines das ganze Reich umfassenden Friedens anzeigte, galt seine Aufmerksamkeit zunächst der Wiederherstellung des religiösen Lebens. Er setzte sich für die Restaurierung von 82 römischen Tempeln ein, die er zum Teil aus eigenen Mitteln finanzierte. Darauf folgte die drastische Verkleinerung der Streitkräfte und eine Reform des Senats. Seine Orientierung am Ideal der alten republikanischen Staatsverfassung trieb er so weit, dass er nicht nur verfassungswidrige Erlasse aus der Zeit seiner triumviralen Herrschaft rückgängig machte, sondern in der Senatssitzung vom 13. Januar 27 v. Chr. schließlich sogar alle seine Ämter, die ihm faktisch längst die Alleinherrschaft sicherten, ablegte und das Staatswesen feierlich in die Hand von Volk und Senat zurückgab. Das Vertrauen, das man ihm entgegenbrachte, und die Hoffnungen, die man in ihn setzte, wurden damit jedoch nur noch größer, und schon am 16. Januar ließ er sich zur Rückkehr an die Macht und zur Annahme des ins Religiöse tendierenden Ehrennamens Augustus (»Der Heilige«, »Der Unverletzliche«) bewegen. Obwohl die Verfassung formal auch in Zukunft republikanisch blieb, wurde sie doch Zug um Zug so weit modifiziert, dass die monarchische Herrschaft darin Platz fand und Augustus bald die alleinige Staatsgewalt in seiner Person vereinigte. Die Epoche des Prinzipats hatte begonnen.

Als grundlegende Neuerung in der Verwaltung des Reiches führte Augustus die Einteilung in senatorische und imperatorische Provinzen ein. Die militärisch unproblematischen Provinzen blieben dem Senat unterstellt und wurden weiterhin im jährlichen Wechsel von Angehörigen des senatorischen Adels verwaltet, die dieses Amt meist als willkommenes Mittel zur persönlichen Bereicherung nutzten. Die übrigen Provinzen, die noch nicht gänzlich befriedet waren und eine starke Militärpräsenz erforderten, standen unter der direkten Zuständigkeit des Cäsar Augustus. Cassius Dio (53,12,2 f.) kommentiert diese Maßnahme im Rückblick des frühen 3. Jh.s n. Chr. folgendermaßen:

»Tatsächlich gab er die schwächeren [Provinzen] als befriedete und von keinem Krieg heimgesuchte Gebiete an den Senat zurück, behielt aber die stärkeren für sich; sie seien – dies seine Begründung – unsicher und gefährdet und hätten entweder Feinde zu Nachbarn oder könnten von sich aus einen ernsten Umsturz verursachen. Diese Regelung traf Cäsar, wie er sagte, damit der Senat ungefährdet aus den besten Teilen des Reiches seinen Nutzen ziehen könne, er selbst aber die Mühen und Gefahren auf sich zu nehmen habe. In Wirklichkeit aber sollten die Senatoren unbewaffnet und zu keinem kriegerischen Unternehmen fähig sein, während er allein über Waffen verfügte und Soldaten unterhielt.«

Als imperatorische Provinzen nennt Cassius Dio (53,12,4) Gallien, Spanien, Ägypten und Syrien. Auch die unruhigen Gebiete des östlichen Mittelmeerraumes mit der ständig schwelenden Parthergefahr unterstanden also der direkten Kontrolle des Cäsar. Von Ausnahmen abgesehen übertrug er seine eigenen Provinzen nicht Senatoren, sondern Angehörigen des Ritterstandes, Militärs also, die außerhalb des politischen Kräftespiels agierten und in direkter Verantwortung gegenüber Augustus eine zuverlässige, effiziente und wesentlich transparentere Verwaltung garantierten. Unter den imperatorischen Provinzen hatte Ägypten als persönlicher Besitz des Cäsar eine Sonderstellung. Augustus herrschte dort als Nachfolger der Ptolemäer und Pharaonen und wurde von den Ägyptern als göttliche Autorität betrachtet. Kein Senator oder Ritter durfte ohne die Erlaubnis des Augustus ägyptischen Boden betreten. Wirtschaftlich war Ägypten als nunmehr wichtigster Getreidelieferant des römischen Reiches von herausragender Bedeutung. In augusteischer Zeit konnten die Kornerträge derart gesteigert werden, dass Ägypten bald ein Drittel des jährlichen reichsweiten Bedarfs deckte.

Die augusteische Provinzialverwaltung erfasste indes nicht das ganze römische Reichsgebiet. Einige Monarchien an den Rändern des Imperiums, die in der Vergangenheit ihre Zuverlässigkeit und innere Stabilität unter Beweis gestellt hatten, ließ Augustus bestehen und betraute die lokalen Herrscher mit der Aufgabe, die Reichsgrenzen vor äußeren Angriffen zu schützen und die griechisch-römische Zivilisation, die das römische Imperium kulturell einen sollte, im Inneren zu verwirklichen. Nach dem Ende der jeweiligen Dynastien sollten diese Gebiete Rom dann als reife Früchte zufallen und in das römische Provinzialsystem eingegliedert werden.

Dass die Autonomie, die Rom einigen lokalen Fürstentümern einräumte, unter dem Vorbehalt zu erfüllender Pflichten stand und keineswegs unwiderruflich war, hatte nach Herodes' Tod gravierende Auswirkungen auf die politische Landschaft Judäas, als Archelaos, einer der beiden Söhne des Herodes aus seiner Ehe mit Malthake, nach zehnjähriger Herrschaft über Judäa und Samarien, die so gar nicht zur Zufriedenheit Roms ausfiel, abgesetzt wurde. Er selbst verschwand im Exil und sein Herrschaftsgebiet wurde zur römischen Provinz. Zu seinen Lebzeiten jedoch erfüllte Herodes das auf Rhodos gegebene Versprechen, dass seine Antonius erwiesene Loyalität nun unvermindert auch dem Cäsar gelten sollte, voll und ganz. Herodes war ein ruhender Pol in der römischen Ostpolitik. Er stellte Hilfstruppen, wenn es nötig war (wie im Falle der 500 Elitesoldaten für Aelius Gallus' Araberfeldzug 26/25 v. Chr.), sorgte für stabile Verhältnisse in der Region und hielt damit die wichtigen Handelswege zwischen Syrien und Ägypten offen, von denen auch der Fernhandel mit Arabien, Indien und dem fernen Osten abhing. Der römische Wohlstand war ohne die reichen Provinzen im Osten, die die ganze Mittelmeerwelt nicht nur mit dem Grundnahrungsmittel Getreide, sondern auch mit allerhand Gebrauchs- und Luxusgütern versorgten, gar nicht denkbar. Die durch Herodes' Herrschaftsgebiet verlaufenden Küstenstraßen zwischen Syrien und Ägypten waren für die Handelsbeziehungen des östlichen Mittelmeerraums mit Rom und der weniger produktiven Westhälfte des Reiches auch deshalb so wichtig, weil der Schiffsverkehr auf dem Mittelmeer im Winterhalbjahr wetterbedingt fast ganz zum Erliegen kam. Obwohl Schiffbau und Seefahrt in der griechisch-römischen Welt schon recht gut entwickelt waren, war der Landweg für einen kontinuierlichen Warenfluss also unverzichtbar. Dementsprechend wachsam verfolgte man von Rom aus die politische Entwicklung in Palästina, und dementsprechend groß war Augustus' Interesse an Herodes als einem zuverlässigen Klientelkönig. Als solcher genoss Herodes weitestgehende Handlungsfreiheit bei der Regelung seiner inneren Angelegenheiten, was die römische Toleranz gegenüber der jüdischen Religion mit einschloss. Er war jedoch nicht berechtigt, ohne eine Erlaubnis Roms außenpolitisch oder über seine Reichsgrenzen hinaus militärisch aktiv zu werden. Mit Ausnahme einer Militäraktion gegen die Nabatäer, die das Verhältnis zwischen Augustus und Herodes denn auch zeitweise schwer belastet, wenngleich nicht zerstört hat, hat sich Herodes stets an diese Auflage gehalten. Er wusste zweifellos, welch große Aufgabe auf ihm lastete und welches Schicksal seinem Land drohte, falls er an dieser Aufgabe scheitern würde. So ließ er keine Gelegenheit aus, den Cäsar seiner Treue zu versichern.

Das Band des fast 30 Jahre währenden guten Einvernehmens zwischen beiden Herrschern[28] wurde dadurch gestärkt, dass Herodes seine Söhne in jugendlichem Alter zur Erziehung nach Rom schickte und sie dadurch zu echten Weltbürgern machte. Die gemeinschaftliche Erziehung und Ausbildung seiner eigenen Kinder mit den Sprösslingen unterworfener Herrscherhäuser gehörte zu Augustus' kulturellem Programm, das auf die Heranbildung hellenistisch denkender, romtreuer Eliten abzielte.[29] Herodes tat das Seine, um sein Land in die griechische Weltkultur einzubinden, die seit Augustus in einer eindrucksvollen Synthese mit weltumspannender Machtentfaltung fortbestand. Dies erreichte er dadurch, dass er zahlreichen Städten

---

28 Herodes nannte sich auf Münzen *philorōmaios* (»Römerfreund«, als griechische Übersetzung des offiziellen römischen Titels *amicus populi Romani*) und *philokaisar* (»Freund des Cäsar [Augustus]«), Beinamen, die auch inschriftlich belegt sind.

29 Dieser Brauch hatte allerdings noch einen anderen, politisch handfesteren Hintergrund: Für alle Fälle hatte Augustus mit den Söhnen seiner Klientelkönige hochrangige Geiseln in Gewahrsam; vgl. S. 164.

von Syrien bis Griechenland erhebliche Summen für die Verwirklichung zahlloser Bauprojekte schenkte und, wie wir noch sehen werden, auch im eigenen Land eine regelrechte Bauwut entwickelte. Für die Einrichtung von sportlichen und musischen Wettkämpfen, seit Alters das Markenzeichen griechischer Lebensart, hat Herodes sich ebenfalls eingesetzt. Von den Spielen zu Ehren des bei Actium siegreichen Augustus, die Herodes in Jerusalem veranstaltete, sprachen wir bereits. Wenn wir Josephus glauben dürfen, hat er sich sogar um den Erhalt der berühmten Spiele zu Olympia verdient gemacht, die wegen der zunehmenden Verarmung der Gegend in ihrem Bestand gefährdet waren. Mit diesen und anderen Erweisen herrscherlicher Großzügigkeit machte sich der König der Juden in der ganzen römischen Welt einen Namen als weltoffener Monarch auf der Höhe der Zeit (Dass dies dem reichsweiten Diasporajudentum nur von Nutzen sein konnte, steht auf einem anderen Blatt. Wir werden darauf zurückkommen).

Gewissermaßen als Pendant zur Erziehung seiner Söhne in Rom holte Herodes bedeutende Repräsentanten des griechisch-römischen Geisteslebens nach Jerusalem an seinen Hof. Hier ist vor allem der berühmte Philosoph und Historiograph Nikolaos von Damaskus zu nennen, den Herodes als Hofchronisten, persönlichen Berater und wichtigsten Diplomaten gewinnen konnte. Nikolaos, der in den Werken eines Plutarch, Plinius oder Athenaios Erwähnung findet, wurde 64 v. Chr. in Damaskus geboren und entstammte einer einflussreichen und angesehenen Familie seiner Vaterstadt. Wie wohl die meisten übrigen Rhetoren, Literaten und Philosophen, die Herodes an seinen Hof holte, war Nikolaos kein Jude. Selbstredend hinderte ihn dies nicht daran, die Interessen seines Patrons auch dort zu vertreten, wo es um jüdische Belange in Palästina und der Diaspora ging. Bevor Nikolaos in den Dienst des Herodes trat, war er der Erzieher der Kinder von Antonius und Kleopatra. Ob er gleich nach dem tiefen Fall des Herrscherpaares 30 v. Chr. nach Jerusalem gekommen ist, ist nicht bekannt. Spätestens 14 v. Chr., als wir ihm als Begleiter des Herodes auf dessen Asienreise begegnen, war er fest am Jerusalemer Hof installiert. Von seiner philosophischen Bildung her stand Nikolaos in der Tradition der peripatetischen Schule des Aristoteles. Entsprechend den für diese Schule typischen weit gespannten Interessen verfügte er über ein großes Spektrum an Kenntnissen und Fähigkeiten. Nach den Angaben der Suda, eines byzantinischen Lexikons aus dem 10. Jh., hat Nikolaos Komödien und Tragödien geschrieben, von denen wir allerdings sonst nichts wissen. Auch seine philosophischen und ethnographischen Werke sind bis auf einige Bruchstücke in syrischen und arabischen Übersetzungen verloren. Ebenso besitzen wir von seinem Werk über Augustus und von seiner Autobiographie nur noch Fragmente. Sein *opus magnum*, eine Geschichte der östlichen Monarchien in 144 Büchern von den Anfängen bis zum Tode des Herodes, hat immerhin Josephus in den Büchern 14 bis 17 seiner Antiquitates als Hauptquelle gedient. Reste dieses Werkes sind außerdem in den Historiker-Exzerpten des byzantinischen Kaisers Konstantin Porphyrogennetos (905–959 n. Chr.) erhalten. Nikolaos hat Herodes als dessen persönlicher Hauslehrer in Geschichte, Rhetorik und Philosophie unterrichtet und ihn wohl auch bei der Abfassung seiner Memoiren, aus denen Josephus gelegentlich schöpft, angeleitet. Die Abfassung seines großen Geschichtswerkes war ein Auftragswerk des Königs.

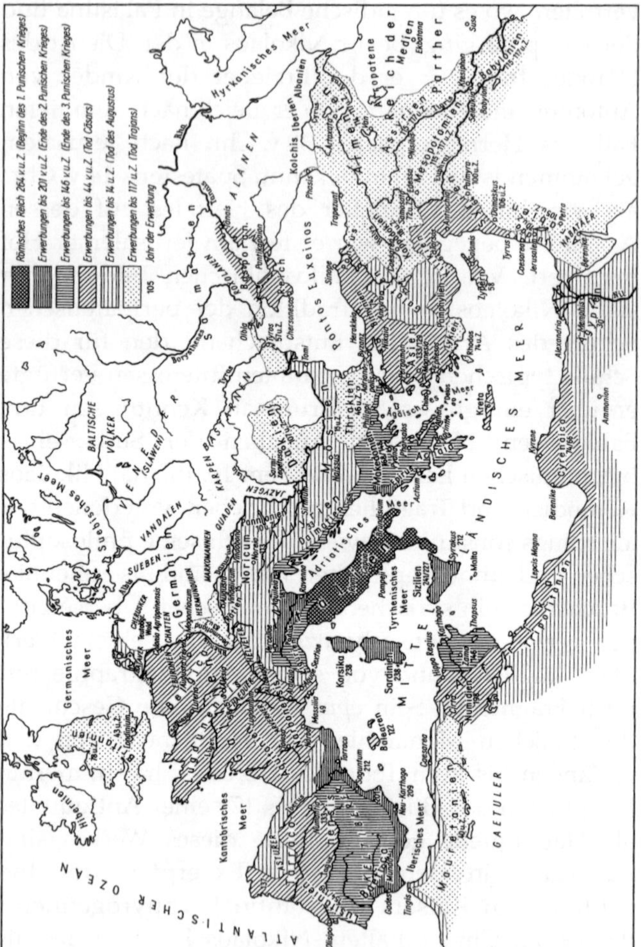

Abb. 1: Imperium Romanum

5.2. Marcus Agrippa

Mehr noch als Herodes' Bildungseifer zählte natürlich das Geschehen auf der politischen Bühne. Hierbei war die Freundschaft mit Marcus Vipsanius Agrippa, dem alten Weggefährten und späteren Mitregenten und Schwiegersohn des Augustus, für Herodes von großem Vorteil. Agrippa war nach Augustus der zweitmächtigste Mann in Rom und als Befehlshaber über die Ostprovinzen seit 23 v. Chr. für Herodes in gewisser Hinsicht sogar wichtiger als der Cäsar selbst. Es ist natürlich maßlos übertrieben, wenn Josephus behauptet, Augustus habe außer Agrippa und Agrippa außer dem Cäsar niemanden höher geschätzt als Herodes. Wenn Josephus solche Lobeshymnen aus dem Werk des Nikolaos entnommen oder sogar noch gesteigert hat, dann verdankt sich dies stets dem Interesse, seinem römischen Publikum nach der Katastrophe des jüdischen Krieges vor Augen zu führen, dass die Juden nicht nur fanatische Aufständische hervorgebracht haben, sondern auch den Römern ergebene Herrscher von Rang. Hinzu kommt, dass Herodes in den *Res Gestae,* dem Rechenschaftsbericht des Augustus, den er gegen Ende seines Lebens verfasst hat, mit keiner Silbe Erwähnung findet. Nach Augustus' Tod wurde dieser Rechenschaftsbericht auf Bronzeplatten graviert und dem Willen des Cäsar entsprechend an seinem Mausoleum in Rom angebracht. Kopien der Res Gestae wurden bald nach seinem Tod in den Ostteil des Reiches geschickt, wo Augustus schon zu Lebzeiten zusammen mit der Göttin Roma kultische Verehrung genoss. Am vollständigsten ist der Text der Res Gestae im so genannten *Monumentum Ancyranum* erhalten, einer in Marmor gemeißelten Abschrift nebst einer griechischen Übersetzung, die man 1555 auf den

Wänden eines Tempels im galatischen Ancyra (heute Ankara) entdeckt hat. Wäre Herodes für Augustus annährend so wichtig gewesen, wie es sich bei Josephus darstellt, hätte ihn der Cäsar möglicherweise in seinem Rechenschaftsbericht verewigt. Andererseits verwundert es nicht, dass Herodes in dem äußerst knapp formulierten Text – das Monumentum Ancyranum hat in der lateinischen Fassung einen Umfang von sechs Kolumnen – nicht vorkommt. Bedenkt man, dass Augustus neben seinen persönlichen Verdiensten darin auch die von ihm besiegten Feinde auflistet, ist sein Schweigen über den judäischen Klientelkönig sogar eine indirekte Bestätigung für Herodes' gutes Verhältnis zu Augustus und Agrippa.

Auf das gute Einvernehmen insbesondere zwischen Herodes und Agrippa fällt ein Schlaglicht durch eine bei Constantin Porphyrogennetos erhaltene Episode aus der Autobiographie des Nikolaos von Damaskus, die auch Josephus beiläufig erwähnt:[30] Julia, die Tochter des Augustus und in ihrer zweiten Ehe Agrippas Frau, geriet auf ihrer Asienreise 14 v. Chr. während ihres Besuchs der Stadt Ilion, des früheren Troja, in Lebensgefahr. Als sie bei ihrem Eintreffen zu nächtlicher Stunde eine wegen Hochwassers unpassierbare Furt des Scamander überqueren wollte, wäre sie um ein Haar ertrunken. Agrippa sah darin eine sträfliche Vernachlässigung der Fürsorgepflicht, die den Bürgern von Ilion für ihren hohen Gast oblag, und verhängte nach Despotenmanier eine Geldstrafe von 500 000 Silberdrachmen. Dies hätte wohl den kommunalen Haushalt der Stadt über Gebühr belastet, und so

30 Griechischer Text mit englischer Übersetzung und Kommentar bei M. STERN, Greek and Latin Authors on Jews and Judaism, Bd. 1, 246–248.

wandte sich die Bürgerschaft über Nikolaos von Damaskus mit der verzweifelten Bitte an Herodes, er möchte sich doch bei Agrippa für sie verwenden. Herodes, der Agrippa auf dessen gerade erst beendeten Schwarzmeer-Feldzug begleitet und ihm mit Rat und Tat zur Seite gestanden hatte, ließ sich von Nikolaos schildern, wie ungerechtfertigt diese Strafmaßnahme nach seiner Auffassung war, wandte sich daraufhin an Agrippa – und der zweitmächtigste Mann des römischen Weltreiches lenkte ein. Die Episode zeigt nicht nur, wie freimütig Herodes mit Agrippa umging. Es wird auch deutlich, welches Ansehen Herodes im vorderasiatischen Raum genoss. Er war tatsächlich weit mehr als ein beliebiger Provinzfürst, der nichts weiter als den Machterhalt innerhalb seiner kleinen Grenzen im Kopf hatte. Er war eine Herrscherpersönlichkeit mit dem Ruf eines *euergetēs*, eines »Wohltäters«.

Um 24/23 v. Chr. hatte Herodes die Gelegenheit, sich in seiner Funktion als regionale Ordnungsmacht an der stets gefährdeten Ostgrenze des Reiches zu profilieren. Josephus berichtet, dass um diese Zeit die Beutezüge räuberischer Nomadenstämme der Trachonitis auf syrischem Gebiet überhand nahmen. Dabei hatte ein gewisser Zenodoros seine Hände im Spiel, den uns Josephus als Pächter von Lysanias' einstigem Territorium vorstellt. Da Lysanias 34 v. Chr. der Habgier der Kleopatra zum Opfer gefallen war, muss Zenodoros das fragliche Gebiet (Teile von Chalkis und die Region um den Merom-See nördlich des Sees Gennesaret) von Kleopatra gepachtet haben. Möglicherweise war er ein Nachkomme und Erbe des Lysanias, für den die Pacht die einzige Möglichkeit war, sein rechtmäßiges Erbe und Eigentum in Besitz zu nehmen (auch dem Nabatäer Malichos war seinerzeit nichts anderes übrig geblieben, als sein Gebiet von Herodes, der mit Kleopatra handelseinig geworden war, zurückzupachten). Von seinem Terrain aus kontrollierte Zenodoros auch die östlich angrenzende Trachonitis. Von Josephus erfahren wir nichts Näheres über seinen Status. Durch Münzfunde wissen wir jedoch von einem »Tetrarchen und Hohenpriester« gleichen Namens, der durchaus mit dem von Josephus Genannten identisch sein kann, zumal auch Cassius Dio (54,9,3) von der »Tetrarchie« des Zenodoros spricht. Josephus zufolge hat Zenodoros mit den Räuberbanden der Trachonitis aus Habgier gemeinsame Sache gemacht und war an ihrer Beute beteiligt. Ziel der Überfälle waren meist Handelskarawanen von und nach Damaskus. Schließlich verloren die Damaszener die Geduld und beschwerten sich beim syrischen Statthalter Terrentius Varro, der umgehend Augustus von den Vorfällen berichtete. Augustus ordnete an, gegen das Bandenunwesen hart durchzugreifen und die Trachonitis samt den angrenzenden Landschaften Auranitis und Batanäa Herodes zu unterstellen. Damit nahm Herodes' Gebiet an Fläche noch einmal ganz erheblich zu. Zenodoros wollte die Beschneidung seines Einflussbereichs jedoch nicht hinnehmen und protestierte in Rom gegen die Enteignung. Seine Eingabe war zwar erfolglos, doch wird deutlich, dass Zenodoros einen Rechtsanspruch zu verteidigen hatte, für dessen Durchsetzung in Rom er sich zumindest Chancen ausrechnete. Die Darstellung ist hier sicherlich zu Herodes' Gunsten gefärbt. Immerhin mahnen uns die wenigen Spuren (die Münzen, die uns Zenodoros als »Tetrarchen und Hohenpriester« vorstellen, und die Notiz bei Cassius Dio von der »Tetrarchie« des Zenodoros) gegenüber der josephischen Darstellung zur Vorsicht.

Agrippa wurde 23 v. Chr. Generalstatthalter über den Osten. Als Hauptquartier wählte er Mytilene, die Hauptstadt der Insel Lesbos in der griechischen Ägäis. Der Ortswechsel hatte indes auch einen familien- und machtpolitischen Hintergrund. Augustus hatte während einer lebensbedrohlichen Krankheit im selben Jahr vorsorglich Agrippa seinen Siegelring übergeben. Damit zog Agrippa die Missgunst seines Schwagers Marcellus auf sich, der sich seit seiner Heirat mit Augustus' Tochter Julia Hoffnungen auf die Nachfolge des Cäsar machte. Auch Livia, nach Augustus' Trennung von seiner zweiten Frau Scribonia dessen Gattin, sah den wachsenden Einfluss Agrippas mit Missfallen (Die unerfreulichen Familienverhältnisse im Haus des Herodes waren vielleicht ein Extremfall, aber, wie man sieht, keineswegs ein Einzelfall. Die antiken Machteliten waren offenbar allerorts notorisch zerstritten, Verwandtschaft hin oder her. Ehen wurden geschlossen und geschieden, wie immer es dem Machterhalt diente).

Herodes nutzte den Rückzug Agrippas von den hausinternen Querelen nach Mytilene dazu, ihm während des Winters 23/22 v. Chr. einen längeren Besuch abzustatten. Nach seiner Abreise wurde eine Delegation aus Gadara bei Agrippa vorstellig, um sich über Herodes zu beschweren. Die südöstlich des Sees Gennesaret gelegene Stadt der Dekapolis war Herodes von Octavian 30 v. Chr. geschenkt worden und litt seither unter dem Verlust ihrer Freiheit. Die Reaktion des Römers auf die Klagen der Gadarener zeigt deutlich, wie gut es um das Verhältnis zwischen Agrippa und Herodes bestellt war: Agrippa ließ die Gesandtschaft kurzerhand festnehmen und seinem Freund in Ketten hinterherschicken. Der war jedoch milde gestimmt und sah von einer Bestrafung ab.

Agrippa kehrte bald wieder von seinem Stützpunkt auf Lesbos nach Rom zurück, wo sich die Situation durch den unverhofften Tod des Marcellus entspannt und machtpolitisch gesehen zu seinen Gunsten entwickelt hatte. Augustus verheiratete ihn mit seiner Tochter Julia, die nach dem Tod des Marcellus, ihres ersten Mannes, verwitwet war. Dazu musste sich Agrippa allerdings erst von seiner Frau Marcella scheiden lassen. Marcella war als Nichte des Augustus (Tochter seiner Schwester Octavia) zwar ebenfalls mit diesem verwandt, doch konnte sie dem Cäsar im Unterschied zu Julia, die zur Zeit ihrer Eheschließung mit Agrippa übrigens zarte 16 Jahre alt war, nicht den erhofften Enkelsohn und Nachfolger bescheren. Marcella wurde für diesen familienpolitischen Schachzug dadurch »entschädigt«, dass sie Julius Antonius, einen Sohn des Marcus Antonius, zum Manne erhielt. Augustus hatte nach dem Tod des Marcellus seinen Vertrauten und politischen Berater Maecenas um Rat gefragt, jenen großen Förderer römischer Dichter vom Rang eines Vergil und Horaz, von dem der moderne Begriff des »Mäzens« seinen Namen hat. Mit Blick auf das weitere politische Schicksal Agrippas soll Maecenas dem Cäsar geantwortet haben: »Du hast ihn so groß gemacht, dass er entweder dein Schwiegersohn werden oder sterben muss« (Cassius Dio 54,6,5).[31] Augustus hat sich für die erste Möglichkeit entschieden und seinen alten Weggefährten damit endgültig zum zweiten Mann im Staate gemacht.

In der darauf folgenden Zeit machten Herodes wieder einmal die Nabatäer zu schaffen. Zenodoros hatte, als er seinen schwindenden Einfluss in der Region bereits absehen konnte, die Auranitis noch

31 Zitiert nach Cassius Dio, Römische Geschichte, Bd. 4, 152.

schnell an die Nabatäer veräußert. Als das Gebiet wenig später an Herodes fiel, sahen sie sich betrogen und ließen nichts unversucht, um sich wieder in den Besitz desselben zu bringen. Als der Rechtsweg nichts nützte, verlegten sie sich darauf, Herodes dadurch zu belästigen, dass sie ständig Ausfälle in sein Gebiet unternahmen und ihm Soldaten abzuwerben versuchten. Herodes ließ sich jedoch nicht zu einer Militäraktion gegen die Nabatäer hinreißen, zu der er ohne römische Erlaubnis nicht berechtigt war.

20 v. Chr. bereiste Augustus Syrien. Als er sich in Antiochia mit Herodes traf, waren auch die Gadarener wieder zur Stelle. Zenodoros, der sich ebenfalls noch nicht geschlagen geben wollte, trat als ihr Anwalt auf. Er versprach ihnen, er wolle daraufhinwirken, dass Gadara aus Herodes' Herrschaftsbereich herausgelöst und künftig direkt dem Kaiser (d. h. wohl: seinem syrischen Statthalter) unterstellt würde. Mit Zenodoros als Wortführer wurden die Gadarener also bei Augustus vorstellig und beschuldigten Herodes der Gewaltherrschaft und der Zerstörung von Tempeln, ein Vorwurf, der angesichts der römischen Toleranz gegenüber lokalen religiösen Kulten schwer wog. Sie setzten ihre Hoffnung darauf, im Falle einer Niederlage wieder so glimpflich davonzukommen wie seinerzeit auf Lesbos. Nach nur einem Verhandlungstag zeichnete sich jedoch ab, dass Augustus keinen Grund sah, von Herodes abzurücken. Aus Angst vor drohender Folter begingen deshalb einige Delegationsmitglieder Selbstmord. Damit hatten sich die Kläger ins Unrecht gesetzt, und Herodes wurde von sämtlichen Vorwürfen freigesprochen. Über Zenodoros erfahren wir, dass er kurz darauf, noch während seines Aufenthaltes in Antiochia, an inneren Blutungen starb. Herodes erhielt daraufhin sein ganzes restliches Territori-

um, nämlich die Gaulanitis und die Gebiete von Ulatha und Paneas. Außerdem erhielt er eine Art Mitspracherecht bei den Entscheidungen des syrischen Statthalters, möglicherweise auch weitere Machtbefugnisse. Zum Dank errichtete Herodes in Paneas (heute Banyas) in der Nähe des alten Pan-Heiligtums einen Roma-Augustus-Tempel.

Der schon reich beschenkte Herodes trug bei seinem Treffen mit dem Cäsar noch eine weitere Bitte an Augustus heran. Diese betraf nicht weitere Gebietszuwächse, sondern eine Maßnahme innerhalb seines Herrschaftsbereichs. Er hatte nämlich beschlossen, seinem Bruder Pheroras die Herrschaft über Peräa zu überlassen, um ihn durch die Erträge dieser Region sowie eine jährliche Summe von 100 Talenten Silber im Falle seines eigenen Todes gegenüber seinen Söhnen finanziell abzusichern.[32] Wenn Herodes bei Augustus auch hierfür um die offizielle Genehmigung nachsuchte, so wird daran einerseits deutlich, wie genau die Spielregeln, an die sich ein Klientelkönig zu halten hatte, festgelegt waren. Herodes durfte nicht nur nicht ohne römisches Mandat seinen Herrschaftsbereich erweitern, er war auch nicht befugt, die ihm von Rom zuerkannte Macht beliebig mit anderen zu teilen bzw. an andere abzutreten, selbst wenn es der eigene Bruder war. Andererseits wirkt die Notiz des Josephus, Herodes habe die Versorgung seines Bruders mit Rücksicht auf mögliche Begehrlichkeiten seiner Söhne – gemeint sind Alexander und Aristobul, die Söhne der Hasmonäerin Mariamme, die seit 23 v. Chr. in Rom

32 Ein Talent war die zur Prägung von 6 000 Drachmen nötige Silbermenge. Zum Vergleich: Ein römischer Legionär erhielt 225 Denare Sold im Jahr, wobei der Wert eines Denars etwa dem einer Drachme entsprach.

lebten – bei Augustus aktenkundig machen wollen, wie ein erstes Donnergrollen der Machtkämpfe um die Thronfolge, die bald über den König hereinbrechen sollten, zumal Pheroras dem Bruder seine Fürsorglichkeit später schlecht dankte. Herodes stand nun im 53. Jahr seines Lebens und, von 37 v. Chr. an gerechnet, im 17. Jahr seiner Herrschaft.

5.3. Das Reich des Herodes

Das Reich des Herodes hat nun seine maximale Ausdehnung erreicht, und es wird Zeit, dass wir uns die Landschaften seines Herrschaftsgebietes in aller Kürze systematisch anschauen. Als Ergänzung zu der beigefügten Landkarte (Abb. 2) empfiehlt es sich, die farbige Palästinakarte der Deutschen Bibelgesellschaft, wie sie etwa in der Lutherbibel von 1984 abgedruckt ist, zur Hand zu nehmen.

Wir beginnen mit dem Ostjordanland. Diese Region, in hellenistischer Zeit unter dem Namen Peräa bekannt (von griechisch *peraios*, das Land »jenseits« des Jordan), erstreckte sich in südlicher Richtung bis zur Mitte des Ostufers des Toten Meeres. Dort errichteten die Hasmonäer die Festung Machairos (von griechisch *machaira*, »Schwert«) als Bollwerk gegen die Nabatäer. In der Nähe der Festung befanden sich die berühmten heißen Quellen von Kallirhoë, die Herodes als alter Mann zur Linderung seiner Leiden aufgesucht hat, als er bereits auf den Tod krank war. Im Norden und Nordosten grenzte Peräa an das Gebiet der Dekapolis (griech. *deka poleis*, »zehn Städte«). Die Dekapolis gehörte zwar nicht zum Territorium des Herodes, doch erhielt Herodes mit Gadara und Hippos zwei Städte aus diesem Verband von Augustus zum Geschenk – ein Geschenk, mit dem

Abb. 2: Das Reich Herodes' des Großen

Herodes einige Mühe hatte, wie wir sahen. Kennzeichnend war für die nichtjüdischen transjordanischen Städte, zumeist Gründungen aus der Zeit nach dem Tod Alexanders des Großen, eine alte Tradition hellenistischer Kultur und Lebensart. Schon die Eroberung des Gebiets durch die Hasmonäer stellte für den freien griechischen Geist der Dekapolisstädte eine schwere Kränkung dar. Nach gut zwei Jahrzehnten der Unabhängigkeit weckte die erneute Unterwerfung unter einen jüdischen Herrscher in Gadara und Hippos umso schlimmere Erinnerungen.

Mit Skythopolis als der einzigen Stadt westlich des Jordan bildete die Dekapolis einen geschlossenen Riegel zwischen Galiläa im Norden und Peräa im Süden. Galiläa, die an das Westufer des Sees Gennesaret angrenzende Landschaft, unterstand der Herrschaft des Herodes mit Abstand am längsten: von seiner Ernennung zum Befehlshaber von Galiläa im Jahr 47 v. Chr. bis zu seinem Tod 4 v. Chr. Der Süden Galiläas grenzt an die fruchtbare Jesreël-Ebene, den Karmel und das Gilboa-Gebirge. Der Osten wird begrenzt durch den Jordan mit dem Hula-See als nordöstlicher Spitze und der Westen durch die phönizische Ebene von Ptolemais (Akko). Durch diesen Küstenstreifen, der auch den makkabäisch-hasmonäischen Eroberungen stets widerstanden hat, war Galiläa von einem direkten Zugang zum Mittelmeer abgeschnitten. Die Nordgrenze verlief entlang des gebirgigen Hinterlandes von Tyrus und Ptolemais. Noch im 2. Jh. v. Chr. stellten die Juden in Galiläa nur eine kleine Minderheit dar. Erst während der kurzen Regierungszeit des Hasmonäers Aristobul I. (104–103 v. Chr.) gelang die Eroberung und Judaisierung Galiläas mit der Folge, dass die jüdische Bevölkerung dort rasch anwuchs. Wichtigstes militärisches, Handels- und Verwaltungszentrum der Region war Sepphoris. Nach der Umstrukturierung des hasmonäischen Territoriums durch Gabinius 57 v. Chr. war Sepphoris Sitz eines der fünf *synedria*. Herodes brachte die Stadt im Winter 39/38 v. Chr. mühelos in seine Gewalt, da Antigonos' Truppen kampflos abgezogen waren. Herodes' Sohn Antipas machte Sepphoris, von Josephus »Zierde ganz Galiläas« genannt (Ant. 18,3,2/27), zur galiläischen Hauptstadt. Im jüdischen Krieg stand Sepphoris auf römischer Seite und entging deshalb der Zerstörung. Herodes war in Galiläa sicher nicht unbeliebter als in anderen Regionen seines Herrschaftsgebietes auch. Umgekehrt lässt die Tatsache, dass Herodes Galiläa mit keinem einzigen seiner Bauprojekte bedacht hat, nicht den Schluss auf besondere Ressentiments des Königs gegen seinen alten Befehlsbereich zu. Bedenkt man, dass Herodes dort gebaut hat, wo er seine Ehre in der römischen Welt steigern oder das Judentum der Diaspora fördern konnte, so scheidet Galiläa von selbst aus der Liste möglicher Bauplätze aus: Galiläa war überwiegend jüdisch, also bestand nicht die Notwendigkeit, das jüdische Ansehen bei einer nichtjüdischen Mehrheit durch Erweise der Großzügigkeit von Seiten des Judäerkönigs zu steigern. Damit entfiel auch die Möglichkeit und Notwendigkeit, Galiläa durch repräsentative Bauten aufzuwerten. Hohe römische Würdenträger empfing Herodes lieber in Jerusalem oder in seinen Palästen in Jericho. Ein Blick auf die Baupolitik des Herodes ist, was Galiläa betrifft, auch noch in anderer Hinsicht aufschlussreich: Peter Richardson weist mit Recht darauf hin, dass Herodes in Galiläa nicht nur keine Paläste oder Theater gebaut hat, sondern auch keine einzige Festung. Offenbar hielt er die Gegend nicht für so unruheträchtig, dass er den Neubau einer Festungsanlage für nötig erachtet hätte.

Wir wenden uns nun nach Norden bis an die südwestlichen Ausläufer des Hermon und weit nach Osten über die Gaulanitis und Batanäa bis in die unwirtlichen Regionen der Trachonitis und Auranitis. Mit diesen Gebieten, die Herodes 24/23 und 20 v. Chr. von Augustus erhalten hat und die seit 4 v. Chr. das Herrschaftsgebiet des Herodesenkels und Tetrarchen Philipp bildeten, erreichte sein Territorium in etwa die Größe des einstigen davidisch-salomonischen Großreiches. Die Gegend von Paneas gehörte zu Ituräa, bevor sie Zenodoros und später Herodes zufiel. Insofern ist die Angabe in Lk 3,1 nicht ganz unzutreffend, wonach Philipp auch Herrscher über Ituräa war. Die an den Jordanquellen gelegene Stadt Paneas, so genannt nach einem alten Heiligtum des Gottes Pan, wurde von Philipp unter dem Namen Cäsarea (»die Kaiserliche«) zu Ehren des Augustus neu gegründet. Nach Mk 8,27 hat Petrus in der Gegend von Cäsarea sein berühmtes Messiasbekenntnis abgelegt.

Ebenfalls zu Zenodoros' Territorium gehörte bis 20 v. Chr. die Gaulanitis. Der griechische Landschaftsname bezeichnet das transjordanische Gebiet von den Südausläufern des Hermon bis zum Jarmuk (was bedeutet, dass die Dekapolis in die Gaulanitis hineinreichte) und entspricht damit in etwa dem heutigen Golan. Nach dem Tod des Tetrarchen Philipp wurde die Gaulanitis zunächst Teil der römischen Provinz Syrien, fiel dann an Agrippa I. (37 n. Chr.) und wurde nach dessen Tod (44 n. Chr.) wieder direkter römischer Verwaltung unterstellt.

An die Gaulanitis schloss sich im Osten die Landschaft Batanäa an, ein Hochplateau, das einst Teil des biblischen Baschan (hebr. *bashan*, »ebener Boden«) war und für seine außerordentliche Fruchtbarkeit und seine üppigen Viehbestände gerühmt wurde. Die gut genährten Herden dieser Landschaft sind durch die herbe Kritik des Propheten Amos an der Verschwendungssucht reicher Frauen in Samarien, die er mit der wenig schmeichelhaften Anrede »ihr (fetten) Baschankühe« bedachte (Am 4,1), zu sprichwörtlicher Berühmtheit gelangt. Angesichts der hohen Erträge aus Landwirtschaft und Viehzucht war die Steuerfreiheit, die Herodes den während der Nabatäerkrise angeworbenen babylonisch-jüdischen Militärkolonisten gewährte,[33] ein einträgliches Privileg, das zum Bleiben einlud und auch während der Herrschaft der Herodessöhne unangetastet blieb, bis Batanäa 106 n. Chr. der römischen Provinz Arabia einverleibt wurde.

Die Auranitis, eine fruchtbare Gebirgslandschaft, ist heute das Hauptsiedlungsgebiet der Drusen, einer Religionsgemeinschaft, die sich im 11. Jh. vom Islam abgespalten hat, daher der moderne Name *Jebel ed-Druz*, »Berg der Drusen«. Die Trachonitis, von griechisch *trachōn* »raue Berggegend«, war dagegen eine äußerst unwirtliche Region, die sich nur stellenweise zum Landbau eignete. Ist schon der griechische Name sprechend, so ist es erst recht der arabische: *ed-Ledja*, »Zufluchtsstätte« oder »Rückzugsort« – nämlich für Räuber. Wie Josephus berichtet, zogen die räuberischen Nomadenstämme, die diese Landschaft kontrollierten, durch ihre ständigen Ausfälle auf syrisches Gebiet die Aufmerksamkeit des Augustus auf sich und riefen Herodes als regionale Ordnungsmacht auf den Plan. Die von Herodes 11 v. Chr. nach dem Ausbruch neuerlicher Unruhen in der Trachonitis angesiedelten idumäischen Veteranen – »keine sonderlich attraktive Belohnung für Leute aus seinem eigenen Volk« (Richardson) – standen vor einer denkbar schweren Aufgabe.

---

33 S. u. S. 247.

Wir blicken nun wieder weit nach Westen bis Galiläa und von dort aus in das südlich angrenzende Samarien, das durch seine Nähe zur Mittelmeerküste dem Hellenismus seit jeher äußerst aufgeschlossen gegenüberstand. Mit »Samarien« bezeichnen wir die Landschaft und mit »Samaria« deren Hauptstadt. »Samaritaner« nennen wir die Glieder der vom Judentum abgespaltenen Religionsgemeinschaft (samt deren Vorfahren in der späten Perserzeit), die auf dem Garizim ihr kultisches und religiöses Zentrum hatte, und unterscheiden von diesen die »Samarier«, die heidnisch-griechischen Bevölkerungsteile der Region. Wenn es auch keine Anzeichen dafür gibt, dass Herodes gegen Galiläa eine regelrechte Aversion hegte, so ist doch ganz deutlich, dass ihm Samarien (nicht nur geographisch) näher lag. Das im Vergleich zu Galiläa aber auch zu Judäa religiös und kulturell vielfältigere Klima dieser Landschaft zeigt sich in herodianischer Zeit am deutlichsten in der Tatsache, dass Herodes das alte Samaria als hellenistische Stadt mit einem Roma-Augustus-Tempel neu aufbauen konnte, ohne dass er mit Protesten von jüdischer Seite rechnen musste. Das hellenistische Element in der Region verstärkte Herodes nicht zuletzt dadurch, dass er in Samaria 6 000 Kriegsveteranen und Bewohner benachbarter Regionen ansiedelte und mit großzügigen Landzuteilungen bedachte. Zwar sagt Josephus weiter nichts über diese Kolonisten, doch können wir annehmen, dass es sich (ungeachtet des hohen Anteils von Juden in der Armee des Herodes) mehrheitlich um Nichtjuden handelte,[34] die die architektonisch augenfällig

34 In Bell. 1,33,8/672; Ant. 17,8,3/198 nennt Josephus u. a. thrakische, germanische und gallische Abteilungen in Herodes' Heer. Nach Bell. 2,3,4/52 schlugen sich die in der Ge-

gemachte Romorientierung der Stadt, die nun zu Ehren des Augustus Sebaste hieß,[35] nicht nur duldeten, sondern engagiert begrüßten.

Wir blicken nun weiter nach Süden, übergehen dabei Judäa, über dessen politische Geschichte seit den Diadochenkriegen in Kap. 1 bereits das Nötige gesagt wurde, und schließen unseren geographischen Exkurs mit einem Blick auf das südlich an Judäa angrenzende Idumäa. Diese Landschaft hat ihren Namen vom Siedlungsgebiet der Edomiter, einem Nomadenvolk, das südlich und südöstlich vom Toten Meer, aber auch im Negev siedelte und schon im Alten Testament eine bekannte Größe darstellt. Ab dem 6./5. Jh. v. Chr. wuchs durch eindringende Araberstämme von Osten her der Druck auf die Edomiter, so dass sie sich zunehmend nach Westen und Norden orientierten und dabei auch auf judäisches Gebiet vordrangen. Die oftmals kriegerisch ausgetragenen Spannungen zwischen den Edomitern/Idumäern und dem nördlich angrenzenden Juda/Judäa haben bereits in der biblischen Überlieferung an zahlreichen Stellen ihre Spuren hinterlassen. Auch in hasmonäischer Zeit, als Idumäa dauerhaft unter judäische Kontrolle geriet, war das Verhältnis nicht frei von Ressentiments auf beiden Seiten. Dass im Jahr 37 v. Chr. mit Herodes ein Idumäer jüdischen Glaubens König in Judäa werden konnte, war jedenfalls alles andere als eine Selbstverständlichkeit. Wenn wir uns ein Bild davon machen wollen, wie tief die Familie des Herodes im Judentum verwurzelt war, empfiehlt sich eine genauere Rück-

---

gend von Sebaste stationierten Truppen des Herodes während der jüdischen Aufstände nach dem Tod des Königs auf die Seite der Römer.

35 Das griechische *Sebastos* steht für lateinisch *Augustus*.

frage nach ihrer idumäischen Herkunft. Wir verschieben die Untersuchung dieser Frage auf ein späteres Kapitel und nehmen nun wieder den Faden geschichtlicher Ereignisse auf.

6. Glanz und Elend eines Herrschers

6.1. Wohlfahrt und Kontrolle: Das Staatswesen des Herodes

Für die Zeit nach dem Treffen mit Augustus im syrischen Antiochia im Jahr 20 v. Chr. notiert Josephus vier innenpolitische Maßnahmen des Herodes (Ant. 15,10,4/365–372; 16,1,1/1–5): einen allgemeinen Steuernachlass, die Verschickung jüdischer Straftäter auf internationale Sklavenmärkte, die Schaffung eines reichsweiten Überwachungsapparates und die Forderung eines Treueeids auf den König.

Mit den Steuererleichterungen reagierte Herodes auf die Nahrungsmittelknappheit infolge mehrerer Missernten. Schon einmal hatte er in einer ähnlichen Situation gewaltige Anstrengungen unternommen, um seine Untertanen vor einer Hungerkatastrophe zu bewahren. Dieses Mal gewährte er einen (wohl befristeten) Steuernachlass von einem Drittel, damit sich die Reichsbewohner »von der Ertraglosigkeit erholen könnten«. Mit dieser Formulierung spielt Josephus möglicherweise auf Ernteausfälle an, wie sie sich regelmäßig während und nach einem Sabbatjahr ergaben. Der Brauch, alle sieben Jahre vom Herbst an bis zum Herbst des nächsten Jahres auf eine Bewirtschaftung der Felder zu verzichten und die Äcker brach liegen zu lassen, geht wahrscheinlich schon in vorstaatliche Zeit zurück. Wie weit er in der Königszeit und nach dem Exil befolgt wurde, ist im Einzelnen unklar. Einen Beleg für das Jahr 164/163 v. Chr. finden wir im 1. Makkabäerbuch: Die Bewohner von Beth-Zur mussten sich den seleukidischen Belagerern ergeben und »kamen aus der Stadt heraus, weil sie dort keine Lebensmittel mehr hatten, um weiterhin in ihr eingeschlossen zu bleiben, denn das Land hatte Sabbatruhe« (6,49).[36] Ebenso mussten sich die Verteidiger Jerusalems ergeben, weil in der von jüdischen Flüchtlingen übervölkerten Stadt infolge des Sabbatjahres die Vorräte ausgingen (6,53). Für die zweite Hälfte des 1. Jh.s v. Chr. belegt ein Edikt Julius Cäsars vom Herbst des Jahres 47 v. Chr., dass der Brauch, in jedem siebten Jahr auf Saat und Ernte zu verzichten, in Palästina allgemein in Geltung stand: Josephus zitiert den Text des Edikts in Ant. 14,10,6/202–210. Der entscheidende Passus lautet:

»Gaius Cäsar ... hat verfügt, dass sie jährlich Steuern zahlen sollen für die Stadt Jerusalem ... außer im siebten Jahr, das sie Sabbatjahr nennen, denn in diesem ernten sie weder den Ertrag der Bäume noch säen sie«.

Cäsar hat mit diesem Erlass, wohl auf Bitten der Juden hin, an eine ältere Praxis angeknüpft, die nach Josephus (Ant. 11,8,5/338) schon seit der Alexanderzeit bestand. Herodes, der als *rex socius et amicus populi Romani* aller Wahrscheinlichkeit nach völlig eigenständig über die Staatseinnahmen verfügen konnte, wird diesem Beispiel seinerseits gefolgt sein, als es darum ging, der Bevölkerung nach einem Sabbatjahr, das offenbar wegen zusätzlicher Missernten im Vorjahr oder im Jahr darauf eine besondere Härte darstellte, unter die Arme zu greifen.

---

36 Übersetzung nach K.-D. SCHUNCK, 1. Makkabäerbuch, JSHRZ I/4, Gütersloh 1980, 326.

Josephus verknüpft nun diese lichte Seite von Herodes' Herrschaft mit einigen deutlich negativ bewerteten Aspekten seines Königtums und legt ihm den Steuernachlass bei dieser Gelegenheit als Propagandatrick aus, der seiner Gewaltherrschaft einen menschlichen Anstrich geben sollte. Die Versklavung von Einbrechern und Dieben und vor allem deren Verkauf ins Ausland kann dabei als besonders harte Maßnahme angesprochen werden. Dies bedeutete nämlich, dass der Sklavenstatus (anders als im jüdischen Recht) endgültig war. Die Freilassung der Sklaven im Sabbatjahr galt dann ja nicht mehr. Weiterhin hatte der Verkauf eines jüdischen Sklaven an einen Nichtjuden zur Konsequenz, dass ein so Verurteilter fortan nicht mehr nach den jüdischen Bräuchen leben konnte, da er sich der Lebensweise seines Eigentümers anzupassen hatte. Nach den Bestimmungen der so genannten Damaskusschrift, einem der wichtigsten Textfunde von Qumran, durften sogar ehemals nichtjüdische Sklaven nicht mehr an Heiden verkauft werden, sobald sie zum Judentum übergetreten waren.[37] Die spätere rabbinische Gesetzgebung hat dies ebenfalls so gehalten. Schalit wird nicht fehlgehen, wenn er die von Josephus verständlicherweise scharf kritisierte Außerkraftsetzung jüdischen Rechts auf das Interesse des Herodes an nachhaltiger innerer Sicherheit zurückführt. Möglicherweise tritt mit diesem Detail die ansonsten schwer zu ziehende Grenzlinie zwischen

37 Kol. 12, Z. 8–11: »Niemand verkaufe Vieh und reine Vögel an Nichtjuden, damit sie sie nicht als Opfer schlachten ... und seinen Sklaven und seine Sklavin verkaufe man nicht an sie, sofern jene mit einem in den Abrahamsbund eingetreten [d. h. jüdisch geworden] sind«. Zitiert nach J. Maier, Die Qumran-Essener: Die Texte vom Toten Meer, Bd. 1, 25 f., Hinzufügung von mir.

dem Juden Herodes und Herodes als hellenistischem Herrscher am deutlichsten zu Tage: Wenn es um die Staatsraison ging, galt ihm das Judentum seiner Untertanen wenig.

Im Interesse der inneren Sicherheit rekrutierte Herodes außerdem eine Geheimpolizei, die landesweit agierte. Er erließ ein Versammlungsverbot, das sich auch auf private Zusammenkünfte von verdächtiger Größenordnung erstreckte. Verhaftungen und geheime Hinrichtungen waren an der Tagesordnung. Josephus zufolge ging unter dem Volk sogar das Gerücht um, Herodes begebe sich bisweilen auch selbst verkleidet und unerkannt unter die Leute, um seine Untertanen darüber auszuhorchen, wie sie über seine Herrschaft dachten. Allerdings erwähnt Josephus auch, Herodes habe seine Untertanen nicht zuletzt dadurch von möglichen Unruhen abgelenkt, »dass er ihnen andauernde Arbeit auferlegte« (Ant. 15,10,4/366). Dieser Passus muss allerdings nicht negativ als Verpflichtung zur Fronarbeit zu verstehen sein, sondern vielmehr als Belebung des Arbeitsmarktes: Herodes hat seinen Untertanen Arbeit verschafft, und damit dürfte für viele nicht nur die Gelegenheit zu Unruhen entfallen sein, sondern überhaupt auch die Ursache für dieselben.

Was Josephus über den vom Volk geforderten Treueeid auf den König berichtet, ist nicht leicht zu durchschauen. Herodes habe das Volk durch eine Eidesleistung zur Treue und Ergebenheit ihm gegenüber verpflichtet und sei gegen Schwurverweigerer mit unnachsichtiger Härte vorgegangen. Allein die Pharisäer um Pollio[38] und seinen Schüler Sameas

38 Nicht zu verwechseln mit dem Römer Pollio, von dem später die Rede sein wird (S. 164).

(hebr. Schammai) habe Herodes, weil sie sich beharrlich weigerten, von der Eidespflicht entbunden, ebenso die Essener, die das Schwören prinzipiell ablehnten. Worum es sich bei diesem Eid gehandelt haben könnte, wird in einem Parallelbericht deutlich, der die gleichen Ereignisse (Forderung eines Treueeids, Verweigerungshaltung der Pharisäer) nochmals für die Zeit um 6 v. Chr. veranschlagt (Ant. 17,2,4/42): 6000 Pharisäer hätten sich, »als das ganze jüdische Volk durch einen Eid seine Gewogenheit gegenüber dem Cäsar und der Regierung des Königs bekräftigte«, geweigert, diesen Eid zu leisten. Herodes habe sie daraufhin zu einer Geldstrafe verurteilt, die jedoch von der Frau seines Bruders Pheroras aus Zuneigung zu den Pharisäern bezahlt wurde. Der entscheidende Unterschied zu der Darstellung in Ant. 15 liegt darin, dass es sich in der zweiten Episode um einen Eid »gegenüber dem Cäsar und der Regierung des Königs« handelt. Er galt also nicht nur Herodes, sondern auch und in erster Linie Augustus. Der Eid auf den Cäsar, für den es inschriftliche Belege gibt, ist aus dem alten römischen Feldherrneid (*sacramentum*) hervorgegangen, den zunächst nur Soldaten zu leisten hatten, und zwar nur für den begrenzten Zeitraum eines Feldzuges. Augustus gegenüber als oberstem Feldherrn waren jedoch sämtliche Soldaten des Reiches zu diesem Eid verpflichtet, den sie außerdem jährlich an Neujahr sowie an jedem Jahrestag seines Regierungsantritts zu erneuern hatten. Als Ausdruck ihrer Verehrung für den Friedenskaiser leisteten bald auch die Provinzialbeamten und schließlich auch die Bürger der Provinzstädte den Eid auf Augustus. In einer Inschrift aus dem Jahr 3 v. Chr. ist die Schwurformel einer Stadt im galatischen Paphlagonien enthalten:

»Ich schwöre beim Zeus, bei der Erde, der Sonne, bei allen Göttern und Göttinnen und bei Augustus selbst, dem Kaiser Augustus ergeben zu sein und seinen Kindern und Nachkommen Zeit meines Lebens in Worten, Werken und Gedanken, als Freunde zu behandeln, wen immer sie (als Freunde) behandeln, und als Feinde anzusehen, wen immer sie (als Feinde) beurteilen...«.[39]

Bemerkenswert ist, dass Augustus nicht nur als Empfänger des Loyalitätseides genannt, sondern auch unter die Schwurgötter eingereiht wird. Die Bereitschaft, menschlichen Herrschern göttliche Verehrung zuteil werden zu lassen, ist für den römischen Osten, wo der hellenistische Herrscherkult längst etabliert war, kennzeichnend. Augustus selbst hat der göttlichen Verehrung seiner Person klugerweise stets gegengesteuert – andernfalls wäre die republikanische Aura um seine monarchische Herrschaft mit einem Schlag verflogen –, gegen moderate Formen von Herrscherkult im Osten aber nichts unternommen. Aus dem weiteren Text der Inschrift geht hervor, dass die feierliche Eidesleistung, zu der sich auch die Landbevölkerung der Umgebung eingefunden hat, in den örtlichen Augustustempeln vollzogen wurde. Von Herodes wissen wir, dass er in seinem Herrschaftsgebiet mindestens drei Roma-Augustus-Tempel erbaut hat, nämlich in Samaria/Sebaste, in Cäsarea am Meer und in Paneas. Es ist gut möglich, dass bereits der in Ant. 15,10,4/368 f. erwähnte Eid auf Herodes im Zusammenhang mit dem Loyalitätseid auf Augustus zu sehen ist. In der Forschung wurde vermutet, dass Herodes eine Schwurformel, die der oben zitierten vergleichbar ist, um seinen eigenen Namen ergänzt hat, so dass der Eid nun nicht allein Augustus sondern

39 Übersetzt nach dem griechischen Text bei W. Dittenberger, Orientis Graeci Inscriptiones Selectae, Bd. 2, 197–201.

auch ihm selbst galt,[40] und dass das Treuegelöbnis in den Augustustempeln in Sebaste, Cäsarea und Paneas feierlich vollzogen wurde.

Nicht nur für strikt observante Juden war nun freilich das Schwören beim Zeus oder beim Namen eines Gottkaisers ein Ding der Unmöglichkeit. Hätte Herodes einfach die Namen der paganen Götter übernommen, hätten sich mit Sicherheit nicht nur die Pharisäer verweigert. Deshalb ist es gar nicht anders denkbar, als dass Herodes mit Rücksicht auf die auch von Rom tolerierten Besonderheiten der jüdischen Gottesverehrung eine jüdische Schwurformel verwendet hat, etwa ein »Schwören beim Himmel« (Himmel als Umschreibung des Gottesnamens). Das Schwurverbot Jesu in Mt 5,33–37, das eine derartige jüdische Schwurpraxis voraussetzt, rührt nicht von einer religiösen Scheu vor einer Anrufung Gottes her. Vielmehr verdankt es sich einem hohen Wahrhaftigkeitsethos: Eine Zusicherung soll schon allein auf Grund der persönlichen Integrität dessen, der sie ausspricht, vertrauenswürdig sein.[41] Ganz ähnlich motiviert ist die Ablehnung des Schwörens bei den Pythagoreern: Diogenes Laertios, Verfasser einer antiken Philosophiegeschichte (3. Jh. n. Chr.), nennt als Lehrmeinung des Pythagoras, man »dürfe … nicht bei den Göttern schwören, denn es sei Pflicht eines jeden, sich selbst

---

40 So bereits W. OTTO, Herodes, Sp. 98 f. Ihm folgte Schalit, König Herodes, 319 f.

41 Vgl. auch Jak 5,12 »schwöret nicht, weder beim Himmel noch bei der Erde, noch mit irgendeinem anderen Eid; sondern euer Ja sei ein [einfaches] Ja und euer Nein sei ein [einfaches] Nein, damit ihr nicht ins Gericht fallt!«. Hier kommt allerdings noch das Motiv des Gerichts ins Spiel: Wer Gott als Schwurinstanz anruft, bekommt es mit ihm im Falle des Eidbruchs als Strafinstanz zu tun.

vertrauenswürdig zu machen« (8,22).[42] Josephus verrät eine gute Kenntnis der Materie, wenn er die Essener, die das Schwören aus eben diesem Grund ablehnen,[43] mit den Pythagoreern vergleicht (Ant. 15,10,4/371). Auch die Nachsicht des Herodes gegenüber Pollio und Sameas passt ins Bild, denn die Milde gegenüber renitenten Geistesgrößen war nach antiker Auffassung eine Herrschertugend.[44]

Trotzdem bleiben Fragen. Vorausgesetzt, Herodes hat den auf seine Person zu leistenden Eid so formuliert, dass er für seine jüdischen Untertanen tragbar war, warum haben sich dann ausgerechnet die Pharisäer quer gestellt, wo doch, so Josephus, führende Pharisäer 37 v. Chr. die Ersten waren, die dafür plädiert haben, sich mit der Herrschaft des Herodes zu arrangieren, wofür sie von Herodes hoch geehrt wurden (Ant. 15,1,1/3)? Und angenommen, die Pharisäer hatten in herodianischer Zeit tatsächlich den Einfluss auf die Volksmassen, den Josephus ihnen zuschreibt, hat Herodes dann nicht seine eigene Politik sabotiert, wenn er ausgerechnet den Pharisäern zugestanden hat, den Loyalitätseid auf den König zu verweigern? Möglicherweise ist der Stelle nur beizukommen, wenn wir sie als weitere literarische Ausgestaltung der negativen Seite des Herodes-Bildes in den Antiquitates lesen: Die monarchische Selbst-

42 Übersetzung nach Diogenes Laertius, Leben und Meinungen berühmter Philosophen, Bd. 2, 121.

43 Vgl. Bell. 2,8,6/135: »Das Schwören lehnen sie ab als etwas, das schlimmer ist als Meineid. Denn der sei schon gerichtet, sagen sie, der ohne Anrufung Gottes nicht vertrauenswürdig ist« (eigene Übersetzung). Übereinstimmend Philo von Alexandria, Quod omnis probus liber sit 84 (Kennzeichnend für die Essener ist neben einigen anderen Eigenschaften »ihre Ablehnung des Eides, ihre Wahrheitsliebe«).

44 D. M. Jacobson, Three Roman Client Kings, 34.

herrlichkeit des Königs geht so weit, dass er bei den Juden dieselbe Würde beansprucht, die im römischen Reich sonst allein dem Cäsar zukommt. Wenn Josephus die Pharisäer und Essener dem König die Gefolgschaft verweigern lässt, dann signalisiert dies eine antimonarchische Haltung auf Seiten der wichtigsten innerjüdischen Gruppen, in der sich nicht zuletzt auch Josephus' eigene Auffassung spiegelt.

In die ersten Jahre nach dem Treffen mit Augustus fiel auch die Fertigstellung des Tempelneubaus. Die chronologischen Angaben bei Josephus differieren zwischen Bellum (1,21,1/401) und Antiquitates (15,11,1/380). Außerdem sind sie (wie die meisten anderen Daten des Josephus zur Regierungszeit des Herodes) mit der Unsicherheit belastet, ob Josephus vom Jahr 40 v. Chr. an rechnet, als Herodes vom römischen Senat den Königstitel verliehen bekam, oder von 37 v. Chr. an, dem Jahr der Eroberung Jerusalems und des endgültigen Sieges über die Hasmonäer. Im Bellum nennt Josephus das 15., in den Antiquitates dagegen das 18. Jahr seiner Herrschaft. Die Angaben lassen sich harmonisieren, wenn Josephus seiner Datierung einmal das Jahr 40 v. Chr., das andere Mal aber das Jahr 37 v. Chr. zu Grunde legt. Dann ergibt sich das Jahr 23/22 v. Chr., womit Josephus wohl den Beginn der Bauarbeiten datiert, die einige Jahre in Anspruch nahmen. Vergleicht man die Darstellungen im Bellum und den Antiquitates miteinander, wird deutlich, wie unterschiedlich Josephus die Rolle des Herodes bei diesem größten seiner Bauprojekte bewertet, und zwar ungeachtet seiner (des Josephus) Hochschätzung des Tempelbaus selbst. Im Bellum schließt er die Erwähnung des Tempelbaus direkt an die Schilderung der Ehrenstellung des Herodes in Rom an und bezeichnet dieses Bauvorhaben ausdrücklich als

Werk der »Frömmigkeit« (*eusebeia*). In den Antiquitates rückt Josephus dagegen seine nunmehr sehr ausführliche Schilderung des Neubaus in den Zusammenhang der von ihm scharf kritisierten innenpolitischen Maßnahmen des Herodes. Frömmigkeit als Motiv für den Tempelbau spricht er Herodes ausdrücklich ab. In einer Rückblende erzählt er, ein mit der Fähigkeit der Weissagung begabter Essener habe einst dem jungen Herodes prophezeit, ihm werde zwar eine glückliche Regierungszeit beschert werden, doch werde er »Frömmigkeit (*eusebeia*) und Gerechtigkeit (*dikaiosynē*) vergessen« (Ant. 15,10,5/376). Eine besondere Raffinesse der Darstellung liegt darin, dass Josephus Herodes gleich anschließend eine Rede vor dem Volk halten lässt, in der er seine »Frömmigkeit« (*eusebeia*) als Motiv für dieses Bauvorhaben hervorhebt (15,11,1/384. 387). Damit zeiht er ihn der Heuchelei, ohne diesen Vorwurf explizit aussprechen zu müssen.

Die Differenzen in der Darstellung ergeben sich, wie wir schon in der Einleitung festgestellt haben, aus der unterschiedlichen Gesamttendenz beider Werke. Im Bellum ist Herodes der nach außen und innen erfolgreiche Herrscher, der mit seiner *eusebeia*, lateinisch *pietas*, eine der römischen Kardinaltugenden verkörpert. Josephus nimmt in seinem apologetischen Spätwerk Contra Apionem die Juden mehrfach gegen den Vorwurf der »Gottlosigkeit« (*asebeia*) in Schutz, der von nichtjüdischer Seite regelmäßig erhoben wurde (Contra Apionem 2,41/291). Was er dort argumentativ ausführt, realisiert er in der Herodes-Darstellung des Bellum mit erzählerischen Mitteln: Der berühmte Tempelbau des Herodes war Ausdruck seiner »Frömmigkeit«. Dies soll sein und der Juden Ansehen bei den Adressaten des Bellum steigern, das nach der Niederlage des jüdischen Krieges arg beschädigt war. In den

Antiquitates dagegen tritt neben die Bezugsgröße des jüdischen Volkes die des jüdischen Gesetzes, der jüdischen »Verfassung« (*politeia*), wie Josephus sich ausdrückt. Das apologetische Interesse wird in den Antiquitates um ein lehrhaftes ergänzt, teilweise auch von diesem überlagert. In den Antiquitates sammelt Josephus aus der langen jüdischen Geschichte biographische Exempel dafür, dass diejenigen, die Gottes Gesetz befolgen, mit Glückseligkeit (*eudaimonia*) belohnt werden, dass aber jeder, der sich über diese »Verfassung« hinwegsetzt, früher oder später Unglück erleiden wird (Ant. Vorwort 3/14). Herodes muss in den Antiquitates immer wieder auch als Beispiel für letzteren Aspekt herhalten, weshalb die Darstellung hier kritischer ausfällt als im Bellum.

Im Jahr 17 v. Chr. unternahm Herodes seine zweite Romreise, um Augustus zu treffen und seine Söhne Alexander und Aristobul nach sechsjährigem Aufenthalt nach Judäa zurück zu holen. Ihr jüngerer Bruder, dessen Namen Josephus nicht überliefert, war während seines Romaufenthaltes gestorben (Bell. 1,22,2/435). Herodes hatte Rom das letzte Mal 40 v. Chr. gesehen, als er sich, von Antigonos aus Jerusalem vertrieben, Hilfe suchend an den Senat gewandt hatte. Augustus war er danach noch zwei Mal begegnet, nämlich 31 v. Chr. auf Rhodos und 20 v. Chr. in Syrien. Der Cäsar nahm ihn bei seiner Ankunft – aus dem Flüchtling von einst war ein im ganzen Reich angesehener Herrscher geworden – freundlich auf und ließ ihm alle möglichen Ehren angedeihen. Dass dieser Besuch für die politischen Beziehungen zwischen Augustus und Herodes von einiger Bedeutung war, zeigt der genaue Wortlaut des josephischen Berichts: Herodes war nach Rom gekommen, »weil es ihn drängte, mit dem Cäsar zusammenzutreffen und seine Söhne zu sehen«. Augustus erzeigte sich in allen Dingen freundlich und »er übergab ihm auch seine Söhne, da sie ihre Ausbildung nunmehr beendet hatten, zur Rückkehr in ihre Heimat« (Ant. 16,1,2/6). Herodes hat offenbar nicht unbedingt damit gerechnet, Alexander und Aristobul nach seinem Rombesuch gleich mit nach Hause nehmen zu können. Er wollte sie zunächst nur »sehen«. Augustus seinerseits »übergab« Herodes seine Söhne in einem formellen Akt. Als Grund für die Erlaubnis zur Rückkehr nennt Josephus den Abschluss der Ausbildung, doch dürfte die Entscheidung des Augustus nicht pädagogischer sondern politischer Natur gewesen sein. Die Söhne der römischen Klientelkönige waren nämlich als künftige Thronfolger auch potentielle Geiseln für den Fall, dass sich ein unterworfener Herrscher unbotmäßig verhalten sollte. Dass Augustus die Söhne des Herodes 17 v. Chr. in ihre Heimat zurückkehren ließ, ist ein Zeichen dafür, dass das Vertrauen zwischen Rom und Judäa gefestigt, der Staatsbesuch also zur Zufriedenheit des Herodes ausgefallen war.

In Ant. 15,10,1/343 notiert Josephus, dass Alexander und Aristobul bei ihrer Ankunft in Rom sechs Jahre zuvor von einem vornehmen Römer namens Pollio gastlich aufgenommen worden waren. Wahrscheinlich handelt es sich um Gaius Asinius Pollio, den Konsul des Jahres 40 v. Chr., als Herodes vom römischen Senat zum König ernannt wurde. Asinius Pollio zog sich 39 v. Chr. nach einer ausgesprochen erfolgreichen Karriere 37-jährig aus dem politischen Leben zurück und widmete sich fortan der Geschichtsschreibung und Dichtung. Er gründete die erste öffentliche Bibliothek Roms, verkehrte mit Horaz und anderen Größen des römischen Geisteslebens und förderte den jungen

Vergil. Mit Herodes verband ihn, so Josephus, eine enge Freundschaft. Der Zwischenaufenthalt der Herodessöhne bei Pollio gereichte Alexander und Aristobul sicherlich zur Ehre, weshalb Nikolaos von Damaskus, Josephus' mutmaßliche Quelle, ihn auch nicht unerwähnt gelassen hat. In einer beiläufigen Notiz in Ant. 17,1,3/20 berichtet Josephus, dass auch Antipas und Archelaos, die Söhne der Malthake und späteren Herodeserben, in Rom erzogen wurden, und zwar »bei einem gewissen Juden«, ohne weitere Namensnennung. Dies könnte ein Indiz dafür sein, dass Herodes auch in Rom dafür sorgte, dass seine Söhne jüdischen Umgang hatten (auch bei Asinius Pollio wird in der Forschung gelegentlich ein Interesse an der jüdischen Kultur vermutet), doch ist der Text an dieser Stelle unsicher.[45]

6.2. Erneuter Familienzwist (I)

Als Alexander und Aristobul in Judäa eintrafen, wurden sie vom Volk begeistert begrüßt. Aus Jünglingen waren nun selbstbewusste und ambitionierte junge Männer im Alter von 18 bzw. 19 Jahren geworden. Ihre Rückkehr an den Jerusalemer Hof führte jedoch dazu, dass die alten Animositäten, die mit der Hinrichtung Kostobars um 27 v. Chr. ihr einstweiliges

---

45 Die griechischen Handschriften lesen hier *para tini idiō*, was grammatisch schwierig ist und auf eine Textverderbnis schließen lässt. Ein Änderungsvorschlag lautet *para tini idiōtē* »bei einem Privatmann« (nach diesem Text übersetzt Clementz), ein anderer *para tini Ioudaiō*, dann wäre wie oben zu übersetzen. Textkritisch ist eine Ableitung des möglicherweise verderbten IDIŌ aus IDIŌTĒ wie IOUDAIŌ gleichermaßen denkbar. Ein Beispiel dafür, dass wichtige inhaltliche Nuancen nicht selten von einer korrekten Rekonstruktion des Urtextes abhängen.

Ende gefunden hatten, wieder aufflammten. Sie sollten Herodes von nun an bis zu seinem Tod nicht mehr loslassen. Die Kreise, die einst mit allen Mitteln auf die Verurteilung und Exekution der Mariamme hingewirkt hatten, allen voran Salome, die Schwester des Herodes, mussten nun, da die Söhne der Hasmonäerin nach Jerusalem zurückgekehrt waren, einigermaßen nervös werden. War den Knaben einst nichts anderes übrig geblieben, als den Tod ihrer Mutter hinzunehmen, ohne dass sie auf das unheilvolle Geschehen hätten einwirken können, so war nun zu befürchten, dass sie nichts unversucht lassen würden, um den Tod ihrer Mutter zu rächen. »Die Söhne«, notiert Josephus im Bellum, »erbten den Hass der Mutter, und als sie sich über die Untat ihres Vater klar geworden waren, erachteten sie ihn nur noch als Feind, schon während ihrer Ausbildung in Rom, besonders aber nach ihrer Rückkehr nach Judäa« (1,23,1/445). Salome nahm nun ihrerseits das Intrigenspiel, das einst Mariamme das Leben gekostet hatte, wieder auf und richtete es gegen Alexander und Aristobul.

Herodes hat, so Josephus, über diese Feindseligkeiten zunächst hinweggesehen und die Rückkehr seiner Söhne zum Anlass genommen, Ehen für sie zu arrangieren. Alexander, den Ältern von beiden, verheiratete er mit Glaphyra, der Tochter des Königs Archelaos von Kappadozien. Die familienpolitische Verbindung zwischen den Herrscherhäusern des Herodes und des ebenfalls von Rom abhängigen Archelaos bedurfte fraglos der Zustimmung Roms, da sie die politischen Konstellationen im römischen Osten tangierte. Möglicherweise hat Herodes schon in Rom die Erlaubnis des Augustus für diese Eheschließung eingeholt. Aus Alexanders Ehe mit Glaphyra gingen zwei Kinder hervor, Alexander und Tigranes. Aristobul, wie sein Bruder von der Mutter her hasmonäischer Abstammung, erhielt Berenike zur Frau, die Tochter der Salome. Damit wurde seine Tante, die den Tod seiner Mutter mit auf dem Gewissen hatte, zu allem Überfluss auch noch seine Schwiegermutter. Möglicherweise hat sich Herodes von dieser ehelichen Verbindung, die die Verschmelzung der hasmonäischen Familie mit seiner eigenen, d. h. aber das endgültige Verschwinden des Hasmonäerhauses in der Herodesdynastie, einen weiteren Schritt voranbrachte, eine Entspannung der Situation am Hof versprochen. Erreicht hat er eher eine Verschärfung der familieninternen Konflikte, wie der Fortgang des Geschehens deutlich macht. Immerhin hatten Aristobul und Berenike fünf Kinder, von denen zwei, nämlich Herodes, der spätere Herrscher von Chalkis im Libanon, und Herodes Agrippa I. für den Fortbestand der Dynastie sorgten.

6.3. Agrippas Besuch in Judäa, Asienreise

Agrippa bereitete sich 17 v. Chr. darauf vor, als oberster Befehlshaber in den Osten zurückzukehren. Als Herodes davon erfuhr, zog er ihm entgegen und lud ihn zu einem Besuch in Judäa ein. Dieser Besuch kam 15 v. Chr. zu Stande. Nun endlich hatte Herodes eine Gelegenheit, dem Römer seine inzwischen in großer Zahl errichteten Pracht- und Festungsbauten zu präsentieren. Nach der Schilderung des Josephus verlief der Staatsbesuch Agrippas ausgesprochen glücklich. Er fand noch zwei Generationen später Erwähnung, als Herodes' Enkelsohn Agrippa I. mäßigend auf den judenfeindlichen Kaiser Caligula, seinerseits Enkel des Marcus Agrippa, einzuwirken versuchte. Gaius Caligula, Kaiser von 37 bis 41 n. Chr., wollte mit allen

Mitteln durchsetzen, dass sein Standbild zum Zweck der göttlichen Verehrung im Jerusalemer Tempel aufgestellt würde, womit er bei den Juden in Judäa wie in der Diaspora helles Entsetzen auslöste. Philo von Alexandria zitiert in seiner Schrift *Legatio ad Gaium* einen Brief König Agrippas an Caligula, in welchem er den Kaiser auf die Achtung seiner Ahnen vor dem Jerusalemer Tempel hingewiesen hat. In diesem Zusammenhang kam er auch auf den Judäabesuch des Marcus Agrippa aus dem Jahr 15 v. Chr. zu sprechen:

»Doch was soll ich fremde Zeugen nennen, wo ich viele der dir ganz nahe stehenden anführen kann? Marcus Agrippa, dein Großvater mütterlicherseits, kam unter der Regierung meines Großvaters Herodes nach Judäa und hielt es für richtig, gleich von der Küste zu der im Binnenland gelegenen Landeshauptstadt hinaufzuziehen«.[46]

Nach Josephus war der Besuch des Agrippa in Jerusalem der krönende Abschluss einer Rundreise, auf der Herodes seinem Freund und hohen Gast die Städte Cäsarea und Sebaste, deren Neubau in vollem Gange war, sowie die Festungen Alexandreion, Herodeion und Hyrkania zeigte. Da Agrippa in früheren Jahren für die stadtrömische Wasserversorgung zuständig war, werden ihn besonders die zahlreichen Aquädukte, die unter Herodes' Regie entstanden waren und die Ingenieure teilweise vor erhebliche Konstruktionsprobleme gestellt hatten, nachhaltig beeindruckt haben. In Jerusalem wurde Agrippa vom Volk enthusiastisch begrüßt. Er stiftete 100 Ochsen für das Tempelopfer und richtete für die Jerusalemer Bevölkerung ein Festmahl aus. Nach Bell. 1,21,8/416 hat Herodes den Namen seines Gastes über einem der

46 Legatio ad Gaium 294. Deutscher Text nach PHILO VON ALEXANDRIA, Werke in deutscher Übersetzung, Bd. 7, 248.

neuen Tempeltore einmeißeln lassen und ihm zu Ehren die Küstenstadt Anthedon unter dem Namen Agrippeion neu gegründet. Agrippa wäre gern noch länger in Jerusalem geblieben, berichtet Josephus, doch habe ihn der herannahende Winter zur Rückreise nach Ionien gezwungen.

Im Frühjahr des Jahres 14 v. Chr. rüstete sich Agrippa von Lesbos aus für einen Feldzug an das Schwarze Meer, wo es die Ansprüche des von Rom protegierten Königs Polemon von Pontus auf das Bosporanische Reich (so genannt nach seiner Lage beiderseits des Kimmerischen Bosporus, der Meerenge zwischen Schwarzem und Asowschem Meer) gegen antirömische Umtriebe auf der Krim zu verteidigen galt. Die Region war als Pufferzone zum angrenzenden Partherreich strategisch von einiger Bedeutung. Herodes beeilte sich, Agrippa auf dieser Expedition behilflich zu sein. Widrige Windverhältnisse verhinderten jedoch, dass er Agrippa noch auf Lesbos abpassen und sich ihm dort anschließen konnte. So segelte er hinterher und erreichte ihn endlich, als Agrippa mit seiner Flotte bereits bis kurz vor das an der kleinasiatischen Schwarzmeerküste gelegene Sinope gelangt war. Militärische Aktionen blieben Agrippa und Herodes erspart, da die bereits bloße Präsenz der römischen Flottenverbände genügte, um die Machtverhältnisse klarzustellen. Agrippa wäre wohl auch ohne Herodes' Unterstützung zurechtgekommen, doch wurde das wechselseitige Vertrauensverhältnis durch die gemeinsame Unternehmung einmal mehr gefestigt. Nach erfüllter Mission überließen sie ihre Schiffe den Flottenkommandeuren und traten dic Heimreise von Sinope aus auf dem Landweg an. Herodes begleitete Agrippa über Paphlagonien, Kappadozien und Phrygien (also in einem zunächst nach Südosten ausholenden Bogen) bis nach Ephesus und Samos. In den Städten, die auf ihrem Weg lagen, empfingen sie zahlreiche Bittsteller, und Herodes hatte nun die Gelegenheit, sich vor den Augen des Römers als wohltätiger Monarch zu erzeigen, der seine persönlichen Reichtümer zur Vermehrung seines Ruhmes und zum Wohl der Beschenkten einzusetzen vermochte.[47]

Als Agrippa und Herodes in Ionien an der vorderasiatischen Westküste ankamen, wurden jüdische Delegationen aus mehreren ionischen Städten bei ihnen vorstellig, die sich über die Verletzung ihrer angestammten Privilegien von Seiten der lokalen Machthaber und Bürgerschaften beklagten. Der josephische Bericht über die Beschwerde der ionischen Juden (Ant. 16,2,3–5/27–65) ist von einiger Wichtigkeit, weil die hier namhaft gemachten Probleme für die Lebensverhältnisse des antiken Diasporajudentums allgemein kennzeichnend sind, weil er zudem ein Schlaglicht auf das Verhältnis des Herodes zur jüdischen Diaspora in Kleinasien und Griechenland wirft, und weil dieses Verhältnis seinerseits Schlüsse auf die Bedeutung der herodianischen Herrschaft für das Diasporajudentum insgesamt zulässt.

Diaspora bedeutet so viel wie »Zerstreuung«, doch sagt der Begriff nichts über Freiwilligkeit oder Unfreiwilligkeit jüdischen Lebens fern vom Mutterland aus. Was schon für die Deportierten des babylonischen Exils gilt, dass sie sich nämlich in der Fremde bald so gut eingelebt hatten, dass sie von dem Rückkehrrecht, das ihnen schon eine Generation später eingeräumt

47 Auf der Kleinasienreise des Jahres 14 v. Chr. ereignete sich auch der Zwischenfall in Ilium, der bereits in Kap. 5.2 zur Sprache kam.

wurde, nur teilweise Gebrauch machten, lässt sich auch auf die jüdische Diaspora der hellenistischen Epoche übertragen. Seit der Alexanderzeit gelangten Juden als Kriegsgefangene, als Flüchtlinge, aber auch als Söldner, Kaufleute und einfache Emigranten in praktisch alle Regionen des Mittelmeerraumes. Sie bildeten, wo immer sie sich niederließen, rasch eigene Gemeinwesen und nahmen die Kultur ihrer neuen Umgebung in sich auf, ohne doch ihre jüdische Identität aufzugeben. Literarische und inschriftliche Quellen bezeugen in hellenistischer Zeit eine jüdische Diaspora in Ägypten, der Kyrenaika, in Nordafrika, auf Zypern, in Syrien, Kleinasien, der Ägäis, in Griechenland und in Italien, also im gesamten mittleren und östlichen Mittelmeerraum.[48] Josephus stellt in Bell. 2,16,4/398 fest: »Es gibt kein Volk auf dem Erdboden, das nicht eine Gruppe von uns beherbergt«, und in Ant. 14,7,2/115 zitiert er den Geographen Strabon mit den Worten: »Es ist nicht leicht, einen Ort auf der bewohnten Erde zu finden, der nicht von diesem Volksstamm bewohnt wird«.

Über Kontakte des Herodes zu den Juden in der Kyrenaika und Nordafrika sind wir ebenso wenig informiert wie über mögliche Beziehungen zur ägyptischen Diaspora. Wahrscheinlich hat er Ägypten grundsätzlich gemieden, seit es zum persönlichen Besitz des Augustus gehörte, hätte er doch mit jeder Initiative auf ägyptischem Terrain den Argwohn des Cäsar geweckt.

---

48 Einen ausführlichen geographischen Überblick mit den literarischen Quellen und dem gesamten bis dato bekannten Inschriftenmaterial bietet das Werk von E. Schürer in der englischen Neubearbeitung von G. Vermes, F. Millar und M. Goodman, Bd. 3.1, 3–86. Vgl. auch die knappe Übersicht bei J. Maier, Zwischen den Testamenten. Geschichte und Religion in der Zeit des Zweiten Tempels, 176–183.

Von den schweren Konflikten zwischen jüdischer und nichtjüdischer Bevölkerung in Alexandria unter Kaiser Caligula (37–41 n. Chr.) war in herodianischer Zeit noch nichts zu spüren. Wir wissen jedenfalls nichts von Unruhen, die eine Intervention des Herodes auf den Plan gerufen hätten. Die Belange der römischen Juden scheinen während seiner Besuche in Rom und auch sonst ebenfalls kein Thema gewesen zu sein.[49] Dagegen wirkte sich die Herrschaft des Herodes auf die jüdische Diaspora in den hellenistischen Städten Syriens, Kleinasiens, auf den ägäischen Inseln und in Griechenland denkbar positiv aus. Das wachsende Ansehen des Judäerkönigs im römischen Osten konnte den »Auslandsjudäern« dieser Regionen nur zugute kommen. Richardson vertritt die einleuchtende These, dass die Verbesserung der Rechtsstellung der jüdischen Diaspora ein wichtiges strategisches Ziel der zahllosen Wohltaten war, die Herodes den Städten Syriens, Kleinasiens und Griechenlands hat zuteil werden lassen.[50] Dadurch, dass Herodes nie die jüdischen Gemeinwesen dieser Städte direkt beschenkte, sondern immer die jeweilige Stadt als Ganze bedachte, hatten die nichtjüdischen Bewohner keinen Anlass zum Neid gegenüber ihren jüdischen Mitbürgern, wohl aber allen Grund zu gesteigertem Respekt. Josephus fasst die Stiftungen und Schenkungen des Herodes außerhalb seines eigenen Herrschaftsgebietes in folgender Aufzählung zusammen (Bell. 1,21,11–12/422–428):

49 Allerdings könnte eine fragmentarisch erhaltene Synagogeninschrift ein Indiz dafür sein, dass auch die römischen Juden Herodes' Verdienste für die Diaspora würdigten; vgl. dazu P. Richardson, Herod, 266–269.

50 Vgl. Richardson, 262–273.

»Den Städten Tripolis [in Syrien], Damaskus und Ptolemais errichtete er Gymnasien, Byblos eine Stadtmauer, Berytos [Beirut] und Tyrus Hallen, Säulengänge und Marktplätze, Sidon und Damaskus sogar Theater, Laodizea am Meer eine Wasserleitung, Askalon Bäder und kostbare Brunnen, dazu noch Kollonaden von bewundernswerter Kunstfertigkeit und Größe; einigen aber schenkte er Haine und Rasenplätze. Viele Städte empfingen aus seiner Hand Land, als wenn sie Teile seines Königreiches wären. Anderen Städten stiftete er dauernde Aufsichtsämter für alljährliche Wettspiele, wobei er dann wie in Kos, auch Einkünfte für die Siegerauszeichnungen sicherstellte, damit es daran niemals fehle. Getreide aber gewährte er vollends allen Bedürftigen, der Insel Rhodos spendete er wieder und wieder Mittel zum Aufbau ihrer Schifffahrt, auch baute er dort das vom Feuer zerstörte pythische Heiligtum auf seine Kosten schöner wieder auf. Was müssen noch die Geschenke an die Lykier und die Bewohner von Samos erwähnt werden oder seine Großzügigkeit gegen ganz Ionien, wo nur jemand in Not war? Sind nicht Athen und Lakedämonien, Nikopolis und Pergamon in Mysien voll von den Weihgeschenken des Herodes? Hat er nicht die Hauptstraße im syrischen Antiochien, die wegen ihres Schmutzes gemieden wurde, in einer Länge von zwanzig Stadien mit poliertem Marmor belegt und mit einer Säulenhalle von gleicher Länge zum Schutz vor Regen versehen? Diese Geschenke, so könnte man sagen, berührten nur die damit bedachten Völker, die Gabe an Elis aber betraf nicht nur ganz allgemein Griechenland, sondern den gesamten bewohnten Erdkreis, zu dem ja der Glanz der Olympischen Spiele durchdringt. Als er nun sah, dass diese Spiele ganz in Auflösung begriffen waren und dass das letzte Stück vom alten Hellas versank, da übernahm er nicht nur das Amt des Kampfrichters in jenem Spieljahr, in das seine Seereise nach Rom fiel, sondern er stiftete auch Einkünfte für dauernde Zeiten, damit die Erinnerung an ihn wach bleibe, die zugleich die regelmäßige Einrichtung von Spielen nicht vergessen ließ. Es wäre endlos, die Schulden und Steuern aufzuzählen, die er übernahm; zum Beispiel erleichterte er den Einwohnern von Phaselis und Balanea und den Kleinstädten von Kilikien die jährlichen Abgaben.«

Die meisten Städte und Landschaften aus dieser Aufzählung hatten einen mehr oder weniger namhaften jüdischen Bevölkerungsanteil. Während die jüdische Landbevölkerung in vereinsähnlichen Strukturen organisiert war, war die diasporajüdische Organisationsstruktur in den Städten üblicherweise das so genannte *politeuma*. Damit ist eine politische Körperschaft innerhalb einer Stadt bezeichnet, die verwaltungsmäßig und rechtlich teilweise autonom war. Auch andere Volksgruppen organisierten sich innerhalb hellenistischer Städte als *politeumata*, doch führte die religiös-kulturell bedingte Sonderstellung der Juden gelegentlich zu Konflikten mit der nichtjüdischen Bürgerschaft. Für die ionischen Städte, die uns im Zusammenhang von Herodes' und Agrippas Kleinasienreise des Jahres 14 v. Chr. besonders interessieren, notiert Josephus in Ant. 12,3,2/125–126, dass an die Juden die Forderung herangetragen wurde, sie sollten an den Kulten der ionischen Götter teilnehmen, wenn sie sich ihre rechtliche Gleichstellung mit den griechischen Vollbürgern erhalten wollten, die sie unter den Seleukiden gewonnen hatten. Die jüdische Perspektive dieses Konflikts kommt in Ant. 16,2,3–5/27–65 zur Darstellung: Die ionischen Juden beklagten sich bei Agrippa darüber, dass man sie in ihren Städten nicht nach ihren eigenen Gesetzen leben lasse. Konkret ging es um dreierlei: (a) Juden waren wiederholt dazu gezwungen worden, am Sabbat bei Behörden und vor Gericht zu erscheinen. Zu beklagen waren außerdem (b) Konfiskationen von Geldmitteln für den Jerusalemer Tempel und (c) das zwangsweise Heranziehen von Juden zum Militärdienst. Alle drei Punkte machen anschaulich, dass die partielle rechtliche Autonomie eines *politeuma* immer dann zu Konflikten führen musste, wenn die Bürgerpflichten im größeren Zusammenhang der Polis davon berührt waren. Im Falle der Juden musste die regelmäßige Nichtteilnahme am öffentlichen Leben befremden, und die Tempelsteuer, die jeder Diasporajude jährlich nach Jerusalem entrichtete, wurde nicht selten als Schwächung des wirtschaftlichen Lebens infolge des regelmäßigen Abflusses namhafter Beträge ins Ausland (nämlich Judäa) kritisiert. Letzteren Kritikpunkt hatte sich einst sogar Cicero in einer Prozessrede zu Nutze gemacht, als er 59 v. Chr. seinen Mandanten Flaccus gegen den Vorwurf der Unterschlagung jüdischer Tempelsteuern während seiner Amtszeit als Proprätor der Provinz Asia zu verteidigen hatte (Cicero, *Pro Flacco* 67–69): Er machte geltend, dass die jüdische Tempelsteuer dem damals erlassenen Verbot zuwiderliefe, Gold aus Italien zu exportieren. Auf diese Weise gelang es ihm, die angeblichen Unterschlagungen als rechtmäßige Konfiskationen darzustellen.

Auf die Klagen der ionischen Juden hin hat Herodes seinen Diplomaten Nikolaos von Damaskus mit der Verteidigung der jüdischen Sache vor Agrippa beauftragt. Nikolaos hielt eine glänzende Rede und vermochte Agrippa von der Rechtmäßigkeit der jüdischen Position zu überzeugen. Die Verhandlung endete nicht nur mit einer Bestätigung der jüdischen Privilegien, sondern auch mit einer Geste des herzlichen Einvernehmens zwischen Herodes und Agrippa. Dass der Judäerkönig mit dem zweiten Mann in Rom in solch freundschaftlicher Beziehung stand, hat sich auf die Rechtsstellung der Diasporajuden in Ionien und anderswo zweifellos höchst positiv ausgewirkt. Die programmatische Großzügigkeit des Herodes in Regionen mit hohem jüdischem Bevölkerungsanteil – Josephus erwähnt in seiner Auflistung ausdrücklich Herodes' »Großzügigkeit gegen ganz Ionien« – muss dabei regelrecht deeskalierend gewirkt haben. Herodes' Anteilnahme an den Belangen der »Auslandsjudäer« konnte als Gegenbewegung zur religiösen Orientierung der Diasporajuden nach Jerusalem aufgefasst werden, die das merkwürdige religiöse Sonderdasein der Juden in einen auch aus nichtjüdischer Perspektive plausiblen politischen Zusammenhang rückte.

Zurück in Jerusalem berichtete Herodes in einer eigens einberufenen Volksversammlung von seinem Einsatz für die kleinasiatischen Juden und erließ seinen Untertanen ein Viertel ihrer Steuern für das Vorjahr. Dass Herodes durch die zahllosen Erweise seiner Großzügigkeit einen solch großen Teil seines Vermögens außer Landes brachte, und sei es zum Nutzen der Juden in der Diaspora, wird in Judäa kaum auf ungeteilte Zustimmung gestoßen sein. Der Steuernachlass diente sicher auch dazu, etwaigen Unmut unter der Bevölkerung zu dämpfen.

6.4. Erneuter Familienzwist (II)

Nach Herodes' Rückkehr von seiner überaus erfreulichen und erfolgreichen Kleinasienreise des Jahres 14 v. Chr. holte ihn der häusliche Unfriede bald wieder ein. Die Protagonisten der höfischen Intrigen hatten die Abwesenheit des Königs nicht ungenutzt gelassen und die ohnehin schon bestehenden Gräben noch eifrig vertieft. Salome setzte alles daran, nach Mariamme nun auch noch deren Söhne aus dem Weg zu schaffen, und Alexander und Aristobul brachten ihre Aversion gegen Herodes immer unverhohlener zum Ausdruck. Bald machte das Gerücht die Runde, die Mariammesöhne hegten den Plan, ihren Vater mit Unterstützung von Alexanders Schwiegervater Archelaos von Kappadozien bei Augustus zu verklagen. Als Herodes dieses Gerücht zu Ohren kam, sei er, so Josephus, in Verzweifelung und Resignation verfallen und habe sogar mit dem Gedanken gespielt, abzudanken und all diesen unerfreulichen Zank hinter sich zu lassen. Wenn Josephus auch sonst mit Kritik an Herodes nicht spart, an dieser Stelle hat er seinem Publikum sicherlich Mitleid für den König abgerungen.

Herodes' Versuch, seiner Söhne Herr zu werden, bestand darin, dass er Antipater, seinen fast schon vergessenen Sohn aus der Ehe mit seiner ersten Frau Doris, demonstrativ an den Hof zurückholte. Dies würde, so hoffte er, die Söhne der Mariamme zur Mäßigung rufen, da sie ja nun einen Konkurrenten um die Thronfolge vor Augen hatten. Während die übrigen Söhne des Herodes in einem Alter waren, in dem sie den Mariammesöhnen noch nicht gefährlich werden konnten,[51] stellte Antipater, der bei seiner Rückkehr nach Jerusalem etwa 32 Jahre alt war, eine ernsthafte Bedrohung für sie dar. Dieser Schachzug des Herodes hatte indes nicht die gewünschte Wirkung. Die Mariammesöhne fühlten sich tief gekränkt und machten aus ihrer Empörung keinen Hehl. Antipater, der die Machtverhältnisse sofort richtig einschätzte, machte sich umgehend daran, die Position seiner Rivalen dadurch zu schwächen, dass er sie bei ihrem Vater systematisch in Misskredit brachte. Je widerspenstiger sich Alexander und Aristobul aufführten, desto stärker privilegierte Herodes seinen Erstgeborenen, bis er sogar dessen Mutter Doris rehabilitierte und sie erneut

---

51 Herodes, Sohn der zweiten Mariamme, wurde um 28 v. Chr. geboren, Archelaos, Sohn der Malthake ca. 27 v. Chr., sein Bruder Antipas ca. 25 v. Chr. Die Söhne der Kleopatra kamen ca. 27 v. Chr. (Herodes) und 26 v. Chr. (Philipp) zur Welt, und Phasaël, der Sohn der Pallas, ca. 15 v. Chr. (nach N. Kokkinos, The Herodian Dynasty, 245). Die jüngeren Halbbrüder Alexanders und Aristobuls waren bei der Rückkehr der Mariammesöhne also zwischen 11 und 14 Jahre alt, Phasaël gar noch ein Säugling.

als seine Frau an den Hof aufnahm. Schließlich schuf Herodes dadurch Tatsachen, dass er sein Testament zu Gunsten Antipaters änderte. Nach Ant. 15,10,1/343 hat Herodes von Augustus bereits um 23 v. Chr. das Recht erhalten, seinen Nachfolger selbst zu bestimmen, und es ist anzunehmen, dass er damals Alexander, den ältesten der ursprünglich drei Mariammesöhne, testamentarisch zum Thronerben bestimmt hat. Nun rückte Antipater an Alexanders Stelle (Bell. 1,23,2/451). Als Agrippa sich 13 v. Chr. anschickte, nach zehn Jahren den Osten endgültig zu verlassen und nach Rom zurückzukehren, suchte ihn Herodes auf und gab ihm Antipater mit auf die Reise, damit dieser sich dem Cäsar vorstellen konnte. Antipater wurde in Rom mit größtem Wohlwollen aufgenommen. Von dort aus setzte er seine versteckte Hetzpropaganda während der kommenden Monate mit gezielten Briefen fort, die bei Herodes ihre Wirkung nicht verfehlten. Die Anschuldigungen gegen die Mariammesöhne wogen bald so schwer, dass sich Herodes 12 v. Chr. zu einer weiteren Reise nach Rom entschloss, um Alexander und Aristobul in ihrem Beisein vor Augustus anzuklagen. Er beschuldigte seine Söhne, sie planten aus Hass und Machtgier seine Ermordung, und warf ihnen außerdem vor, dass sie ihm seine väterliche Fürsorge und Großzügigkeit schlecht dankten. Antipater, der sich während des Prozesses noch in Rom aufhielt, war offenbar nicht zugegen. Er wird sich in kluger Zurückhaltung geübt haben, legte er es doch darauf an, seine Halbbrüder nicht durch direkte Anschuldigungen zu Fall zu bringen, sondern mit den Mitteln der Intrige und des Gerüchts. Im Laufe der Verhandlung neigte sich die Gunst des Augustus und der übrigen Anwesenden trotz der schwer wiegenden Vorwürfe des Herodes auf die Seite der Mariammesöhne. Josephus lässt Alexander eine ausgesprochen rührselige Rede halten, an deren Ende allen Anwesenden Tränen in den Augen standen.[52] Augustus sprach die jungen Männer frei, und es folgte eine nicht minder rührselige Versöhnungsszene.

Herodes schenkte dem Cäsar zum Dank für seine erfolgreiche Vermittlung 300 Talente Silber zur Finanzierung von Spielen und Armenspeisungen. Als Gegengabe übertrug ihm Augustus die Verwaltung der zypriotischen Kupferbergwerke und die Hälfte ihrer Erträge. Den offenkundigen Schwierigkeiten bei der Thronfolge im Hause des Herodes trug Augustus dadurch Rechnung, dass er die ein Jahrzehnt zuvor erteilte Vollmacht zur eigenständigen Bestimmung des Thronerben nun neu formulierte: Er ermächtigte Herodes, »welches von seinen Kindern er auch auswählte, zum Nachfolger einzusetzen, oder aber jedem einen Teil (seines Reiches) zuzuweisen, damit die Ehre (der Herrschaft) allen zukäme« (Ant. 16,4,5/129). Josephus berichtet, Herodes hätte am liebsten auf der Stelle von diesem Recht Gebrauch gemacht, doch ließ Augustus eine Teilung des Reiches bei Lebzeiten des Königs nicht zu. Vielleicht ist dies eine kleine Retouche aus der Feder des Herodes-Biographen Nikolaos: Wäre es nach Herodes gegangen, hätte er der Macht beizeiten entsagt, und das ganze hässliche Finale seines Lebens wäre ihm erspart geblieben.

Herodes trat zusammen mit den Mariammesöhnen, die über die Bevorzugung ihres Halbbruders nach wie vor alles andere als glücklich waren, und Antipater,

---

52 Ant. 16,4,3/105–120. So wenig man sich der Übersetzung von Clementz im Wortlaut oft anvertrauen darf, so gut trifft seine Übertragung doch das rhetorische Pathos der bei Josephus enthaltenen Redestücke.

der Erleichterung über den Freispruch Alexanders und Aristobuls heuchelte, die Rückreise an. Unterwegs machte die Reisegesellschaft auf der Insel Elaeusa nahe der kilikischen Küste halt, um dort Alexanders Schwiegervater Archelaos von Kappadozien zu treffen. Dieser zeigte sich erfreut über das augenscheinliche Einvernehmen.

In Jerusalem angelangt, bestätigte Herodes öffentlich den Vorrang Antipaters in der Erbfolge, nannte nun jedoch auch Alexander und Aristobul, was eine nochmalige Änderung seines Testaments voraussetzt. Entweder Herodes schwebte nun eine Teilung des Reiches vor, oder aber er bestimmte die Mariammesöhne zu Nachfolgern Antipaters. Letzteres ist zweifellos die konfliktträchtigere und deshalb die wahrscheinlichere Variante.

7. Die Baupolitik des Herodes

Herodes hat seine Untertanen mit harter Hand regiert. Ein beliebter oder gar geliebter Herrscher war er sicherlich nicht. Doch selbst wer Herodes als Herrscher nicht mochte, wird ihn als Bauherrn bewundert haben. Viele seiner überaus zahlreichen und ehrgeizigen Bauprojekte, die er teilweise mit Hilfe italischer Baumeister und Handwerker realisierte und die seinen Herrschaftsanspruch und die Einbindung seines Reiches in die römische Weltkultur eindrucksvoll vor Augen führten, konnten sich mit den damals bekannten Glanzstücken antiker Baukunst ohne weiteres messen. Manche Elemente herodianischer Gebäude- und Landschaftsarchitektur haben in der griechisch-römischen Antike möglicherweise sogar Nachahmer gefunden. Wir können hier nur in aller Kürze einige wenige Beispiele ansprechen,[53] doch dürfte dies bereits genügen, um einen Eindruck von den Dimensionen der herodianischen Bautätigkeit zu gewinnen. Wir beginnen mit einer Beschreibung der wichtigsten Festungs- und Palastbauten, wenden uns dann den von Herodes errichteten Tempeln, seinen Kulturbauten und den von ihm gegründeten Städten zu und schließen mit einigen Überlegungen zu den Vermögensverhältnissen des Königs, die ein derart umfangreiches Bauprogramm allererst ermöglichten.

7.1. Festungen und Paläste

Die herodianischen Festungen waren überwiegend keine Neubauten, sondern vorhandene hasmonäische Anlagen. Herodes hat sie lediglich ausgebaut oder wieder aufgebaut. Wir werfen einen kurzen Blick auf die Festungen Alexandreion, Hyrkania, Machairos und Masada. Diese Burgen waren schon für die Hasmonäer ein wichtiger militärischer Faktor zur Sicherung der Grenzen im Osten und Süden, vor allem aber ein Rückzugsort für die hasmonäische Familie in Krisenzeiten. Herodes beauftragte bereits im Jahr 37 v. Chr., kurz vor der Eroberung Jerusalems, seinen Bruder Pheroras mit dem Wiederaufbau der alten Hasmonäerfestung Alexandreion, die von Gabinius 57 v. Chr. zer-

53 Ich stütze mich in diesem Kapitel in erster Linie auf die Arbeit von A. LICHTENBERGER, Die Baupolitik Herodes des Großen, 1999, auf die Monographie gleichen Titels von S. JAPP, 2000, sowie auf E. NETZER, Die Paläste der Hasmonäer und Herodes' des Großen. Netzers reich bebildertes und auch interessierten Nicht-Archäologen sehr zu empfehlendes Buch ist 1999 in der Reihe »Zaberns Bildbände zur Archäologie« erschienen. Eine vollständige Liste aller bekannten herodianischen Bauten hat P. RICHARDSON, Herod, 197 ff. zusammengestellt.

stört worden war. Durch ihre Lage auf einem östlichen, weit in die Jordansenke hineinragenden Ausläufer des samarischen Berglandes zwischen Jericho und Skythopolis eignete sie sich zur Überwachung des fruchtbaren Jordantals mit seinen wichtigen Nord-Süd-Verkehrswegen. Als Herodes im Jahr 15 v. Chr. mit seinem Freund und hohen römischen Gast Marcus Agrippa sein Herrschaftsgebiet bereiste, zeigte er ihm auch das Alexandreion, das zu dieser Zeit als luxuriöser Palast ausgebaut war. Ausgrabungen haben Reste eines Peristylhofes[54] aus herodianischer Zeit freigelegt. Der Hof war mit einem Mosaikfußboden verziert und die Wände mit farbigem Putz und Stuck. Neben der herodianischen fanden sich auch Reste einer früheren Wohnbebauung mit hasmonäischem Baudekor.

Die Festung Hyrkania in der judäischen Wüste südöstlich von Jerusalem wurde wahrscheinlich von Johannes Hyrkan erbaut und war nach der Eroberung Jerusalems durch Herodes im Jahr 37 v. Chr. die letzte Trutzburg der Hasmonäer. Eine Schwester des Antigonos konnte sich noch mehrere Jahre dort halten, bis Herodes 31 v. Chr. auch diese Festung eroberte (Bell. 1,19,1/364). Später nutzte Herodes die Festung, um politische Gegner mit geheimen Verhören und Hinrichtungen aus dem Weg zu räumen, doch wird man sich Hyrkania nicht als finstere Hinrichtungsstätte vorstellen dürfen, denn Herodes führte Marcus Agrippa 15 v. Chr. auch hierher. Mit Machairos (»Schwert«) im Bergland am Ostufer des Toten Meeres übernahm Herodes eine weitere Festung aus hasmonäischem Besitz, die die Grenze zum Nabatäerreich im Süden markierte. Selbst diesen entlegenen Vorposten im

54 Peristyl: von Säulen eingefasster Innenhof des griechischen Hauses.

Südosten seines Reiches stattete er mit einem Peristylhof, Empfangsräumen und einem Badehaus aus, um während seiner Aufenthalte dort nicht auf den gewohnten Komfort verzichten zu müssen.

Die Felsenfestung Masada am Südwestufer des Toten Meeres erlangte nach der archäologischen Erschließung des Geländes in den 60er Jahren des 20. Jahrhunderts weltweite Berühmtheit und wurde durch Josephus' dramatischen Bericht vom erbitterten jüdischen Widerstand gegen die römischen Belagerer (Bell. 7,8,1–9,2/252–406), der sich nach der Eroberung Jerusalems im Jahr 70 n. Chr. noch drei Jahre hinzog, zum Symbol für den Überlebenswillen des modernen Staates Israel. Nach dem Fall der Hauptstadt hatten sich etwa 1 000 Aufständische mit ihren Familien nach Masada zurückgezogen und die Römer zu einer aufwendigen Belagerung gezwungen. Als die Aufständischen feststellen mussten, dass die Römer an der Westseite des hochgelegenen Felsplateaus eine Rampe aufschütteten und der Fall Masadas nur noch eine Frage der Zeit sein würde, wählten sie, so der josephische Bericht, mitsamt ihren Frauen und Kindern den Freitod. Die römische Rampe ist heute noch sichtbar (vgl. Abb. 3), ebenso die Umschließung des gesamten Areals mit einer 4 km langen Mauer sowie Reste von acht römischen Feldlagern. Masada bietet damit »das dramatischste Bild einer Belagerung, das aus der Antike erhalten ist«.[55]

Die herodianische Bebauung Masadas wird von der Forschung in drei Phasen eingeteilt. In die erste Bauphase fällt der Westpalast, der noch deutliche Einflüsse des hellenistisch-orientalischen Baustils has-

55 E. NETZER, Paläste, 72.

Abb. 3: Luftaufnahme von Masada

monäischer Architektur aufweist.[56] Dagegen ließ sich Herodes beim Entwurf des architektonisch und baustatisch eindrucksvollen Nordpalastes, dem Hauptprojekt aus der zweiten Phase, vom römischen Villenstil inspirieren. Die Orientierung des Herodes an römischer Architektur entsprang wohl einerseits seinem Ehrgeiz, die »neuesten Trends« römischer Lebensart zu adaptieren, sie hatte aber auch politische Obertöne, dokumentierte sie doch auf ihre Weise die

56 Möglicherweise stammen einige weitere Gebäude, die der ersten Phase zugeschrieben werden, noch aus hasmonäischer Zeit, doch ist ein sicherer Nachweis vorherodianischer Bebauung bisher noch nicht gelungen.

Abb. 4: Masada nach dem Ausbau durch Herodes (Rekonstruktion: E. Netzer)

Anerkennung der Vorherrschaft Roms. In der abschließenden dritten Bauphase hat Herodes das gesamte Plateau mit einer mit Türmen versehenen Kasemattenmauer eingefasst und den Nordpalast um umfangreiche Magazinbauten erweitert (Abb. 4). Im Westpalast hat man ein kunstvolles ornamentales Fußbodenmosaik gefunden, das schönste bisher bekannte herodianische Mosaik (Abb. 5). Wichtig ist, dass dieses Mosaik keinerlei figürliche Darstellung enthält. Dies ist ein Hinweis darauf, dass man im 1. Jh. v. Chr. das biblische Bilderverbot sehr streng ausgelegt hat: Auch zu rein dekorativen Zwecken waren Tier- und Menschendarstellungen verboten. Deutlich wird auch, dass sich Herodes offenbar an diese strenge Linie gehalten hat.[57] Jedenfalls wurde bisher in keinem herodia-

57 Dass geometrische Mosaiken im 1. Jh. v. Chr. passenderweise in Mode waren (J. Zangenberg, brieflich), mag Herodes den Verzicht auf figürliche Kunst erleichtert haben.

Abb. 5: Fußbodenmosaik im Westpalast von Masada

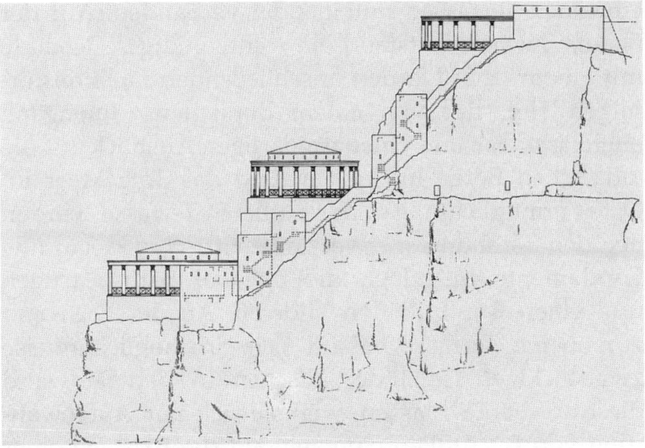

Abb. 6: Westfassade des Nordpalasts von Masada (Rekonstruktion: E. Netzer)

nischen Bau ein Mosaik mit figürlichen Motiven gefunden. Dass sich Herodes erst nach der Vollendung der Palastbauten zum Bau einer Mauer entschlossen hat, verwundert zunächst. Wahrscheinlich diente sie nicht der Erhöhung der Sicherheit des ohnehin fast uneinnehmbaren Tafelberges, sondern, wie die Paläste auch, der repräsentativen Prachtentfaltung.[58] Mit der Konstruktion des Nordpalastes auf dem in drei natürlichen Terrassen abfallenden nördlichen Hang (Abb. 6) hat Herodes seinen Baumeistern sicherlich einige schlaflose Nächte bereitet. Bevor überhaupt mit dem Bau begonnen werden konnte, mussten die Terrassen eingeebnet, mit monumentalen Stützmauern versehen und mit Futtermauern an die Grundrisse der geplanten Gebäude angepasst werden. Außerdem mussten Treppenhäuser und -schächte errichtet werden, die die

58 So A. Lichtenberger, Baupolitik, 31.

einzelnen Terrassen miteinander verbanden. Auf der oberen Terrasse entstand ein rechtwinkliges Gebäude mit einem nach Norden anschließenden halbkreisförmigen Hof, der von einem doppelten Säulengang eingefasst war und einen großartigen Ausblick auf die judäischen Berge im Westen und das Tote Meer im Osten ermöglichte. Auf der mittleren Terrasse wurden bei den Grabungen zwei konzentrische kreisrunde Fundamente freigelegt, die offenbar Säulen trugen und einen Rundpavillon bildeten. An der Felswand zur oberen Terrasse befand sich ein möglicherweise zweistöckiges Gebäude. Nischen in der Südwand dieses Gebäudes lassen, weil sie sich zur Aufbewahrung von Buchrollen eigneten, auf die Existenz einer Bibliothek schließen. Auf der 30 m unter dem Gipfel gelegenen unteren Terrasse befand sich ein rechtwinkliger, ebenfalls mit einem Säulengang eingefasster Bau mit einem zweigeschossigen Nebengebäude an der Ostseite, in dessen Untergeschoss ein voll ausgestattetes römisches Badehaus untergebracht war. Die Wasserversorgung Masadas war durch mehrere Zisternen an der Nordwestwand gesichert, die mit Wasser aus zwei mit Staudämmen eingefassten Wadis[59] im Norden und Süden der Festung gespeist wurden. Zusammen mit weiteren Zisternen auf dem Gipfelplateau, die teilweise noch aus hasmonäischer Zeit stammten und der Speicherung von Regenwasser dienten, verfügte Masada über Wasserspeicher von etwa 40 000 m^3.

Wir wenden uns nun kurz zwei weiteren herodianischen Bauten zu: der Jerusalemer Stadtfestung Antonia und dem Herodeion. Die Burg Antonia an der

59 Ein Wadi ist ein trockenes, bei starkem Regen jedoch Wasser führendes Flussbett.

Nordwestecke des Jerusalemer Tempelberges gibt durch ihren Namen einen Hinweis für die Datierung: Da Herodes sich nach der Schlacht von Actium von Marcus Antonius, nach dem die Stadtfestung benannt ist, distanziert hat, ist mit einer Fertigstellung bis 31 v. Chr. zu rechnen. Wegen der unmittelbaren Nähe zum Tempelareal konnten kaum Grabungen durchgeführt werden; deshalb muss offen bleiben, ob die Antonia ein regelrechter Neubau oder eine Erweiterung der älteren hasmonäischen Festung war. Aus demselben Grund sind wir für eine Rekonstruktion der Festung gänzlich auf die Beschreibung des Josephus angewiesen (Bellum 5,6,8/238–247): Die auf einem ca. 20 m hohen Felsen erbaute Festung glich einem (wahrscheinlich rechteckigen) Turm, der im Süden an die Umfassungsmauer des späteren herodianischen Tempels anschloss. An den vier Ecken war der Bau mit vier kleineren Türmen versehen. Einer dieser Türme überragte die anderen, deren Höhe Josephus mit 50 Ellen (etwa 20 m) angibt, um 20 Ellen. Von hier aus war das Tempelgelände gut zu überblicken, und im Falle von Unruhen konnten die in der Festung stationierten Truppen rasch eingreifen. Da die Antonia zugleich an die nördliche Stadtmauer stieß, wo Jerusalem von den höher gelegenen Hügeln außerhalb der Stadt verhältnismäßig leicht angreifbar war, war sie nicht nur ein augenfälliges Symbol für Herodes' Herrschaft über Stadt und Volk, sondern auch Teil der Stadtbefestigung (Abb. 7).[60] Im Inneren hat Herodes die Antonia mit großem Kostenaufwand palastartig ausgebaut. Es ist anzunehmen, dass er dort seine ständige Residenz

60 Die auf Abb. 7 schwach erkennbare nördliche Erweiterung der Stadtmauer stammt erst aus der Zeit Agrippas I. (vgl. S. 313).

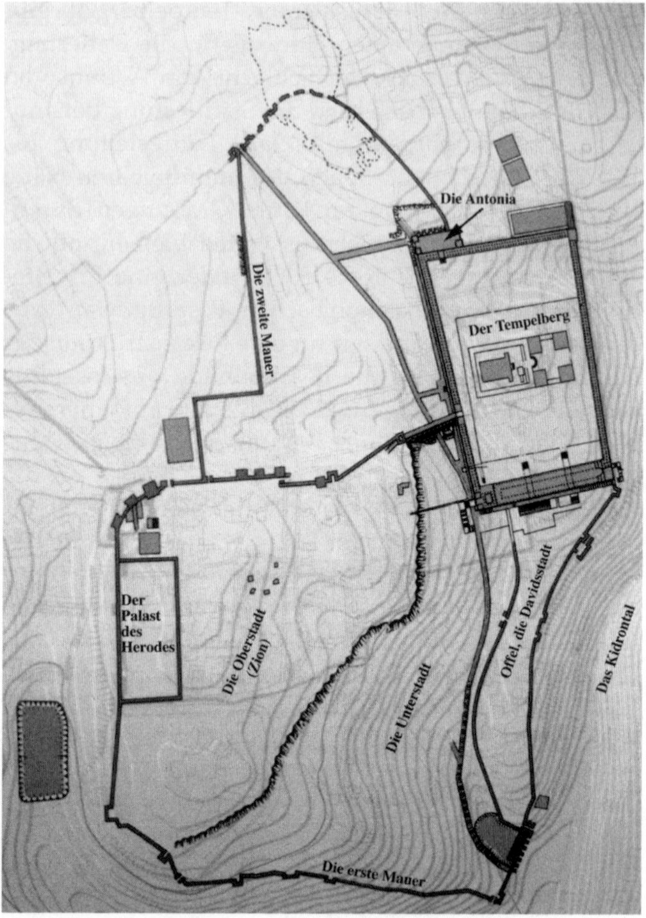

Abb. 7: Jerusalem zur Zeit des Herodes

hatte, bis der Jerusalemer Königspalast im Westen der Oberstadt fertiggestellt war.

Der einzige Festungsbau, der den Namen des Herodes trug, war die ca. 12 km südlich von Jerusalem auf einem teilweise künstlich aufgeschütteten Berg gelegene Festung Herodeion. Im Unterschied zu den anderen Festungsbauten handelt es sich um eine Gründung des Herodes ohne hasmonäischen Vorgängerbau. Nach Josephus hat Herodes dieses Monument als Erinnerungsmal an seinen Sieg über die hasmonäischen Verfolger während seiner Flucht aus Jerusalem im Jahr 40 v. Chr. errichtet (Bell. 1,13,8/265). Zugleich sollte es ihm als Mausoleum dienen. Der aus einem innen begeh- und bewohnbaren doppelten Mauerring bestehende Rundbau mit einem Außendurchmesser von 60 m war wie die Antonia in Jerusalem mit vier Türmen ausgestattet, deren einer die drei andern überragte. Im Inneren der Festung befanden sich ein Peristylhof mit Garten, ein Wohngebäudekomplex und ein römisches Bad (Abb. 8).

Die Tatsache, dass Herodes in der Planung seiner Festungen überwiegend auf vorhandene hasmonäische Bauten zurückgegriffen und diese eher als befe-

Abb. 8: Herodeion, Bergpalastfestung
(Rekonstruktion: E. Netzer)

stigte Paläste denn als Wehrburgen ausgebaut hat, ist eine wichtige Korrektur der auf Josephus zurückgehenden populären Auffassung, Herodes habe sich aus Angst vor seinen Untertanen zahlreiche Fluchtburgen geschaffen. Wie jeder andere Herrscher auch musste er stets mit Anschlägen und Putschversuchen rechnen, doch lässt das, was wir über seine Festungen wissen, nicht den Schluss zu, dass er glaubte, sich vor seinen Untertanen in besonderer Weise schützen zu müssen.

Am Fuß des Herodeion wurden Reste einer monumentalen herodianischen Palastanlage mit Wohn- und Versorgungsgebäuden für hunderte von Gästen, einem Garten mit Teich und einer weiteren Badeanlage ausgegraben. Dieses so genannte »untere Herodeion«, das zu den größten Palästen der griechisch-römischen Antike zählte, lässt in besonderem Maße das ungeheure Vermögen erahnen, das Herodes für seine Bauprojekte zur Verfügung hatte. Rätsel hat den Archäologen eine 650 m lange gerade Bahn aufgegeben, die man zunächst für ein Hippodrom hielt, wofür sie sich aber als zu schmal erwies. Ehud Netzer vermutet, dass Herodes diesen lang gezogenen Platz eigens für seine Begräbnisprozession hat anlegen lassen.[61] Das Grab des Herodes befand sich aller Wahrscheinlichkeit nach im unteren Herodeion, doch gibt es zur genauen Lage nur Vermutungen.

Weitere Paläste unterhielt Herodes in Cäsarea am Meer und in Jericho. Ein prachtvoller Palast in Jerusalem diente ihm etwa ab 25 v. Chr. als ständige Residenz. Der Herodespalast in Cäsarea liegt auf einer ca. 100 m ins Meer hineinragenden Klippe. Eine

---

61 E. NETZER, Paläste, 150 f. Vgl. die Schilderung dieser Prozession in Bell. 1,33,9/673; Ant. 17,8,3/196–199.

beckenartige Anlage auf der Klippe, die man zunächst als Fischbecken interpretierte, hat zu der Annahme geführt, dass dieses Areal als Fischmarkt genutzt wurde, doch geht dies, wie Netzer gezeigt hat, auf eine Zweckentfremdung späterer Jahrhunderte zurück. Ursprünglich handelte es sich um ein wahrscheinlich mit Süßwasser gefülltes Schwimmbecken im Innenbereich einer repräsentativen, mit Säulengängen eingefassten Palastanlage. Die Grabungen haben Reste eines Mosaikfußbodens und Hinweise auf einen Ziergarten zu Tage gefördert. Durch seine Lage auf einer Klippe ist dieser Palast neben dem Nordpalast von Masada ein weiteres Meisterstück antiker Baukunst.

In Jericho baute Herodes insgesamt drei Paläste. Schon die Hasmonäer hatten hier wegen des milden Klimas ihren Winterpalast. Außerdem war die Landschaft um Jericho wegen der einträglichen Balsam- und Dattelproduktion wirtschaftlich von herausragender Bedeutung und bedurfte ständiger königlicher Präsenz. Herodes hatte diese Gegend zu seinem Leidwesen Mitte der dreißiger Jahre an Kleopatra abtreten müssen. Immerhin konnte er die Ländereien um Jericho von ihr zurückpachten, und nach dem Tod des Antonius und der Kleopatra gelangte das ganze Gebiet wieder in seinen Besitz. Seinen ersten Palast baute er um das Jahr 35 v. Chr. auf der Südseite des Wadi Qelt gegenüber der auf der Nordseite gelegenen hasmonäischen Palastanlage. Diese wurde bei einem Erdbeben im Jahr 31 v. Chr., das zahlreiche Menschenleben kostete, schwer beschädigt. Auf den Ruinen des hasmonäischen Anwesens errichtete Herodes unter teilweiser Wiederverwendung der vorhandenen Strukturen um 25 v. Chr. seinen zweiten Palast. Der groß angelegte dritte Palast, wohl etwa zehn Jahre später erbaut, entstand zu beiden Seiten des Wadi Qelt, wobei eine

Brücke die Gebäude der Nord- und Südseite miteinander verband (Abb. 9). Am nördlichen Ufer errichtete Herodes einen 35×85 m großen mit Mosaiken, Stuck und ornamentalem Wandverputz verzierten Trakt, der zwei Peristylhöfe, eine große Haupthalle, ein Badehaus und weitere kleinere Räume umfasste. Auf der Südseite des Wadi ließ Herodes eine kunstvolle über 100 m lange Gartenterrasse mit je einer Halle an den Schmalseiten und ein 90 x 42 m großes Schwimmbecken anlegen, dazu auf der höchsten Stelle des Südgeländes ein weiteres Palastgebäude, zu dem eine monumentale Marmortreppe führte.

Der Jerusalemer Königspalast lag im Westen der Oberstadt, wie die Antonia in Randlage unmittelbar an der Stadtmauer (vgl. Abb. 7). Reste der Fundamente wurden im Bereich der mittelalterlichen Zitadelle und des Armenischen Gartens gefunden. Josephus kannte den Palast wohl aus eigener Anschauung. Er beschreibt in Bell. 5,4,4/176–181 voller Stolz und Bewunderung die prachtvolle und weitläufige Anlage und die reiche Ausstattung der königlichen Residenz, die

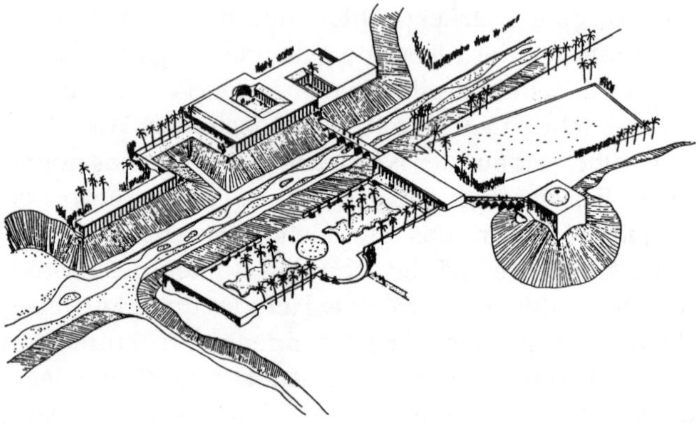

Abb. 9: Jericho, dritter Palast des Herodes

mit einer 30 m hohen, mit Türmen bestückten Ringmauer umgeben war, Platz für 100 Gäste hatte und mit ihren Säulengängen, Gärten und Hallen zum Verweilen einlud. Drei Türme auf der Seite der Stadtmauer baute Herodes zu kleinen palastartigen Burgen aus, denen er zum Andenken an seinen verstorbenen Bruder, an einen im Krieg gefallenen Freund und an seine zweite Frau die Namen Phasaël, Hippikos und Mariamme gab.

7.2. Tempel, Patriarchengräber, Davidsgrab

Es erscheint widersprüchlich, dass Herodes erhebliche Anstrengungen auf den Neubau des Jerusalemer Tempels verwendet und sich bei der Dekoration seiner Paläste an das biblische Bilderverbot gehalten, zugleich aber auch heidnische Tempel errichtet bzw. den Bau finanziell unterstützt hat. Josephus erwähnt in Bell. 1,21,11/425, dass Herodes den Wiederaufbau des Apolloheiligtums auf Rhodos, das bei einem Brand zerstört worden war, aus eigenen Mitteln bezahlt hat. Durch eine Widmungsinschrift wissen wir, dass er sich am auch Bau eines nabatäischen Baaltempels beteiligt hat, wahrscheinlich ebenfalls in Form einer Geldspende. Josephus erwähnt außerdem pagane Tempel in Berytos und Tyrus. Innerhalb seines eigenen Territoriums, jedoch außerhalb jüdisch besiedelter Gebiete, hat Herodes drei Roma-Augustus-Tempel errichtet, nämlich in Samaria/Sebaste, in Cäsarea am Meer und in Paneas. Um diese Bauten richtig einordnen zu können, ist von Bedeutung, dass es ein schiedlich-friedliches Nebeneinander von Politik und Religion, wie wir es durch die moderne Trennung von Staat und Kirche gewohnt sind, in der griechisch-römischen Welt nirgends gab. »Religion« war kein isolierter Daseinsbereich, sondern zeichnete sich durch eine enge Verflechtung mit Politik und Gesellschaft aus und wurde in diesem Sinne auch praktiziert. Dass die Roma-Augustus-Tempel eher als politische, denn in unserem Sinne als »religiöse« Bauten zu verstehen sind, wird anhand des Augusteions am Hafen von Cäsarea deutlich: Niemand, der diesen Hafen mit dem Schiff ansteuerte, konnte den unmittelbar an den Hafen gebauten Tempel übersehen, ähnlich dem Augustustempel im Hafen von Alexandria. Das Augusteion in Cäsarea war damit in erster Linie eine politische »Visitenkarte« Judäas als Teil des römischen Imperiums, ein Stein gewordener Beweis für die Stabilität der Beziehungen zwischen Judäa und Rom – für jeden, der in und mit diesem Land Handel treiben und sein Geld investieren wollte, sicherlich ein Vertrauen erweckender Anblick. Herodes war ein kluger Politiker, der keine Geste der Loyalitätsbekundung gegenüber dem Cäsar ausließ. Auch die Augustustempel in Sebaste und Paneas lassen deshalb nicht den Schluss zu, Herodes habe die religiöse Verehrung des römischen Kaisers forcieren wollen. Diese Tempel gehörten einfach zur »Zeichensprache« einer zuverlässigen Rombindung, und Herodes beherrschte diese Sprache perfekt. Wenn er Geld für den Bau paganer Heiligtümer spendete, entsprach dies seiner Rolle als hellenistischer »Wohltäter« (*euergetēs*), der, gut orientalisch, seinen Wohlstand zur Schau trug und außerdem die politischen Beziehungen zu seinen Nachbarn festigte oder, wenn nötig, entspannte.

Will man hier dennoch den Niederschlag eines Rollenkonflikts zwischen dem »König der Juden« und dem »Freund der Römer« sehen, so gibt es doch mindestens einen Fall, in dem beides unbestreitbar zu einer gelungenen Synthese gefunden hat. Gemeint ist der wahrscheinlich 20 v. Chr. in Angriff genommene

Neubau des Jerusalemer Tempels. In diesem großartigsten aller herodianischen Bauprojekte verbanden sich Herrschaftslegitimation, Romorientierung und genuin biblisch-jüdische Tempeltheologie zu einer untrennbaren Einheit. Der im Jahr 587 v. Chr. von Nebukadnezar zerstörte salomonische Tempel war nach dem babylonischen Exil unter Serubbabel wiederaufgebaut worden, doch war das Resultat eher ein Behelfsbau als ein dem Gott Israels würdiges Heiligtum. Priesterliche Kreise der nachexilischen Epoche hegten seither die Vorstellung vom Neubau eines monumentalen Tempels, die sich mit der Erwartung einer künftigen, von Gott herbeigeführten Heilszeit verband. In den Kapiteln 40–48 des Ezechielbuches und in der Tempelrolle von Qumran finden wir präzise Beschreibungen eines solchen idealen Heiligtums der Endzeit. Zwar sind diese hoch gespannten Erwartungen nicht für das palästinische Judentum insgesamt kennzeichnend und es ist auch wenig wahrscheinlich, dass Herodes mit dem Tempelbau auf eine messianische Überhöhung seiner Person hinwirken wollte (vgl. aber Anm. 79), doch war der Jerusalemer Tempel auch für weniger eschatologisch gestimmte Kreise das zentrale religiös-nationale Symbol des Judentums. Herodes hat dieser Tatsache dadurch Rechnung getragen, dass er schon in der Planungsphase das Einvernehmen mit dem Volk und der Priesterschaft suchte. Von Josephus erwähnte Bedenken in der Bevölkerung, nach dem Abriss der alten Tempelanlage könnte Herodes das Geld für einen Neubau fehlen,[62] zerstreute er dadurch, dass er alle nötigen Geräte und

62 Zu Unrecht wird diese Notiz in der Forschung gelegentlich dahingehend interpretiert, die Juden hätten Herodes verdächtigt, er habe den Tempel insgeheim nicht neu bauen sondern zerstören wollen.

Baumaterialien besorgte und erst dann mit den Abrissarbeiten begann. Außerdem hat er 1 000 Priester zu Steinmetzen und Zimmerleuten ausbilden lassen (Ant. 15,11,2/390) und damit sichergestellt, dass im inneren Tempelbezirk, der von Laien nicht betreten werden durfte, nur Priester am Werk waren. Auch Herodes selbst, der nicht aus priesterlicher Familie stammte, hat seine Kompetenzen nie überschritten. Er nahm sich zwar das Recht, Hohepriester ein- und abzusetzen und bewahrte die hohepriesterlichen Gewänder auf, d. h. er hatte politisch die Kontrolle über das höchste religiöse Amt im Staat, doch er hat seine königliche Machtvollkommenheit nie dazu missbraucht, das auch für ihn unzugängliche innere Heiligtum zu betreten. Da weite Kreise des palästinischen Judentums, allen voran die Pharisäer, der Herrschaft der hasmonäischen Priesterkönige kritisch gegenüberstanden, muss die von Herodes wegen seiner nichtpriesterlichen Abstammung zwangsläufig vollzogene Trennung zwischen »weltlicher« und »geistlicher« Macht von vielen begrüßt worden sein. Herodes bewies, dass er diese Trennung akzeptierte. Der Tempelbau hob ihn außerdem auf eine Stufe mit König Salomo, dem Erbauer des ersten Tempels. Dies kam der Legitimation seiner Herrschaft, die er zeit seines Lebens gegen konkurrierende Machtansprüche der Hasmonäer verteidigen musste oder glaubte verteidigen zu müssen, zweifellos sehr zustatten, und wenn der König sonst auch nicht beliebt war, seinem Tempel zollte man dennoch höchstes Lob. Noch im babylonischen Talmud heißt es:

»Man sagt, wer den Bau [d. h. den Tempel] des Herodes nicht gesehen hat, habe keinen schönen Bau gesehen«.[63]

---

63 Traktat Baba batra 4a. Zitiert nach: Der Babylonische Talmud, neu übertragen von L. Goldschmidt, Bd. 8, 11 (Hinzufügung vom Vf.).

Josephus gibt als Bauzeit für die Tempelplattform acht Jahre und für das eigentliche Heiligtum eineinhalb Jahre an.[64] Herodes ließ die Fläche der Tempelplattform auf fast 150 000 m^2 verdoppeln und schuf damit ein Areal, das selbst das der Akropolis in Athen an Größe übertraf (Abb. 10). Dazu mussten an der Nordseite mächtige Gesteinsmassen abgetragen und an der abschüssigen Südseite gigantische Stützmauern errichtet und der Zwischenraum aufgeschüttet werden. Von den Steinquadern, die in der teilweise heute noch sichtbaren Umfassungsmauer des Tempelpodiums verbaut wurden, waren die größten bis zu 12 m lang und 100 Tonnen schwer.[65] Herodes umgab den gesamten Tempelplatz mit Säulengängen[66], die u. a. als Markthallen genutzt wurden und der Ausstellung von Weihegaben und Beutestücken erfolgreicher Kriegszüge dienten. An der Südseite errichtete er nach dem architektonischen Vorbild römischer Basiliken eine dreischiffigen Halle, die durch ein Tor an der Südwestecke zugänglich war und allerlei kommunalen und

---

64 Aus Ant. 20,9,7/219 geht allerdings hervor, dass sich die Bauarbeiten noch zwei Generationen lang hinzogen. Als der Tempel 64 n. Chr. endgültig fertiggestellt und einige Konstruktionsmängel an der Tempelplattform behoben waren, verloren auf einen Schlag 18 000 Arbeiter ihren Broterwerb.

65 Teile dieser Umfassungsmauer bilden heute die berühmte jüdische »Klagemauer«.

66 Wahrscheinlich unter Verwendung bereits bestehender Säulengänge aus vorherodianischer Zeit. Zur schwierigen Frage, ob und in welchem Maße bereits die Hasmonäer die Tempelanlage erweitert und ausgebaut haben, vgl. J. ÅDNA, Jerusalemer Tempel und Tempelmarkt im 1. Jahrhundert n. Chr., 3–31. Mit der sog. »Halle Salomos« (vgl. Joh 10,23; Apg 3,1 ff. u. ö.) hat Herodes offenbar sogar einen Gebäudeteil aus der Zeit des ersten Tempels in seine Tempelanlage integriert.

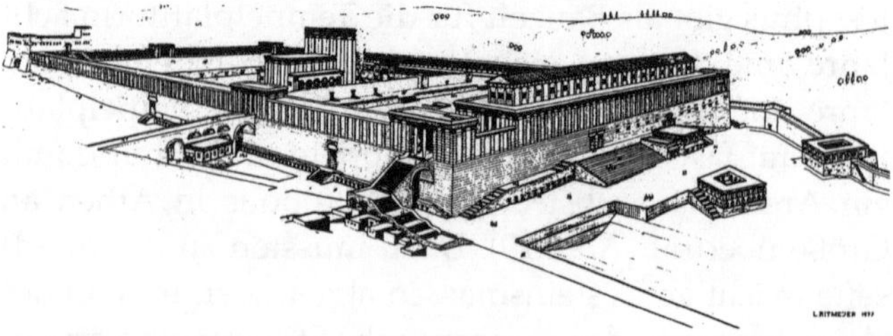

Abb. 10: Rekonstruktion des Tempelpodiums in Jerusalem, von Südwesten

kommerziellen Zwecken diente. Nach Ant. 15,11,5/411 hieß sie »die Königliche«, wohl in Anspielung auf Herodes, ihren Stifter. Unter dieser Halle hindurch führten Gänge auf das Tempelgelände, in die man durch die beiden Hulda-Tore von dem erheblich tiefer liegenden Vorplatz an der Südseite aus gelangte. Weitere Tore befanden sich vor allem an der Westseite, darunter das Tor am so genannten Wilson-Bogen. Es verband den Tempel mit der Oberstadt, in der der Palast des Herodes lag. Neu war die Unterteilung des Tempelareals in mehrere Vorhöfe: Der das eigentliche Heiligtum umgebende Vorhof war der »Vorhof der Heiden«, so genannt, weil ihn auch Nichtjuden betreten durften. Er wurde, weil Jerusalem keine eigene Agora besaß, bald zum Mittelpunkt des öffentlichen Lebens der Stadt.[67] Der Bereich des Heiligtums war nochmals untergliedert in einen vorgelagerten Hof, der den (jüdischen) Frauen vorbehalten war. Dahinter lagen der Männervorhof und der Priesterhof, in dem die Opfer dargebracht wurden. Das von Herodes auf 100 Ellen erhöhte Tempelhaus im Priesterhof war unterteilt in das Heiligtum, in dem Menora, Schaubro-

67 J. Ådna, Tempel und Tempelmarkt, 89.

te und Räucheraltar aufgestellt waren, und das »Allerheiligste«, das nur der Hohepriester einmal im Jahr betreten durfte. Der von Herodes geschaffene Heidenvorhof konnte in zweifacher Weise gedeutet werden, ohne dass beide Aspekte einander ausschlossen: Im biblisch-jüdischen Horizont alter Prophetenworte über Israel als »Licht für die Heiden« (Jes 42,6) und im Sinne einer Einbindung der jüdischen Gottesverehrung in die Völkerwelt des römischen Imperiums.[68] Dass man von römischer Seite bereit war, den exklusiven jüdischen Tempelkult als Teil römischer Religionspolitik zu verstehen, zeigen die u.a. bei Philo und Josephus erwähnten Votivgaben römischer Statthalter und Herrscher. Von jüdischer Seite wurde die Anerkennung der römischen Suprematie durch das tägliche Opfer »für den Kaiser und das römische Volk« unter Beweis gestellt. Erst zu Beginn des jüdischen Krieges, als die Aufständischen das Kaiseropfer verboten, zerriss dieses Band gegenseitigen Respekts, das Herodes erfolgreich geknüpft hatte.

68 J. Ådna, Tempel und Tempelmarkt, 32–71 vertritt die begründete These, dass Herodes die Gesamtanlage des Jerusalemer Tempels nach dem Vorbild des damals hochberühmten *Kaisareion* von Alexandria entworfen hat, einem kommunalen Zentrum, in dessen Mittelpunkt der im Osten früh entwickelte Herrscherkult stand. Diese architektonische Analogie lässt indes nicht den Schluss auf eine programmatische religiös-kultische Doppelfunktion des Jerusalemer Tempels zu. Ådna selbst wendet sich gegen »die Vermutung, die Nachahmung des Kaisareions sei als eine bewusste Missachtung und Demütigung des jüdischen Volkes zu verstehen ... Es ist vielmehr zu einer gegenseitigen Verständigung zwischen Herodes und den religiösen Führern des Volkes gekommen, die Herodes für die Gestaltung und Ausschmückung des neu hinzugekommenen Tempelgeländes ... große Freiheit gewährten« (70 f., Anm. 158).

Zwei herodianische Bauten in Idumäa, eine groß dimensionierte und hervorragend erhaltene Umfassungsmauer um die Patriarchengräber von Hebron und die gemauerte Einfriedung einer Wallfahrtsstätte im nahe gelegenen Mamre, wo nach biblischer Überlieferung der Erzvater Abraham eine Gotteserscheinung hatte (Gen 18), haben wegen ihrer Anknüpfung an die biblische Vätertradition und wegen ihres idumäischen Standortes einen hohen Symbolwert. Josephus erwähnt nichts von einer Bautätigkeit des Herodes an diesen Orten, doch weisen das typische herodianische Quadermauerwerk und bestimmte architektonische Merkmale auf Herodes als Erbauer. Da die Edomiter, die Vorfahren der Idumäer, nach biblischer Tradition über ihren Stammvater Esau mit den Israeliten verwandt waren, kann der repräsentative Ausbau dieser Grab- und Pilgerstätten als Versuch des Herodes gedeutet werden, die gemeinsame religiösethnische Identität von Juden und Idumäern zu betonen und damit die innere Einheit seines Reiches zu festigen. Zugleich konnte Herodes dies als Ausdruck seiner frommen Verehrung der Ahnen für sich verbuchen. Auch das Davidsgrab in Jerusalem, das wahrscheinlich schon in herodianischer Zeit von Pilgern aufgesucht wurde, hat Herodes nach Bell. 16,7,1/182 prachtvoll ausgestaltet.

7.3. Kulturelle Bauten und Stadtgründungen

Mit dem Bau zahlreicher Theater, Hippodrome, Stadien, Amphitheater, Bäder und Gymnasien hat Herodes seinem Reich mehr noch als mit seinen Festungen, Palästen und Tempeln das Gepräge hellenistisch-römischer Kultur gegeben. Besonders in den von ihm gegründeten oder unter neuem Namen wiedergegründeten Städten konnte er hellenistische Städtearchitektur in breitem Rahmen verwirklichen. Samaria/Sebaste, Standort eines von drei herodianischen Roma-Augustus-Tempeln, versah er mit Befestigungsmauern, Kolonnaden, einem Forum, einem Stadion und einem Theater. Herodianische Neugründungen (meist an Stelle älterer Ortschaften) waren die »Reiterstadt« Gaba am Nordosthang des Karmel, so genannt, weil Herodes dort Veteranen seiner Kavallerie ansiedelte, sowie Phasaëlis im Westjordanland (benannt nach seinem Bruder) und Antipatris (benannt nach seinem Vater). Die Küstenstadt Anthedon baute Herodes neu auf und gab ihr zu Ehren Marcus Agrippas, des Mitregenten und späteren Schwiegersohns des Augustus, den Namen Agrippias. Dem benachbarten Aschkelon schenkte er Bäder, Brunnen, Kolonnaden und Marktplätze. Auch Jerusalem, die Hauptstadt seines Reiches, stattete er mit prächtigen Bauten aus. Zum Königspalast, dem Tempel und dem Davidsgrab kamen des Weiteren ein Theater, eine Rennbahn und ein außerhalb der Stadt gelegenes Amphitheater. Josephus äußert sich abfällig über diese dem jüdischen Gesetz zuwiderlaufenden Neuerungen. Zweifellos hat Herodes mit der programmatischen Hellenisierung Jerusalems einiges Unbehagen ausgelöst, doch sollte das aus der Distanz von einem Jahrhundert gefällte Urteil des Josephus nicht verallgemeinert werden. Liberalere Kreise des Priesteradels und des wohlhabenden Bürgertums standen einer solchen »Modernisierung« ihrer Stadt wohl durchaus offen gegenüber. Selbst die Makkabäer waren nicht so radikal antihellenistisch, dass sie das von ihrem proseleukidischen Erzrivalen Jason erbaute Gymnasium wieder abgerissen hätten. Wir dürfen vielmehr annehmen, dass es weiterhin in Betrieb war und von den Makkabäern geduldet und später sogar geschätzt wurde.

Die wirtschaftlich und politisch wichtigste Gründung des Herodes war die nach dem Cäsar (Augustus) benannte Hafenstadt Cäsarea, die er an der Stelle der Ortschaft Stratonsturm errichtete und 12 v. Chr. nach einer Bauzeit von zwölf Jahren einweihte. Auch diese Stadt, die außerhalb des jüdisch besiedelten Kernlandes lag, war mit einem Theater in der Nähe des bereits erwähnten Palastes und einer Wettkampfstätte, die als Amphitheater und Rennbahn genutzt werden konnte, kulturell auf der Höhe ihrer Zeit. Dort veranstaltete Herodes während der Einweihungsfeierlichkeiten Spiele zu Ehren des Cäsar, die von nun an wie die Spiele in Jerusalem regelmäßig stattfinden sollten. Ein nach modernster römischer Wasserbautechnik konstruiertes Aquädukt (Abb. 11) führte Wasser von den Hängen des Karmel in die Stadt und stellte so die Wasserversorgung Cäsareas sicher.

Der Hafen von Cäsarea (Abb. 12), der durch seinen Namen Sebastos ebenfalls eine Ehrung an Augustus darstellte, bestand aus einem durch natürliche Landvorsprünge eingefassten Innenbecken und einem größeren Mittel- und Außenbecken, das durch eine künstliche Mole vom Meer abgeschirmt war. An der Hafeneinfahrt ließ Herodes einen hohen Turm errichten, den er nach Drusus, dem Stiefsohn des Augustus, Drusion nannte. Auf vorgelagerten Pfeilern rechts und links der Einfahrt wurden Statuen der kaiserlichen Familie aufgestellt. Durch die mit hohem Aufwand errichtete Mole war eine von Wetter und Jahreszeiten weitgehend unabhängige Nutzung der Hafenanlage möglich, die zu den größten Mittelmeerhäfen der Antike zählte und dem Fernhandel Judäas einen enormen Aufschwung bescherte. Den Handelsschiffen, die bisher an der palästinischen Küste vorbei nach Alexandria gesegelt waren, stand mit Cäsarea nun ein

Abb. 11: Herodianisches Aquädukt bei Cäsarea

Abb. 12: Hafen von Cäsarea

ebenbürtiger Hafen zur Verfügung, der das Reich des Herodes viel stärker als bisher in den weit gespannten Wirtschaftsraum des römischen Imperiums einband und die Absatzmöglichkeiten landeseigener Produkte erheblich verbesserte. Herodes gestaltete dieses »Schaufenster des neuen Judäa« (S. Japp) bewusst als pagane Stadt, die alle Merkmale einer hellenistisch-römischen Provinzmetropole aufwies und die Unterordnung seines Königtums und seines Reiches unter die römische Vorherrschaft mit aller Deutlichkeit demonstrierte.[69] Die für Nichtjuden gebaute und zunächst von Nichtjuden bevölkerte Stadt war wirtschaftlich so attraktiv, dass sich bald auch jüdische Händler in großer Zahl dort ansiedelten. Gut zwei Generationen nach der Einweihung war der jüdische Bevölkerungsanteil Cäsareas so hoch, dass die Juden der angestammten syrischen Einwohnerschaft ernsthaft Konkurrenz machten.

7.4. Das königliche Vermögen

Dem modernen Betrachter stellt sich angesichts der umfangreichen Bautätigkeit des Herodes die Frage, wie der König seine zahllosen Bauprojekte finanziert hat. Josephus geht darauf nirgends explizit ein, so dass wir auf zufällige und verstreute Notizen angewiesen sind.[70] Das persönliche Vermögen des Herodes war zweifellos beträchtlich. Den Grundstock bildeten ererbte Ländereien in Idumäa und wohl auch weiterer Grundbesitz aus dem Vermögen seiner nabatäischen Mutter. Als von

69 Städte mit dem Namen Cäsarea zu Ehren des Augustus entstanden damals überall in Kleinasien und Syrien, aber auch im fernen Westen in Mauretanien.

70 Das Folgende nach A. Schalit, König Herodes, 262–298, und E. Gabba, The Finances of Herod.

Rom anerkanntem Erben der Hasmonäer fiel Herodes 37 v. Chr. das gesamte hasmonäische Krongut zu, darunter Ländereien in der fruchtbaren Jesreël-Ebene im Süden Galiläas, die berühmten und einträglichen Balsam- und Dattelplantagen von Jericho und die Bitumen-Industrie am Toten Meer. Hinzu kamen konfiszierte Gelder und Grundbesitz von politischen Gegnern und Parteigängern der besiegten Hasmonäer. Herodes gehörten schätzungsweise die Hälfte bis zwei Drittel des gesamten Ackerbodens. Er verpachtete seine Ländereien oder ließ sie durch eigene Güter bewirtschaften. Die Häfen Gaza und (ab 12 v. Chr.) Cäsarea erbrachten als wichtige Stationen des römischen Fernhandels mit dem Osten, etwa des Weihrauchimports aus Südarabien, Einnahmen aus Zöllen.

Über die Höhe der Staatseinnahmen während der Regierungszeit des Herodes sind wir indirekt durch die Angaben informiert, die Josephus in Bell. 2,6,3/94–98 und Ant. 17,11,4/318–320 über die anteiligen jährlichen Einkünfte nach der Aufteilung des Reiches unter die Söhne des Königs macht. Demnach beliefen sich die jährlichen Einnahmen auf gut 1 000 Talente. Diese Summe setzte sich, wie Analogien aus dem seleukidischen und hasmonäischen Steuerwesen nahe legen, aus Kopf-, Grund-, Ertrags-, Besitz- und Gewerbesteuern in Geld und Naturalien sowie Ein- und Ausfuhr-, Brücken- und Wegezöllen zusammen, doch kennen wir kaum Einzelheiten des herodianischen Steuersystems. Umstritten ist auch, zu welchen Anteilen sich die Landbevölkerung Palästinas aus freien Kleinbauern, abhängigen Pächtern und rechtlosen Lohnarbeitern zusammensetzte.[71] Herodes hat seine

71 Vgl. dazu D. A. Fiensy, The Social History of Palestine in the Herodian Period, 21–117.

Untertanen wohl nicht mehr und nicht weniger ausgebeutet und mit Steuern und Abgaben belastet als frühere und spätere Herrscher auch.

Weitere Einnahmen erzielte Herodes aus ausländischen Besitzungen. Beispielsweise übertrug ihm Augustus im Jahr 12 v. Chr. die Verwaltung der Kupferminen auf Zypern und beteiligte ihn zur Hälfte am Gewinn. Die bereits zitierte josephische Formulierung in Bell. 2,21,12/428, Herodes habe »den Einwohnern von Phaselis und Balanea und den Kleinstädten von Kilikien die jährlichen Abgaben« nachgelassen, lässt außerdem den Schluss zu, dass er von Rom für einige kleinasiatische Städte die Konzession zur Erhebung von Steuern erhalten hat. Möglicherweise umfasste auch die in Ant. 15,10,3/360 erwähnte Ernennung zu einem der »Verwalter von ganz Syrien«, die Herodes von Augustus 20 v. Chr. zuteil wurde, das Recht zur Erhebung von Steuern.

Josephus sagt nichts darüber, ob Herodes den Römern tributpflichtig war. Bei Appian erfahren wir, dass Antonius neben einigen anderen Herrschern des Ostens auch Herodes mit Tribut belegt hat (*Bürgerkriege* 5,319), doch tendiert die Forschung zu der Auffassung, dass dies seit Augustus nicht mehr der Fall war. Das würde bedeuten, dass Herodes ab 30 v. Chr., als Augustus ihn als *rex socius et amicus populi Romani* bestätigte, einen wesentlich größeren finanziellen Spielraum hatte, wenngleich von römischer Seite gewisse Erwartungen damit verknüpft waren. Als Klientelkönig war Herodes nämlich gehalten, die »Romanisierung« seines Reiches aus eigenen Mitteln zu bestreiten. Weder die zahlreichen Bauten innerhalb eines Reiches noch die in Kap. 6 erwähnten Schenkungen an syrische, kleinasiatische und griechische Städte entsprangen insofern reiner Prunksucht oder zweckfreier Großzügigkeit. Josephus notiert in Ant. 15,9,5/330, dass Herodes sich gegen den Vorwurf unverhältnismäßiger Freigebigkeit gegenüber ausländischen Städten mit dem Hinweis verteidigt hat, er habe »nicht freiwillig, sondern auf höhere Anordnung hin« gehandelt. Diese Formulierung deutet an, dass für Herodes die Schenkungen im In- und Ausland und – bis in den Baustil hinein – auch seine kostspieligen Bauprojekte eine politische Notwendigkeit, wenn nicht gar eine Überlebensfrage waren. Ein »Freund«[72] Roms zu sein bedeutete ja nichts anderes, als an der Festigung der römischen Weltherrschaft mitzuwirken. Hätte Herodes (bis hin zur Berücksichtigung des Augustus und der Livia in seinem Testament) nicht alle Mittel aufgeboten, um dieser Pflicht nachzukommen, wäre von Freundschaft vermutlich bald keine Rede mehr gewesen.

Wirtschaftlich brachte die Baupolitik des Herodes zweifellos einen spürbaren Aufschwung in allen Bereichen des Handels, des Handwerks und der Landwirtschaft. Im Falle des Jerusalemer Tempels kommt hinzu, dass Herodes neben privaten Stiftungen aller Wahrscheinlichkeit nach auch Überschüsse aus dem Tempelschatz verwendet hat, die wegen ihrer Zweckbindung nicht für sachfremde Belange ausgegeben werden durften und durch deren Freisetzung zusätzliche Mittel für die judäische Volkswirtschaft flossen.

---

72 D. M. Jacobson, Three Roman Client Kings, 35, Anm. 11, weist darauf hin, dass die Bezeichnung als *rex socius et amicus populi Romani* eine Höflichkeit von römischer Seite darstellte. Herodes hatte den Status eines *cliens*, eines von Rom *abhängigen* Königs.

8. War Herodes Jude?

Bevor wir uns den weiteren Ereignissen ab dem Jahr 12 v. Chr. bis zum Tod des Herodes zuwenden, widmen wir der umstrittenen und komplizierten Frage, ob Herodes Jude war, ein eigenes Kapitel. Umstritten war diese Frage bereits bei antiken jüdischen und christlichen Autoren, denn nur wenn Herodes Jude war, war er auch legitimer König der Juden, und verschiedene Gruppen hatten ein Interesse daran, die Legitimität von Herodes' Königtum zu behaupten oder zu bestreiten. Auch in der modernen Herodes-Forschung herrscht hierin keine Einigkeit. Peter Richardson nennt Herodes »einen Juden in dritter Generation, dem seine Religion etwas galt«.[73] Nach Schürer dagegen »war Herodes' Judentum in jeder Hinsicht sehr oberflächlich«,[74] und Gerhard Prause kann sogar behaupten: »Herodes ... war kein Jude«.[75]

Diese divergierenden Einschätzungen verdanken sich erstens der unterschiedlichen Bewertung von Herodes' idumäischer Herkunft (8.1) und zweitens der unterschiedlichen Einschätzung des Verhältnisses von Judentum und Hellenismus im Lebenswerk dieses Herrschers (8.2).

8.1. Der Idumäer

Idumäa war in herodianischer Zeit regional unterschiedlich besiedelt. Es gab Nachfahren edomitischer Stämme im Osten, die sich den hasmonäischen Erobe-

73 P. Richardson, Herod, xiii: »a third-generation Jew who was attentive to his religion«.

74 E. Schürer, The History of the Jewish People in the age of Jesus Christ, Bd. 1, 311.

75 G. Prause, Herodes der Große, 33.

rern wohl verhältnismäßig klaglos gefügt hatten, und eine stärker hellenisierte Bevölkerung phönizischer Abstammung mit regen Kontakten zu den Küstenstädten im Westen, die sich auch in herodianischer Zeit noch eine eigene Identität in Abgrenzung zu den judäischen Nachbarn im Norden bewahrte.[76] Zwar finden wir bei Josephus keine direkten Hinweise, aus welchem Teil des Landes die Familie des Herodes stammte, doch besitzen wir einige altchristliche Texte, die Angaben zum Herkunftsort machen: Der christliche Apologet Justin, der ca. 165 n. Chr. den Märtyrertod erlitten hat, bezieht sich in seinem Dialog mit dem Juden Tryphon (Kap. 52) auf eine jüdische Tradition, die Aschkelon[77] an der südpalästinischen Küste als Geburtsstadt des Herodes nennt. Nach einer Überlieferung bei Julius Afrikanus (gest. ca. 240 n. Chr.), die in der Kirchengeschichte des Euseb von Cäsarea (gest. 339 n. Chr.) erhalten ist, war Herodes' Vater Antipater der Sohn eines Tempelsklaven im Apolloheiligtum von Aschkelon. Er wurde von Idumäern geraubt und wuchs deshalb als Idumäer auf.[78] Die Herkunft des Herodes ist bei den Kirchenvätern deshalb von Interesse, weil man in der Alten Kirche den Juda-Segen Gen 49,9 f. (V. 10: »Nicht weicht das Szepter von Juda, noch der Führerstab von seinen Füßen, bis dass der Herrscher kommt, dem die Völker gehorchen«) auf Christus gedeutet hat. Nach derjenigen Interpretation, auf die sich Justin stützt, setzt der Juda-Spruch eine Abfolge jüdischer Herrscher bis zum Kommen Christi voraus. Sein jüdischer Gesprächspartner hält ihm deshalb entgegen, Herodes sei gar kein

---

76 Dazu ausführlich N. Kokkinos, The Herodian Dynasty, Kap. 3.

77 Nach älterer Schreibung: Askalon; vgl. die Karte auf S. 146.

78 Euseb von Cäsarea, Kirchengeschichte 1,7,11.

Jude, sondern Aschkeloniter gewesen. Justin möchte diesen Einwand entkräften, indem er auf die bis in die Zeit Jesu andauernde Sukzession der jüdischen Hohenpriester verweist – Euseb von Cäsarea dagegen dreht den Spieß um und versteht Gen 49,10 so, dass Christus erst zu dem Zeitpunkt kommen konnte, als definitiv kein jüdischer Herrscher mehr in Israel regierte, d.h. er versteht die Zeitangabe »bis dass« nicht inklusiv, sondern exklusiv. Deshalb kann er positiv auf die nichtjüdische Herkunft des Herodes Bezug nehmen und sie durch den Rekurs auf die bei Julius Afrikanus erhaltene Tradition von Herodes als Sohn eines Tempelsklaven aus Aschkelon noch verstärken.[79]

Die altkirchlichen Zeugnisse über die Herkunft des Herodes sind der Forschung natürlich längst bekannt, doch werden sie meist recht stiefmütterlich behandelt, weil man sie späterer christlicher Apologetik zurechnet. Da Justin aber ausdrücklich jüdische Überlieferung namhaft macht, wenn er Herodes mit Aschkelon in Verbindung bringt, wird auch erwogen, ob diese Tradition nicht doch bereits auf ältere antiherodianische Polemik jüdischer Provenienz zurückgeht.[80] Allerdings gelten die genannten altkirchlichen Quellen auch dann zumeist als historisch unzuverlässig. Die apologetische Tendenz dieser Quellen ist gar nicht zu bestreiten, doch spricht dies nicht gegen einen möglichen historischen Kern der Aschkelon-Tradition, ganz im Gegenteil: Dass in den genannten Texten die

79 Epiphanius, seit 366 n. Chr. Bischof von Salamis auf Zypern, weiß gar von einer jüdischen Sekte der »Herodianer«, die auf Grund von Gen 49,10 Herodes selbst für den Messias gehalten haben (*Panarion* 1,20). Auch die slawische Übersetzung des Bellum erwähnt in einigen Zusätzen jüdische Messiasspekulationen über Herodes.

80 So etwa S. COHEN, The Beginnings of Jewishness, 20.

Stadt Aschkelon eine Rolle spielt, ist im Falle eines vorhandenen historischen Haftpunktes plausibler als unter der Voraussetzung, dass wir es ganz und gar mit einer Fiktion zu tun haben.[81] Auf alte Verbindungen des Herodes zu dieser Stadt weist immerhin der Umstand hin, dass Salome nach Herodes' Tod den »königlichen Palast« in Aschkelon geerbt hat (Bell. 2,6,3/98), möglicherweise einen alten Familienbesitz. Wenn wir mit der Herkunft von Herodes' Familie aus Aschkelon (oder einem vergleichbaren kulturellen Umfeld) richtig liegen, dann bedeutet das, dass die Familie in einem durch und durch hellenistischen Milieu beheimatet war. Hinzu kommt, dass sich diese Stadt der jüdischen Vorherrschaft stets geschickt entzogen hatte. Die alte wechselseitige Abneigung zwischen Juden und Aschkelonitern seit der hasmonäischen Ära entlud sich zu Beginn des jüdischen Krieges gar in blutigen Auseinandersetzungen.

Die josephischen Angaben zur Familie des Herodes gehen bis auf Herodes' Großvater Antipas zurück, der unter Alexander Jannaios (103–76 v. Chr.) Gouverneur von Idumäa war. Nach Ant. 14,1,3/10 hat er dem Hasmonäer gute Dienste geleistet, indem er freundschaftliche Beziehungen »zu den ihm benachbarten [oder: ›nahestehenden‹?] Arabern, Gazaitern und Aschkelonitern« knüpfte und so für stabile Verhältnisse in der Region sorgte. Antipas' Hauptquartier befand sich aller Wahrscheinlichkeit nach in der idumäischen Hauptstadt Marisa. Diese Stadt war bis zu ihrer Zerstörung durch die Parther 40 v. Chr. ein blühendes Zentrum hellenistischer Kultur. Grabfunde deuten auf einen frühen und nachhaltigen phönizischen Einfluss. Über die Stellung von Herodes' Vater Antipater sagt

81 So N. Kokkinos, The Herodian Dynasty, 104.

Josephus nur, dass er ein Parteigänger Hyrkans II. war, doch ist anzunehmen, dass er als Gouverneur Idumäas in der Nachfolge seines Vaters Antipas stand. Dies würde bedeuten, dass Herodes in Marisa geboren wurde, einer Stadt, die genauso hellenistisch geprägt war wie Aschkelon und sich dem hasmonäischen Joch nicht freiwillig gebeugt hatte, denn neben der Stadt Adora im Osten Idumäas war es nach Josephus (Ant. 13,9,1/257) die Stadt Marisa, die Johannes Hyrkan eigens »erobern« musste, während er das übrige Idumäa – weitgehend kampflos, wie anzunehmen ist – »unterworfen« hat. Von daher ist es gut denkbar, dass Herodes mit dem Judentum als »Religion der Eroberer« in Berührung gekommen ist, zu der seine Familie stets eine gewisse Distanz bewahrte. Ist bereits Herodes' Großvater Antipas zum Judentum übergetreten? Die Tatsache, dass er nicht nur im Lande blieb, sondern unter Alexander Jannaios sogar in hasmonäische Dienste trat, spricht dafür, ebenso der jüdische Name seines Sohnes Joseph. Antipater war ganz sicher jüdisch, denn als er 55 v. Chr. Gabinius auf dessen Weg nach Ägypten geleitete, konnte er mit den Juden von Pelusion als einer der Ihren verhandeln. Auch er gab einem Teil seiner Kinder ausgesucht jüdische Namen, nämlich Joseph und Salome.[82] Für Herodes bedeutet dies, dass er (bei inklusiver Zählung) Nachfahre eines zum Judentum übergetretenen Idumäers in dritter Generation und damit nach der Bestimmung von Dtn 23,7 f.[83] religiös gesehen ein vollgültiger Jude war.

82 Pheroras und Phasaël sind semitische Namen, Herodes ein griechischer.

83 »Den Edomiter sollst du nicht verabscheuen; denn er ist dein Bruder ... Nachkommen, die [ihm] im dritten Geschlecht geboren werden, dürfen in die Gemeinde des Herrn eintreten«.

Was soll aber dann die Bezeichnung des Herodes als »Halbjude« (griech. *hēmiioudaios*) in Ant. 14,15,3/403 (vgl. S. 85)? Eine Möglichkeit wäre, dass Herodes nicht als Jude anerkannt wurde, weil er eine nabatäische Mutter hatte, über deren Übertritt zum Judentum wir bei Josephus nichts erfahren. Nach einer heute noch gültigen rabbinischen Regelung war nämlich derjenige ein Jude, der von einer jüdischen Mutter abstammte. Wenn das jüdische Prinzip matrilinearer Abstammung zu Grunde gelegt wird, wird Herodes sogar *bestenfalls* ein »Halbjude« zu bezeichnen sein, nämlich unter der Voraussetzung, dass seine Mutter Kypros zum Judentum übergetreten ist, als sie Antipater heiratete. Und selbst dann war Herodes »nur« der Sohn einer Konvertitin. Shaye Cohen hat jedoch gezeigt, dass es für das Prinzip matrilinearer Abstammung in vorrabbinischer Zeit keinerlei Belege gibt.[84] Anscheinend wurde dieses Kriterium erst im 2. Jh. n. Chr. eingeführt, so dass in der Zeit des Zweiten Tempels (also von der Perserzeit bis gegen Ende des 1. Jh.s n. Chr.) eine nichtjüdische Frau als Jüdin galt, sobald sie mit einem Juden verheiratet war. Dies würde auch erklären, warum Herodes und seine Nachkommen im Falle exogamer Ehen mit Nichtjuden auf deren Übertritt zum Judentum drangen, Josephus jedoch nie ein Wort des Tadels über Ehen männlicher Herodesnachkommen mit nichtjüdischen Frauen verliert. Beispielsweise kam die Ehe zwischen Herodes' Schwester Salome und dem Nabatäer Syllaios (s. u. Kap 9.1) nicht zu Stande, weil Syllaios sich weigerte, zum Judentum überzutreten.[85] Aus eben diesem Grund nahm Herodes' Enkel

84 S. Cohen, The Beginnings of Jewishness, 263–307.

85 Ein Problem stellt dann allerdings Salomes erste Ehe mit dem Idumäer Kostobar dar, der offenbar ein Anhänger des

Agrippa I. von dem Vorhaben Abstand, seine Tochter Drusilla mit Antiochos IV. von Kommagene zu verheiraten. Sie wurde später die Frau des Azizos von Emesa, der anlässlich dieser Eheschließung konvertierte (s. u. Kap. 10.6). Andererseits zieht Josephus nirgends das Judesein von Herodes' Nachkommen aus seinen Ehen mit nichtjüdischen Frauen in Zweifel. Nach dieser Lesart waren beispielsweise auch die Kinder des Mariammesohnes Alexander, der mit Glaphyra von Kappadozien eine Nichtjüdin geheiratet hatte, vollgültige Juden. Dasselbe gilt für Herodes als Sohn der Nabatäerin Kypros. Wer dessen Judentum anzweifeln wollte, musste eine andere Begründung finden.

Nach Ant. 14,15,3/403 hat der Hasmonäer Antigonos, als er die Römer davon abhalten wollte, Herodes zum König zu machen, folglich auch nicht die nabatäische Mutter des Herodes ins Feld geführt, sondern dessen idumäische Abstammung: Herodes sei »ein Idumäer, das heißt ein Halbjude«. Wenn wir die Bestimmung aus Dtn 23,7 f. zu Grunde legen, ist diese Gleichung eigentlich ein unsinniges Pauschalurteil, da ein Idumäer ja als Jude anerkannt wurde, wenn seine Familie in dritter Generation jüdisch war. Doch ist diese Regelung bei näherem Hinsehen ja so etwas wie eine Schutzbestimmung, die den »Edomiter« (= Idumäer) vor religiöser Deklassierung von jüdischer Seite bewahren sollte (»Den Edomiter sollst du nicht verachten«). Genau dies tut Antigonos, indem er Herodes durch eine pauschale Abqualifizierung der Idumäer

Kos-Kultes war. Schließt man von der verhinderten Eheschließung im Fall Syllaios auf Kostobar, muss letzterer wenigstens formell jüdischen Glaubens gewesen sein.

diffamiert. Oder aber die Bezeichnung *hēmiioudaios* setzt weitere Bedeutungskomponenten des Begriffs *Ioudaios* voraus, nämlich eine ethnische, eine geographische sowie eine politische. Jemand konnte von seiner Religion her ein *Ioudaios* sein, ethnisch betrachtet aber ein Ägypter, Galiläer oder Samarier und geographisch, d.h. hinsichtlich seines ständigen Wohnortes, ein Römer oder Babylonier. Oder aber jemand war politisch gesehen ein *Ioudaios*, sofern er im Süden des Judäa, Samaria und Idumäa umfassenden Staatsgebildes mit Namen *Ioudaia/Judaea* lebte, religiös betrachtet aber ein Anhänger beispielsweise des idumäischen Kos-Kultes. Je nachdem, welcher Aspekt im Einzelfall dominiert, ist das griechische *Ioudaios* entweder mit »Jude« oder mit »Judäer« zu übersetzen. Was Herodes betrifft, so war er religiös gesehen zwar kein »Halbjude«, wohl aber als Idumäer ein »Halbjudäer«, weil er zwar das religiöse Kriterium eines *Ioudaios* erfüllte, nicht aber – aus der Binnenperspektive betrachtet – das ethnische.

Ganz gleich jedoch, ob *hēmiioudaios* im Munde des Antigonos als religiöse Deklassierung oder ethnische Differenzierung zu verstehen ist, es handelt sich auf jeden Fall um ein polemisches Etikett, das einen politischen Gegner an seiner verwundbarsten Stelle treffen sollte. Wie verwundbar Herodes infolge seiner idumäischen Herkunft tatsächlich war, lässt sich daran ermessen, dass er seinen Hofhistoriker Nikolaos von Damaskus beauftragt hat, ihm einen lupenreinen babylonischen Stammbaum zu entwerfen. Wenn wir Josephus glauben dürfen, hat Nikolaos seinen Auftraggeber in seinem Geschichtswerk als Nachfahren einer angesehenen Familie jüdischer Heimkehrer aus dem babylonischen Exil ausgegeben (Ant. 14,1,2/9) und ihm damit versuchsweise eine kaum zu überbietende religiös-ethnische Reputation verschafft.[86] Nikolaos' gefälschter Stammbaum hatte auf das jüdische Herodesbild freilich keinen Einfluss. Jedenfalls gibt es keinen Beleg dafür, dass Herodes je als Nachfahre babylonischer Juden angesehen wurde. Ob und in welcher Hinsicht er als *Ioudaios* galt, war eine Definitions- und eine Ermessensfrage, die sich am Sachinteresse des jeweiligen Kontextes entschied. Wenn Josephus selbst Herodes als *hēmiioudaios* (ab)qualifiziert, dann ist dies wohl im Zusammenhang mit seiner Abwertung der Monarchie zu sehen. Für Josephus ist die ideale Staatsverfassung die priesterliche Aristokratie, nicht das Königtum. Die idumäische Herkunft des Herodes ist für Josephus ein willkommenes Argument, die Herrschaft dieses Königs mit einem zusätzlichen negativen Akzent zu versehen und mit dem Attribut *hēmiioudaios* nun auch begrifflich gegen das Ideal der jüdischen Verfassung abzugrenzen. Josephus will seinem römischen Auditorium klarmachen, dass die Herrschaft des Herodes nur begrenzt etwas mit der Verwirklichung eines idealen jüdischen Gemeinwesens zu tun hat.[87]

Anders in einer apokryphen Schrift aus der 1. Hälfte des 1. Jh. n. Chr., die unter dem Titel »Himmelfahrt des Mose« bekannt ist. Sie enthält eine als Prophetie des Mose stilisierte Geschichtsbetrachtung. Hier stoßen wir auf eine Herodes-Darstellung, die negativer nicht sein könnte (6,1–4), doch verliert der Verfasser dieses Textes kein Wort über Herodes' nichtjüdische Ahnen, sondern notiert lediglich, dass er im Gegensatz zu den

---

86 Die jüdischen Exilsheimkehrer, die ihre Genealogien bis in die Zeit des vorexilischen Juda zurück verfolgten, pflegten ein hohes Selbstbewusstsein.

87 So S. Mason, Flavius Josephus in Flavian Rome.

Hasmonäern, die er ebenfalls scharf kritisiert, kein Priester war:

»Dann werden sich Könige als Herrscher über sie [d.h. die Juden] erheben, und man wird sie zu Hohenpriestern Gottes berufen; doch sie werden Gottlosigkeit verüben vom Allerheiligsten aus. Und es folgt ihnen ein frecher König, der nicht aus dem Geschlecht der Priester stammen wird, ein verwegener und gottloser Mensch; und er wird sie richten, wie sie es verdienen. Er wird ihre Oberen mit dem Schwert zerschmettern, und er wird sie an geheimen Orten auslöschen, damit niemand weiß, wo ihre Leiber sind. Er wird die Alten und Jungen umbringen und keine Schonung üben«.[88]

Mit den eingangs erwähnten Priesterkönigen sind die makkabäisch-hasmonäischen Herrscher gemeint, die (in den Augen des Verfassers: widerrechtlich) Königsherrschaft und Hohepriesteramt in der Person des Monarchen vereint haben. Jener »freche König, der nicht aus dem Geschlecht der Priester stammen wird«, ist Herodes, dessen harte Herrschaft der Verfasser als göttliche Strafe für das illegitime Königtum der Makkabäer bzw. Hasmonäer deutet: »er wird sie richten, wie sie es verdienen«.[89] Herodes ist in dieser Darstellung genauso jüdisch wie seine hasmonäischen Vorgänger, und er ist genauso gottlos. Der Verfasser übt innerjüdische Herrschaftskritik und zieht das Judesein des Herodes deshalb nicht in Zweifel, obwohl

---

88 Übersetzung nach E. BRANDENBURGER, Himmelfahrt Moses, JSHRZ V/2, 73. Hinzufügung vom Vf.

89 Die anschließend erwähnten Morde und geheimen Hinrichtungen lassen sich anhand des josephischen Berichts verifizieren: Nach der Eroberung Jerusalems im Jahr 37 v. Chr. hat Herodes 45 hochrangige Parteigänger des Antigonos umbringen lassen und ihre Vermögen konfisziert (Ant. 15,1,2/5–6). In Ant. 15,10,4/366 erfahren wir, dass Herodes über eine reichsweit agierende Geheimpolizei verfügte, auf deren Konto zahllose Verschleppungen und Hinrichtungen gingen.

ihm die einschlägigen Informationen sicherlich zur Verfügung standen.

Ebenso gilt Herodes in der Erzählung vom Kindermord zu Bethlehem in Mt 2 als Jude. Nach Mt 2,3 »erschrak« Herodes über die Kunde vom neugeborenen König der Juden »und ganz Jerusalem mit ihm«, d. h. der Evangelist Matthäus stellt Herodes betont in das jüdische Volk hinein, weil sich nach seinem theologischen Entwurf die jüdische Ablehnung Jesu, die in der Passionsgeschichte ihren Lauf nimmt, bereits im Kindermord von Bethlehem andeutet.[90]

Ein etwas komplizierterer Fall liegt in Bell. 2,13,7/266 vor. Josephus berichtet von einem Streit zwischen den jüdischen und syrischen Bewohnern der Küstenstadt Cäsarea, der am Vorabend des jüdischen Krieges um die kommunale Vorherrschaft in der Stadt ausbrach. Die Juden argumentierten, »die Stadt gehöre ihnen, da der Gründer Jude gewesen sei«, ein Argument, das die Gegenseite dem josephischen Bericht zufolge nicht in Zweifel zog. Wiederum bereitet an dieser Stelle die Übersetzung von *Ioudaios* Schwierigkeiten. Der zu Grunde liegende Sachverhalt wird möglicherweise klarer, wenn wir mit »Judäer« übersetzen, und zwar in ethnischer Bedeutung: Die Juden Cäsareas reklamieren Herodes, unter Ausblendung der Binnendifferenzierung Judäa/Idumäa, als dem *ethnos* der Judäer zugehörig. Daraus leiten sie, die selbst auch Judäer sind, gegenüber dem *ethnos* der Syrer einen Besitzanspruch auf die Stadt ab. Die Prämisse dieses Arguments war in der zweiten Hälfte

---

90 Vgl. U. Luz, Das Evangelium nach Matthäus, EKK I/1, 119: Für Matthäus gehören »Herodes und das ganze Jerusalemer Volk ... zusammen in die das neue Königskind ablehnende jüdische Front«.

des 1. Jh.s n. Chr. offenbar so stichhaltig, dass die syrischen Bewohner Cäsareas sie gelten ließen.[91] Interessant ist nun aber ihre Entgegnung. Sie behaupteten nämlich, »die Stadt gehöre den Hellenen [d. h. den hellenisierten Syrern], denn wenn er [d. h. Herodes] sie für die Juden bestimmt hätte, dann hätte er keine Bildsäulen und Tempel darin errichtet.« Hier ist nun die Übersetzung von *Ioudaios* mit »Jude« am Platz, weil an dieser Stelle der religiöse Aspekt zur Geltung kommt.[92] Die Syrer bestreiten nicht, dass Cäsarea von einem Judäer erbaut wurde, reklamieren die Stadt aber dennoch als ihren Besitz, weil Herodes bei der Gründung auf die Eigenheiten jüdischen Brauchtums keine Rücksicht genommen, sie also offenbar für eine nichtjüdische Bevölkerung konzipiert hat.

Dies bringt uns auf die zweite in diesem Kapitel zu behandelnde Frage, wie sich in Leben und Werk des Herodes Judentum und Hellenismus zueinander verhalten.

8.2. Judentum und Hellenismus

In Ant. 19,7,3/328–331 kommt Josephus auf Herodes' Enkel Agrippa I. zu sprechen, für dessen fromme und

---

91 Ebenso sagen Inschriften, die Herodes als *Ioudaios* bezeichnen, in der Regel nichts über die »Religion« dieses Herrschers aus, sondern identifizieren ihn anhand seines »ständigen Wohnsitzes«. P. RICHARDSON, Herod, 203 f., verweist auf Scherben von Amphoren mit italischem Wein, die auf Masada gefunden wurden. Auf den Amphorenhenkeln ist neben dem Inhalt (»Philonischer Wein vom Weingut des L. Laenius«) auch der Adressat der Lieferung vermerkt: »Für Herodes, den Judäer«. Dies ist schlicht die Adressatenangabe; das lateinische *Iudaeus* auf den Weinamphoren ist also in geographischer Bedeutung gebraucht.

92 So auch S. COHEN, The Beginnings of Jewishness, 16.

gerechte Herrschaft er lobende Worte findet. Herodes dient ihm dabei als negative Vergleichsgröße: Während Agrippa sich seinen Untertanen gegenüber stets großzügig gezeigt hat, habe Herodes »den Griechen näher gestanden als den Juden« (19,7,3/329). Josephus nennt diese Eigenschaft des Herodes in einem Atem mit der Gewaltsamkeit seiner Herrschaft und verbindet sie mit einem Vorwurf, der nachweislich falsch ist, dass nämlich Herodes im Unterschied zu seinem Enkel keine einzige jüdische Stadt mit Bauprojekten bedacht habe. Die von Josephus behauptete größere Nähe des Herodes zu den Griechen ist also nicht das Ergebnis einer distanzierten kulturwissenschaftlichen Analyse, sondern Teil des von Josephus entworfenen negativen Herodesbildes. Ist Josephus sachlich dennoch im Recht? Dafür sprechen unsere Beobachtungen zur idumäischen Herkunft des Herodes. Wenn es zutrifft, dass seine Familie aus Aschkelon stammte und er selbst in Marisa geboren wurde, dann ist Herodes in einem durch und durch hellenistischen Milieu aufgewachsen und hat das Judentum möglicherweise als Religion einer Fremdmacht kennen gelernt, der man den nötigen Respekt zollte, die man aber keineswegs liebte. Von diesem Standpunkt aus lassen sich mühelos unzählige Indizien dafür finden, dass Herodes dem Judentum zeitlebens nur insofern Beachtung geschenkt hat, als sein Königtum dies erforderte, dass er sich aber ansonsten alle Freiheiten eines hellenistischen Herrschers genommen hat. Wir hätten dann allen Grund, uns dem eingangs zitierten Urteil anzuschließen, dass »Herodes' Judentum in jeder Hinsicht sehr oberflächlich« war. Dieses Werturteil fußt jedoch weitestgehend auf der josephischen Herodes-Darstellung mit den ihr eigenen Tendenzen und Interpretamenten. Es bedarf deshalb der Überprüfung. Wenn wir die religiöse Haltung eines Menschen als »oberflächlich« bezeichnen, setzt dies erstens einen Erkenntnisstandpunkt voraus, von dem aus wir Aussagen über das »Innere« dieses Menschen machen können, und zweitens einen Begriff dessen, was das »Eigentliche« oder »Wesentliche« der betreffenden Religion ausmacht. Was Herodes anbelangt, so ist uns beides durch das josephische Herodes-Bild vorgegeben. Josephus weiß immer sehr genau, wo Herodes dem jüdischen Gesetz entsprochen und wo er es übertreten hat. Zwei Gründe sprechen jedoch dagegen, Josephus hierin einfach zu folgen. Erstens war das Judentum der Spätantike zu vielgestaltig, als dass wir uns die josephische Anschauung dessen, was »gut jüdisch« ist, einfach zu Eigen machen und Herodes daran messen könnten, und zweitens erweisen sich Josephus' Werturteile bei näherem Hinsehen als ausgesprochen subjektiv.

Nehmen wir beispielsweise die Frage, was aus der Sicht jüdischer Ethik von Gladiatorenspielen zu halten ist, und suchen bei Josephus eine Antwort. Er äußert sich dazu einmal in Ant. 15,8,1/268 ff., als er auf das von Herodes nahe Jerusalem errichtete Amphitheater zu sprechen kommt, und ein zweites Mal in Ant. 19,7,5/337, wo er das von Agrippa I. gestiftete Amphitheater von Berytos erwähnt. Zu den mit Verbrechern bestückten Gladiatorenspielen, die Herodes in seinem Amphitheater veranstaltete, bemerkt Josephus, es sei »offenkundig gottlos, Menschen zum Vergnügen der Zuschauer den wilden Tieren vorzuwerfen« (15,8,1/275). Ganz anders an der zweitgenannten Stelle: Agrippa schickte »zum Ergötzen des Publikums« 1400 verurteilte Straftäter als Gladiatoren in die Arena, wo sie in zwei Gruppen aufgeteilt wurden und dann bis zum blutigen Ende aufeinander einschlagen mussten, »damit sie einerseits ihre Strafe empfingen, andererseits aber die kriegerische Veranstaltung dem Zweck eines friedlichen Vergnügens diente«. Was Josephus bei Herodes als gottlosen Sadismus wertet, ist bei Agrippa eine gelungene Kombination aus Strafe, Verbrechensbekämpfung und Volksbelustigung. Der nahe liegende Vorwurf, Josephus messe hier mit zweierlei Maß, wird zwar dadurch etwas abgemildert, dass Herodes' Amphitheater in der Nähe Jerusalems stand und das des Agrippa außerhalb des Heiligen Landes im syrischen Berytos. Möglicherweise war dies für den einstigen Jerusalemer Priester Josephus der entscheidende Unterschied, denn nach priesterlichem Denken hatten Jerusalem und Judäa gewissermaßen den Status eines peripheren Heiligtumsbezirkes um den Jerusalemer Tempel, der nicht durch heidnische Sitten entweiht werden durfte. Dennoch will es nicht einleuchten, dass Josephus Herodes für das tadelt, was er Agrippa positiv anrechnet. Bei den Initiatoren jener Schaukämpfe handelte es sich in beiden Fällen um jüdische Herrscher, die dem jüdischen Ethos, so sollte man meinen, in gleicher Weise verpflichtet waren. Die Ablehnung von Gladiatorenspielen formuliert Josephus jedenfalls als universal gültigen Satz, nicht als judäische Landessitte.

Zum offenkundigen Ermessensspielraum des Josephus bei der Entscheidung darüber, was ein jüdischer Herrscher darf und was nicht, kommt die Vielgestaltigkeit des antiken Judentums, die eine klare Grenzziehung zwischen »legitimen« und »illegitimen« Formen einer Synthese von jüdischer und hellenistischer Lebensweise kaum zulässt. Beispielsweise hat man bei der Ausgrabung eines Pantempels in Oberägypten die Votivinschrift eines Juden namens Theodotos gefunden, der Gott für die Rettung aus Seenot Dank sagt.[93] Offenbar fand jener Theodotos nichts dabei, eine Votivtafel für seinen Gott, den er einfach *theos* nennt, in einem heidnischen Tempel niederzulegen. Mit einem aus den literarischen Quellen gewonnenen Begriff von »orthodoxem« Judentum ist so etwas kaum zu vereinbaren, und doch stoßen wir hier auf die religiöse Lebensäußerung eines Juden der Antike. Wollte man Herodes dafür tadeln, dass er mit der Hafenstadt Cäsarea eine ganz auf pagane Lebensgewohnheiten zugeschnittene Stadt erbaut hat, dann müsste man auch die vielen jüdischen Kaufleute in diesen Tadel einbeziehen, die sich im Laufe von zwei Generationen dort angesiedelt und die Stadt schließlich als ihr Eigentum reklamiert haben. Offenbar entsprach der oft gescholtenen Liberalität des Herodes eine ähnlich liberale Haltung in weiten Kreisen seiner jüdischen Untertanen.

Wie kontrovers über das, was jüdisch möglich war, innerhalb des antiken Judentums entschieden wurde, sei an einem Fallbeispiel illustriert, nämlich der Teilnahme von Juden an den sportlichen Wettkämpfen des griechischen Gymnasiums. Für den Trägerkreis des apokryphen Jubiläenbuches, einer frühjüdischen Schrift, die die hellenistische Krise in der zweiten Hälfte des 2. Jh.s v. Chr. bereits voraussetzt, ist der Ringkampf nackter Athleten der Inbegriff heidnischer Unsitte, unterscheidet sich doch der Mensch darin von den

---

93 Der Text der griechischen Inschrift mit französischer Übersetzung findet sich bei J.-B. Frey, Corpus Inscriptionum Iudaicarum, Bd. 2, 445. Dass es sich religiös gesehen um einen »Juden« handelt und nicht lediglich um einen »Judäer« gleich welchen Glaubens, legt der Name Theodotos (»von Gott gegeben«) nahe, der für das hebräische Natanaël, Mattatia oder Jonatan steht.

Tieren, dass Gott ihm befohlen hat, seine Blöße zu bedecken:

»Und dem Adam [d. h. dem Menschen], ihm allein gab er [d. h. Gott], dass er seine Blöße bedecke, von allen Tieren und Vieh. Deswegen ist geboten ... für alle, die kennen Recht und Gesetz: Sie sollen ihre Scham bedecken, und sie sollen sich nicht entblößen, wie die Heiden sich entblößen« (3,30 f.).[94]

Sich entblößen, wie die Heiden sich entblößen: Das taten eben die Athleten im Jerusalemer Gymnasium, die sich nach Art der Griechen nackt im Ringkampf übten. Nach der Auffassung des Jubiläenbuches kam es für einen aufrechten Juden überhaupt nicht infrage, sich an so etwas zu beteiligen, denn wer ins Gymnasium eintrat, war der nicht drauf und dran, sein Judentum abzulegen und ein Grieche zu werden? Der jüdische Religionsphilosoph Philo von Alexandria hätte sich über diese Ansicht wohl nicht wenig gewundert. Er kommt im zweiten Buch seines Werkes *De specialibus legibus* (»Über die Einzelgesetze«) ganz selbstverständlich darauf zu sprechen, dass Eltern ihren Kindern »durch Turn- und Ringunterricht zu Stärke und Gesundheit« verhelfen (2,230).[95] Auch unter den Juden im syrischen Antiochia war die Teilnahme am gymnasialen Sport üblich. Josephus notiert in Ant. 12,3,1/120, dass die antiochenischen Juden seit Seleukos I. Nikator (312–280 v. Chr.) an Stelle des Körperöls für den Ringkampf, das vom

94 Übersetzung nach K. BERGER, Das Buch der Jubiläen, JSHRZ II/3, 338.

95 Übersetzung nach PHILO VON ALEXANDRIA. Werke in deutscher Übersetzung, Bd. 2, 171. Der Herausgeber L. COHN bemerkt zu dieser Stelle (171 Anm. 3): »Wenn auch Philo aus griechischer Quelle schöpft, so setzen diese Worte doch voraus, dass die alexandrinischen Juden ihren Kindern Turnunterricht erteilen ließen.«

Gymnasiarchen, dem Leiter des Gymnasiums, zur Verfügung gestellt wurde, den Gegenwert in bar ausgezahlt bekamen, und Josephus vermerkt eigens, dass dieses Sonderrecht noch nach dem jüdischen Krieg Bestand hatte. Der Grund für diese Regelung: Die Juden Antiochias verwendeten ausschließlich Öl aus jüdischer Produktion, weil sie von Nichtjuden hergestelltes Öl für unrein hielten. Josephus erzählt in der Vita (13/74–76), Johannes von Giskala (Gush-Halab), sein Rivale aus der Zeit seiner galiläischen Kommandantur während des jüdischen Krieges, habe den Juden in Cäsarea Philippi galiläisches Öl aus jüdischer Herstellung zu Wucherpreisen verkauft. Dies macht deutlich, dass man sich die Einhaltung jüdischer Reinheitsbestimmungen notfalls auch einiges kosten ließ.[96] Damit aber erscheint die im Jubiläenbuch als heidnisch gescholtene Nacktheit beim Sport in einem ganz anderen Licht. Die Juden Antiochias nahmen sehr wohl an diesen Sportveranstaltungen teil und verstanden sich dennoch als gesetzestreue Juden.

Würden wir uns den Standpunkt des Jubiläenbuches aneignen und aus dieser Perspektive über das Judesein der antiochenischen Juden urteilen, würden wir ihrem religiösen Selbstverständnis zweifellos nicht gerecht. Die Frage ist nun, ob wir Herodes gerecht werden, wenn wir uns den Standpunkt des Josephus aneignen. Eine Antwort fällt deshalb schwer, weil wir von Herodes keine direkten Selbstzeugnisse besitzen. Während ein Philo oder ein Josephus in ihren Schriften für sich selber sprechen können, ist unser Bild von Hero-

96 Das Verbot der Verwendung von Öl aus nichtjüdischer Produktion wurde übrigens in der Mischna aufgehoben, offenbar deshalb, weil der Aufwand bei der Beschaffung von koscherem Öl für die Juden der Diaspora auf Dauer nicht zumutbar war.

des durch eine zweifache Brechung verfremdet. Sein Biograph Nikolaos von Damaskus war selber kein Jude, und Josephus, der aus dem Werk des Nikolaos geschöpft hat, ist nicht eben sanft mit ihm umgesprungen. Dabei kann Josephus in anderen Zusammenhängen mit sichtlichem Stolz auf Juden verweisen, die vom Scheitel bis zur Sohle Griechen waren. In *Contra Apionem* 1,22/180 f. zitiert er aus einem Bericht des Aristotelesschülers Klearchos von Soli über die Begegnung des Aristoteles mit einem Juden während seiner Kleinasienreise. Klearchos beschreibt diesen Juden (bzw. Judäer) als ungemein gebildet und als »einen Griechen nicht nur der Sprache nach, sondern auch in seiner Seele«. Warum sollte es nicht möglich sein, Judentum und Hellenismus in der Person des Judäerkönigs Herodes in ein ähnlich positives Verhältnis zu setzen, anstatt einen unversöhnlichen Gegensatz oder sachlichen Widerspruch zu konstatieren? Der herodianische Tempel beispielsweise war eben beides: ein hellenistischer Pracht- und Repräsentationsbau, der den Ruhm seines Stifters mehren und dessen Herrschaft als König der Juden legitimieren sollte, und zugleich das jüdische Heiligtum, das noch die Rabbinen späterer Jahrhunderte priesen, als es längst nicht mehr existierte. Die von Herodes veranlasste Ausbildung von Priestern und Leviten zu Steinmetzen und Zimmerleuten lässt den Schluss zu, dass er schon in der Bauphase das Einvernehmen mit den Priestern gesucht, seinen Untertanen dieses Bauprojekt also nicht einfach aufgezwungen hat. Auch sonst ist es ihm offenbar gelungen, das Zusammenspiel von jüdischer Tradition und hellenistisch-römischer Politik so zu gestalten, dass sich seine Untertanen zumindest insoweit damit arrangieren konnten, als seine Herrschaft keinen neuen Makkabäeraufstand provozierte. Auch gegen die Römer, denen Herodes seine Macht verdankte, empörte sich Judäa erst zwei Generationen später nach Jahrzehnten direkter römischer Herrschaft.

Mit der Errichtung dreier Roma-Augustus-Tempel in Cäsarea, Paneas und Samaria/Sebaste hat sich Herodes freilich sehr weit auf die hellenistisch-römische Weltkultur zubewegt. Dies gilt umso mehr, als er von den Vorgaben augusteischer Religionspolitik her dazu nicht verpflichtet gewesen wäre. Noch Philo von Alexandria beruft sich 41 n. Chr. in seiner Schrift *Legatio ad Gaium* auf die Toleranz des Augustus gegenüber der jüdischen Weigerung, Standbilder des Kaisers zu verehren oder gar in den Synagogen aufzustellen.[97] Doch hat Herodes keinen dieser Tempel im judäischen Kernland errichtet und, soweit wir wissen, niemals Juden zur Teilnahme an der Verehrung des Augustus gezwungen. Wenn der Loyalitätseid auf den Cäsar, den Herodes seinen Untertanen abverlangte, tatsächlich in den Augustus-Tempeln geleistet wurde, so sind doch jüdische Massenveranstaltungen mit einem Schwurzeremoniell unter Anrufung heidnischer Götter völlig undenkbar. Wahrscheinlich hat Herodes diese Tempel gar nicht so sehr als religiöse Kultstätten betrachtet, sondern als Symbole der politischen Einbindung seines Reiches in das römische Imperium. Entsprechendes gilt für die mutmaßliche (finanzielle) Beteiligung des Herodes am Bau eines Baal-Tempels im nabatäischen Si'a, wo man den Namen des Herodes

97 Vgl. Legatio ad Gaium 152–158. Der Vergleich trägt freilich nur bedingt, denn Philo ging es um Abgrenzung jüdischer Lebensweise gegen die Übergriffe des römischen Herrscherkults, Herodes dagegen umgekehrt um die politische Einbindung seines von Juden wie von Nichtjuden bevölkerten Reiches in das Imperium Romanum.

auf der Widmungsinschrift des Sockels einer Statue gefunden hat. Die Beziehungen zu den Nabatäern gestalteten sich für Herodes stets schwierig. Wenn Herodes einen nabatäischen Tempel (mit)finanziert und dafür zum Dank eine Statue erhalten hat, dann kann man dies als religiöse Indifferenz auslegen, genauso gut aber als rein politisch gemeinte Geste guter Nachbarschaft.[98] Auch aus der Bereitstellung von Geldmitteln für den Wiederaufbau des Apollo-Tempels auf Rhodos, der einem Brand zum Opfer gefallen war, sollte man keine tiefer gehenden Schlüsse ziehen. Herodes hat, als er sein Geld in einen heidnischen Tempel steckte, den Bewohnern von Rhodos einfach dort unter die Arme gegriffen, wo es gerade am nötigsten war.[99] Die in Ant. 14,14,5/388 erwähnte Teilnahme des Herodes an einem Opfer für den Jupiter Capitolinus während seines Romaufenthaltes im Jahr 40 v. Chr., als ihm der römische Senat die Königswürde verlieh, war ein Erfordernis des politischen Protokolls, an das Herodes sich halten musste, wenn er Antonius, Octavian und den Senat nicht brüskieren wollte. Von daher ließe sich die verbreitete Sichtweise, dass Herodes nur aus Pragmatismus jüdisch, ansonsten aber

98 Nach Ant. 14,8,5/151–155 wurde bereits der Hasmonäer Johannes Hyrkan von den Athenern mit einer Bronzestatue geehrt, die 106/105 v. Chr. in Athen »im Tempel des Volkes und der Chariten« aufgestellt wurde.

99 Nichts Genaues wissen wir über die von Herodes gestifteten Tempel in Berytos und Tyrus (Bell. 1,21,11/422), sowie über die in Bell. 2,13,7/266 erwähnten »Tempel« (Plural) von Cäsarea am Meer. Josephus erwähnt ansonsten nur das Augusteion von Cäsarea. Eine Notiz bei Sueton, Augustus 60, legt den Schluss nahe, dass sich Herodes außerdem an einer Initiative römischer Klientelkönige beteiligt hat, den Tempel des Olympischen Jupiter in Athen zu vollenden und ihn dem »Genius« des Augustus zu weihen.

hellenistisch war, auch umkehren. Immerhin sind die rein ornamentalen Mosaikfußböden in seinen Privatgemächern, die einer strengen Auslegung des biblischen Bilderverbotes entsprachen, ein nicht zu unterschätzendes Indiz dafür, dass Herodes das Judentum auch als Lebensform ernst genommen und nicht nur als notwendiges Übel für den persönlichen Machterhalt betrachtet hat.[100] Zwar war nach Josephus (Bell. 5,4,4/181) ausgerechnet der Herodespalast in Jerusalem mit Wasser speienden Bronzestatuen dekoriert, doch ist mit der Möglichkeit zu rechnen, dass diese Statuen erst aus der Zeit der römischen Provinzverwaltung stammten, als der Palast den Römern als Prätorium diente.[101] Josephus erwähnt diese Statuen übrigens ohne den leisesten Hinweis auf die Anstößigkeit figürlicher Kunst, sondern voller Bewunderung für herodianische Prachtentfaltung und voller Bedauern darüber, dass dieser herrliche Palast im Krieg gegen Rom von jüdischen Aufständischen zerstört wurde. Hier stoßen wir wieder einmal auf den Sachverhalt, dass Josephus an der einen Stelle loben kann, was er in anderen Zusammenhängen als dem jüdischen Gesetz zuwiderlaufend rügt.

Was das Judesein des Herodes anbelangt, so scheint es ratsam, eine gewisse Distanz zu den Werturteilen des Josephus zu wahren. Herodes war de facto Jude idumäischer Herkunft mit einer starken Neigung zu allem, was seinem Reich und ihm als Herrscherper-

---

100 Unklar ist, ob es sich bei den archäologisch verifizierten Bassins in herodianischen Bauten teilweise um Mikven (jüdische Ritualbäder) handelt. Die auf Masada ausgegrabene Synagoge stammt erst aus der Zeit des jüdischen Krieges.

101 So A. Lichtenberger, Die Baupolitik Herodes des Großen, 97 Anm. 468.

sönlichkeit den Glanz hellenistisch-römischer Weltkultur verlieh. Ob diese Neigung sein Judentum kompromittiert hat, sei dahingestellt. Herodes selbst hat dies vermutlich nicht so gesehen.

9. Herodes' letzte Jahre

In den Jahren nach der dritten Romreise des Herodes, die er unternommen hatte, um seine Söhne Alexander und Aristobul vor Augustus des Hochverrats zu beschuldigen, spitzte sich die Situation am Hof bis zum Tod des Königs im Jahr 4 v. Chr. kontinuierlich zu. Die Versöhnung mit Alexander und Aristobul erwies sich als oberflächlich. Die wachsende Entfremdung zwischen Vater und Söhnen erreichte mit der Hinrichtung der Mariammesöhne im Jahr 7 v. Chr. ihren traurigen Höhepunkt und ihr bitteres Ende.

Auch innen- und außenpolitisch machte Herodes in diesen Jahren eine schwere Zeit durch. Unruhen in der Trachonitis und ständige Übergriffe der Nabatäer auf sein Gebiet machten ihm zu schaffen. Eine übereilte Militäraktion des Herodes gegen die Nabatäer hat sein Verhältnis zu Augustus zeitweise schwer belastet.

Die Darstellungen des Bellum (1,24–27/467–521) und der Antiquitates (16,7–11/179–404) für diesen Zeitraum laufen weitgehend parallel, doch erweitert Josephus seinen Bericht in den Antiquitates um die Schilderung der Nabatäerkrise und des Zerwürfnisses mit Augustus. Begreiflicherweise hat er diese einzige unschöne Episode im Verhältnis des Judäerkönigs zu Rom im Bellum ausgespart, wo es galt, Herodes als loyalen Verbündeten der Römer zu präsentieren. Möglich ist allerdings auch, dass Josephus die betreffende Quelle bei der Abfassung des Bellum noch nicht zur Verfügung hatte. Der Übersichtlichkeit halber halten wir uns zunächst an den Erzählverlauf im Bellum (9.1) und tragen dann die in den Antiquitates berichteten Ereignisse nach (9.2). Auch ohne die zeitliche Verschränkung der familiären und politischen Vorkommnisse ist das Terrain schon unübersichtlich genug, weil Josephus gelegentlich auf frühere Ereignisse zurückgreift, ohne dies in jedem Fall als Rückblenden kenntlich zu machen.

9.1. Das Ende der Mariammesöhne

Josephus' Beschreibung der Feindseligkeiten an Herodes' Hof erinnert auf weite Strecken an ein Opernlibretto von zweifelhafter Qualität. Seine Darstellung strotzt von Schilderungen des Hasses aller gegen alle, von Denunziationen und Folter, von Liebesaffären und Bettgeschichten, von erpressten Geständnissen und willkürlichen Hinrichtungen. Als Leser kann man schließlich nur noch den Kopf schütteln, es sei denn, man hegt eine Leidenschaft für die Verwicklungen höfischen Intrigenspiels und für das Grauen eines aus dem Ruder gelaufenen Machtkampfes. Offenbar gab es solche Vorlieben schon im antiken Rom, und Josephus zeigt sich gut darüber informiert, welche Art von Unterhaltung sein Publikum wünschte. Es wäre nun ausgesprochen mühsam, wenn nicht gar aussichtslos, wollten wir aus der josephischen Darstellung, die an dieser Stelle nur noch sehr begrenzt etwas mit Geschichtsschreibung in unserem Sinn zu tun hat, das historisch Zuverlässige herausdestillieren. Wir begnügen uns im Folgenden damit, das josephische Bild des Jerusalemer Hoflebens, das vom Jahr 12 v. Chr. an einen Zeitraum von etwa fünf Jahren umfasst, mit einigen Strichen nachzuzeichnen.

Antipater und die Mariammesöhne hatten sich nach ihrer Rückkehr aus Rom mit Herodes' Erlaubnis ein eigenes Gefolge zugelegt. Antipater machte sich nun daran, Spitzel in das persönliche Umfeld Alexanders und Aristobuls einzuschleusen, die seine Rivalen erst in ihrem Hass zusätzlich anstacheln und dann jede negative Äußerung entsprechend überzeichnet oder verdreht Herodes zutragen sollten. Er selbst hütete sich, seine Brüder direkt beim König zu beschuldigen. Zum Schein verteidigte er die Mariammesöhne sogar vor Herodes, weil er wusste, dass er seines Vaters Misstrauen gegen Alexander und Aristobul damit nur noch verstärkte und seine eigene Position zugleich festigte. Natürlich hatten auch die Mariammesöhne ihre Mittelsmänner im Gefolge Antipaters. Der verstand es jedoch, seine Vertrauten so auf sich einzuschwören, dass von seinen finstern Absichten jahrelang nichts nach außen drang. Herodes vertraute ihm bald blind und zog auch seine Mutter Doris immer mehr ins Vertrauen, die ihrerseits gegen die Rivalen Antipaters intrigierte, wo immer sie die Gelegenheit dazu hatte. Die Wertschätzung, die Herodes für seinen Erstgeborenen hegte, äußerte sich unter anderem darin, dass er Ptolemaios, den wichtigsten Mann aus seinem höfischen Beraterstab, zum persönlichen Sekretär Antipaters machte.[102] Mit Pheroras und Salome verstand sich Antipater naturgemäß bestens, mit Salome sogar so gut, dass es schien, »als ob sie seine Gattin wäre« (Bell. 1,24,2/475). Josephus' Erzählkunst besteht hier und an vielen anderen Stellen darin, dass er keine genauen Angaben über den Wahrheitsgehalt

---

102 Möglicherweise handelte es sich bei diesem Ptolemaios um den gleichnamigen Bruder des Nikolaos von Damaskus.

solcher Gerüchte, Vermutungen und Verdächtigungen macht. Indem er seine Leser (bzw. Hörer) über die wahren Sachverhalte im Ungewissen lässt, versetzt er sie mental in die beklemmende und unübersichtliche Situation am Jerusalemer Königshof.

Glaphyra, Alexanders Ehefrau und Tochter des Kappadozierkönigs Archelaos, vergrößerte den familiären Unfrieden dadurch, dass sie sich ihres alten Adels rühmte und sich herablassend über die niedrige Herkunft ihrer Schwägerin Berenike äußerte. Dies belastete wiederum die Ehe Aristobuls und sein Verhältnis zu Alexander, weil er als Hasmonäernachkomme seine Frau nun auch gering achtete und Alexander um seine adlige Gattin beneidete. Salome machte sich die Entfremdung zwischen ihrer Tochter und Aristobul zu Nutze, um über ihre Tochter ihren Schwiegersohn auszuhorchen. Berenike trug ihr zu, Alexander plane, wenn er erst die Macht an sich gerissen habe, die gesamte Herodianersippe vom Hof zu vertreiben und sie zu Dorfschreibern und Weberinnen zu machen. Außerdem führten er und sein Bruder ständig den Namen ihrer Mutter im Munde und wären jedes Mal erbost, wenn Herodes ein Gewand Mariammes an eine seiner anderen Frauen verschenkte. Herodes erfuhr natürlich von all dem und bekam einen Wutanfall nach dem anderen.

Nach Glaphyra betritt Herodes' Bruder Pheroras die Szene. Von ihm erfahren wir, dass er als Tetrarch von Peräa – Augustus hatte ihm auf Herodes' Bitte hin diese Würde 20 v. Chr. verliehen – ein besonders gefährlicher Gegner für die Mariammesöhne war. Im Folgenden erscheint er allerdings eher als komische Figur, die sich durch die eheliche Verbindung mit einer Sklavin vor aller Augen lächerlich macht. Zunächst war Pheroras mit einer Schwester Mariammes verheiratet, die jedoch bald nach 20 v. Chr. starb. Herodes wollte ihm daraufhin seine Tochter Salampsio zur Frau geben, die ältere der beiden Töchter aus der Ehe mit Mariamme. Pheroras widersetzte sich aber wegen seiner Liaison mit jener Sklavin, und Herodes verheiratete Salampsio mit dem gleichnamigen Sohn seines verstorbenen Bruders Phasaël. Später sah Pheroras ein, dass seine Ehe so gar nicht standesgemäß war und erklärte sein Einverständnis, Salampsios jüngere Schwester Kypros zu heiraten. Kurz vor der Hochzeit lief er jedoch davon und flüchtete sich wieder in die Arme der Sklavin. Damit brüskierte er Herodes zum zweiten Mal. Hinzu kamen Gerüchte, Pheroras habe noch zu Lebzeiten Kostobars, des zweiten Mannes der Salome, einen Giftanschlag gegen Herodes geplant. Herodes ließ mehrere Personen aus dem engeren Umfeld des Pheroras unter Anwendung von Folter verhören, bekam aber nur heraus, das Pheroras damals mit Kostobars Hilfe die Flucht zu den Parthern geplant habe.

Gegenüber Alexander machte sich Pheroras mit der Behauptung interessant, Herodes habe es auf dessen Frau Glaphyra abgesehen. Alexander rannte daraufhin wutentbrannt zu seinem Vater, um ihn zur Rede zu stellen. Natürlich nannte er auch seinen Informanten, woraufhin Herodes sich Pheroras vorknöpfte. Der stritt alles ab und belastete statt dessen seine Schwester, indem er an eine länger zurückliegende Affäre Salomes mit dem Nabatäer Syllaios erinnerte. Syllaios, den wir noch näher kennen lernen werden, war unter der Herrschaft des politisch schwachen Nabatäerkönigs Obodas der zweite Mann im Staate. Als er Jahre zuvor in diplomatischer Mission nach Jerusalem kam, verliebten sich der junge Araber und die damals schon weit über 40 Jahre alte Salome ineinander. Herodes war dieser Verbindung gegenüber nicht abgeneigt, weil sie das stets konfliktbehaftete Verhältnis zu den Nabatäern zu entspannen versprach. Pheroras sprach sich gegen die Ehe aus, vielleicht deshalb, weil fürchtete, seine Tetrarchie könnte im Falle allzu freundlicher Beziehungen zwischen Judäa und dem Nabatäerreich von zwei Seiten in die Zange genommen werden. Den für die Ehe mit Salome nötigen Übertritt zum Judentum verweigerte Syllaios jedoch. Unverrichteter Dinge und schwer gekränkt musste er die Heimreise antreten.

Die Versuche Salomes und Pheroras', einander bei Herodes durch derlei alte Geschichten in Misskredit zu bringen, führten offenbar nicht zu einem tiefen Zerwürfnis zwischen beiden Geschwistern, jedenfalls lässt Josephus sie im Folgenden wieder gemeinsam auftreten.

Eine dramatische Verschärfung der Lage trat ein, als Herodes zu Ohren kam, Alexander habe drei Eunuchen des Königs, nämlich seinen Mundschenk, seinen Tischdiener und seinen Kammerdiener, durch Geschenke zu geschlechtlichem Umgang mit ihm verleitet. Anstößig war für Herodes daran nicht das homosexuelle Abenteuer Alexanders – in der griechisch-römischen Antike war die westlich-abendländische Tabuisierung gleichgeschlechtlicher Liebe zwischen Männern unbekannt – sondern der dadurch symbolisch zum Ausdruck gebrachte Anspruch Alexanders auf den Hofstaat des Königs und damit auf den Thron.[103] Unter Folter gestanden die Eunuchen und sagten außerdem aus, Alexander hätte sich über seinen

---

103 Michel und Bauernfeind, Bd. 1, 422, vermuten im Anschluss an Ricciotti, »dass Alexander … nicht nur die Eunuchen gewinnen, sondern sich das Ansehen eines Thronerben geben wollte, der nach orientalischer Sitte mit Personen geschlechtlich verkehrte, die dem Herrscher an-

Vater lustig gemacht, der sich als alter Mann das Haar schwarz färbe, um Jugend vorzutäuschen. Außerdem berichteten sie von konspirativen Treffen Alexanders mit hochrangigen Militärs. Herodes fühlte sich nun derart in die Enge getrieben, dass er keine öffentlichen Untersuchungen mehr anstellte, sondern Verdächtige reihenweise in geheimen Verhören foltern und dann hinrichten ließ. Das Klima war nun so vergiftet, dass auch unbeteiligte Personen dem Terrorregime des Königs zum Opfer fielen. Weitere unter Folter abgelegte Geständnisse von Personen aus dem Gefolge Alexanders brachten neue hässliche Details ans Licht: Alexander habe darüber geklagt, er müsse sich bei Spaziergängen mit seinem Vater bücken, um nicht größer als er zu erscheinen, und bei der Jagd verfehle er absichtlich sein Ziel, um nicht den Neid des Herodes zu erwecken. Außerdem war die Rede von dem Plan der Mariammesöhne, Herodes bei der Jagd zu töten, den Vorgang als Jagdunfall darzustellen, sich nach Rom abzusetzen und dort um die Königswürde zu bitten. Auch hätten sie erwogen, Herodes vor Augustus eines Geheimbündnisses mit den Parthern zu beschuldigen, ihn zu vergiften, und so weiter und so weiter.

Herodes ließ Alexander nun unter Arrest nehmen. Dieser änderte daraufhin seine Taktik und legte in vier Briefen (das Bellum spricht sogar von vier »Büchern«) ein umfassendes Geständnis ab, worin er allerdings nicht nur sich selbst, sondern auch noch eine ganze Reihe weitere Personen schwer belastete, darunter

gehörten.« Ein vergleichbarer Fall findet sich bereits im 2. Samuelbuch: Absalom hat seinen Willen, David vom Thron zu stürzen, dadurch bekundet, dass er sich »vor den Augen von ganz Israel« des Harems seines Vaters bemächtigte (2. Sam 16,21 f.).

Pheroras und Salome. Salome beschuldigte er bei dieser Gelegenheit, ihn zum Beischlaf gezwungen zu haben.

Eine unerwartete Entspannung der Lage kam durch das Eingreifen des Archelaos von Kappadozien zu Stande, der aus Sorge um seine Tochter und seinen Schwiegersohn nach Jerusalem reiste und es verstand, der schon an Wahnsinn grenzenden Raserei des Herodes durch einen psychologischen Trick Einhalt zu gebieten. Er tat nämlich so, als empörte ihn das Treiben am Hof noch viel mehr als Herodes selbst, und er forderte lautstark die Bestrafung Alexanders. Auch Glaphyra dürfe nicht ungestraft davonkommen, da sie zweifellos an den finsteren Plänen ihres Mannes beteiligt gewesen sei. Jetzt fühlte sich der bedauernswerte König erstmals verstanden. Er beruhigte sich und war nun nicht nur zu einer nüchterneren Einschätzung der Lage fähig, sondern fand sich mit einem Mal sogar in der Position des Verteidigers von Sohn und Schwiegertochter wieder, je länger Archelaos die Rolle des harten Anklägers spielte. Dann ging Archelaos dazu über, die Hauptschuld auf Pheroras zu wälzen. Er konnte Pheroras, dem die Verzeihung des Königs am ehesten gewiss war, dazu bewegen, die Rolle des reuevollen Missetäters zu übernehmen, die er dann auch erfolgreich spielte. Durch die Initiative des Archelaos sah es zeitweise tatsächlich so aus, als sei der häusliche Friede leidlich wieder hergestellt, und Herodes war dem Kappadozierkönig zutiefst dankbar. Er beschenkte ihn reich und begleitete ihn bis nach Antiochia.[104]

---

104 Die undeutliche Formulierung an dieser Stelle des Berichts (Bell. 1,25,5/510) lässt auf eine weitere Romreise des Herodes und/oder Alexanders schließen; vgl. auch

Schon bald zog jedoch neues Unheil herauf, als der Spartaner Eurykles in Jerusalem erschien und den brüchigen Frieden mit demselben Geschick wieder zerstörte, mit dem Archelaos ihn zu Wege gebracht hatte. Bei Plutarch (*Antonius* 67) und Strabon (*Geographica* 8,5,1.5) erfahren wir, dass Eurykles, Sohn eines von Antonius hingerichteten Räubers (Seeräubers?), in der Schlacht bei Actium auf der Seite Octavians gekämpft und später das römische Bürgerrecht sowie die Insel Kythera und die Hegemonie über Sparta erhalten hat. Nach Josephus (Ant. 16,10,1/310) endete er jedoch wegen fortgesetzter Betrügereien in der Verbannung. Diesen Sohn eines verurteilten Verbrechers und notorischen Unruhestifter lässt Josephus am Untergang der Mariammesöhne entscheidend mitwirken. Er sei, »von seiner Geldgier getrieben«, nach Judäa gekommen, erzählt Josephus, »weil Griechenland ... sein verschwenderisches Leben nicht mehr ertragen« konnte (Bell. 26,1,1/513). Bei seinem Versuch, in Jerusalem Fuß zu fassen, kamen ihm möglicherweise die traditionell guten Beziehungen zwischen Judäern und Spartanern zugute.[105] Eurykles durchschaute schnell, wo die Front-

---

die Notiz in 1,24,4/481 »... als er gerade nach Rom fahren wollte«, und Ant. 16,8,6–9,1/270–271, wo Josephus jedoch die angedeutete vierte mit der dritten Romreise (12 v. Chr.) zu verwechseln scheint. Ein Anhaltspunkt für die Datierung der vierten Romreise könnte die in Bell. 1,21,11–12/422–428 erwähnte Präsidentschaft des Herodes bei den olympischen Spielen des Jahres 12 oder 8 v. Chr. sein (Herodes »übernahm ... das Amt des Kampfrichters in jenem Spieljahr, in das seine Seereise nach Rom fiel«; vgl. das längere Zitat auf S. 173). Wenn das spätere Datum gemeint ist und Herodes die Spiele auf dem Rückweg besucht hat, fiel seine vierte Reise nach Rom in das Jahr 9 oder 8 v. Chr., doch bleibt dies unsicher.

105 Nach 1 Makk 12,7 bestanden diplomatische Beziehungen zwischen Judäa und Sparta schon unter dem Hohenprie-

linien innerhalb der königlichen Familie verliefen, und er verstand es, jedermanns Vertrauen zu gewinnen. Die Mariammesöhne bestärkte er in ihrer feindseligen Haltung gegenüber Herodes, hinterbrachte aber jede ihrer Äußerungen Antipater und schließlich Herodes selbst. Er behauptete, er sei zum Schein auf ein Mordkomplott Alexanders und Aristobuls eingegangen, und nur diesem Umstand sei es zu verdanken, dass Herodes überhaupt noch am Leben sei. Außerdem rühmte er Antipater, der Eurykles für seine Spitzeleien bestens entlohnt hatte, vor Herodes als treuen und liebenden Sohn. Herodes war erwartungsgemäß außer sich. Erneute Folterungen und Verhöre förderten einen Brief Alexanders an den Kommandanten des Alexandreion zu Tage, in dem er seine Mordpläne erwähnte und um Aufnahme in die Festung und um Ausstattung mit Waffen bat, sobald die Tat vollbracht wäre. Dieser Brief stand freilich im Verdacht, das Werk eines Hofschreibers und professionellen Urkundenfälschers namens Diophantos zu sein, der später wegen zahlloser Fälschungsdelikte hingerichtet wurde. Auch war aus dem Kommandanten trotz Folter nichts herauszubekommen, was Alexander zusätzlich belastet hätte. Dennoch ließ Herodes die Mariammesöhne nun in Haft nehmen. Eurykles erhielt für seine zweifelhaften Dienste von Herodes ein kleines Vermögen und machte sich nach Kappadozien aus dem Staub, wo er Archelaos, dem er etwas von einer ihm zu verdankenden Versöhnung zwischen Alexander und Herodes erzählte, nochmals um eine erhebliche Summe prellte. Bevor sein Betrug aufflog, war er bereits über alle Berge.

---

ster Onias I. (309–265 v. Chr.). Unter den Makkabäern und Hasmonäern wurden diese Beziehungen ausgebaut; vgl. 1 Makk 12,6–18; 14,20–23; 2 Makk 5,9.

Aristobul versuchte unterdessen, seine Tante und Schwiegermutter Salome auf seine Seite zu ziehen. Er wollte ihr glaubhaft machen, dass auch ihr Leben in Gefahr sei, weil Gerüchte über nach wie vor bestehende Beziehungen zu Syllaios die Runde machten, näherhin der Vorwurf des Verrats von Staatsgeheimnissen an den Nabatäer, der inzwischen zu Herodes' ärgsten Feinden gehörte (dazu gleich mehr). Mit diesem Schachzug wollte Aristobul vielleicht in letzter Minute seinen Kopf retten, erreicht hat er faktisch das Gegenteil. Salome informierte Herodes sofort über Aristobuls Versuch, einen Keil zwischen sie und ihren Bruder zu treiben. Herodes ordnete daraufhin verschärfte Kerkerhaft für die Mariammesöhne an und befahl ihnen, schriftliche Geständnisse vorzulegen, in denen sie jedoch nur ihre Fluchtpläne zugaben. Herodes war nun zum Äußersten entschlossen. Um sich in Rom abzusichern, schickte er Voluminus (möglicherweise identisch mit dem Legaten des syrischen Statthalters Saturninus, der am Prozess gegen die Mariammesöhne teilnahm) und seinen Vertrauten Olympos zu Augustus. Die Emissäre suchten unterwegs Archelaos auf, um ihn über die dramatische und wegen seiner angeblichen Beteiligung an den Fluchtplänen der Mariammesöhne auch für ihn selbst nicht ganz ungefährliche Zuspitzung der Lage zu unterrichten. Augustus ermächtige Herodes, seine Söhne zum Tode zu verurteilen, wenn stichhaltige Beweise für ihre Mordabsichten vorlägen. Er solle sie jedoch milder bestrafen, wenn ihnen nur die geplante Flucht nachgewiesen werden könnte. Auf jeden Fall tue er gut daran, den Fall vor einem ordentlichen Gericht zu verhandeln. Herodes hielt sich an diese Anweisungen und machte den Mariammesöhnen vor einem Gericht in Berytos (Beirut) unter dem Vorsitz des syrischen

Statthalters den Prozess. Allerdings ließ er sie selbst nicht zur Verhandlung zu, sondern hielt sie in der Nähe von Sidon in Haft, weil er fürchtete, sie könnten das Gericht zu ihren Gunsten beeinflussen. Alexander und Aristobul hatten also keine Möglichkeit, sich zu verteidigen. Auch Archelaos von Kappadozien, dessen Teilnahme Augustus ausdrücklich empfohlen hatte, lud Herodes nicht nach Berytos ein. In der Gerichtsverhandlung trat Herodes als Ankläger auf und bewegte die Anwesenden, 150 Personen, nicht so sehr durch Indizien und Argumente als vielmehr durch fortgesetzte Ausbrüche maßlosen Hasses zu einem strengen Urteil. Schließlich plädierte die Mehrheit für die Todesstrafe.

Sobald das Strafmaß verkündet war, holte Herodes seine Söhne ab und trat die Heimreise an. In Cäsarea beriet er sich mit Nikolaos, der gerade aus Rom eingetroffen war. Nikolaos berichtete, die in Rom weilenden Vertrauten des Königs hielten eine milde Strafe für ausreichend. Er selbst riet, die Vollstreckung des Todesurteils für den Moment auszusetzen, um sich gegen den Vorwurf abzusichern, er habe überstürzt gehandelt. Möglicherweise hätte Herodes seinen Entschluss noch einmal überdacht, wenn nicht ein altgedienter Soldat mit Namen Tiron, dessen Sohn mit Alexander bekannt war, an Herodes herangetreten wäre, ihm bittere Vorwürfe gemacht und – das war sein Fehler – auf den Unmut vieler Militärs über die harte Haltung des Königs hingewiesen hätte. Herodes beraumte sofort eine Untersuchung an, in deren Verlauf ein Barbier des Königs mit Namen Tryphon aussagte, Tiron habe ihn mehrfach zu überreden versucht, dem König beim Rasieren die Kehle durchzuschneiden. Damit waren die Würfel gefallen. Herodes überließ Tryphon, Tiron und eine ganze Anzahl weiterer Soldaten dem aufgebrachten Mob zur Steinigung, reiste mit seinen Söhnen nach Sebaste und ließ sie dort strangulieren – in der Stadt, in der er 30 Jahre zuvor, im Jahr 37 v. Chr., ihre Mutter Mariamme geheiratet hatte.

9.2. Nabatäerkrieg, Zerwürfnis mit Augustus

9.2.1. Die Schändung des Davidsgrabes

Bevor sich Josephus in den Antiquitates der um die Nabatäerkrise erweiterten Darstellung vom Ende der Mariammesöhne widmet, berichtet er von der Schändung des Davidsgrabes durch Herodes (16,7,1/179–183). Herodes sei zu Ohren gekommen, erzählt er, dass einst »Hyrkan, der vor ihm König war«, also Johannes Hyrkan I., das Grab Davids geöffnet und daraus 3 000 Talente Silber entnommen habe. In der Hoffnung, dort noch weitere Schätze vorzufinden, ließ er bei Nacht die Grabstätte heimlich öffnen und drang sogar bis zu den Grabkammern vor. Er stieß jedoch nur auf einiges kostbare Gerät und goldenen Schmuck. Tatsächlich hatte bereits Hyrkan kein Geld gefunden, merkt Josephus an. Herodes war also einer Falschinformation aufgesessen. Außerdem kamen zwei seiner Leibwächter durch eine Feuerflamme, die ihnen aus der Gruft entgegenschlug, ums Leben. Panisch flüchtete Herodes aus dem Inneren des Grabes und ließ, weil ihn sein schlechtes Gewissen plagte, die Grabanlage mit weißem Marmor auskleiden. Von der prächtigen Ausgestaltung des Davidsgrabes habe auch Nikolaos berichtet, ohne jedoch den unrühmlichen Hintergrund dieser Baumaßnahme zu erwähnen. In dieser kurzen Episode tritt die literarisch-rhetorische Arbeitstechnik des Josephus einmal mehr klar zu Tage:

Sie dient ihm einerseits dazu, die im Folgenden geschilderte Nabatäerkrise als Strafe für den Frevel der Grabschändung hinzustellen und damit ein weiteres Beispiel für das im Vorwort der Antiquitates namhaft gemachte Leitmotiv (»Wer nach dem Gesetz Gottes lebt, wird glücklich; wer es übertritt, leidet Schaden«) anzuführen. Sodann bietet er in diesem Text eine lebendig gezeichnete Teilansicht von Herodes' Charakter, in der sich Geldgier, Leichtgläubigkeit, Heimlichtuerei, Schreckhaftigkeit, ein schlechtes Gewissen und die irrige Auffassung, man könne mit Geld alles wieder gutmachen, ein anschauliches Stelldichein geben. Drittens nimmt er die Gelegenheit wahr, um die Qualität seines eigenen Geschichtswerkes hervorzuheben, indem er das des Nikolaos von Damaskus schlecht macht. Es muss nicht eigens betont werden, dass Herodes' illegale Nacht- und Nebelaktion zu den Begebenheiten gehört, die schon zur Zeit der Abfassung der Antiquitates, also rund 100 Jahre später, unterhalb der historischen Nachprüfbarkeitsschwelle lagen. Wenn Josephus Nikolaos vorwirft, bei der Erwähnung des Davidsgrabes das Wesentliche weggelassen zu haben, dann ist die Vermutung statthaft, Josephus habe ganz im Gegenteil das (für seine Darstellung) Wesentliche erfunden bzw. einfach ungeprüft Legendarisches übernommen. Dies soll nicht die Bedeutung des josephischen Geschichtswerkes schmälern, wohl aber uns daran erinnern, dass wir es nicht mit historischen Protokollen zu tun haben, sondern mit antiker Literatur.

9.2.2. Die Nabatäerkrise

In der Trachonitis kam es bereits während Herodes' dritter Romreise (12 v. Chr.) zu neuerlichen Unruhen. Die raub- und rauflustigen Trachoniter hatten sich, seit ihr Gebiet 12 Jahre zuvor an Herodes gefallen war, mit der Herrschaft des Judäerkönigs noch keineswegs abgefunden und seinen Versuchen, das Land zu zivilisieren, wenig Sympathie entgegengebracht. Auf das Gerücht hin, Herodes sei in Rom ums Leben gekommen, verlegten sie sich erneut aufs Rauben und Plündern. Zwar bekamen Herodes' Offiziere die Lage rasch wieder unter Kontrolle, doch flüchteten 40 dieser räuberischen Sippen auf arabisches Gebiet, d. h. zu den Nabatäern. Dort begegnet uns nun wieder der Araber Syllaios, der Herodes seit dessen Weigerung, ihm Salome zur Frau zu geben, leidenschaftlich hasste. Syllaios wies den Flüchtlingen eine Festung zu, die eine ausgezeichnete Operationsbasis für weitere Raubzüge abgab. Von hier aus machten sie ganz Judäa und Koilesyrien unsicher. Die Situation eskalierte, als Herodes nach seiner Rückkehr aus Rom Vergeltungsaktionen in der Trachonitis durchführte und sich die Trachoniter von nabatäischem Gebiet aus, auf das Herodes im Rahmen seiner von Rom verliehenen Vollmachten nicht vorrücken durfte, grausam rächten, indem sie ganze Dörfer dem Erdboden gleichmachten. Herodes schaltete daraufhin den syrischen Statthalter Saturninus ein und verlangte die Auslieferung der rebellischen Banden. Diese zeigten sich jedoch wenig beeindruckt und setzten, mittlerweile über 1 000 Mann stark, ihre Streifzüge durch judäisches Territorium fort. Syllaios leugnete, dass sich überhaupt Trachoniter auf nabatäischem Gebiet aufhielten. Außerdem verweigerte er die Rückzahlung eines längst fälligen Darlehens, das Herodes dem Nabatäerkönig Obodas gewährt hatte. Herodes wurde nochmals bei Saturninus vorstellig, der Syllaios nun seinerseits zur Auslieferung der Rebellen aufforderte und für die Rückzahlung des Darlehens eine Frist von 30 Tagen festsetzte. Syllaios ließ jedoch diese Frist verstreichen und reiste statt dessen nach Rom.

Herodes holte daraufhin beim syrischen Statthalter die Erlaubnis für eine begrenzte Militäraktion auf nabatäischem Boden ein, zog in einem dreitägigen Eilmarsch gegen die Aufrührer zu Felde und zerstörte ihre Festung. Die Trachoniter erhielten arabische Verstärkung unter der Führung eines gewissen Nakeb, der jedoch gegen Herodes nichts ausrichten konnte. 25 seiner Leute fielen im Kampf.

Nachdem die Trachoniter ihres nabatäischen Stützpunktes beraubt waren, beruhigte sich die Lage, zumal Herodes durch die Ansiedlung einer Militärkolonie von 3000 Idumäern seinem Willen Ausdruck verlieh, in der Trachonitis auch künftig hart durchzugreifen. Später warb er im benachbarten Batanäa außerdem eine Reitertruppe von 500 kriegstüchtigen babylonischen Juden unter der Führung eines gewissen Zamaris an, die sich gerade in der Gegend aufhielten, möglicherweise als Geleitschutz für jüdische Pilger aus Babylonien, die zu einem der großen Jahresfeste nach Jerusalem unterwegs waren. Herodes machte ihnen ein attraktives Angebot – Landbesitz und dauerhafte Befreiung von allen Steuern – und konnte sie zum Bleiben bewegen.[106] Damit hatte er nicht nur einen militärischen Vorposten an der batanäischen Grenze zur Trachonitis geschaffen sondern auch die Sicherheit der Pilgerrouten von und nach Babylonien erhöht.

Herodes schickte Saturninus und seinem Legaten Voluminus, die sich gerade in Phönizien aufhielten,

---

106 Ein Nachkomme jenes Zamaris mit Namen Philipp stand während des jüdischen Krieges als Offizier bei Agrippa II. in Diensten. Da Josephus in der Vita einiges über Philipp zu berichten weiß, ist anzunehmen, dass er ihm nach dem Krieg in Rom persönlich begegnet ist.

einen Rechenschaftsbericht über die erfolgreiche Offensive, der deren Billigung fand. Syllaios war unterdessen freilich nicht untätig geblieben. Eilkuriere hatten ihm Meldung von dem Gefecht des Herodes mit den Verbänden Nakebs gemacht. Syllaios schilderte Augustus den Vorfall in maßloser Übertreibung und sprach von 2500 Gefallenen auf arabischer Seite. Der Cäsar erkundigte sich, ob Herodes tatsächlich die Grenze zum Nabatäerreich in militärischer Absicht überschritten habe. Als Vertraute des Herodes und aus Syrien angereiste römische Beamte dies bestätigten, ließ er keine weiteren Erläuterungen zu und teilte Herodes brieflich mit, dass er ihn ab sofort nicht mehr als Freund, sondern als Untertanen behandeln werde. Es erstaunt, dass Augustus so schroff und unbesonnen reagiert haben soll. Stewart Perowne vermutet als Grund hierfür, dass den Cäsar die Nachricht von Unruhen an der Ostgrenze des Reiches zu einem Zeitpunkt erreichte, der ungünstiger nicht sein konnte, nämlich zu Beginn des Jahres 9 v. Chr., als er die Vorbereitungen zur Einweihung der *ara Pacis Augustae* traf. Den Bau dieses Altars des »Augustus-Friedens« hatte der römische Senat bereits 13 v. Chr. beschlossen. Nach mehrjähriger Bauzeit wurde er am 30. Januar des Jahres 9 v. Chr. feierlich eingeweiht.[107] Natürlich passte das Gezanke zwischen dem Judäerkönig und den Nabatäern schlecht zur Inszenierung der *pax Augusta*, die in jenen Wochen in Rom ihren Höhepunkt erlebte. Dennoch wundert man sich über den Verlauf der Dinge, wie Josephus sie schildert. Ein Wort darüber,

---

107 Augustus erwähnte diesen Altar auch in seinen *Res gestae*. Für eine Beschreibung des Altars und seine Einordnung in die augusteische Friedensidee vgl. J. BLEICKEN, Augustus, 514 ff. (mit Abbildungen und Einzelheiten zur Fundgeschichte).

dass Herodes' Strafaktion vom syrischen Statthalter genehmigt war, hätte doch genügt, um alle Missverständnisse auszuräumen oder zumindest ein übereiltes Urteil zu Ungunsten des Herodes zu verhindern. Wie dem auch sei: Syllaios triumphierte und die Trachoniter und Nabatäer gerieten gänzlich außer Rand und Band, als sie hörten, dass Herodes bei Augustus in Ungnade gefallen war. Wie gravierend das Zerwürfnis war, musste Herodes erfahren, als Augustus zwei Gesandtschaften hintereinander abwies, ohne sie anzuhören. Nun bekam er erstmals schmerzlich zu spüren, dass ihm sein Freund Marcus Agrippa nicht mehr zur Seite stand. Agrippa, den Herodes zum letzten Mal im Jahr 13. v. Chr. persönlich getroffen hatte, als er ihm seinen Sohn Antipater anvertraute, war im März 12 v. Chr. auf der Rückreise von einem Feldzug gegen die Pannonier in Kampanien gestorben. Wäre der zweitmächtigste Mann Roms damals noch am Leben gewesen, hätte er Augustus sicherlich zu einer gründlicheren Überprüfung des Falles angehalten. Doch seit dem Tod Agrippas hatte sich das politische Klima in Rom für den Judäerkönig offenbar gewandelt. Syllaios hatte leichtes Spiel, Herodes in Misskredit zu bringen und seine eigene Stellung in Rom zu verbessern. Inzwischen war der Nabatäerkönig Obodas gestorben und Aretas IV. war ihm auf dem Thron gefolgt. Aretas hatte sich vor seinem Herrschaftsantritt nicht mit Rom ins Benehmen gesetzt, so dass Augustus nicht gut auf ihn zu sprechen war.[108] Syllaios machte sich diesen Umstand zu Nutze und setzte alles daran, Aretas beim

108 Das Nabatäerreich gehörte damals noch nicht zum römischen Imperium, doch legte Rom bereits großen Wert darauf, bei solch wichtigen Entscheidungen wie der Thronfolge gehört zu werden.

Cäsar anzuschwärzen und dann sich selbst als Thronfolger ins Gespräch zu bringen. Parteigänger des Aretas überbrachten zwar ein Schreiben, in dem Syllaios beschuldigt wurde, Obodas vergiftet zu haben, doch nahm Augustus den Brief gar nicht zur Kenntnis und wies auch die beigelegten Geschenke zurück.

Herodes waren nun die Hände gebunden. An eine zweite Militäroffensive gegen die Nabatäer war keinesfalls zu denken, wollte er sich bei Augustus nicht gänzlich unmöglich machen. So musste er die andauernden Grenzverletzungen von nabatäischer Seite hinnehmen und hatte auch keine Handhabe, als nabatäische Pächter herodianischer Weidegebiete ihre Zahlungen einstellten und das gepachtete Land als ihr Eigentum deklarierten.[109] In der Trachonitis hatten die idumäischen Garnisonen alle Mühe, die fortwährenden Unruhen einzudämmen. Schließlich unternahm Herodes einen weiteren Versuch, mit Augustus wieder ins Reine zu kommen und so seine politische Handlungsfähigkeit wiederzuerlangen. Er schickte zum dritten Mal eine Gesandtschaft auf den Weg, diesmal angeführt von Nikolaos von Damaskus. Als Nikolaos in Rom eintraf, hatte sich die Situation insofern zu Herodes' Gunsten entwickelt, als Syllaios nun durch Aretas' Parteigänger zunehmend unter Druck geriet. Nikolaos verlegte sich also darauf, Syllaios anzuklagen anstatt Herodes zu verteidigen. Dabei erhielt er sogar

---

109 Möglicherweise handelt es sich um die Gebiete, die Mitte der dreißiger Jahre an Kleopatra gefallen, von Herodes gepachtet und dann an den früheren Eigentümer, den Nabatäerkönig Malichos, weiterverpachtet worden waren. Dann wäre verständlich, warum die Nabatäer jede Gelegenheit nutzten, um Herodes den Pachtzins schuldig zu bleiben, handelte es sich doch um ehemals nabatäisches Gebiet.

Unterstützung von Gefolgsleuten des Syllaios, die den Stimmungsumschwung gewittert und rechtzeitig die Fronten gewechselt hatten. Syllaios konnten nun nicht nur politische Morde im Umfeld des verstorbenen Obodas nachgewiesen werden, sondern auch die Falschinformationen über Herodes' nabatäische Offensive. Augustus bedauerte daraufhin den bösen Brief an den Judäerkönig. Das gute Einvernehmen war nun wieder hergestellt. Der Cäsar zog sogar in Betracht, Herodes zum Herrscher über die Nabatäer zu machen, doch es kam anders. Hier überschneidet sich der josephische Bericht vom Ende der Mariammesöhne mit der Schilderung der Nabatäerkrise: Als Voluminus und Olympos vom Verhandlungserfolg des Nikolaos hörten, überreichten sie Augustus das Schreiben des Herodes, in welchem er um die Vollmacht zur Aburteilung seiner Söhne nachsuchte. Augustus nahm nun von seinem Vorhaben Abstand, weil er es nicht für ratsam hielt, einem Herrscher in fortgeschrittenem Alter, der mit seinen Söhnen derart zerstritten war, ein weiteres Reich anzuvertrauen. Er begnügte sich damit, Aretas eine Rüge zu erteilen und erkannte sein Königtum an.

Wenn die relative Chronologie des josephischen Berichts zutrifft, hat sich sowohl das Zerwürfnis mit den Mariammesöhnen nach Augustus' gescheitertem Vermittlungsversuch wie auch die Nabatäerkrise über einen Zeitraum von etwa fünf Jahren hingezogen, nämlich von seiner Rückkehr aus Rom im Jahr 12 v. Chr. bis zur Hinrichtung Alexanders und Aristobuls um 7 v. Chr. Die kommenden Jahre bis zum Tod des Herodes 4 v. Chr. waren politisch ruhig, der familiäre Zwist ging jedoch unvermindert weiter.

Nach dem Tod der Mariammesöhne trug Herodes der veränderten familiären Situation durch mehrere familienpolitische Maßnahmen Rechnung. Für Glaphyra, die Tochter des Kappadozierkönigs Archelaos, gab es nun keinen Grund mehr, am Jerusalemer Hof zu verweilen. Herodes schickte sie zu ihrem Vater zurück und erstattete die Mitgift, die Glaphyra bei ihrer Hochzeit mit Alexander erhalten hatte, aus eigener Tasche. Glaphyra heiratete später König Juba von Mauretanien. Sodann arrangierte Herodes mehrere Ehen und Verlobungen. Berenike, die Witwe Aristobuls, verheiratete er mit Theudion, einem Bruder der Doris, der Mutter Antipaters. Die namentlich nicht bekannte Tochter seines Bruders Pheroras verlobte er mit Tigranes, dem älteren Sohn Alexanders und Glaphyras. Die Töchter Aristobuls mit Namen Mariamme und Herodias verlobte er mit einem Sohn Antipaters, also einem seiner Enkel, und seinem (des Herodes) Sohn Herodes aus der Ehe mit der zweiten Mariamme. Außerdem nötigte er seine Schwester Salome, die immer noch dem Araber Syllaios nachhing, zur Ehe mit Alexas, einem seiner Freunde, und er verheiratete eine mit Namen nicht bekannte Tochter Salomes (also eine Schwester Berenikes) mit einem Sohn des Alexas aus dessen voriger Ehe.

Auch wenn man die verwandtschaftlichen Verhältnisse, die mit jeder neuen endogamen Verbindung immer verwickelter und unübersichtlicher werden, nicht im Kopf hat, ist klar, worauf Herodes' Familienpolitik nach dem Tod der Mariammesöhne zielte, nämlich auf die Vermischung von hasmonäischen und nichthasmonäischen Herodesnachkommen (oder, was nicht ganz dasselbe ist, von Freunden und Feinden der

Mariammesöhne)[110] in zweiter und dritter Generation. Dadurch hoffte Herodes, zumindest langfristig die Gräben zu schließen, die mit der Hinrichtung der Mariammesöhne zunächst noch tiefer wurden. Antipater rechnete die familienpolitischen Maßnahmen seines Vaters auf mögliche Gefahren für seine eigene Machtstellung hoch und war vor allem über die bedenklich gestärkte Position des Tigranes beunruhigt: Dieser Sohn Alexanders, der über seine Mutter bereits den einflussreichen Archelaos von Kappadozien zum Großvater hatte, sollte nun auch noch den Tetrarchen Pheroras zum Schwiegervater bekommen und damit dessen potentieller Erbe werden. Antipater, den Herodes zu seinem Mitregenten ernannt und mit weitgehenden Vollmachten ausgestattet hatte, machte deshalb seinen Einfluss auf seinen Vater geltend und brachte ihn dazu, die Verlobung zwischen Tigranes und Pheroras' Tochter sowie die Verlobung zwischen seinem eigenen Sohn und Aristobuls Tochter Mariamme rückgängig zu machen und die innerfamiliären Bande an diesen beiden Stellen anders zu knüpfen: An Stelle von Tigranes wurde nun Antipaters Sohn mit Pheroras' Tochter verlobt und Antipater selbst mit Mariamme.[111] Die bereits erwähnte Ehe zwischen Berenike und Doris' Bruder Theudion war dagegen ganz in Antipaters Sinn, weil er sein Verhältnis zu

---

110 Erst in einem späteren Stadium der Erzählhandlung (Ant. 17,5,2/92) erfahren wir, dass Antipaters Frau eine Hasmonäerin war, nämlich eine namentlich nicht bekannte Tochter des Antigonos, der sich 37 v. Chr. Herodes ergeben musste und später auf Antonius' Befehl hingerichtet wurde.

111 Die Ehe kam nicht zu Stande, weil Antipater hingerichtet wurde, bevor Mariamme in heiratsfähigem Alter war (Kokkinos, 211).

Salome dadurch zu stabilisieren hoffte, dass sie zur Schwiegermutter seines Onkels wurde.

Dennoch war sich Antipater seiner Sache nicht sicher. Ihm war bekannt, dass das Volk ihm den Tod der Mariammesöhne anlastete und er auch bei den Militärs nicht beliebt war. Außerdem missfiel ihm die gewissenhafte Fürsorge, die Herodes seinen sieben Enkeln aus den Ehen Alexanders und Aristobuls angedeihen ließ. Er knüpfte deshalb vorsorglich durch verschwenderische Geldgeschenke Beziehungen zum syrischen Statthalter Saturninus wie auch zu wichtigen Personen im Umfeld des Augustus. In seine Versuche, seine Machtposition zu festigen, band er auch Pheroras ein. Zwischen dem erstgeborenen Sohn und dem einzigen überlebenden Bruder des Herodes entwickelte sich in der Folgezeit ein enges, gegen Herodes gerichtetes Vertrauensverhältnis (offenbar störte es Pheroras nicht, dass die Verlobung seiner Tochter mit Tigranes wegen Antipaters Intervention geplatzt war). Salome jedoch hielt unbeirrt zu Herodes. Argwöhnisch beobachtete sie das Treiben ihres Neffen und ihres Bruders und meldete Herodes jede verdächtige Einzelheit. Es entging ihr auch nicht, dass Antipater und Pheroras in der Öffentlichkeit so taten, als seien sie sich spinnefeind, heimlich jedoch ganze Nächte durchfeierten und sich eine Zukunft ohne den tyrannischen König ausmalten. Mit von der Partie waren Pheroras' zweite Frau (die bereits erwähnte Sklavin), deren Schwester und Mutter, sowie Antipaters Mutter Doris. Dieses Vierergespann stiftete am Hof viel böses Blut und machte sich Herodes nicht zuletzt durch enge Beziehungen zu den Pharisäern verdächtig. Josephus erwähnt, dass die Frau des Pheroras den Pharisäern einmal eine Geldstrafe bezahlt hat, die ihnen von Herodes wegen der Verweigerung des Treueeids auf seine Person auferlegt worden war. Nun revanchierten sich die Pharisäer, denen die Gabe der Zukunftsschau nachgesagt wurde, mit einer Gefälligkeitsweissagung: Die Herrschaft werde Herodes und seinen Söhnen genommen werden und ihren – der Sklavin! – und Pheroras' Kindern zufallen. Salome setzte Herodes von diesen Vorfällen in Kenntnis, worauf der König einige Pharisäer und weitere Personen aus dem Kreis ihrer Sympathisanten hinrichten ließ[112] und Pheroras' Frau öffentlich wegen ihrer Intrigen zur Rede stelle. Er forderte Pheroras auf, sich nun endlich von seiner Frau zu trennen, die nichts als Unfrieden stiftete. Der weigerte sich jedoch, und Herodes nahm die Widersetzlichkeit seines Bruders auch dieses Mal hin. Gegen Pheroras' Frau unternahm er ebenfalls nichts, untersagte jedoch weitere Treffen der vier Frauen und künftige Kontakte zwischen seinem Sohn und seinem Bruder. Seiner Anordnung suchte er in einer Geste offenkundiger Hilflosigkeit dadurch Nachdruck zu verleihen, dass er Antipater 100 Talente Silber dafür gab, dass er nicht mehr mit Pheroras verkehren würde. Antipater und Pheroras unterliefen die Anweisung des Königs jedoch und trafen sich weiterhin heimlich. Nun war sogar von einer von Doris angebahnten Affäre zwischen Antipater und Pheroras' Frau die Rede.

---

112 Darunter ein Eunuch, dem die Pharisäer »geweissagt« hatten, er werde die Fähigkeit wiedererlangen, Kinder zu zeugen. Dadurch wird die ganze Episode um die Beteiligung der Pharisäer an den Intrigen gegen Herodes vollends zur Posse. Sie dient Josephus wohl in erster Linie dazu, die von ihm wenig geliebten Pharisäer in ein möglichst negatives Licht zu rücken. Zum überwiegend negativen Pharisäerbild des Josephus vgl. S. MASON, Flavius Josephus on the Pharisees.

Doch Antipater wurde der Boden in Jerusalem allmählich zu heiß. Er fädelte deshalb im Jahr 6 v. Chr. eine Romreise ein, für die er Herodes' volle Unterstützung erhielt. Er versprach nämlich, gegen Syllaios vorzugehen, der inzwischen erneut nach Rom gereist war, wahrscheinlich weil er sich vor Augustus verantworten musste. Zugleich sollte Antipater dem Cäsar die neueste Fassung von Herodes' Testament vorlegen, die Antipater als Nachfolger nannte, im Falle seines Todes jedoch Herodes, den Sohn der zweiten Mariamme, für den Thron vorsah. Antipater, der mit seinen nunmehr 40 Jahren nicht mehr der Jüngste war, hatte mit Mariammes Sohn nun einen weiteren Thronerben im Rücken, befand sich also in einer ähnlich unbefriedigenden Lage wie zu Lebzeiten der Mariammesöhne, die Herodes ebenfalls zu Nachfolgern Antipaters bestimmt hatte. Außerdem machte sein Vater keine Anstalten abzudanken. Er arbeitete deshalb weiterhin fieberhaft daran, endlich in den völligen Besitz der Macht zu kommen. Syllaios spielt bei all dem nur eine Nebenrolle. Während Antipaters Romaufenthalt im Jahr 6 oder 5 v. Chr. erlebte das Verfahren gegen Syllaios eine Neuauflage. Er wurde wegen des Mordes an Obodas und weiteren hochrangigen Personen sowie wegen einer Verschwörung gegen Herodes angeklagt, schuldig gesprochen und, wie wir durch Syllaios' Zeitgenossen Strabon wissen (*Geographica* 16,782), mit dem Beil hingerichtet.

Während Antipater sich in Rom die Gunst des Cäsar erwarb, veränderten sich die Dinge in Judäa unaufhaltsam zu seinem Nachteil. Inzwischen hatten sich Herodes und Pheroras überworfen. Weil Pheroras von der Sklavin partout nicht lassen wollte, befahl ihm Herodes, sich in seine Tetrarchie zurückzuziehen. Tief gekränkt schwor Pheroras, bei Lebzeiten des Königs nicht mehr in dessen Reich zurückzukehren. Sogar als sich Herodes schwer erkrankt dem Tode nahe wähnte und seinen Bruder ein letztes Mal zu sehen wünschte, blieb er hartnäckig. Herodes erholte sich zwar, aber kurz darauf wurde Pheroras auf den Tod krank. Da machte sich Herodes auf den Weg nach Peräa und die beiden Brüder versöhnten sich auf Pheroras' Sterbebett. Herodes überführte den Leichnam nach Jerusalem, ordnete Staatstrauer an und richtete seinem Bruder ein prächtiges Begräbnis aus. Bald danach machte das Gerücht die Runde, Pheroras sei von seiner Frau vergiftet worden. Das Gift habe sie über ihre Mutter und ihre Schwester von einer Araberin bezogen, die zum Umfeld des Syllaios gehörte. Herodes ließ daraufhin einige Sklavinnen von Pheroras' Frau unter Folter verhören. Zwar war über den angeblichen Giftmord an Pheroras nichts herauszubekommen, doch wurden Antipater und Doris im Laufe weiterer Verhöre schwer belastet. Herodes verstieß Doris daraufhin zum zweiten Mal und nun endgültig. All ihren Schmuck und alle Geschenke des Königs musste sie in Jerusalem zurücklassen. Wenig später kamen weitere Einzelheiten des gegen Herodes geschmiedeten Komplotts ans Licht: Doris' Bruder Theudion hatte Antipater in Ägypten Gift besorgt, das Pheroras dem König während Antipaters Abwesenheit verabreichen sollte, damit kein Verdacht auf ihn fiele. Pheroras Frau gestand, Pheroras habe ihr das Gift zur Aufbewahrung übergeben. Dann versuchte sie, sich durch einen Sturz vom Dach das Leben zu nehmen, überstand aber den Selbstmordversuch. In einem späteren Verhör sagte sie aus, Pheroras habe auf dem Krankenbett aus Rührung über die Fürsorge seines Bruders seine Beteiligung an Antipaters Mordplänen aufgegeben. Nun geriet auch die zweite Mariamme in die Schusslinie, weil sie der

Mitwisserschaft beschuldigt wurde. Herodes trennte sich von ihr, entzog ihrem Vater Simon ben Boëthos die Hohepriesterwürde und strich Mariammes Sohn Herodes aus seinem Testament. Unterdessen wurde ein Bote Antipaters aufgegriffen, der weiteres Gift für Herodes im Gepäck hatte. Er sagte aus, dass er es Doris überbringen sollte für den Fall, dass der erste Giftanschlag misslänge. Außerdem wandten sich Vertraute des Herodes aus Rom brieflich an den König mit der Information, dass Antipater versuchte, Archelaos (Sohn der Malthake) und Philipp (Sohn der Kleopatra), die für die Zeit ihrer Ausbildung in Rom lebten, systematisch in Misskredit zu bringen. Nach der Darstellung des Josephus merkte Antipater von den in Judäa gegen ihn laufenden Ermittlungen, die sich über sieben Monate hinzogen, nicht das Geringste. Josephus stellt Überlegungen darüber an, ob dies wohl dem allgemeinen Hass gegen Antipater zu verdanken wäre, oder »den Geistern der ermordeten Brüder«, die jedermann den Mund verschlossen (Bell. 1,31,2/607).

Als Antipater brieflich seine Rückkehr nach Judäa ankündigte, erhielt er ein ausgesucht freundliches Antwortschreiben seines Vaters, in dem er ihn aufforderte, rasch heimzukehren. Dann werde er gewisse Vorwürfe gegen Doris sicherlich rasch entkräften. Auf der Rückreise erreichte ihn außerdem die Nachricht von Pheroras' Tod. Der Verlust seines Komplizen und Herodes' Andeutungen über Doris beunruhigten ihn zwar, hielten ihn jedoch nicht davon ab, die Heimreise gegen den Rat einiger seiner Begleiter fortzusetzen. Als er in Cäsarea eintraf, bereitete man ihm einen ausgesprochen kühlen Empfang. Da wurde er schließlich nervös, doch zum Umkehren war es nun zu spät. Nach seiner Ankunft in Jerusalem legte er den königlichen Ornat an und betrat den Palast. Seine Begleiter wurden brüsk zurückgewiesen, er selbst zu Herodes vorgelassen. Der König wehrte seine Umarmung ab und teilte ihm statt dessen mit, er habe sich am folgenden Tag vor Gericht zu verantworten. Wie benommen zog sich Antipater zurück und erfuhr noch am selben Tag von seiner Mutter und seiner Frau, wie die Dinge standen. Den Prozessvorsitz hatte Varus, seit 6 v. Chr. Nachfolger des Saturninus im Amt des syrischen Statthalters. Herodes war der Hauptankläger, assistiert von Nikolaos von Damaskus, der dem Gericht die Beweislage erläuterte. Herodes war sich seiner Sache so sicher, dass er sogar Antipaters Gefolgsleute am Prozess teilnehmen ließ. Josephus lässt zunächst Herodes eine bewegte und bewegende Rede halten, in der Antipater als das vollendete Scheusal dasteht und nicht nur seinem Vater nach dem Leben trachtet, sondern auch den Tod seiner Brüder auf dem Gewissen hat. Darauf erhält Antipater das Wort und argumentiert nicht minder überzeugend und anrührend für seine Unschuld. Josephus zeigt, dass er das Handwerk des Gerichtsredners, der im Stande sein muss, auf Grund ein und derselben Beweislage auf »schuldig« und »nicht schuldig« zu plädieren, ganz gut beherrscht oder wenigstens gut imitiert, denn die gehaltenen Reden dürften im Wesentlichen aus seiner Feder stammen. Nach Antipaters Verteidigungsrede war Nikolaos an der Reihe. Er präsentierte dem Gericht eine Vielzahl erdrückender Indizien und Beweise, darunter einen abgefangenen Brief der Doris, in dem sie Antipater vor einer Rückkehr aus Rom warnte. Auch das für Herodes bestimmte Gift konnte er vorweisen, dessen Wirksamkeit an einem zum Tode Verurteilten an Ort und Stelle demonstriert wurde. Antipater brachte nur noch eine halbherzige Unschuldsbeteuerung heraus. Josephus berichtet nichts von einem Urteilsspruch (womit er für anhaltende Spannung bei seinem Publikum sorgt), sondern erwähnt lediglich eine anschließende Unterredung zwischen Herodes und Varus, einen Bericht des Varus an Augustus und die Inhaftierung Antipaters (dem weiteren Erzählverlauf zufolge in Jericho). Später kamen noch angebliche Briefe der Salome an Augustus' Frau Livia zum Vorschein, in denen sie sich in wüsten Beschimpfungen gegen Herodes erging. Die Schreiben, die Herodes in die Hände gespielt werden sollten, um Salome ins Verderben zu stürzen, erwiesen sich als von Antipater in Auftrag gegebene Fälschungen einer Kammerfrau Livias mit Namen Akme. Als Herodes davon Kenntnis erhielt, beschlichen ihn Zweifel, ob nicht auch die Briefe, die seinerzeit die Mariammesöhne schwer belastet hatten, Fälschungen waren.

Herodes wollte nun auf die baldige Hinrichtung Antipaters hinwirken, doch hinderte ihn eine schwere Krankheit daran. Zumindest unterrichtete er Augustus von den Umtrieben der Akme und ersetzte in einer weiteren, mittlerweile der sechsten und doch erst vorletzten Änderung seines Testaments Antipater durch Antipas, den zweiten Sohn der Malthake. Antipas' älterer Bruder Archelaos und Philipp, der jüngere Sohn der Kleopatra, blieben, weil Antipaters Verleumdungen das Misstrauen des Königs geweckt hatten, in der Erbfolge zunächst unberücksichtigt. Außer Salome bedachte er – in Erfüllung einer Pflicht gegenüber seinem römischen Patron – auch Augustus und Livia mit großen Summen. Seine Krankheit verschlimmerte sich nun von Tag zu Tag und plagte ihn mit heftigen Schmerzen. Antipater blieb noch eine kurze Galgenfrist, bis aus Rom die Ermächtigung zu seiner Hinrichtung eintraf.

9.4. Die Adleraffäre

Herodes hatte nur noch kurze Zeit zu leben, als es in Jerusalem zu Unruhen kam. Josephus berichtet von zwei einflussreichen Gesetzeslehrern mit Namen Judas und Matthias, die einen großen Schülerkreis um sich hatten und beim Volk in hohem Ansehen standen. Als sie hörten, dass es mit dem König zu Ende gehe, riefen sie ihre Schüler dazu auf, einen goldenen Adler, den Herodes über einem der Tempeltore hatte anbringen lassen, herunterzureißen und zu zerstören. Das Gesetz untersage jegliche Abbildungen lebender Wesen, und erst recht am Tempel sei derlei ein nicht hinnehmbarer Frevel. Dann machte das Gerücht die Runde, Herodes sei bereits gestorben, und die jungen Männer schritten zur Tat. Am helllichten Tag ließen sie sich mit Seilen vom Dach herunter und schlugen den Adler, wahrscheinlich ein vergoldetes Steinrelief, mit Äxten in Stücke. Die Tempelpolizei griff sofort ein, verhaftete 40 Personen und führte sie Herodes vor (Bell. 1,33,3/653). Sie gestanden die Tat sofort. Der König fragte sie, warum sie so guter Dinge seien, da sie doch den Tod vor Augen hätten. Sie gaben zur Antwort, dass sie sich glücklich schätzten, für die Gesetze ihrer Väter sterben zu dürfen. Josephus, der die Bereitschaft der Juden, für ihr Gesetz den Tod zu erleiden, rühmend hervorhebt, wo immer sich die Gelegenheit bietet, gestaltet hier eine schöne kleine Märtyrerszene, wie wir sie später auch in altchristlichen Texten zahlreich finden: Der Blutzeuge steht aufrecht und unerschrocken vor dem gottlosen Herrscher, legt ein öffentliches Bekenntnis für seine Glaubensüberzeugung ab und sieht guten Mutes dem Tod entgegen. Herodes ließ die Aufgegriffenen nach Jericho bringen und machte ihnen dort den Prozess. Die Anstifter ließ er lebendig verbrennen und überantwortete die Übrigen dem Henker. In Ant. 17,6,4/167 notiert Josephus, dass am Tag nach der Hinrichtung eine Mondfinsternis stattfand. Nach astronomischen Berechnungen war dies im infrage kommenden Zeitraum in der Nacht vom 12. auf den 13. März des Jahres 4 v. Chr. der Fall.

Leider sagt Josephus nichts darüber, warum sich ausgerechnet an jenem Adlerbild der Zorn der Gesetzeslehrer entzündet hat. Auch wissen wir nicht, zu welchem Zeitpunkt Herodes diese Figurendarstellung hat anbringen lassen. Wenn es sich um ein in die Mauer eingelassenes Relief handelte, ist anzunehmen, dass es zur ursprünglichen dekorativen Ausstattung der Tempelanlage gehörte und somit schon seit Mitte der zwanziger Jahre vorhanden war. Dann aber stellt sich die Frage, warum es über einen solch langen Zeitraum keinen Anstoß erregt hat bzw. zumindest geduldet wurde. Rätselhaft ist auch, warum Herodes einerseits, wie wir sahen, sogar in seinen Privatgemächern dem biblischen Bilderverbot Rechnung getragen und auf figürliche Darstellungen verzichtet, andererseits aber ausgerechnet die Jerusalemer Tempelanlage mit einem Adlerbild geschmückt hat. Strittig ist darüber hinaus, inwieweit die von Josephus skizzierte strenge Auslegung des Bilderverbotes, die jegliche figürliche Kunst auch außerhalb kultischer Zusammenhänge, also auch zu rein dekorativen Zwecken verbietet, in herodianischer Zeit in Geltung stand. Im Vorfeld des jüdischen Krieges scheint zeitweise eine strengere Auffassung vertreten worden zu sein, die jedoch nicht verallgemeinert werden kann. Später hat sich nachweislich eine äußerst liberale Linie durchgesetzt, wie figürliche Mosaike und Reliefs in Synagogenbauten ab dem 2. Jh. n. Chr. zeigen. Sensibel war das Thema im 1. Jh. v. Chr. zweifellos. Deshalb ist nicht anzunehmen, dass Herodes jenes Adlerbild an einem Tor hat anbringen lassen, das zum Heiligtum selbst gehörte, eher schon an einem der Tore in der Umfassungsmauer. Richardson vermutet, dass es sich um ein Tor an der Westseite nahe dem heute sog. Wilson-Bogen handelte, wo man das Tempelareal von der Oberstadt her über eine Brücke erreichte. In diesem Stadtviertel wohnten vorwiegend wohlhabendere Bürger, die mit hellenistischer Kunst noch die wenigsten Schwierigkeiten hatten. Auch Herodes selbst benutzte von seinem Palast aus wahrscheinlich diesen Zugang.

In der Forschung hat man die Frage, warum nun gerade jenes Adlerbild solche Empörung unter den Juden ausgelöst hat, unter Hinweis auf die Adlerbilder auf den Feldzeichen der römischen Legionen lange Zeit dahingehend beantwortet, dass der Adler als Symbol römischer Machtentfaltung ohnehin schon anstößig war und erst recht an der Tempelmauer für Unmut sorgen musste. Seit Erwin Goodenough dieser Deutung in seinem monumentalen Werk über jüdische Symbole in griechisch-römischer Zeit[113] vehement widersprochen hat, wird sie nur noch mit einiger Zurückhaltung vertreten. Tatsächlich ist das Symbol des Adlers in der Antike nicht römischen sondern orientalischen Ursprungs. Vornehmlich im syrischen Raum war er ein weit verbreitetes und insofern »unspezifisches« Gottessymbol, das auch von Juden übernommen werden konnte. Etwa ab dem 2. Jh. n. Chr. schmückten Adlerbilder die Türen zahlreicher palästinischer Synagogen (vgl. Abb. 13 und 14). Außerdem erblickte man im Flug dieses Vogels, der sich in gewaltige Höhen aufschwin-

---

113 Sein 13-bändiges Werk Jewish Symbols in the Greco-Roman Period ist zwischen 1953 und 1968 erschienen. Zum Adlersymbol vgl. Bd. 8, 121–142.

Abb. 13: Adler-Relief am Türsturz einer Synagoge in Gush-Halab, Obergaliläa

Abb. 14: Adler-Relief (Synagoge von Sardis, ca. 200 n. Chr.)

gen kann, ein Sinnbild für den Aufstieg der Seele zu Gott. Dies erklärt Adlerdarstellungen auf spätantiken jüdischen Sarkophagen. Auch die reiche alttestamentliche Bildersprache bietet Anknüpfungspunkte für eine Deutung des Adlersymbols, etwa Dtn 32,11, wo es von Gott heißt, dass er für sein Volk gesorgt hat wie ein Adler für seine Jungen:

»Wie ein Adler, der seine Brut zum Flug aufstört
und über seinen Jungen schwebt,
so breitete er seine Flügel aus,
nahm es und trug es auf seinem Fittich.«

Mit solchen positiven Assoziationen und der verbreiteten Verwendung des Adlersymbols in späterer jüdischer Synagogenarchitektur und Grabkunst kann erklärt werden, warum die Juden anscheinend über Jahre hinweg an jenem Adlerbild am Jerusalemer Tempel keinen Anstoß nahmen. Die Frage, warum dieses Symbol in den Tagen des Herodes zum Gegenstand des Volkszorns werden konnte, ist damit jedoch gerade nicht beantwortet. Offenbar wurde der goldene Adler gezielt ausgewählt, um den Widerstand gegen die Herrschaft des Herodes zu artikulieren. Hätte es sich um ein beliebiges Ornament gehandelt, wäre dessen Zerstörung lediglich eine unbedeutende Sachbeschädigung gewesen, und Herodes hätte kaum mit derartiger Schärfe reagiert. Nun war aber, wie Münzfunde zeigen (vgl. Abb. 15), der Adler zugleich das Wappentier des Herodes. Der Adler am Tempel konnte also auch als Manifestation des herodianischen Königtums verstanden werden. Dann wäre die Aktion jener Gelehrtenschüler ein Protestakt gegen die Herrschaft des Herodes, der an Deutlichkeit nichts zu wünschen übrig ließ und eine harte Bestrafung von Seiten des Königs nach sich ziehen musste. Da Herodes sein Königtum den Römern verdankte, war das Adlersymbol außerdem für eine Deutung auf Rom zumindest durchlässig,[114] selbst wenn sie nicht der Intention des Herodes entsprochen haben mag. Die antirömische Zuspitzung des biblischen Bilderverbots, mit dem die beiden Gesetzeslehrer in der josephischen Darstellung ja argumentieren, scheint auch sonst eine Rolle gespielt

114 Allerdings zeigt die abgebildete herodianische Münze einen Adler des nabatäischen Typus mit angelegten Flügeln, wogegen römische Darstellungen einen Adler mit gespreizten Flügeln abbilden.

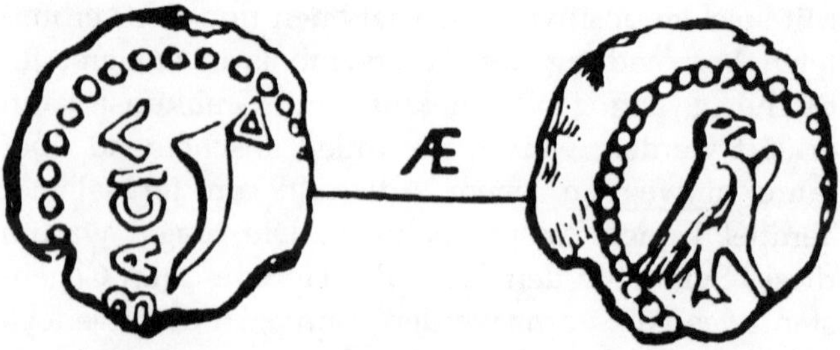

Abb. 15: Münze Herodes' d. Gr. mit Adlerbild
auf der Rückseite

zu haben, jedenfalls muss Josephus einen solchen Zusammenhang in seinem Spätwerk Contra Apionem (2,6/75) eigens dementieren:

»Ferner hat unser Gesetzgeber verboten, Bilder herzustellen, nicht gleichsam in prophetischer Vorausschau, dass die Macht Roms nicht geehrt werden dürfe, sondern weil er dies als eine Sache verachtete, die weder Gott noch den Menschen dienlich ist«.[115]

Ob mit oder ohne Seitenhieb gegen die römische Herrschaft in Palästina, im Vorfall um das Adlerbild am Jerusalemer Tempel wird eine grundlegende Spannung des herodianischen Königtums greifbar. Einerseits hat Herodes als der König der Juden seinem Volk eine drei Jahrzehnte währende, weitgehend friedliche Ära beschert, die religiösen Gepflogenheiten der jüdischen Religion, die auch seine eigene war, wenigstens in den jüdisch besiedelten Regionen seines Reiches beachtet und dem jüdischen Heiligtum zu weltweitem Ansehen verholfen. Andererseits blieb Herodes zeit seines Lebens Herrscher von Roms Gnaden, der das eigenartige Sonderdasein der Juden

115 Eigene Übersetzung.

auf dem internationalen Parkett seiner weit gespannten Beziehungen mit dem Gestus eines hellenistischen Monarchen zu überspielen verstand und seinem Volk wohl immer bis zu einem gewissen Grad fremd geblieben ist.

9.5. Herodes' Tod

Unmittelbar im Anschluss an die Adleraffäre widmet sich Josephus der Beschreibung der letzten Lebenstage des Königs. Wir sind in früheren Kapiteln dieses Buches bereits an zwei Stellen auf Sterbeszenen gestoßen, die auf die besondere Bedeutung dieses Themas in Biographien und Geschichtswerken etwa seit der frühen Kaiserzeit schließen lassen, nämlich die josephische Darstellung des Todes Phasaëls[116] und Mariammes[117]. Beide Szenen zeigen, wie ein Autor durch die Schilderung der Todesumstände einer Person mit den Mitteln literarischer Gestaltung Wertungen in die betreffende Biographie einträgt, die ein Licht auf das Ganze des dargestellten Lebens werfen. Das bedeutet aber, dass die literarische Stilisierung die »historischen« Todesumstände eines Menschen in besonderer Weise prägt und überlagert, wenn nicht gar verzeichnet. Cicero kann es geradezu als Gesetzmäßigkeit formulieren, »dass ein großer Mann nie auf eine jämmerliche Weise stirbt«,[118] und umgekehrt gilt für schlechte Charaktere, dass sie einen unwürdigen Tod erleiden. Diese Vorbemerkung ist nötig, um die

---

116 Vgl. S. 78 f.

117 Vgl. S. 112 f. Vgl. außerdem S. 92 f. zu den unterschiedlichen Versionen vom Tod des Antigonos im Bellum und in den Antiquitates.

118 Gespräche in Tusculum 1,96. Zitiert in der Übersetzung von O. Gigon, Cicero. Gespräche in Tusculum, 97.

josephische Darstellung von Herodes' Tod richtig einzuordnen. Bündig ausgedrückt sagt sie mehr über das Herodesbild des Josephus als über Herodes selbst. Bereits die ekelhaften Details über die körperlichen Beschwerden, die den König während seiner letzten Tage quälten, können keinesfalls als medizinischer Faktenbericht gelesen werden.[119] Josephus erwähnt starkes Fieber, juckende Hautausschläge, Krämpfe, Schwellungen an den Beinen, sowie »am Unterleib eine Entzündung und an den Geschlechtsteilen ein eiterndes Geschwür, das Würmer hervorbrachte« (Bell. 1,33,5/656). Man muss wissen, dass in der hellenistisch-römischen Antike der Wurmbefall zum Standardrepertoire in den Todesschilderungen von allerhand Frevlern und Gottlosen gehört. Ein prominentes Beispiel im Neuen Testament ist Herodes Agrippa I., Enkel Herodes' d. Gr. und Sohn des Mariammesohnes Aristobul. Der Verfasser der Apostelgeschichte erzählt, Agrippa habe sich einmal von den Bewohnern von Tyrus und Sidon als göttliches Wesen akklamieren lassen. Sofort »schlug ihn ein Engel des Herrn, weil er Gott nicht die Ehre gab; und er wurde von Würmern zerfressen und verschied« (Apg 12,23).[120] Auch Josephus lässt die Deutung von Herodes' Krankheit als

119 Deswegen sind den in der Literatur üblichen medizinischen Mutmaßungen über die Krankheiten des alten Herodes (zuletzt P. Richardson, 18, Anm. 10) m. E. äußerst enge Grenzen gesetzt.

120 Ein weiteres Beispiel ist der literarische Racheakt des 2. Makkabäerbuches an Antiochos IV., dem Seleukidenkönig, der es gewagt hatte, den Jerusalemer Tempel zu entweihen (9,8): »Er, der eben noch gemeint hatte, er könne den Wogen des Meeres gebieten kraft seiner übermenschlichen Prahlerei ..., er stürzte zu Boden, wurde auf einer Bahre mitgeführt und zeigte so allen sichtbar Gottes Macht, indem sogar aus den Augen des Gottlosen Wür-

Strafe Gottes, nämlich als Strafe für die Hinrichtung der Gesetzeslehrer, die die Zerstörung des Adlers propagiert hatten,[121] auf dem Fuße folgen (Bell. 1,33,5/656). Dass sich die Würmer ausgerechnet an Herodes' Genitalien zu schaffen machen, liest sich wie eine hämische Reminiszenz an das rege Geschlechtsleben des Königs im Laufe von zehn Ehen.

Ausgesprochen unvorteilhaft ist auch die weitere Darstellung: »Obwohl Herodes mit solchen Leiden zu kämpfen hatte«, vermerkt Josephus, »klammerte er sich doch an das Leben und war, weil er Genesung erhoffte, noch darauf bedacht, Wege zur Heilung zu finden« (Bell. 1,22,5/657). Herodes bildet hier das unrühmliche Gegenstück zu den 40 jungen Leuten, die sich (im Erzählzusammenhang unmittelbar zuvor) an der Zerstörung des Adlers beteiligt hatten: Während diese mitten im Leben stehen und dennoch den Tod freudig begrüßen, will Herodes nach einem erfüllten, langen Leben und trotz schwerster Krankheit nicht wahrhaben, dass seine Stunde geschlagen hat.[122] Auch

---

mer aufwimmelten und das Fleisch des Lebenden in Schmerz und Pein zerfiel, der von ihm ausgehende Geruch aber das ganze Heer mit Fäulnisgestank belästigte«. Übersetzung nach C. Habicht, 2. Makkabäerbuch (JSHRZ I/3), 245.

121 Eine Strafe also für ein begrenztes Vergehen zu einer Zeit, als Herodes seine Rolle als loyaler Verbündeter Roms schon ausgespielt hat. Dadurch bringt Josephus das (apologetisch bedingt) positive Herodesbild des Bellum mit der Negativdarstellung seines Todes in Einklang.

122 Der enge zeitliche Zusammenhang zwischen der Adleraffäre und dem Tod des Herodes verdankt sich also nicht zuletzt der rhetorischen Gestaltung. Das Stilmittel der *synkrisis* verlangte den unmittelbaren Vergleich ehrenvollen und ehrlosen Sterbens. Diesen Kontrast realisiert Josephus dadurch, dass er beide Episoden zeitlich nahe aneinander rückt.

hierin entspricht er so gar nicht dem antiken Ideal eines würdigen Sterbens. Um seine Schmerzen zu lindern, ließ sich Herodes, so Josephus weiter, von Jericho, wo er sich seit dem Prozess gegen die 40 jungen Männer aufhielt, an die Heilquellen von Kallirhoë bringen. Das warme Quellwasser half jedoch ebenso wenig wie ein von seinen Ärzten verordnetes Bad in warmem Öl, das ihn beinahe umgebracht hätte. Da er nun sein Ende kommen sah, ließ er an jeden seiner Soldaten 50 Drachmen verteilen und weitere beträchtliche Summen an hochrangige Militärs und einige Personen seines engsten Umfeldes. Zurück in Jericho befiel ihn zusätzlich zu den schon vorhandenen Beschwerden noch ein Gallenleiden. Rasend vor Schmerz traf er nun für sein Begräbnis eine Vorkehrung besonderer Art. Er befahl, die Vornehmsten aus allen jüdischen Ortschaften sollten sich im Hippodrom von Jericho versammeln. Dort ließ er sie einsperren und befahl Salome und ihrem Mann Alexas, allesamt töten zu lassen, sobald er gestorben wäre. Josephus legt Herodes folgende Begründung für dieses Ansinnen in den Mund (Bell. 1,33,6/660):

»Ich weiß, dass mein Tod ein Freudenfest für die Juden sein wird, ich habe aber die Macht, von Anderen betrauert zu werden und dadurch selbst eine prächtige Totenfeier zu erhalten, wenn ihr euch nach meinen Weisungen richten wollt. Lasst jene in Haft gehaltenen Männer durch Soldaten umstellen und tötet sie, sobald ich den letzten Atemzug getan habe, damit ganz Judäa und jede Familie wider ihren Willen über mich weine.«

Auch der Wunsch des Herodes, nach seinem Tod betrauert zu werden, gewinnt sein Profil erst auf dem Hintergrund der Konventionen griechisch-römischer Biographie. Plutarch widmet sich in seinen *Vitae parallelae* stets ausführlich der Frage, ob, in welchem Maße und von wem eine Persönlichkeit nach ihrem

Ableben betrauert wurde, kam damit doch das bei Lebzeiten genossene Ansehen abschließend nochmals augenfällig zur Geltung. Von Herrschern, die er besonders schätzt, notiert Plutarch, dass sie von ihrem Volk noch viele Jahre nach ihrem Tod schmerzlich vermisst wurden, und das Rühmlichste, was er über einen herausragenden Charakter zu sagen weiß, ist, dass sogar seine Feinde um ihn trauerten. Wenn Herodes nun in der josephischen Darstellung seiner Gewissheit Ausdruck verleiht, dass sein Tod unter dem Volk keine Trauer, sondern im Gegenteil Jubel auslösen wird, und wenn Josephus ihn eine derart boshafte Gegenmaßnahme ergreifen lässt (die ihr Ziel selbstverständlich verfehlen müsste, da die Trauer ja den Opfern gälte und nicht dem Täter), dann ist eine vernichtendere Bloßstellung seines niedrigen Charakters kaum denkbar. Auch hier haben wir es wohl in erster Linie mit einem literarischen Produkt des Josephus zu tun, der seiner Herodesdarstellung zum Ende hin nochmals einen besonders finsteren Akzent verleihen will.[123] Legen wir das Kriterium der historischen Nachprüfbarkeit an das Erzählte an, so ist der

---

123 In einem Scholion der sog. Fastenrolle wird die Begebenheit auf den Tod des Hasmonäerkönigs Alexander Jannaios übertragen. Salome erscheint in dieser Version unter dem hebräischen Namen Schlomzion als Frau des Jannaios; der Verlauf ist sonst weitgehend gleich. SCHALIT bietet den Text in deutscher Übersetzung auf S. 641 f. Anm. 206. Gegen die Historizität der josephischen Fassung (Schalit: »der historische Wert der beiden Erzählungen wird denn auch der gleiche sein«) ist damit freilich noch nichts gesagt, denn der rabbinische Text ist viel jünger (H. L. STRACK/G. STEMBERGER, Einleitung in Talmud und Midrasch, 44: »nachtalmudisch«). Dennoch ist Schalits Skepsis berechtigt. S. SANDMEHL, Herodes, 247 nennt die Geschichte schlicht eine »Verleumdung«.

Befund ebenfalls negativ, denn auch der josephischen Darstellung zufolge wurde Herodes' sadistischer Plan nie in die Tat umgesetzt (Salome hat nach dem Tod ihres Bruders die im Hippodrom von Jericho Eingeschlossenen einfach freigelassen).

Kurz darauf wurden Gesandte aus Rom bei Herodes vorstellig und übergaben ihm Briefe, die ihn von der Hinrichtung Akmes in Kenntnis setzten und ihn ermächtigten, Antipater mit dem Tod zu bestrafen. Allerdings sei Augustus auch mit der Verbannung Antipaters einverstanden. Durch diese Nachricht kam Herodes nochmals ein wenig zu Kräften, wurde dann aber derart von seinen Schmerzen überwältigt, dass er versuchte, sich das Leben zu nehmen. Er habe sich mit einem Obstmesser töten wollen, doch sei ihm sein Cousin Achiab, der zufällig zugegen war, in den Arm gefallen. Entsetzensschreie über den versuchten Selbstmord schallten durch den Palast, so dass man für einen Moment glaubte, der König sei bereits gestorben. Als Antipater davon erfuhr, schöpfte er Hoffnung und versuchte einen Gefängniswärter zu bestechen, er solle ihn freilassen. Der machte dem König jedoch sogleich Meldung. Da ordnete Herodes die sofortige Hinrichtung Antipaters an und befahl, seinen Leichnam umgehend auf der Festung Hyrkania beizusetzen. Daraufhin änderte Herodes ein letztes Mal sein Testament. Als hätten mit dem Tode Antipaters auch dessen Verleumdungen gegen seine Halbbrüder ihre Kraft verloren, berücksichtigte Herodes nun doch Archelaos und Philipp in der Erbfolge. Archelaos sollte König werden; Antipas und Philipp ernannte er zu Tetrarchen.

Herodes überlebte seinen Erstgeborenen nur um fünf Tage. Er starb siebzigjährig in seinem Winterpalast in Jericho Ende März des Jahres 4 v. Chr. Salome entließ die im Hippodrom gefangen gehaltenen Würdenträger in die Freiheit und machte erst dann die Nachricht vom Tod des Königs bekannt. Sie berief eine Volksversammlung ein, in der Ptolemaios eine Rede an die Soldaten hielt. Dann wurde Herodes' Testament verlesen, das eine Dreiteilung des Reiches vorsah: Judäa sollte an Archelaos fallen, Galiläa und Peräa an Antipas und die Trachonitis samt den angrenzenden Regionen an Philipp. Salome erhielt die Küstenstädte Jamnia und Aschdod sowie das nördlich von Jericho gelegene Phasaëlis. Nach der Verlesung wurde das Testament nach Rom geschickt, da es von Augustus noch bestätigt werden musste. Archelaos richtete seinem Vater eine prächtige Begräbnisfeier aus und bestattete ihn entsprechend seinem testamentarischen Willen auf dem Herodeion.

10. Das Erbe des Herodes

10.1. Unruhen in Judäa, Streit der Erben in Rom

Archelaos, der ältere Sohn der Malthake, zögerte nach der Verlesung des Testaments in Jericho nicht, sich dem Volk als Thronerbe zu präsentieren, wenngleich er betonte, er wolle die Entscheidung des Augustus abwarten und erst dann als König auftreten. Seine demonstrative Bescheidenheit hinderte ihn jedoch nicht daran, sich das Volk in Ausübung herrscherlicher Vollmacht durch großzügige Steuer- und Zollerleichterungen und die Freilassung von Gefangenen geneigt zu machen. Um das anfängliche gute Einvernehmen zwischen Herodes' Nachfolger und seinen Untertanen war es indes bald geschehen, denn weitere Forderungen, darunter die Absetzung des amtierenden Hohenpriesters und die Bestrafung derer, die an der Hinrichtung der Gesetzeslehrer Judas und Matthias beteiligt waren, erregten den Unmut des Archelaos. In Anbetracht der noch ausstehenden Bestätigung von Herodes' Testament durch den Cäsar setzte er auf Verständigung, doch die Situation eskalierte. Jerusalem war in diesen Tagen voller Pilger, die zum Passafest gekommen waren. Viele schlossen sich der Klage um Judas und Matthias an, die von einigen ihrer Anhänger publikumswirksam in Szene gesetzt wurde. Als Archelaos Soldaten schickte, um das Volk zur Ordnung zu rufen, kam es zu Zusammenstößen, die in der überfüllten Stadt sofort in blutige Gewalt ausarteten. Archelaos ließ nun durch seine Truppen unterschiedslos alles niedermachen, was den Soldaten in die Quere kam. Zum Schluss waren 3 000 Tote zu beklagen.

Mit dieser schweren Hypothek nicht nur für die anstehende Entscheidung über die Thronfolge, sondern für seine Herrschaft überhaupt machte sich Archelaos auf den Weg nach Rom. Es begleiteten ihn seine Mutter Malthake, seine Tante Salome und deren Kinder, Nikolaus von Damaskus, dessen Bruder Ptolemaios und einige weitere Verwandte und Vertraute. In Cäsarea trafen sie auf Sabinus, den Augustus eigens zur Überwachung des königlichen Vermögens nach Judäa geschickt hatte – offenbar war die endgültige Entscheidung über das Testament des Herodes alles andere als eine Formsache. Archelaos' Bruder Antipas machte sich mit einer eigenen Delegation ebenfalls auf den Weg nach Rom, um die Letztfassung von Herodes' Testament anzufechten, in der er nicht mehr Alleinerbe, sondern nur noch Tetrarch sein sollte. Philipp, der zunächst zur Verwaltung der Regierungsgeschäfte in Jerusalem geblieben war, stieß später auf Anraten des Varus dazu. Außerdem erschien noch eine judäische Delegation, die über die Regelung der Thronfolge ganz eigene Vorstellungen hatte, und eine Abordnung der Dekapolisstädte Gadara und Hippos, die nach dem vergeblichen Vorstoß des Jahres 20 v. Chr. einen weiteren und diesmal von Erfolg gekrönten Versuch unternahmen, das judäische Joch abzuschütteln.[124]

Die Ereignisse um die Nachfolge des Herodes (Bell. 2,1–7/1–116; Ant. 17,8,4–12,2/200–338) sind in der josephischen Darstellung in mehrfacher Hinsicht unerfreulich. Erstens machten die rivalisierenden Thronprätendenten vor Augustus eine denkbar schlechte Figur, zweitens wurden die Verhandlungen in Rom von schwerwiegenden Unruhen in Judäa überschattet, und drittens hatte Augustus bei der zu fällenden Entscheidung, wie die Geschichte zeigen sollte, keine glückliche Hand. Das Bild wird abgerundet durch ein zunächst unauffälliges, bei näherem Hinsehen jedoch höchst bedeutsames Detail. Josephus erwähnt nämlich, dass Augustus anlässlich der Verhandlung um die judäische Thronfolge erstmals seinen Adoptivsohn Gaius der politischen Öffentlichkeit vorgestellt hat (Bell. 2,2,4/25; Ant. 17,9,5/229). Mit dieser kleinen Notiz, die im Erzählzusammenhang zunächst keine erkennbare Funktion hat, erinnert Josephus sein Publikum daran, dass mit Augustus ein Herrscher über die Nachfolge des Herodes entschied, der in Ermangelung leiblicher Söhne selbst größte Schwierigkeiten hatte, seinen Nachfolger zu finden. Damit verleiht Josephus der ganzen Szene eine ironische Note.[125]

---

124 Von dieser Delegation ist bei Josephus nicht die Rede, wohl aber in einem Fragment der Autobiographie des Nikolaus von Damaskus (Text: M. Stern, Greek and Latin Authors on Jews and Judaism, Bd. 1, 250 ff.).

125 Augustus hatte zunächst gehofft, sein Neffe Marcellus, der Sohn seiner Schwester Octavia, der durch die Ehe mit

Die Teilnehmer der von Augustus anberaumten Verhandlung waren in zwei Lager gespalten. Archelaos konnte auf die Letztfassung von Herodes' Testament verweisen, und er hatte mit Nikolaus von Damaskus einen starken Fürsprecher. Antipas hatte Salome und Nikolaos' Bruder Ptolemaios auf seiner Seite, außerdem Sabinus, der sich auch brieflich für ihn einsetzte. Augustus erteilte zuerst Salomes Sohn Antipater[126] das Wort, der Archelaos heftig angriff. Er warf ihm vor, faktisch schon längst die königliche Macht an

---

Augustus' Tochter Julia zugleich sein Schwiegersohn geworden war, könnte ihn einst beerben. Marcellus starb jedoch 23 v. Chr. Daraufhin nötigte Augustus seinen Weggefährten und späteren Mitregenten Marcus Agrippa zur Scheidung von dessen Frau Marcella, einer Schwester des Marcellus, und zur Ehe mit Julia. Diese Ehe bescherte Augustus zwar drei Enkelsöhne, doch war der eine mit Namen Agrippa ein renitenter Bursche, der für die Politik nicht zu gebrauchen war und in der Verbannung endete. Die beiden anderen, den bei Josephus erwähnten Gaius und seinen Bruder Lucius, adoptierte Augustus und verlieh ihnen den Cäsarnamen. Sie starben jedoch 2 n. Chr. (Lucius) und 4 n. Chr. (Gaius). Nach dem Tode Marcus Agrippas 12 v. Chr. verheiratete er Julia mit Tiberius, einem Sohn aus der ersten Ehe seiner dritten Frau Livia, nachdem er ihn zur Scheidung von seiner damals hochschwangeren Frau Vipsania Agrippina gezwungen hatte. Im Jahr 6 v. Chr. überwarf er sich jedoch mit seinem Schwiegersohn, und Tiberius ging für acht Jahre ins Exil. Außerdem schickte Augustus seine Tochter Julia, die in allzu sittenwidriger und rufschädigender Weise am römischen Nachtleben teilzunehmen pflegte, samt ihrer gleichnamigen und nicht minder zügellosen Tochter in die Verbannung. Nach dem Tod des Gaius arrangierte er sich gezwungenermaßen mit Tiberius, machte ihn zu seinem Adoptivsohn und hatte damit endlich seinen Nachfolger.

126 Dieser Sohn aus Salomes erster Ehe mit Joseph, dem wir hier abgesehen von einer kurzen Notiz in Bell. 1,28,6/566 erstmals begegnen, war mit Kypros, einer Tochter der ersten Mariamme verheiratet.

sich gerissen zu haben. Dadurch mache er das Verfahren in Rom zur Farce und gebe Augustus der Lächerlichkeit preis. Außerdem sei er mit maßloser Brutalität gegen die Jerusalemer Festpilger vorgegangen, und schließlich sei die letzte Änderung, die Herodes an seinem Testament vorgenommen hatte, überhaupt nicht rechtsgültig, da der König zu jener Zeit schon gar nicht mehr bei Verstand war. Nikolaos hielt dagegen, dass das gewaltsame Vorgehen in Jerusalem eine notwendige Maßnahme gegen einen drohenden Aufstand war und Herodes bei der letzten Änderung seines Testaments immerhin noch so viel geistige Präsenz gezeigt habe, dass er die Notwendigkeit, seinen letzten Willen von Augustus bestätigen zu lassen, ausdrücklich im Text erwähnte. Archelaos warf sich daraufhin dem Cäsar zu Füßen. Der richtete ihn auf und signalisierte ihm seine Gewogenheit. Eine Entscheidung fällte er jedoch zunächst nicht.

Unterdessen trafen Briefe des syrischen Statthalters Varus ein, der den Cäsar über die unruhige Lage in Judäa informierte. Während des Wochenfestes, als Jerusalem wieder voller Pilger war, war es zu blutigen Auseinandersetzungen zwischen den Juden und Varus' syrischen Legionen gekommen, die er vorsorglich in der Stadt stationiert hatte. Ein entscheidender Anlass für diese Unruhen war nach der josephischen Darstellung das eigenmächtige Vorgehen des Sabinus. Dieser hatte Varus zunächst versprochen, den Ausgang der Verhandlungen in Rom abzuwarten, sich dann aber doch eigenmächtig Zugang zum Privatvermögen des Herodes verschafft und damit unter den Juden maßlose Empörung ausgelöst. Wir stoßen an dieser Stelle auf ein außerordentlich wichtiges Element josephischer Apologetik. Die Eigenmächtigkeit des Sabinus ist in der Darstellung des Josephus nämlich nur der erste Akt in einer ganzen Reihe von Willkürhandlungen römischer Statthalter, die die Geduld der Juden seit der Umwandlung Judäas in eine römische Provinz im Jahr 6 n. Chr. auf eine immer härtere Probe stellten und sie schließlich in den Aufstand trieben. Josephus zeichnet also eine geschichtliche Linie vom Tod des Herodes 4 v. Chr. bis zum Ausbruch des jüdischen Krieges 66 n. Chr., die von zunehmender Willkür römischer Provinzbeamter bestimmt ist. Dies erlaubt es ihm, den Römern eine Mitschuld am Aufstand der Juden zu geben, ohne sein römisches Publikum zu kränken. Dass sich nämlich die Statthalter in den Provinzen regelmäßig auf widerrechtliche Art zu bereichern suchten, war in Rom allgemein bekannt. Es gab für Prozesse gegen korrupte Provinzstatthalter seit dem 2. Jh. v. Chr. sogar einen eigenen Gerichtshof.

Auch die enge erzählerische Verklammerung der Ereignisse in Judäa und Rom hat möglicherweise einen apologetischen Unterton: Wenngleich Augustus mit Archelaos keine glückliche Wahl getroffen hat, stellt ihn Josephus für künftige römische Herrscher doch insofern als Vorbild dar, als er sich von den Unruhen in Judäa bei der Entscheidung über die Nachfolge des Herodes nicht beirren ließ und die Romtreue der Herodessöhne nicht in Zweifel gezogen hat.

Zeitgleich mit den blutigen Unruhen in Jerusalem »geriet das Land auch an vielen anderen Stellen in Aufruhr, und die Lage der Dinge stachelte viele dazu auf, nach der Königswürde zu streben« (Bell. 2,4,1/55). In Idumäa erhoben sich 2000 Veteranen der königlichen Truppen. In Galiläa nutzte Judas, der Sohn des von Herodes 47 v. Chr. hingerichteten Hiskia (Ezekias) die Gunst der Stunde und bemächtigte sich der Stadt Sepphoris und der dort gelagerten Waffen. In Peräa trieb ein Freischärler namens Simon sein Unwesen. Er raubte die Landgüter wohlhabender Bürger aus und brannte sie nieder, darunter auch den Winterpalast des Herodes. Anderen Aufrührern fiel Herodes' Palast in Betaramphta östlich von Jericho zum Opfer. In Judäa versuchte ein gewisser Athrongaios mit Hilfe seiner vier Brüder und einer offenbar zahlreichen und gut bewaffneten Gefolgschaft die Herrschaft an sich zu reißen. Er konnte sich nicht nur geraume Zeit behaupten, sondern machte auch den römischen Truppen mehrfach schwer zu schaffen. Auf einen brieflichen Hilferuf des Sabinus hin, der in Jerusalem um sein Leben fürchten musste, brach Varus mit zwei Legionen von Antiochia nach Judäa auf und warb unterwegs Hilfstruppen zur Verstärkung an, darunter auch nabatäische, die plünderten, was sie konnten. Auf seinem Weg von Ptolemais über Sepphoris und Sebaste nach Jerusalem verschaffte er sich schnell Respekt, ließ 2 000 Aufständische kreuzigen und stellte die Ruhe im Lande wieder her. Allein in Idumäa standen noch 10 000 Bewaffnete unter der Führung idumäischer Verwandter des Herodes,[127] doch ergaben sich diese Truppen auf Anraten von Herodes' Cousin Achiab.

Während Varus im Reich des Herodes für Ordnung sorgte, traf in Rom eine judäische Delegation ein, die sich mit breiter Unterstützung aus den Reihen der

127 Nach dem Sezessionsversuch des Kostobar im Jahr 38 v. Chr. fällt hier möglicherweise ein weiteres Schlaglicht auf die bleibende Unzufriedenheit der hellenisierten Oberschicht Idumäas mit der seit den Tagen des Johannes Hyrkan währenden judäischen Vorherrschaft – wenn es denn jenen nicht namentlich erwähnten Verwandten des Herodes darum gegangen sein sollte, Idumäa von Judäa abzutrennen und nicht etwa selber in Judäa nach der Macht zu greifen.

römischen Juden weder für Archelaos noch für Antipas aussprach, sondern als dritte, für Rom höchst attraktive Variante die Eingliederung Judäas in die Provinz Syrien vorschlug. Die judäischen Gesandten argumentierten vor der erneut einberufenen Ratsversammlung, Herodes habe als Tyrann geherrscht, das jüdische Gesetz missachtet und sein Volk in beispielloser Weise unterdrückt und ausgebeutet, während ausländische Städte von ihm reich beschenkt wurden. Archelaos habe mit der Ermordung der 3 000 Pilger gezeigt, dass er seinem Vater an Brutalität und Tyrannei um nichts nachstehen würde. Deshalb baten sie Augustus, »doch mit den Trümmern Judäas Erbarmen zu haben und das, was vom Land noch übrig sei, nicht denen vorzuwerfen, die es grausam zerfleischen« (Bell. 2,6,2/90). Spätestens an dieser Stelle merkt man, dass man es mit übertreibender Gerichtsrhetorik zu tun hat. Der Vorwurf, Herodes habe seine Untertanen in Armut gestürzt, ist definitiv falsch, denn seine Bauprojekte haben jahrzehntelang die Wirtschaft des Landes angekurbelt, und seine Armenspeisungen und Steuernachlässe zu Notzeiten zeigen, dass ihm das Wohlergehen seiner Untertanen keineswegs gleichgültig war. Wiederum war es Nikolaos von Damaskus, der Archelaos gegen die neuerlich erhobenen Vorwürfe verteidigte.

Augustus bestätigte nach einigen Tagen Bedenkzeit Herodes' Testament (vgl. Abb. 16) mit Ausnahme kleinerer Änderungen: Er übertrug Archelaos die Herrschaft über Judäa, Samaria und Idumäa, erkannte ihm jedoch nicht den Königstitel, sondern lediglich den niedrigeren Rang eines Ethnarchen zu. Die Dekapolisstädte Gadara und Hippos trennte Augustus auf deren Bitte hin vom judäischen Territorium ab und gliederte sie der Provinz Syrien an. Ebenso wurde

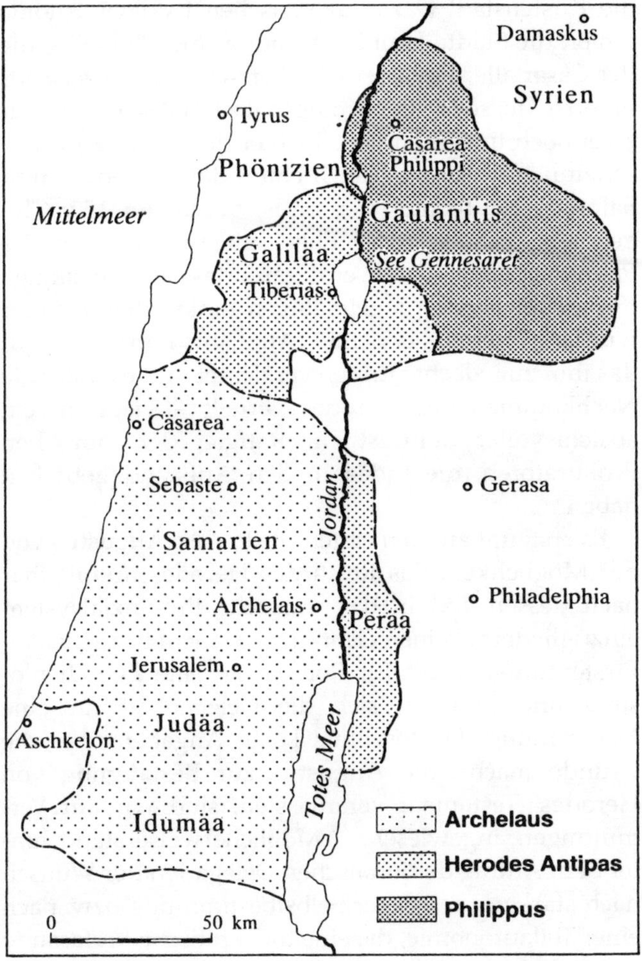

Abb. 16: Das Reich des Herodes nach der Teilung 4 v. Chr.

die Küstenstadt Gaza zur syrischen Exklave. Salome erhielt die Städte Jamnia, Aschdod und Phasaëlis, die der Cäsar allerdings der Oberherrschaft des Archelaos unterstellte, sowie den Königspalast in Aschkelon. Für zwei noch unverheiratete Töchter des Herodes, wahrscheinlich Roxane, die Tochter der Phaedra, und Salome, die Tochter der Elpis, beide um 15 v. Chr. geboren, arrangierte er Ehen mit zwei Söhnen des Pheroras. Auch achtete er darauf, dass alle Beteiligten mit ausreichenden regelmäßigen Einkünften versorgt wurden. Josephus berichtet, Augustus habe sogar auf das ihm zugedachte Erbteil verzichtet und es unter die Nachkommen des Herodes verteilt – vielleicht ein absichtsvoller Kontrast zur Raffgier der römischen Prokuratoren, die Judäa in den Aufstand getrieben haben.

Es erstaunt auf den ersten Blick, dass Augustus von der Möglichkeit, das Reich des Herodes unmittelbar nach dessen Tod in das römische Provinzialsystem einzugliedern, keinen Gebrauch gemacht hat. Klientelfürstentümer waren für Rom ja nur eine Zwischenlösung und nun bot sich die Gelegenheit für eine Neuordnung. Da Josephus keine Angaben über die Gründe macht, die Augustus zur Bestätigung von Herodes' Testament veranlassten, sind wir auf Vermutungen angewiesen.[128] Möglicherweise stand hinter dem Antrag der judäischen Delegation der Wunsch nach stärkerer religiöser Selbstbestimmung bzw. nach einer Teilautonomie, die eine theokratische Verfassung unter hohepriesterlicher Führung zuließ und das religiöse Leben und die Organisation des Priesterwesens dem Zugriff der königlichen Familie entzog.

128 Vgl. zum Folgenden die ausführlichen Überlegungen bei P. Richardson, Herod, 25–29.

Augustus mag diesen Wunsch erkannt, ihm misstraut und ihn deshalb abgelehnt haben. Statt dessen setzte er mit Archelaos, Antipas und Philipp Herrscher ein, die sich durch ihre Erziehung in Rom eine weltoffene Haltung auch in religiösen Fragen angeeignet hatten und jeglichem Fanatismus abgeneigt waren. Freilich setzte sich damit die nichthasmonäische Linie der Herodesnachkommen durch, die zu einer konstruktiven politischen Integration jüdischer Tora- und Tempelfrömmigkeit weder willens noch in der Lage war. Dadurch konnten sich radikale Gruppen formieren, die das Land nach zwei Generationen in den offenen Aufstand gegen Rom trieben. Doch konnte Augustus diese Spätfolgen seiner Entscheidung über Herodes' Testament nicht absehen. Die Unruhen nach Herodes' Tod mögen ihm Beweis genug gewesen sein, dass das Reich des Judäerkönigs für einen friedlichen Übergang in den Provinzstatus noch nicht reif war. Auch mag eine Rolle gespielt haben, dass Augustus aus alter Verbundenheit mit Herodes dem letzten Willen des Königs entsprechen wollte. Außerdem hätte eine sofortige Depotenzierung und Enteignung sämtlicher Herodeserben die notorischen Antagonisten innerhalb der königlichen Familie möglicherweise zu einer antirömischen Front zusammengeschweißt und dem Cäsar einen handfesten Krieg im Osten beschert. Dadurch, dass das königliche Vermögen in der Familie und der Herrscherstatus der Herodeserben erhalten blieb, verfügten seine Nachfolger über so viel Einfluss und Besitz, dass sie keinen Anlass hatten, sich gegen die römische Oberherrschaft aufzulehnen.

Man kann nun spekulieren, ob Augustus gut daran getan hätte, Antipas gegenüber Archelaos den Vorzug zu geben. Eine unglückliche Entscheidung war die Einsetzung des Archelaos zum Ethnarchen über Judäa allemal, hatte er sich doch die Sympathien seiner Untertanen schon zu Beginn seiner Herrschaft völlig verscherzt.

10.2. Archelaos, Ethnarch von Judäa (4 v. Chr.–6 n. Chr.)

Nach der detaillierten Schilderung der Ereignisse in Judäa und Rom im Anschluss an den Tod des Herodes überspringt Josephus einen Zeitraum von zehn Jahren und kommt nach einigen wenigen Einzelheiten über die Regierungszeit des Archelaos gleich auf dessen Absetzung durch Augustus im Jahr 6 n. Chr. zu sprechen (Bell. 2,7,3/111; Ant. 17,13,2/342). Offenbar verfügte er für diesen Zeitraum kaum über Quellenmaterial, da Nikolaos' Geschichtswerk nur bis zum Tod des Herodes reichte, oder er hat es nicht benutzt. Wir erfahren über Archelaos lediglich, dass er Glaphyra geheiratet hat, die Tochter des Kappadozierkönigs Archelaos, die in erster Ehe mit dem Mariammesohn Alexander verheiratet war. Außerdem tat er sich durch einige Bauprojekte hervor, im Wesentlichen aber durch ein Gewaltregime, das ihm schließlich die Absetzung und Verbannung durch Augustus eintrug. Wie sein Vater nahm er sich das Recht, das Amt des Hohenpriesters zu besetzen, sehr zum Ärger des Jerusalemer Priesteradels. Er enthob Joazar ben Boëtos (einen Bruder der zweiten Mariamme also) seines Amtes und ernannte statt dessen Joazars Bruder Eleazar zum Hohenpriester.

Glaphyra hatte nach Alexanders Tod König Juba von Mauretanien geheiratet, dessen erste Frau Kleopatra Selene war, eine Tochter des Antonius und der Kleopatra. Auch Glaphyras zweite Ehe endete jedoch durch Scheidung, und sie kehrte nach Kappadozien an den Hof ihres Vaters zurück. Archelaos war seinerseits mit einer Frau namens Mariamme verheiratet, bei der es sich wahrscheinlich um eine der beiden Töchter Aristobuls und Berenikes handelt. Da die Ehe mit der Frau des Bruders dem jüdischen Gesetz zuwiderlief,[129] sank Archelaos im Ansehen seiner jüdischen Untertanen noch tiefer. Konsequenterweise deutet Josephus den baldigen Tod Glaphyras als göttliche Strafe für ihre unrechtmäßige Ehe mit Archelaos.

Die Bauprojekte des Archelaos waren nur noch ein matter Abglanz dessen, was Herodes geleistet hatte. Dies hängt sicherlich auch mit der testamentarisch verfügten Teilung des königlichen Erbes zusammen, die den finanziellen Spielraum des Ethnarchen spürbar einschränkte. Immerhin baute er den Winterpalast in Jericho, der nach Herodes' Tod ein Raub der Flammen geworden war, noch prächtiger wieder auf und gründete eine Stadt, die er nach sich selbst Archelaïs nannte. Plinius rühmte sie für ihre Palmenhaine (*Naturalis historia* 13,9,44), und die Landkarte im Fußbodenmosaik einer Kirche in Madaba im heutigen Jordanien (die berühmte »Madaba-Karte«) zeigt sie noch im 6. Jh. n. Chr. als blühende Stadt. Zur Bewässerung der Palmenpflanzungen bei Jericho zweigte Archelaos allerdings einem nahe gelegenen Dorf die

129 Es sei denn, der Bruder starb ohne männlichen Nachkommen. In diesem Fall war eine solche Verbindung als sog. Leviratsehe möglich (Dtn 25,5–10), und der erste Sohn aus dieser Ehe wurde als Sohn des verstorbenen Bruders anerkannt. Alexander und Glaphyra hatten jedoch bereits zwei Söhne: Alexander und Tigranes. Ob die Leviratsehe im 1. Jh. noch praktiziert wurde, ist freilich unsicher (zum Hintergrund dieser Konstruktion im altisraelitischen Erbrecht vgl. M. Stazak, Art. Leviratsehe, NBL 2,626 f.). Hinzu kam im Falle Glaphyras, dass Juba, ihr zweiter Mann, zur Zeit ihrer Eheschließung mit Archelaos noch lebte.

Hälfte der Wasserversorgung ab, wodurch dessen Einwohner, wie anzunehmen ist, in ernste Schwierigkeiten gerieten. Auch auf diese Unternehmung fällt in der josephischen Darstellung also ein schlechtes Licht.

In den Evangelien des Neuen Testaments begegnet uns Archelaos an zwei Stellen. Beide zeugen vom schlechten Ruf, der dem Ethnarchen auch in der zweiten Hälfte des 1. Jh.s n. Chr., dem Entstehungszeitraum der Evangelien, noch anhaftete. Die erste Stelle findet sich im Matthäusevangelium. Der Evangelist notiert, dass Joseph, als er nach dem Tod des Herodes auf Weisung eines Engels mit Maria und dem Jesuskind von Ägypten in seine galiläische Heimat zurückkehrte, den Weg über Judäa aus Furcht vor Archelaos gemieden hat (Mt 2,22). Zweitens ist das, was wir durch Josephus vom Regierungsantritt des Archelaos wissen, teilweise in der lukanischen Fassung des Gleichnisses von den anvertrauten Pfunden verarbeitet. Während bei Matthäus (25,14–30) nur von einem »Mann« die Rede ist, »der außer Landes reisen wollte« (25,14) und »nach langer Zeit« zurückkommt, um von seinen Knechten Rechenschaft zu fordern (25,19), heißt es in der bei Lukas überlieferten Fassung (Lk 19,11–27):

> »Ein Mann von vornehmer Abkunft begab sich in ein fernes Land, um sich ein Reich zu erwerben und dann zurückzukehren ... Seine Mitbürger jedoch hassten ihn, schickten eine Gesandtschaft hinter ihm her und ließen sagen: Wir wollen nicht, dass dieser über uns König werde. Und es begab sich, als er wiederkam, nachdem er sich das Reich erworben hatte, da ließ er seine Knechte ... zu sich rufen« (Lk 19,11.14–15)

Nun folgt die Fortsetzung des Gleichnisses, wie wir es auch aus dem Matthäusevangelium kennen: Die Knechte legen Rechenschaft ab und werden belohnt bzw. bestraft. Der Schlussvers greift dann nochmals auf die Ergänzung am Anfang zurück, indem der Herr der Knechte äußert:

»Doch diese meine Feinde, die nicht wollten, dass ich über sie König würde, führet hierher und machet sie nieder vor meinen Augen« (19,27).

Zwar deckt sich die erzählte Handlung, die in keinem sonderlich engen Zusammenhang zum eigentlichen Gleichnis steht, nur bedingt mit dem, was wir aus Josephus über die Regierung des Archelaos wissen, denn erstens wurde er nicht König sondern Ethnarch, und zweitens ereignete sich das Massaker, auf das Lk 19,27 anspielt, nicht nach der Rückkehr des Archelaos aus Rom, sondern vor seiner Abreise, doch passt das Erzählte nach unserer Kenntnis allein auf Archelaos.[130] Wahrscheinlich gehen die Ergänzungen zum ursprünglichen Gleichnis auf das Konto des Lukas, der die Geschichte Jesu und der Apostel auch sonst gerne durch Querverbindungen zur Geschichte der Herodesdynastie und der römischen Herrschaft in Palästina in einen größeren historischen Zusammenhang rückt. Theologisch ist die Erweiterung bemerkenswert, weil sie die Tyrannei des Archelaos als Vergleich für die Strenge des Gerichtshandelns Jesu verwendet.

---

130 Die Eingabe der judäischen Gesandtschaft des Jahres 4 v. Chr. richtete sich faktisch auch gegen den Herrschaftsanspruch des Antipas, doch sind von ihm keine vergleichbaren Gewalttaten bekannt. Herodes hat sich zwar an seinen Gegnern bitter gerächt, nachdem er König geworden war, doch wissen wir nichts von einer Delegation, die seine Königsherrschaft verhindern wollte. Als die Gesandtschaft der Dekapolisstädte 20 v. Chr. bei Augustus vorstellig wurde, stand das Königtum des Herodes bereits nicht mehr zur Disposition.

Als Archelaos im zehnten Jahr seiner Regierung stand, brachen eine judäische und samarische Delegation nach Rom auf, um den Ethnarchen wegen seiner fortgesetzten Grausamkeit bei Augustus zu verklagen.[131] Der Cäsar ließ Archelaos daraufhin sofort nach Rom kommen, machte ihm den Prozess und verbannte ihn nach Vienna in Gallien, wo sich seine Spur verliert. Sein Vermögen wurde konfisziert und sein Herrschaftsgebiet kam unter römische Provinzverwaltung. Aus diesem Anlass führte Sulpicius Quirinius, zwischen 6 und 7 n. Chr. syrischer Statthalter, in seiner neuerdings um Judäa, Samaria und Idumäa erweiterten Provinz eine Volkszählung (*census*) durch. Wenn der Evangelist Lukas diese Volkszählung mit den Ereignissen um die Geburt Jesu in Zusammenhang bringt, ist dies historisch betrachtet freilich eine grobe Fehldatierung. Die Erzählung von der Reise der Eltern Jesu von Nazareth nach Bethlehem in Lk 2,1–4 setzt voraus, dass Quirinius jenen Zensus noch zu Lebzeiten des Herodes durchgeführt hat. Dies ist deshalb ganz unwahrscheinlich, weil eine Volkszählung unter römischer Aufsicht in die hoheitlichen Rechte des Herodes eingegriffen hätte. Außerdem gibt es für eine zweifache Statthalterschaft des Quirinius (einmal vor 4 v. Chr. und erneut im Jahr 6 n. Chr.), wie sie von Forschern angenommen wird, die die josephische und die lukanische Darstellung harmonisieren wollen, keine Belege. Sodann hat es eine »weltweite« (d. h. reichsweite) Volkszählung, wie sie Lk 2,1 erwähnt, ebenso wenig gegeben wie die Auflage, jeder müsse für die Ein-

131 Nach Strabon 16,2,46; Cassius Dio 55,27,6 reisten auch Antipas und Philipp nach Rom, nach Strabon, weil auch ihre Herrschaft gefährdet war, nach Cassius Dio, weil sie Archelaos verklagen wollten.

tragung in Melderegister in die Stadt seiner Vorfahren reisen. Die lukanische Darstellung der Geburt Jesu ist vielmehr ein Stück »narrativer Theologie«, die die davidische Abstammung Jesu dadurch unterstreichen soll, dass Jesus nicht in Nazaret, sondern in Betlehem, der Stadt Davids, geboren wurde.

Zurück zu Josephus: Da das Herrschaftsgebiet des abgesetzten Klientelfürsten nun den Römern direkt steuerpflichtig war, bedurfte es einer solchen Zählung, um durch die Erhebung des Volksvermögens eine Bemessungsgrundlage für die künftig zu entrichtenden Steuern zu schaffen. Der Zensus des Quirinius kündigte nicht nur eine erhebliche finanzielle Mehrbelastung für die Bevölkerung an, er symbolisierte auch handgreiflich die römische Herrschaft über den einstigen jüdischen Staat. Der jüdische Widerstand, der sich gegen den Zensus des syrischen Statthalters formierte, ist in der josephischen Darstellung ein geschichtlicher Wendepunkt. Von hier aus führt der weitere Gang der Ereignisse gradlinig bis zur Katastrophe des jüdischen Krieges. Erwartungsgemäß lässt sich die apologetische Geschichtskonzeption des Josephus an dieser Stelle (wir folgen Ant. 18,1,1/1–9) besonders deutlich ablesen: Die Masse des gemeinen Volkes stellt er als schwankend und zum Guten wie zum Schlechten beeinflussbar dar. Erst sperrt sich das Volk gegen die Zählung, lässt sich dann durch gutes Zureden zur Teilnahme bewegen, um sich schließlich aber doch einigen Aufrührern anzuschließen, die das ganze Land mit blutigen Unruhen überziehen. Kein anderer als der Hohepriester ist es, der anfangs mäßigend auf das Volk einwirkt (denn die jüdischen Priester sind für Josephus immer schon die besseren Regenten ihres Volkes und, so ist anzunehmen, seine Wunschkandidaten für die Führung eines dereinst vielleicht neu entstehenden jüdischen Staates). Die Rolle des Demagogen spielt der Galiläer Judas, Spross einer Familie, die uns Josephus als alteingesessenen Clan von Aufrührern vorstellt.[132] Dieser Judas handelt im Verein

132 Wir erfahren bei Josephus (Ant. 17,10,5/281), dass Judas der Sohn (Enkel?) jenes Hiskia war, der 47 v. Chr. Herodes die Stirn geboten hatte (vgl. S. 58). In Ant. 20,5,1/102 berichtet Josephus außerdem von zwei Söhnen des Judas, die während der Prokuratur des Tiberius Alexander (46–48 n. Chr.) als Aufrührer hingerichtet wurden. Ein weiter Sohn (oder Enkel) des Judas mit Namen Menachem war einer der führenden Revolutionäre zu Beginn des jüdischen Krieges (66 n. Chr.), und ein nicht näher bezeichneter Verwandter Menachems, Eleazar ben Jair, floh nach dem Fall Jerusalems mit einer Gruppe von Aufständischen nach Masada. Josephus notiert außerdem, dass Judas der Begründer der von ihm (Josephus) so genannten »vierten Philosophie« war (Ant. 18,1,6/23), die aus übersteigerter Freiheitsliebe die Auflösung der staatlichen Ordnung propagiert und die Juden schließlich in die Katastrophe des Aufstands gegen Rom getrieben hat. Während die Sadduzäer, Pharisäer und Essener in der josephischen Darstellung mit drei philosophischen Schulen vergleichbar sind, die im Rom seiner Zeit populär waren, stehen die Vertreter der »vierten Philosophie« nicht mehr auf dem Boden der jüdischen Verfassung, d. h. des Mosesgesetzes. Josephus will offenbar die jüdischen Zirkel, in denen revolutionäre Anschauungen gedeihen konnten, innerhalb der jüdischen Gesellschaft marginalisieren. Es hat ganz den Anschein, als verdanke sich die von Josephus gebotene »Genealogie der Revolution«, die 47 v. Chr. mit dem Galiläer Hiskia beginnt und 73 n. Chr. nach dem Fall Masadas mit Eleazar ben Jair endet, genau diesem Interesse: Alle nennenswerten Aufstandsbewegungen seit Herodes gehen nicht nur auf eine abstruse jüdische Sonderrichtung, sondern im Grunde auch auf die Umtriebe einer einzigen Familie zurück. Zur »weltanschaulichen« Marginalisierung kommt sozusagen eine »personelle«. Indem Josephus den Aufstand wesentlich auf das Gedankengut und die Agitation eines einzelnen Clans zurück

mit dem Pharisäer Zadok, einem Mitglied jener Gruppe also, die Josephus grundsätzlich nicht besonders schätzt. Josephus versäumt es auch nicht, neben Judas auch Zadok als Gründer der von ihm so bezeichneten »vierten Philosophie« zu nennen, jener Richtung, die außerhalb der drei legitimen jüdischen »Philosophenschulen« steht, deren Anhänger aber dennoch das Land derart ins Unglück gestürzt haben, »dass schließlich sogar der Tempel Gottes dem Feuer der Feinde anheim fiel« (18,1,1/8). Gemeint ist die Zerstörung des Jerusalemer Tempels durch die Römer im Jahr 70 n. Chr. Wenn sich die Geschichtswissenschaft und mit ihr die Forschung zur neutestamentlichen Zeitgeschichte an dieses von Josephus vermittelte Geschichtsbild anlehnt, dann bleibt ihr zunächst einmal gar nichts anderes übrig, weil Josephus unsere einzige literarische Quelle ist, die die Geschichte Palästinas von der Zeitenwende bis in die siebziger Jahre des 1. Jh.s n. Chr. zusammenhängend darstellt. Wenn wir Josephus als Geschichtsquelle für diesen Zeitraum auswerten, tun wir jedoch gut daran, uns zu vergegenwärtigen, dass wir es stets auch mit einer *Konstruktion* von Geschichte zu tun haben, die in allen ihren Elementen einer bestimmten Aussage- und Wirkabsicht verpflichtet und insofern an einer neutralen Beschreibung historischer Zusammenhänge gar nicht interessiert ist.

---

führt, entlastet er die Juden insgesamt vom Vorwurf des notorischen Römerhasses. Damit erweist er sich als kluger Apologet seines Volkes.

10.3. Philipp, Tetrarch im Nordosten (4 v. Chr.–33 n. Chr.)

In der josephischen Darstellung ist von den drei Söhnen, die Herodes nach seinem Tod beerbten, Philipp, der jüngere Sohn der Kleopatra, der einzig sympathische. Auffällig ist bereits, dass er offenbar keine Notwendigkeit sah, sich nach dem Tod seines Vaters nach Rom zu begeben und sich mit seinen Brüdern um das väterliche Erbe zu streiten. Erst auf Betreiben des Varus ist er später zu den Verhandlungen dazugestoßen, doch scheint seine Tetrarchie, die die Landschaften Batanäa, Trachonitis, Auranitis, Gaulanitis und die Gegend um Paneas umfasste, nicht Gegenstand der Auseinandersetzungen gewesen zu sein. Von seiner 37 Jahre währenden Regierungszeit zeichnet Josephus in Ant. 18,4,6/106–108 ein beschauliches Bild: Er übte zeitlebens eine milde Herrschaft aus und verbrachte nach seinem Herrschaftsantritt sein ganzes restliches Leben in seinem eigenen Land. Er hielt engen Kontakt zu seinen Untertanen, bereiste sein Gebiet ohne aufwendiges Gefolge und war stets bereit, Recht zu sprechen und Bittgesuche anzunehmen, wo und wann immer sich jemand an ihn wendete.

Josephus notiert in Ant. 18,5,4/137, dass Philipp mit Salome, der Tochter der Herodias verheiratet war. Herodias war als Tochter seines Halbbruders Archelaos seine Nichte, d. h. Salome war seine Großnichte. Legt man beider Geburtsdaten zu Grunde – Philipp wurde um 26 v. Chr. geboren und Salome um 1 v. Chr. – dann müsste Philipp bis zum Alter von ca. 40 Jahren ledig geblieben sein, bevor er Salome im Alter von etwa 14 Jahren hätte heiraten können. Auf Grund dieser Überlegung gibt Kokkinos den Notizen in Mk 6,17 und Mt 14,3 den Vorzug, wonach Philipp nicht mit Salome, sondern mit Salomes Mutter Herodias verheiratet war.[133] Philipps Ehe blieb kinderlos. Seine Tetrarchie wurde deshalb nach seinem Tod im Herbst des Jahres 33 n. Chr. von Kaiser Tiberius der Provinz Syrien angegliedert.

Philipp war Rom zeitlebens treu ergeben. Von Unruhen oder Aufständen während seiner Regierungszeit ist nichts bekannt. Seiner Verbundenheit mit dem römischen Kaiserhaus verlieh er dadurch Ausdruck, dass er die Stadt Paneas prächtig ausbaute und zu Ehren des Augustus (so Ant. 18,2,1/28) oder seines Adoptivsohnes und Nachfolgers Tiberius (so Bell. 2,9,1/168) in »Cäsarea« umbenannte. Nach Mk 8,27 hat Petrus, der Jünger Jesu, in der Gegend von Paneas sein berühmtes Messiasbekenntnis abgelegt. Eine Neugründung Philipps war auch die Stadt Julias in der Nähe oder an Stelle des Fischerdorfes Betsaida am Nordostufer des Sees Gennesaret. Von dort stammten nach Joh 1,44; 12,21 drei der Jünger Jesu, nämlich Philippus, Andreas und Petrus. Nach Mt 11,21; Lk 10,13 hat Jesus diese Stadt in seine Wehrufe eingeschlossen. Dies setzt voraus, dass er dort längere Zeit gewirkt hat; Mk 8,22 erwähnt eine Blindenheilung, die sich in Bethsaida zugetragen hat. Philipp gab der Stadt den Namen Julias, entweder zu Ehren von Augustus' Tochter Julia oder von dessen Frau Livia, die nach dem Tod des Cäsar im Jahr 14 n. Chr. entsprechend seinem testamentarischen Willen in die Familie der Julier aufgenommen wurde und von nun an den Namen Julia Augusta führte. Erstere Variante ist die weniger wahrscheinliche, da Augustus seine Tochter bereits 2 v. Chr. verbannt hat und sie von da an für eine solche Ehrung nicht mehr infrage kam. Von seinem Herr-

---

133 N. KOKKINOS, The Herodian Dynasty, 237.266 f.

schaftsantritt 4 v. Chr. an hätte er dann für den Bau der Stadt nur etwa zwei Jahre Zeit gehabt. Philipp war anscheinend der erste jüdische Herrscher, der das Bildnis des römischen Kaisers auf seinen Münzen zeigte (vgl. Abb. 17). Seine Untertanen waren mehrheitlich Nichtjuden syrischer und griechischer Abstammung; lediglich in der westlichen Gaulanitis gab es einen nennenswerten jüdischen Bevölkerungsanteil, außerdem im Gebiet der jüdischen Militärkolonie des Zamaris. Das Portrait des Kaisers auf Philipps Münzen wird die Untertanen des Tetrarchen in der Mehrzahl also nicht gestört haben. Dass Münzen mit Kaiserportraits bereits im 1. Jh. n. Chr. auch für Juden tragbar waren, scheint Mk 12,13–17 anzudeuten: Jesus lässt sich auf die Fangfrage der Pharisäer hin, ob es erlaubt sei, dem Kaiser Steuern zu zahlen, eine Münze mit dem Bild des Kaisers geben. In der gesamten Szene ist durch nichts angedeutet, dass Jesus oder seine pharisäischen Gesprächspartner an der Münze als solcher Anstoß genommen hätten, und das, obwohl der Wortwechsel nach Mk 11,27 im Tempelvorhof stattfand. Nach der späteren rabbinischen Gesetzgebung waren Bilddarstellungen auf Gebrauchsgegenständen, zu denen wohl auch Geldmünzen gehörten, ohnehin erlaubt.[134] Doch bleibt das Bild undeutlich, denn noch die prokuratorischen Münzprägungen im jüdisch besiedelten Palästina des 1. Jh.s enthielten keinerlei figürliche Darstellung, wohl aus Rücksicht auf die jüdische Bevölkerung. Herodes hatte jedenfalls noch allen Grund zur Zurückhaltung: Keine seiner Münzen zeigte, soweit wir wissen, das Abbild eines Menschen.

134 So ausdrücklich in der Tosefta, Traktat Aboda Zara 5,1.

Abb. 17: Münze des Tetrarchen Philipp (1/2 n. Chr.).
Vorderseite: Bild des Augustus
Rückseite: Augustustempel in Paneas

10.4. Herodes Antipas, Tetrarch von Galiläa und Peräa (4 v. Chr.–39 n. Chr.)

Antipas, der jüngere Sohn der Malthake, spielt in den Evangelien anders als seine Brüder Archelaos und Philipp eine nicht unbedeutende Rolle: Er war der Landesfürst Jesu, und er hat Johannes den Täufer hinrichten lassen. Aus Bell. 2,9,1/167 geht hervor, dass sich Antipas bei seinem Herrschaftsantritt (oder aber 6 n. Chr. an Stelle des Archelaos nach dessen Absetzung) den Namen Herodes zugelegt hat. Auch auf seinen Münzen nennt er sich nur Herodes, ebenso tun es die neutestamentlichen Texte, die den Namen Antipas gar nicht verwenden. In Mk 6,14 wird er fälschlich als »König« bezeichnet, in Mt 14,1 u. ö. dagegen richtig als »Tetrarch«. Die galiläische Stadt Sepphoris, die durch den Feldzug des Varus nach dem Tod des Herodes arg mitgenommen war,[135] setzte er wieder in Stand und

135 Josephus spricht von einer regelrechten Zerstörung durch Varus, doch haben die archäologischen Grabungen in Sepphoris keine Hinweise auf eine Zerstörung der Stadt im fraglichen Zeitraum zu Tage gefördert.

umgab sie mit einer festen Stadtmauer. Als Bollwerk gegen die Nabatäer im transjordanischen Teil seines Herrschaftsgebietes wählte er die während der Unruhen des Jahres 4 v. Chr. zerstörte Stadt Betaramphta, die er zu diesem Zweck wieder aufbaute und ebenfalls befestigte. Zu Ehren der Gattin des Augustus nannte er sie zunächst Livias und nach 14 n. Chr. Julias.

Antipas, zu dessen Tetrarchie wie erwähnt auch das von nabatäischer Seite ständig bedrohte Peräa gehörte, hat bald nach seinem Herrschaftsantritt die Beziehungen zum nabatäischen Königshaus durch eine Eheschließung intensiviert und sich damit für die Dauer von fast vier Jahrzehnten Ruhe an der verwundbaren Ostgrenze seines Herrschaftsgebietes verschafft. Seit der Ehe seines Großvaters Antipater mit der Nabatäerin Kypros hatte es keine politische Ehe mehr zwischen Judäa und dem Nabatäerreich gegeben, denn die Verbindung zwischen Syllaios und Antipas' Tante Salome war ja, wie wir hörten, nicht zu Stande gekommen (andernfalls wäre Herodes der Konflikt mit Syllaios, die Anzeige in Rom und damit auch das Zerwürfnis mit Augustus wohl erspart geblieben). Bei Antipas' nabatäischer Ehefrau handelte es sich um eine Tochter des Nabatäerkönigs Aretas IV., nach Kokkinos höchstwahrscheinlich die älteste von fünf Töchtern mit Namen Phasaëlis.[136] In vorgerücktem Alter hat sich

136 Vgl. dazu N. Kokkinos, The Herodian Dynasty, 230 f. Möglicherweise ging diese Eheschließung auf eine Initiative des Augustus zurück; vgl. Sueton, Augustus 48: »Verbündete Könige suchte er durch gegenseitige Verschwägerungen aneinander zu ketten. Er zeigte sich dabei stets als bereitwilliger Mittler und Förderer jedes Verwandtschafts- und Freundschaftsverhältnisses« (Übersetzung: Sueton, Cäsarenleben, 112 f.). Nach N. Kokkinos, The Herodian Dynasty, 229 wurde die Ehe zwischen Antipas und der Nabatäerin noch zu Lebzeiten des Herodes geschlossen.

Antipas dann allerdings in Herodias verliebt, die in erster Ehe mit Herodes, dem Sohn der zweiten Mariamme, und in zweiter Ehe mit dem Tetrarchen Philipp verheiratet war, bis dieser 33 n. Chr. starb.[137] Herodias, zum Zeitpunkt jener schicksalhaften Begegnung mit Antipas einmal geschieden und einmal verwitwet, willigte unter der Bedingung in die Ehe mit Antipas ein, dass er sich zuvor von seiner nabatäischen Frau scheiden ließe. Diese bekam Wind von den Trennungsabsichten ihres Mannes und setzte sich in die nabatäische Hauptstadt Petra zu ihrem Vater Aretas ab. Das einigende Band zwischen Antipas und den Nabatäern war damit zerrissen, und in der Folge kam es zu kriegerischen Auseinandersetzungen, die Antipas schweren Schaden zufügten. Doch betraf dies erst die letzten Jahre seiner Herrschaft.

Einer Notiz Strabons zufolge (s. o. Anm. 131) war während des Verfahrens gegen Archelaos auch Antipas' und Philipps Tetrarchenwürde in Gefahr, doch überstanden beide die Absetzung ihres Bruders im Jahr 6 n. Chr. unbeschadet. Mit Tiberius, der 14 n. Chr. die Nachfolge seines Adoptivvaters Augustus antrat, verband Antipas sogar eine enge Freundschaft. Zu Ehren des Kaisers gründete er um 20 n. Chr. die Stadt Tiberias am See Gennesaret in der Nähe der warmen Quellen von Hammat. Er gab ihr eine griechische Verfassung und stattete sie mit prächtigen Gebäuden aus, darunter eine Rennbahn und eine monumentale Synagoge. Für sich selbst baute er einen Palast auf einem Hügel oberhalb der Stadt. Weil dieser mit

---

137 Wie oben angemerkt, widerspricht dieses Detail der josephischen Darstellung. Es wird jedoch durch die Angaben der Evangelien gestützt. Die Literatur gibt hier meist zu Unrecht Josephus den Vorzug; dagegen N. KOKKINOS (s. o., Anm. 133).

Tierdarstellungen geschmückt war, fiel er 66 n. Chr. der revolutionären Begeisterung der Aufständischen zum Opfer, zu deren Programm anscheinend auch ein verschärfter Toragehorsam einschließlich einer strengen Auslegung des biblischen Bilderverbotes gehörte. Josephus erzählt, er habe sich während seiner Kommandantur in Galiläa auf Weisung des Jerusalemer Revolutionsrates selbst für die Zerstörung dieses Palastes eingesetzt (Vita 12/65). Auf die Gründung der Stadt fällt in der josephischen Darstellung ein schlechtes Licht: Antipas hat als Areal für sein Prestigeprojekt ausgerechnet ein Gräberfeld ausgesucht (möglicherweise sind die Gräber erst während der Bauarbeiten zum Vorschein gekommen). Da dies den jüdischen Reinheitsgesetzen zuwiderlief, hatte er Mühe, die Stadt zu bevölkern und musste zum Mittel der Zwangsumsiedlung von Fremden und Gescheiterten greifen. Antipas' Münzen zeugen indes von seiner Rücksichtnahme auf jüdische Halacha (»Lehre«): Er nennt auf den von ihm geprägten Münzen seinen Namen und den des Kaisers, zeigt aber weder dessen Bild noch sein eigenes (Abb. 18). Der numismatische Befund korrigiert also wie bei Philipp das von Josephus gezeichnete Bild, nur in umgekehrter Richtung: Josephus lobt Philipp als gerechten Herrscher, ignoriert aber seine ikonischen Münzen (oder aber er kannte sie nicht); andererseits tadelt er Antipas als Übertreter des jüdischen Gesetzes, ohne von seinen Münzprägungen Notiz zu nehmen, die mit den religionsgesetzlichen Vorgaben seiner Zeit mit Sicherheit in Einklang standen.[138] Antipas scheint sich außerdem in einer heiklen

138 Tiberias war übrigens im 3. und 4. Jh. n. Chr. das Zentrum bedeutender rabbinischer Schulhäupter, und schon in der 2. Hälfte des 1. Jh.s n. Chr. war die Stadt vorwiegend jü-

Abb. 18: Münze des Herodes Antipas (33/34 n. Chr.)

Angelegenheit, die gar nicht sein Herrschaftsgebiet betraf, für jüdische Belange eingesetzt zu haben. Josephus berichtet in Bell. 2,9,2–3/169–174, dass der römische Statthalter Pilatus kurz nach seinem Amtsantritt im Jahr 26 n. Chr. in einer Nacht- und Nebelaktion römische Feldzeichen nach Jerusalem bringen ließ und die religiösen Empfindungen der Juden damit erheblich verletzt hat. Bei Philo von Alexandria erfahren wir, dass die Juden »vier Söhne des Königs [d. h. des Herodes], die in Rang und Würden Königen gleichstanden«, zu ihren Sprechern machten, um Pilatus zur Entfernung der mit Kaiserbildern versehenen Feldzeichen zu bewegen.[139] Zwar nennt Philo keine Namen, doch können wir davon ausgehen, dass die Tetrarchen Philipp und Antipas unter den erwähnten Herodessöhnen waren. Zieht man in Betracht, dass Herodes und seinen Nachkommen in der josephischen

---

disch bevölkert. So schlecht kann der Ruf von Tiberias also nicht gewesen sein.

139 Legatio ad Gaium 299 f. (Übersetzung nach Philo von Alexandria, Werke in deutscher Übersetzung, Bd. 7, 249). Philo spricht allerdings von vergoldeten Schilden.

Darstellung stets mehr an der Verständigung mit Rom als mit ihren jüdischen Untertanen lag, dann ist die mutmaßliche Parteinahme des Antipas für die Juden und gegen den römischen Statthalter bemerkenswert. Interessant ist in diesem Zusammenhang die Notiz in Lk 23,12, wonach Antipas und Pilatus »in Feindschaft gegeneinander« waren, bis sie sich während ihrer Teilnahme am Prozess Jesu miteinander anfreundeten. Möglicherweise geht die bei Lukas erwähnte Feindschaft auf den Konflikt zwischen Pilatus und Antipas wegen der römischen Feldzeichen zurück.[140]

Die Begegnung zwischen Pilatus und Antipas ist in den Evangelien indes nur ein nebensächliches, allein bei Lukas überliefertes Detail. Berühmt geworden ist Antipas durch seine Beteiligung an den Ereignissen um den Tod Johannes' des Täufers. Die Hinrichtung des Täufers auf Geheiß des Antipas bezeugen unabhängig voneinander Josephus (Ant. 18,5,2/116–119) und das Markusevangelium (6,14–29). Josephus schildert Johannes in bemerkenswerter Übereinstimmung mit den Evangelien als Bußprediger, der die Leute zur Abkehr von ihrem gottlosen Wandel und zur anschließenden Taufe im Jordan aufrief. Diese Taufe »werde sich als Gott wohlgefällig erweisen nicht als Vergebung begangener Sünden, sondern zur Heiligung des Leibes, da die Seele ja durch Gerechtigkeit schon zuvor

---

140 Da sich Antipas zweifellos gern selbst in der Nachfolge des Archelaos gesehen hätte, mag ihm die Präsenz eines römischen Statthalters generell ein Dorn im Auge gewesen sein. Auch die in Ant. 18,3,2/60–62 erwähnte Konfiskation von Geldern aus dem Jerusalemer Tempelschatz durch Pilatus zur Finanzierung eines Aquädukts wird Antipas' Sympathien für den Römer nicht gerade gesteigert haben. Dasselbe gilt für das von Pilatus veranlasste Massaker an Festpilgern aus Galiläa, also aus Antipas' Herrschaftsgebiet (Lk 13,1).

gereinigt worden sei.« (18,5,2/117). Auch nach den Evangelien war die Johannestaufe heilwirksam nur insofern, als sie die Manifestation einer zuvor vollzogenen inneren Umkehr war (Mt 3,7–10; Lk 3,7–9). Wenn Josephus den Inhalt der Täuferpredigt auf die Formel »Rechtschaffenheit (*dikaiosynē*) untereinander und Frömmigkeit (*eusebeia*) gegenüber Gott« bringt (Ant. 18,5,2/117), dann verdankt sich dies freilich seiner Absicht, die Übereinstimmung des jüdischen Ethos mit den Grundwerten griechisch-römischer Moral hervorzukehren. Es ist auch kein Zufall, dass das Element des nahen göttlichen Strafgerichts, das der Verkündigung des Täufers nach der (sicherlich zutreffenden) Darstellung der Evangelien zu Eigen war, im josephischen Täuferbild auch nicht andeutungsweise vorkommt. Dieser Aspekt hätte die Täufergestalt unausweichlich in die Nähe politischen Aufrührertums gerückt und sie für die Apologetik des Josephus, die die Juden als friedliche Provinzbürger präsentieren will, unbrauchbar gemacht.

Josephus und die Evangelien differieren auch hinsichtlich der näheren Todesumstände Johannes des Täufers. Nach Josephus fürchtete Antipas, Johannes' Einfluss auf das Volk könnte zu Unruhen führen. Deshalb ließ er ihn festnehmen, in die Festung Machairos in Peräa bringen und dort hinrichten. Nach der Darstellung des Markusevangeliums (6,14–29), der auch Matthäus folgt (Mt 14,1–12), hat der Täufer sein Leben dadurch verwirkt, dass er den Tetrarchen wegen seiner Ehe mit Herodias kritisierte. Dem Markusevangelium verdanken wir die berühmte und kunstgeschichtlich wirkungsträchtige Szene vom Tanz der Salome, die den Tetrarchen durch ihre Darbietung während eines Gelages derart betörte, dass er ihr unvorsichtigerweise die Erfüllung eines beliebigen

Wunsches versprach. Auf Betreiben ihrer Mutter Herodias, der die Moralpredigt des Johannes offenbar gehörig auf die Nerven ging, wünschte sie sich, man solle ihr das Haupt des Täufers auf einem Tablett präsentieren. Herodias' Tochter kommt in der Darstellung des Markusevangeliums ziemlich schlecht weg, denn erotischer Tanz zur Unterhaltung einer Männerrunde war in der Antike die Aufgabe von Sklavinnen. Wenn sich eine Aristokratin so aufführte, war das ein Skandal. Auch Antipas macht keine gute Figur, weil er sich durch seine Empfänglichkeit für weibliche Reize, die sich zudem noch auf seine eigene Tochter richtet,[141] in eine peinliche Zwangslage bringt. Er selbst hatte Johannes zwar in Ketten legen lassen, doch verband ihn mit dem Täufer eine Mischung aus Furcht und Respekt. Durch sein voreiliges Versprechen wurde er zur Marionette der Herodias.

Wenn unsere Rekonstruktion zutrifft, dann widersprach Antipas' Ehe mit Herodias den jüdischen Sitten nicht deshalb, weil Herodias in zweiter Ehe mit Antipas' Halbbruder Philipp verheiratet gewesen war – Philipp starb 33 n. Chr. kinderlos, also erfüllte Herodias' spätere Ehe mit Antipas den Tatbestand der

141 Da in Mk 6,22 von einem »Mädchen« (griech. *korasion*) die Rede ist, kann es sich nicht, wie im Anschluss an Josephus gemeinhin angenommen wird, um Salome, die Tochter aus Herodias' erster Ehe mit Herodes II. gehandelt haben, da diese schon zu Beginn des 1. Jh.s geboren wurde. Herodias' zweite Ehe mit dem Tetrarchen Philipp blieb kinderlos, also muss die in Mk 6,22 erwähnte Tochter der Herodias aus ihrer dritten Ehe mit Antipas stammen. Wahrscheinlich war sie es, die später Aristobul, den Sohn des Herodes von Chalkis heiratete. Durch Münzfunde wissen wir, dass sie ebenfalls Salome hieß (N. Kokkinos, The Herodian Dynasty, 232).

Leviratsehe[142] – sondern (a) weil sich Antipas wegen dieser Verbindung von seiner ersten Frau hatte scheiden lassen, und (b) weil er mit Herodias eine Frau geheiratet hat, die durch die Trennung von ihrem ersten Ehemann Herodes, dem Sohn der zweiten Mariamme, selbst schon eine unrechtmäßige Scheidung hinter sich hatte.[143] Josephus sagt zwar nichts über die Kritik des Täufers an Antipas' Ehe mit Herodias, doch bringt auch er den Tod des Täufers indirekt mit den Eheaffären des Tetrarchen in Zusammenhang. Er erwähnt nämlich, »einige Juden« hätten die Niederlage des Antipas im Konflikt mit Aretas IV. infolge seiner Scheidung von dessen Tochter als Strafe Gottes für die Hinrichtung des Johannes gedeutet. Wenn sich Josephus hier tatsächlich auf eine mehr oder weniger gängige Meinung beziehen, also nicht nur seine eigene anderen Leuten in den Mund gelegt haben sollte, dann wäre die Überlieferung in Mk 6 gewissermaßen das *missing link,* das eine volkstümliche Deutung von Antipas' Niederlage als Strafe für die Hinrichtung des Täufers plausibel machen würde. Denn nach Mk 6 war es ja Johannes, der den Tetrarchen vor der Ehe mit Herodias gewarnt hatte: Antipas hat den Täufer hinrichten lassen, anstatt in Sachen Ehe auf ihn zu hören, und die Strafe folgte in Gestalt von Aretas' Militäroffensive auf dem Fuß.

---

142 S. o. Anm. 129.

143 Johannes wird eine ähnlich strenge Auffassung vertreten haben wie Jesus nach Lk 16,18 u. ö.: »Jeder, der seine Frau entlässt und eine andere heiratet, begeht Ehebruch, und wer eine von ihrem Mann Entlassene heiratet, begeht Ehebruch«. Antipas und Herodias waren beide geschieden, also war ihre Ehe aus der Sicht des Täufers doppelt anstößig.

Von einer Verbindung zwischen Antipas und Jesus, wie wir sie aus den Evangelien kennen, weiß Josephus nichts. Die synoptischen Evangelien berichten, dass Jesus durch sein Wirken in Galiläa die Aufmerksamkeit des Tetrarchen auf sich gezogen hat (Mk 6,14–16; Mt 14,1–2; Lk 9,7–9). Spekulationen kursierten, mit Jesus sei der Täufer in anderer Gestalt wiedergekehrt. Begreiflicherweise mussten Antipas solche Mutmaßungen zutiefst beunruhigen. Wenn wir Josephus darin folgen, dass Antipas den Täufer wegen seiner Wirkung auf das Volk aus dem Verkehr gezogen hat, dann ist es kaum anders denkbar, als dass er früher oder später auch auf Jesus aufmerksam wurde. Die Synoptiker berichten übereinstimmend, dass sich Jesus nach der Hinrichtung des Täufers eine Zeit lang aus Galiläa nach Phönizien, Ituräa, die Gaulanitis und die Dekapolis zurückgezogen hat. Lukas ergänzt diese Angaben um die Notiz, dass Jesus von einigen Pharisäern gewarnt wurde, Antipas wolle ihn töten (Lk 13,31–33). Möglicherweise verdanken sich die Wanderungen Jesu außerhalb Galiläas seinem Bestreben, einem Konflikt mit Antipas aus dem Weg zu gehen. Nach Lk 8,3 war unter den Begleitern Jesu auch eine gewisse Johanna, die Frau eines Beamten (Gutsverwalters?) des Antipas mit Namen Chuza. Sie gehörte zu einer Gruppe von Nachfolgerinnen Jesu aus wohlhabenderen Kreisen, die Jesus mit ihrem Vermögen unterstützten. Nach Lk 23,49 waren diese Frauen bei der Kreuzigung Jesu anwesend, und sie waren es auch, die am Ostermorgen das leere Grab entdeckten. Lukas nennt den Namen der Johanna ausdrücklich in Lk 24,10. Die lukanischen Angaben zu Nachfolgerinnen Jesu aus dem Umfeld von Antipas' Hofstaat, die historisch einiges für sich haben, stützen die Annahme, dass Jesus während seines Wirkens in

Galiläa in das Blickfeld des Tetrarchen geraten ist. In Lk 13,32 nennt ihn Jesus einen »Fuchs«. Diese Metapher steht in der Antike einerseits für List, dann aber auch, oft in Entgegensetzung zum Löwen, für Unterwürfigkeit und Bedeutungslosigkeit. Im Wort Jesu ist wahrscheinlich letzterer Sinn intendiert: Jesus bringt zum Ausdruck, dass er den von Rom abhängigen Provinzfürsten nicht gerade für ein politisches Schwergewicht hält und seine Macht nicht fürchtet. Dies passt gut zur lukanischen Darstellung des Antipas als eines schwankenden Charakters. Er verhält sich gegenüber Jesus genauso unentschlossen, wie er es in Mk 6 gegenüber Johannes tut. Einerseits ist er neugierig und will Jesus zu Gesicht bekommen (Lk 9,9); andererseits will er ihn töten (13,31). Lukas flicht außerdem in die Ereignisfolge des Prozesses Jesu in Jerusalem eine Begegnung mit Antipas ein, der sich (was historisch plausibel ist) zum Passafest gerade in Jerusalem aufhält (23,6–12). Erst freut sich Antipas, Jesus zu sehen, weil er hofft, Jesus werde vor seinen Augen ein »Zeichen« vollbringen. Als Jesus sich weigert, dergestalt zur Unterhaltung seines Landesfürsten beizutragen, und sich noch nicht einmal auf ein Gespräch mit Antipas einlässt, verhöhnt er Jesus und macht ihn lächerlich, indem er ihm ein prächtiges Gewand überwirft.[144]

Die 43 Jahre währende Regierung des Antipas über Galiläa und Peräa endete, wie wir von Josephus erfahren, ausgesprochen unrühmlich. 36 n. Chr. kam es zu der bereits erwähnten Niederlage gegen Aretas IV., nachdem Antipas das familiäre Band zwischen sich und dem Nabatäerkönig zwei Jahre zuvor wegen He-

144 Im Passionsbericht des Markusevangeliums ist dies der Part der römischen Soldaten (Mk 15,20).

rodias zerschnitten hatte. Aretas nahm einen schon länger schwelenden Grenzkonflikt zum Anlass, gegen Antipas zu Felde zu ziehen und seine Truppen vernichtend zu schlagen. Antipas beschwerte sich sofort bei Tiberius, der auch ohne Zögern gegen Aretas einschritt. Er befahl dem syrischen Statthalter Vitellius,[145] den Nabatäerkönig tot oder lebendig nach Rom zu bringen. Vitellius rüstete sich für eine Militäraktion gegen Aretas, doch erreichte ihn während der Vorbereitungen die Nachricht vom Tod des Tiberius im März 37 n. Chr. Vitellius betrachtete den kaiserlichen Befehl daraufhin als erledigt, und Aretas' Feldzug, der den Nabatäer unter anderen Umständen den Kopf gekostet hätte, blieb ohne Folgen. Umso nachteiliger wirkte sich Tiberius' Tod für Antipas aus, denn so gut er sich mit Tiberius verstanden hatte, so schwierig und verhängnisvoll gestaltete sich das Verhältnis zu dessen Nachfolger Caligula. Antipas' Stellung in Rom verschlechterte sich zum einen wegen der Ambitionen seiner Gattin Herodias (dazu gleich) und zum anderen durch sein Zerwürfnis mit dem syrischen Statthalter Vitellius. Antipas hatte an wichtigen diplomatischen Verhandlungen des Vitellius mit dem Partherkönig Artabanos teilgenommen, in deren Verlauf Vitellius einen Friedensschluss erreichte. Artabanos erklärte sich sogar bereit, seinen Sohn Darius als Geisel nach Rom zu schicken. Josephus berichtet, dass Antipas für Vitellius und Artabanos, die sich auf einer eigens errichteten Euphratbrücke trafen, ein prächtiges Zelt errichtet, für ihr leibliches Wohl gesorgt und damit eine angenehme Verhandlungsatmosphäre geschaffen hat. Antipas' Fehler war jedoch, dass er dem

145 Sein gleichnamiger Sohn war einer der Kaiser des berüchtigten »Vierkaiserjahres« 69 n. Chr. Er unterlag den Soldaten Vespasians und wurde im Dezember 69 umgebracht.

Kaiser[146] durch einen eigenen Boten von Vitellius' Erfolg berichtete und letzteren um das Vergnügen brachte, in Rom selbst von seiner diplomatischen Meisterleistung zu berichten. Vitellius machte von nun an gegen Antipas Stimmung, so gut er konnte. Außerdem galt Caligulas Gunst nicht Antipas, sondern Agrippa, dem Bruder der Herodias. Bald nach seinem Regierungsantritt übertrug er Agrippa die einstige Tetrarchie des Philipp sowie die des Lysanias und machte ihn sogar zum König. Als Agrippa im zweiten Regierungsjahr Caligulas nach Judäa reiste, um die Herrschaft anzutreten, habe er, so Josephus,[147] den Neid seiner Schwester Herodias erweckt. Sie habe ihren Ehemann bedrängt, er solle nach Rom reisen und von Caligula ebenfalls die Königswürde erbitten. Nach einigem Zögern habe Antipas nachgegeben und sich auf den Weg zu Caligula gemacht, der sich gerade in seiner Sommerresidenz in Campanien aufhielt. Anscheinend war jedoch Agrippa der Ehrgeiz seines Schwagers (und Onkels)[148] nicht geheuer, und er

---

146 Nämlich Caligula (vgl. SUETON, Caligula 19; CASSIUS DIO 59,27,3). Josephus datiert den Vorgang irrtümlich an das Ende der Herrschaft des Tiberius.

147 Wir wechseln an dieser Stelle wieder in den Konjunktiv. Josephus liebt es, die Frauen als machtgierig und intrigant hinzustellen, und ihre jeweiligen Männer als unentschlossen und manipulierbar. Es ist wenig wahrscheinlich, dass Antipas ein selbstzufriedenes Leben geführt hat und erst von Herodias auf seine Chancen auf weiteren Machtzuwachs aufmerksam gemacht werden musste. Wahrscheinlich rivalisierten Antipas und Agrippa schon länger um die ehemalige Philipp-Tetrarchie und versuchten, sich gegenseitig auszustechen. Welche Rolle Herodias dabei gespielt hat, sei dahingestellt.

148 Agrippas Vater Archelaos, den Herodes zusammen mit dessen Bruder Alexander 7 v. Chr. hatte hinrichten lassen, war ein Halbbruder des Antipas.

schickte ihm einen Gesandten hinterher, der Antipas vor Caligula des Hochverrats beschuldigen sollte: Der Tetrarch habe sich mit dem Partherkönig Artabanos gegen Rom verschworen und ein Waffenlager zur Ausrüstung von 70 000 Mann angelegt. Antipas musste auf Nachfrage des Kaisers die Existenz der Waffendepots zugeben. Caligula sah darin den Beweis für die Richtigkeit der von Agrippa vorgebrachten Anschuldigungen und verbannte Antipas nach Lugdunum in Gallien (heute Lyon), wo er starb. Nutznießer von Antipas' Entmachtung und Verbannung in 39 n. Chr. war Agrippa, der zusätzlich zu Philipps und Lysanias' Territorien auch noch die Tetrarchie des Antipas erhielt.

10.5. Agrippa I. (37–44 n. Chr.)

Agrippa, Sohn Aristobuls und Berenikes, wurde 11 v. Chr. geboren. Seinen Namen verdankte er zweifellos dem Andenken an Herodes' d. Gr. Freund Marcus Agrippa, der kurz zuvor (Ende 12 v. Chr.) gestorben war. Mit Agrippa begegnen wir bereits einem herodianischen Herrscher der Enkelgeneration. Bevor ihm Caligula 37 n. Chr. die Königswürde verlieh, hatte er schon ein wechselvolles und abenteuerliches Leben hinter sich. Als sechsjähriger Junge wurde er zur Erziehung nach Rom geschickt. Seine Mutter, die Antonia, der Witwe von Tiberius' Bruder Drusus, nahe stand, führte ihn am römischen Kaiserhof ein, wo er sich mit dem jüngeren Drusus, Tiberius' Sohn, anfreundete. Durch das luxuriöse Leben in Rom gewöhnte er sich einen überaus kostspieligen Lebenswandel an, der ihn später in große Schwierigkeiten brachte. Als Drusus 23 n. Chr. starb, verlor er seinen Rückhalt am Hof, und mit dem Tod der Mutter Ende der zwanziger Jahre entfiel auch der mäßigende Einfluss auf den verschwenderischen Sohn. Wenige Jahre später hatte er bei jedermann Schulden und konnte sich in Rom nicht länger halten. Er floh in seine Heimat und zog sich auf die idumäische Festung Malata zurück. Das öde Dasein weitab von der römischen Zivilisation schlug ihm bald so sehr aufs Gemüt, dass er seinem Leben ein Ende setzen wollte. Dies wusste jedoch seine Frau Kypros[149] zu verhindern. Sie wandte sich an Agrippas Schwester Herodias und bat sie und ihren Mann, den Tetrarchen Antipas, Agrippa wenigstens zu einem bescheidenen Auskommen zu verhelfen. Antipas gab ihm daraufhin den Posten des Marktaufsehers (*agoranomos*) in Tiberias. Doch hielt es Agrippa in der galiläischen Provinz nicht lange aus. Während eines Banketts in Tyrus überwarf er sich mit seinem Schwager, verließ wenig später Tiberias und reiste nach Antiochia zu Pomponius Flaccus, syrischer Statthalter 32–35 n. Chr., den er aus Rom gut kannte. Dort fand er zunächst freundliche Aufnahme, verscherzte es sich jedoch bald auch mit Flaccus, weil er sich in einem Grenzstreit zwischen Sidon und Damaskus, den Flaccus zu entscheiden hatte, von den Damaszenern dafür bezahlen ließ, seinen Einfluss auf den Statthalter zu ihren Gunsten geltend zu machen. Als die Sache herauskam – übrigens auf Betreiben von Agrippas Bruder Aristobul, der sich ebenfalls in Antiochia aufhielt und seinen nichtsnutzigen Bruder möglichst rasch loswerden wollte –, war es um die Freundschaft zwischen Flaccus und Agrippa, der nun wieder völlig mittellos dastand, geschehen. Agrippa nahm erneut

149 Kypros, nach Herodes' d. Gr. Mutter und der jüngeren Tochter der ersten Mariamme die dritte ihres Namens, war eine Tochter der Salampsio (Tochter der Mariamme) und des Phasaël (Sohn von Herodes' gleichnamigem Bruder).

Kurs auf Rom, musste sich jedoch zunächst weiteres Geld beschaffen, was ihm über einen Freigelassenen seiner Mutter auch gelang. Über den kleinen Hafen Anthedon wollte er sich unbemerkt aus dem Staub machen, wurde jedoch von Herennius Capito, dem römischen Stadtkommandanten des nahegelegenen Jamnia, wegen ausstehender Schulden an die kaiserliche Kasse auf seinem Schiff, das er schon bestiegen hatte, unter Arrest gestellt. Agrippa kappte bei Nacht die Schiffstaue und entkam nach Alexandria, wo er über seine Frau von Alexander, dem Bruder des Philosophen Philo, einen weiteren Kredit erhielt. Mit neuen Geldmitteln ausgestattet reiste er nun nach Italien weiter, wo er sich gleich auf den Weg zu Tiberius machte. Der Cäsar empfing ihn zunächst ehrenvoll, doch unglücklicherweise traf kurz darauf ein Schreiben Capitos ein, das Tiberius über die Schulden seines Gastes in Kenntnis setzte. Tiberius verwies Agrippa entrüstet aus seiner Gegenwart und gab ihm den Bescheid, er dürfe sich erst wieder blicken lassen, wenn er seine Schulden bezahlt habe. Agrippa ließ sich nicht entmutigen. Es gelang ihm, von Tiberius' Schwägerin Antonia genug Geld zu bekommen, um alle Schulden begleichen zu können. Tiberius rehabilitierte ihn und machte ihn sogar zum Erzieher seines Enkels Tiberius Gemellus. Mit weiteren, ebenfalls geliehenen Summen zeigte sich Agrippa gegenüber Gaius Caligula, dem nachmaligen Kaiser, in seiner altgewohnten Großzügigkeit und gewann so dessen Ansehen und dessen Freundschaft. Allerdings ging er ein wenig zu vertraulich mit seinem Freund um. Eine unbekümmerte Bemerkung, er hoffe, bald Caligula an des greisen Tiberius' statt auf dem Thron zu sehen, wurde dem Cäsar hinterbracht und kostete Agrippa die Freiheit. Nach sechs Monaten Gefängnis starb

Tiberius jedoch, und sowie Caligula dessen Nachfolge angetreten hatte, entließ er Agrippa aus der Haft, wog ihm zum Trost seine Ketten in Gold ab, verlieh ihm die Königswürde und schenkte ihm die Tetrarchie Philipps. Im Sommer 38 n. Chr. reiste Agrippa nach Palästina, um in seinem Herrschaftsgebiet nach dem Rechten zu sehen. Wegen der ungünstigen Winde wählte er den Weg über Alexandria. Das Erscheinen eines jüdischen Königs auf alexandrinischem Boden fassten die griechischen Bewohner der Stadt als Provokation auf. Sie werteten offenbar das Auftreten Agrippas, dessen gutes Verhältnis zum Kaiser allgemein bekannt war, als sicheren Hinweis darauf, dass der ohnehin schon beträchtliche Einfluss der alexandrinischen Juden – zwei von fünf alexandrinischen Stadtvierteln waren jüdisch – nun noch zunehmen würde. In der Folge kam es zu gewalttätigen Ausschreitungen gegen die jüdische Bevölkerung, die in eines der schlimmsten Judenpogrome der Antike ausarteten.[150] Dass es soweit kommen konnte, war zu einem erheblichen Teil die Schuld des politisch schwachen Statthalters Avillius Flaccus, der es nicht wagte, etwas gegen den entfesselten Volkszorn zu unternehmen. Agrippa wandte sich zu Gunsten der alexandrinischen Juden brieflich an Caligula. Dieser Initiative ist es wohl zu verdanken, dass Flaccus aus Alexandria abberufen, verbannt und in der Verbannung hingerichtet wurde.

Zwei Jahre später (Herbst 40 n. Chr.) hatte Agrippa Gelegenheit, sich bei Caligula erneut für jüdische Interessen zu verwenden, diesmal in einer viel heikleren Angelegenheit, die den römischen Herrscherkult

---

150 PHILO schildert die alexandrinischen Verhältnisse des Jahres 38 n. Chr. in seiner Schrift In Flaccum (in Bd. 7 seiner »Werke in deutscher Übersetzung«).

betraf. War noch Julius Cäsar erst nach seinem Tod unter die Götter gerechnet worden und hatte Augustus die göttliche Verehrung seiner Person nur mit Vorbehalten und in engen Grenzen zugelassen, so verlangte Caligula unumwunden, dass man ihn schon bei Lebzeiten als Gott verehrte. Überall im Reich wurden Altäre zur Verehrung Caligulas als Gottkaiser errichtet, so auch in der römisch verwalteten palästinischen Küstenstadt Jamnia. Die Juden der Gegend zerstörten den Altar umgehend. Als Caligula dies durch Herennius Capito zu Ohren kam, befahl er erbost, sein Bild solle im Jerusalemer Tempel aufgestellt und kultisch verehrt werden. In ganz Judäa machte sich helles Entsetzen breit, denn derlei hatte es seit den Tagen des Antiochos Epiphanes nicht mehr gegeben. Agrippa setzte nun das gute Einvernehmen mit dem Kaiser aufs Spiel, indem er ihm die unerhörte Bitte vortrug, den Befehl zur Aufstellung des Kaiserstandbildes im jüdischen Tempel zu widerrufen. Caligula willigte wider Erwarten zähneknirschend ein, allerdings nur vorläufig. Dass die Affäre schließlich ein gutes Ende nahm, war vor allem der Besonnenheit des römischen Statthalters Petronius zu verdanken und schließlich der Ermordung Caligulas im Januar des Jahres 41 n. Chr.

Caligulas Willkürherrschaft hatte in Rom die senatorische Opposition gegen das Kaisertum auf den Plan gerufen. Die Rückkehr zur alten republikanischen Staatsverfassung war in diesen Tagen eine ernsthaft erwogene Option. Dass schließlich Claudius die Nachfolge Caligulas antreten konnte, war nach Josephus' Darstellung nicht zuletzt ein Verdienst des Agrippa, der in den entscheidenden Tagen und Stunden in einer Art Pendeldiplomatie zwischen Claudius und dem Senat vermittelte. Nachdem Claudius die Herrschaft angetreten hatte, belohnte er Agrippa reichlich: Er bestätigte im Jahr 41 n. Chr. seine Herrschaft über sein bisheriges Territorium und gab ihm zusätzlich noch Judäa und Samarien. Außerdem erhob er ihn in den konsularischen Rang. Damit war Agrippa im Besitz des einstigen Territoriums seines Großvaters. Hinsichtlich seiner Ehrenstellung in Rom übertraf er ihn sogar noch. Er hatte nun allen Grund, sich den Beinamen »der Große« zu geben, der auf Inschriften und Münzen (samt seinem Bildnis!) bezeugt ist. Freilich ist nicht er unter diesem Namen in die Geschichte eingegangen, sondern sein Großvater. Gegen Ende seiner Herrschaft scheint sein Verhältnis zu Claudius etwas gelitten zu haben. Ein von Agrippa anberaumtes Treffen mit fünf weiteren Klientelkönigen des Ostens in Tiberias[151] wurde von Marsus, dem syrischen Statthalter, eiligst aufgelöst, weil er die versammelten Herrscher antirömischer Umtriebe verdächtigte. Mit derselben Anschuldigung erreichte Marsus bei Claudius außerdem, dass Agrippa den Bau einer Mauer um die Jerusalemer Neustadt, die berühmte »dritte Mauer« im Norden (vgl. Abb. 7), abbrechen musste, doch war wohl in beiden Fällen Rivalität zwischen Marsus und Agrippa im Spiel: Marsus empfand den Machtzuwachs Agrippas als Beschneidung seiner Kompetenzen und versuchte, ihn bei Claudius in Misskredit zu bringen. Für antirömische Tagträume Agrippas haben wir keine Anhaltspunkte.[152]

In der josephischen Darstellung kommt Agrippa ausgesprochen gut weg. Josephus beschreibt ihn als

151 Nämlich Antiochos IV. von Kommagene, Sampsigeramos II. von Emesa, Cotys von Kleinarmenien, Polemo II. von Pontus und Agrippas Bruder Herodes von Chalkis (Ant. 19,8,1/338–342).

152 D. R. Schwartz, Agrippa I., 137–144.

frommen Juden, der die Erfüllung seiner religiösen Pflichten sehr ernst nahm. Die Mischna erzählt, dass er sich in religiösen Dingen dem Mann aus dem Volk gleichstellte und wie jeder andere Festpilger seinen Korb mit Erstlingsfrüchten zum Tempel trug. Auch um die Juden außerhalb seines Reiches kümmerte er sich. Als einmal Griechen im phönizischen Dora eine Synagoge schändeten, setzte sich Agrippa bei Petronius dafür ein, dass die Provokateure zur Rechenschaft gezogen wurden. Agrippa genoss sogar in pharisäischen Kreisen hohes Ansehen. Nach einer Überlieferung der Mischna (*Sota* 7,8) ist Agrippa einmal während des Laubhüttenfestes, als er dem Brauch entsprechend das Buch Deuteronomium im Tempel öffentlich verlas, bei der Stellte Dtn 17,15 »du darfst über dich keinen Fremdling [zum Könige] einsetzen« in Tränen ausgebrochen, woraufhin ihm die Juden zuriefen »Sei getrost Agrippa, du bist unser Bruder, du bist unser Bruder«.[153]

Agrippa war eine glückliche Regierungszeit beschieden, aber keine lange. Er starb unerwartet im Spätsommer 44 n. Chr. in Cäsarea. Obwohl die jose-

153 Übersetzung: Der Babylonische Talmud, neu übertragen von L. Goldschmidt, Bd. 6, 140. Da die Verlesung des Buches Deuteronomium durch den König nur am Ende eines Sabbatjahres vorgesehen war, lässt sich dieses Ereignis datieren: Während der Regierungszeit Agrippas I. war in 40/41 n. Chr. ein Sabbatjahr. Die Szene fällt also in den Herbst des Jahres 41. Diese Überlieferung zeigt, dass die idumäische Herkunft des Herodes auch in der Generation der Enkel offenbar noch eine Rolle spielte. Nach Dtn 23,7 f. waren freilich die Nachkommen eines zum Judentum übergetretenen Edomiters/Idumäers ab der dritten Generation vollgültige Juden. Agrippa hätte also nur weiter lesen müssen, um festzustellen, dass seine Skrupel unbegründet waren.

phische Darstellung nicht ohne Kritik ist – Agrippa ließ Statuen seiner Töchter anfertigen und in Cäsarea aufstellen –, lässt er den Herodesenkel doch eines halbwegs würdigen Todes sterben (Ant. 19,8,2/343–352). Josephus berichtet, in Cäsarea habe ihm die begeisterte Menge als Gott akklamiert, als er den Spielen zu Ehren des Kaisers beiwohnte. Agrippa ließ diese Ehrenbezeugung unwidersprochen, sah dann aber in der Nähe eine Eule sitzen und deutete dies als Omen für seinen baldigen Tod. Da habe er sich an die Menge gewandt und geäußert, das Schicksal werde ihre schmeichlerischen Worte bald zunichte machen. Dann hätten ihn starke Schmerzen befallen. Er starb binnen fünf Tagen im Alter von 54 Jahren. Sein Herrschaftsgebiet wurde römische Provinz.

Die der josephischen Darstellung zu Grunde liegende Tradition vom Tod des Agrippa hat auch Lukas im 12. Kapitel der Apostelgeschichte verarbeitet.[154] Die bei Josephus noch sehr verhaltene Kritik an der fehlenden Distanzierung Agrippas von den gotteslästerlichen Ehrenbezeugungen des Volkes fällt bei Lukas, der ihn »Herodes« nennt,[155] viel schärfer aus: Den König »schlug ... ein Engel, weil er Gott nicht die Ehre gab; und er wurde von Würmern zerfressen und verschied« (Apg 12,23). Durch das Motiv »Tod durch Würmerfraß« kommt Agrippa in einer Reihe mit Antiochos IV.

---

154 Möglicherweise war Josephus seine Quelle. Nach S. MASON, Flavius Josephus und das Neue Testament, Kap. 6, gibt es einige Indizien dafür, dass Lukas Teile der josephischen Werke gekannt hat. Dies scheint auch bei den lukanischen Notizen zu Agrippa II., Berenike und Drusilla der Fall zu sein (dazu gleich).

155 Der Name Herodes für Agrippa I. ist außerhalb des Neuen Testaments nicht belegt; vgl. D. R. SCHWARTZ, Agrippa I., 120, Anm. 50.

und Herodes d. Gr. zu stehen. Der Grund für Lukas' Antipathie liegt darin, dass Agrippa auf die junge christliche Gemeinde Palästinas nicht gut zu sprechen war (Apg 12,1–19): Erst ließ er den Zebedäussohn Johannes hinrichten und kurz darauf auch Petrus gefangen nehmen. Durch die Hand eines Engels entkam Petrus aus dem Gefängnis. Die bedauernswerten Gefängniswärter hatten das Nachsehen, denn Agrippa ließ sie dafür, dass sie ihren Gefangenen hatten entwischen lassen, hinrichten. Lukas vermerkt, dass Agrippa die Festnahme des Petrus angeordnet hat, weil er feststellte, dass die Hinrichtung des Zebedaiden Johannes »den Juden gefiel« (Apg 12,3) – ein Detail, das gut zur josephischen Darstellung Agrippas als eines Herrschers passt, dem am Wohlwollen und der Achtung seiner jüdischen Untertanen viel gelegen war.

10.6. Agrippa II. (48/49–100 n. Chr.)

Agrippa II. war ein Sohn Agrippas I. und damit ein Urenkel Herodes' d. Gr. Auch ihm begegnen wir in der Apostelgeschichte, ebenso zweien seiner drei Schwestern, nämlich Berenike und Drusilla. Josephus war mit dem jüngeren Agrippa persönlich bekannt. Er erwähnt in der Vita, dass er ihm eine Abschrift seines Geschichtswerkes über den jüdischen Krieg hat zukommen lassen und sich mit ihm brieflich darüber ausgetauscht hat (65/362–367). Nach dem Tod Agrippas I. im Jahr 44 n. Chr. wollte Claudius dem Sohn zunächst die Königsherrschaft übertragen, doch intervenierten die Berater des Kaisers wegen Agrippas jugendlichen Alters von damals 16 Jahren. Als sein Onkel Herodes von Chalkis Ende 48 n. Chr. starb, erhielt Agrippa immerhin dessen kleines Königreich im Libanon.[156] Außerdem vertraute ihm Claudius die Verwaltung des Jerusalemer Tempels an, die er nach dem Tod Agrippas I. an Herodes von Chalkis übertragen hatte und die auch das Recht zur Ernennung und Absetzung des Hohenpriesters beinhaltete. Da der Tempel das soziale, kulturelle und wirtschaftliche Zentrum des Landes war, hatte Agrippa auf die Geschicke Judäas, obwohl es ansonsten der römischen Provinzverwaltung unterstand, sicherlich einigen Einfluss. Agrippas Herrschaft über Chalkis währte nur bis 53 n. Chr., als ihm Claudius – wir wissen nicht warum – dieses Territorium entzog und ihm statt dessen die einstigen Tetrarchien Philipps und Lysanias' übertrug. Später erhielt er von Nero (römischer Kaiser seit 54 n. Chr.) zusätzlich Teile Peräas und Galiläas. Aus einer Notiz bei Photios, einem universal gebildeten byzantinischen Patriarchen des 9. Jh.s, erfahren wir außerdem, dass Vespasian, der 69 n. Chr. Kaiser wurde, das Herrschaftsgebiet Agrippas nochmals vergrößert hat. Dieser Machtzuwachs verdankte sich der unerschütterlichen Romtreue Agrippas während des jüdischen Krieges in den Jahren 66–70 n. Chr.

Agrippas Schwester Berenike war mit Herodes von Chalkis verheiratet. Nach dessen Tod kehrte sie zu ihrem Bruder zurück und nahm fortan auf dessen Politik so nachhaltigen Einfluss, dass Josephus die

---

156 Herodes' eigener Sohn Aristobul war offenbar zu jung, um seinen Vater zu beerben. Er erhielt 54 n. Chr. von Nero das Königreich Kleinarmenien. Nach Josephus' Angaben war er mit Salome, der Tochter aus Herodias' erster Ehe mit Herodes, dem Sohn der zweiten Mariamme, verheiratet, was aber kaum möglich ist, da diese viel älter war als Aristobul. Nach N. Kokkinos (s. o. Anm. 141) war seine Frau die nur in Mk 6,22 erwähnte Tochter der Herodias, die aus ihrer Ehe mit Antipas stammen muss.

beiden Geschwister wiederholt als »Königspaar« bezeichnet. Bald machten auch Gerüchte von einer inzestuösen Beziehung zwischen Agrippa und Berenike die Runde. Sogar der römische Satiriker Juvenal (60–140 n. Chr.) erwähnt Berenike als Agrippas »inzestuöse Schwester«.[157] Um diesen Gerüchten gegenzusteuern, heiratete Berenike um 65 n. Chr. König Polemon von Kilikien, doch die Ehe währte nicht lange und sie kehrte zu ihrem Bruder zurück. Während des jüdischen Krieges entspann sich eine Liebesbeziehung zwischen Berenike und dem elf Jahre jüngeren Titus. Er soll sogar entschlossen gewesen sein, die Judäerin zu heiraten, doch war eine solche Ehe politisch nicht opportun. Deshalb distanzierte sich Titus von ihr und schickte sie schließlich sogar aus Rom fort.[158]

Lukas schildert in Apg 25,13–26,32 eine Begegnung Agrippas und Berenikes mit dem Apostel Paulus, als Paulus in Cäsarea am Meer in Haft saß, um nach Rom ausgeliefert zu werden. Nach Lukas fand diese Begegnung kurz nach dem Amtsantritt des römischen Statthalters Porcius Festus (59/60 n. Chr.) statt, zu dessen Begrüßung das Herrscherpaar nach Cäsarea gekommen war. Lukas lässt den Apostel vor Agrippa eine lange Rede halten, an deren Ende sich der König durchaus beeindruckt, aber nicht wirklich interessiert zeigt. Es dürfte kein Zufall sein, dass sich Agrippa in der lukanischen Darstellung in Begleitung seiner Schwester Berenike befindet, als Paulus das Wort ergreift.[159] Warum erwähnt Lukas die Schwester des

157 Juvenal, Satiren 6,157 f.

158 Titus war von 79–81 n. Chr. römischer Kaiser. Zu seiner Beziehung mit Berenike vgl. Tacitus, Historien 2,2; Sueton, Titus 7.

159 Zum Folgenden vgl. S. Mason, Flavius Josephus und das Neue Testament, 166.

Agrippa, die doch im Verlauf der weiteren Handlung gar keine Rolle spielt? Zwar sagt Lukas nicht, dass Berenike Agrippas Schwester war, geschweige denn, dass man die beiden des Inzests verdächtigte. Wir können jedoch davon ausgehen, dass die Adressaten der Apostelgeschichte darüber bestens Bescheid wussten. Auf diesem Hintergrund klingen die Worte, mit denen Paulus seine Rede eröffnet, wie blanker Hohn: »Ich schätze mich glücklich, König Agrippa, dass ich mich heute vor dir über alles, dessen ich von den Juden angeschuldigt werde, verteidigen soll, da du ein vorzüglicher Kenner aller Lehren und Streitfragen bei den Juden bist« (26,2–3; vgl. 26,26–27). Was sich zunächst als eine stilreine *captatio benevolentiae* ausnimmt (eine rhetorische Figur zu Beginn einer Rede, die das Wohlwollen des Adressaten gegenüber dem Redner wecken soll), verleiht der ganzen Szene etwas Komödiantisches, denn derjenige, auf dessen besondere Gesetzeskenntnis Paulus rekurriert, sitzt die ganze Zeit neben seiner Schwester, mit der er in krassem Widerspruch zum jüdischen Gesetz (so erzählte man sich jedenfalls) eine inzestuöse Beziehung unterhielt. Allein dadurch, dass der Verfasser der Apostelgeschichte Berenike im Verhör des Paulus durch den Monarchen eine Statistenrolle zuweist, übt er sozusagen mit einem Augenzwinkern an Agrippa herbe Kritik.

Berenikes jüngere Schwester Drusilla erwähnt Lukas in Apg 24,24 als Frau des römischen Statthalters Felix, des Vorgängers von Festus. Im Jahr ihrer Geburt (38/39 n. Chr.) war Caligulas Schwester Drusilla gestorben; von ihr hat sie wohl ihren Namen.[160] Ihr Vater Agrippa I. wollte sie mit Antiochos IV. von Kommage-

160 N. Kokkinos, The Herodian Dynasty, 277.

ne verheiraten, doch scheiterte diese Verbindung an Antiochos' Weigerung, zum Judentum überzutreten. Stattdessen gab Agrippa seine Tochter Azizos von Emesa zur Frau, der sich bereitwillig der Beschneidung unterzog und Jude wurde. Als jedoch Felix, seit 52/53 römischer Statthalter in Judäa, auf die bildschöne Drusilla aufmerksam wurde und ihr einen Heiratsantrag machte, verließ sie Azizos und heiratete Felix. Aus dieser Ehe ging ein Sohn mit Namen Agrippa hervor, der zusammen mit seiner Frau, deren Namen wir nicht kennen, beim Ausbruch des Vesuvs im August des Jahres 79 ums Leben kam. Josephus berichtet von Drusillas ungesetzlicher Ehe mit Felix und dem tragischen Tod ihres Sohnes Agrippa in einem Atemzug (Ant. 20,7,2/141–144) und liefert damit einen weiteren Beweis für seine These, dass die Übertretung des jüdischen Gesetzes Strafe nach sich zieht. Die Trennung von Azizos war nicht zuletzt deshalb so empörend, weil dieser die Konversion zum Judentum nun ganz vergeblich vollzogen hatte. Nach Josephus hat sich Drusilla bei ihrer Eheschließung mit Felix von ausgesprochen niederen Motiven leiten lassen: Sie habe den Neid ihrer Schwester Berenike wecken wollen, mit der sie in ständigem Streit lebte. Es passt gut in dieses Bild, dass mit Felix ein Statthalter nach Judäa kam, dessen gewaltsame Amtsführung, die auch in Rom für Gesprächsstoff sorgte,[161] von Josephus heftig kritisiert wird.

Wiederum gibt das, was wir bei Josephus über Felix und Drusilla erfahren, den Hintergrund für ein tieferes

161 Nach Tacitus hat Felix »die königlichen Machtbefugnisse mit aller Grausamkeit und Willkür« ausgeübt (Historien 5,9).

Verständnis der lukanischen Darstellung ab.[162] Zwar passt offene Kritik an den römischen Statthaltern, wie Josephus sie äußert, nicht in das Konzept der Apostelgeschichte, doch wird allein durch das Arrangement der Personen und Dialoge deutlich, was Lukas von dem römischen Statthalter und seiner ehebrecherischen Frau hält. Wie schon bei Agrippa und Berenike lässt er die beiden Protagonisten als Paar auftreten, als sich Felix mit Paulus zu einer Unterredung trifft:

»Nach einigen Tagen aber erschien Felix mit seiner eigenen Frau Drusilla, die Jüdin war, ließ Paulus holen und hörte ihn über den Glauben an Christus Jesus. Da er aber über Gerechtigkeit und Selbstbeherrschung und das künftige Gericht Ausführungen machte, geriet Felix in Furcht und antwortete: ›Für jetzt geh! Wenn ich eine Gelegenheit habe, werde ich dich rufen lassen‹. Zugleich hoffte er auch, dass ihm von Paulus Geld gegeben werde. Daher ließ er ihn auch öfter holen und unterhielt sich mit ihm« (Apg 24,24–26).[163]

Lukas kritisiert Felix insofern ausdrücklich, als er auf seine Bestechlichkeit zu sprechen kommt. Eine indirekte und viel gravierendere Bloßstellung ist jedoch das von Paulus gewählte Thema und Felix' Reaktion darauf. Der Apostel redet »über Gerechtigkeit und Selbstbeherrschung und das künftige Gericht« und löst bei dem Römer, der es auf einmal eilig hat, das Gespräch zu beenden, einige Nervosität aus. Was die »Selbstbeherrschung« anbelangt, so gibt die bloße Anwesenheit der Drusilla dem informierten Leser das entscheidende Signal, worauf Lukas anspielt, nämlich auf ihre aus jüdischer Sicht unrechtmäßige Ehe mit Felix, der sich in seinem Verlangen nach der judäischen

---

162 Vgl. S. MASON, Flavius Josephus und das Neue Testament, 184.

163 Übersetzung nach R. PESCH, Die Apostelgeschichte (Apg 13–28), EKK V/2, 260.

Schönheit über Drusillas bestehende Ehe mit Azizos hinweg gesetzt hat. Dass »Gerechtigkeit« für den Statthalter ein unangenehmes Thema war, versteht sich nach all den Schandtaten, die er laut Josephus begangen hat, von selbst, und die Vorstellung, er könne von dem Gott seiner jüdischen Ehefrau dereinst zur Rechenschaft gezogen werden, hat ihm begreiflicherweise nicht behagt.

10.7. Rückblick

Mit Drusilla, der Tochter Agrippas I. und Urenkelin Herodes' d. Gr. kommt dieses Kapitel über die Erben des Herodes zum Ende. Wir haben uns auf einige wenige Gestalten der zweiten, dritten und vierten Generation konzentriert, die im Neuen Testament erwähnt werden oder mit diesen in unmittelbarem Zusammenhang stehen. Damit endet zugleich der Hauptteil dieses Buches. Es sei an dieser Stelle nochmals daran erinnert, dass die Familie des Herodes, die das Geschick Judäas in zwei Jahrhunderten maßgeblich bestimmt hat, nicht auf jenen kleinen Personenkreis beschränkt ist, den wir gemeinhin zu Gesicht bekommen, wenn wir uns für Herodes als »biblische Gestalt«, d. h. als Gestalt des Neuen Testaments interessieren. Der große Kreis sämtlicher Ahnen und Nachkommen des Herodes, die uns aus literarischen und nichtliterarischen Quellen bekannt sind, umfasst nicht weniger als 144 Personen aus neun Generationen und vier Jahrhunderten.[164] Gleichwohl haben wir anhand der wichtigsten Gestalten des herodianischen Herrscherhauses einen Eindruck von jenem spannungsreichen Verhältnis zwischen Judentum, hellenistischer Kultur und römi-

164 N. Kokkinos, The Herodian Dynasty, 144.

scher Weltmachtpolitik gewonnen, das nicht nur für die Geschichte dieser Dynastie prägend war, sondern für die neutestamentliche Epoche überhaupt. An der Biographie Drusillas zeigt sich dieses Spannungsverhältnis abschließend nochmals mit besonderer Deutlichkeit: Ihr Vater hatte darauf geachtet, dass sie wenn schon keinen gebürtigen Juden, so doch einen Konvertiten zum Mann erhielt. Sie selbst jedoch setzte sich über die Schranken jüdischen Brauchtums hinweg, als sich ihr die Gelegenheit bot, in die höchsten römischen Zirkel einzuheiraten und dem Dasein in der Provinz zu entkommen. Wie Herodes selbst, so haben es auch seine Nachkommen stets verstanden, ihr Judentum so zu leben, dass es ihnen nicht im Wege stand, wenn es galt, sich in Rom einen Namen zu machen. Sie haben dafür von jüdischen wie christlichen Autoren viel Tadel einstecken müssen, vor allem den Vorwurf religiöser Oberflächlichkeit und Heuchelei. Doch sind die historischen Verhältnisse der frühen römischen Kaiserzeit zu komplex, als dass wir uns solche Etiketten sinnvoll zu Eigen machen könnten. Der von Josephus so sehr gescholtene Herodes Antipas hat sich, wie wir aus Philo erschließen können, immerhin bei Pilatus für die Entfernung römischer Feldzeichen aus Jerusalem eingesetzt. Agrippa I., für den Josephus lobende Worte findet, hat sich außerhalb seiner jüdisch besiedelten Territorien genauso »heidnisch« benommen wie alle anderen herodianischen Herrscher auch. Das Auftreten Herodes' d. Gr. als hellenistischer Monarch und Wohltäter in Griechenland und Vorderasien war für das dortige Diasporajudentum gerade durch sein weltgewandtes und weltoffenes Auftreten von größtem Nutzen.

Ein Werturteil über das Judesein des Herodes und seiner Erben würde einen normativen Begriff von Judentum voraussetzen, den es in der Spätantike genauso wenig gegeben hat, wie es heute angesichts von hunderten von christlichen Kirchen, Konfessionen und Denominationen einen normativen Begriff von Christentum gibt. Die Religionsphilosophie eines Philo von Alexandria ist in der jüdischen Geistesgeschichte bis heute ein Fremdkörper geblieben. Man mag das bedauern oder begrüßen, unstrittig dürfte aber sein, dass Philo »mit Ernst Jude sein« wollte. Auch das Judentum des einstigen Jerusalemer Priesters Josephus war nach drei Jahrzehnten am Hof der flavischen Kaiser nicht mehr dasselbe. Man kann Josephus mit gewissem Recht vorwerfen, er habe in seinen Schriften aus dem Gott der Bibel einen Gott der Philosophen gemacht. Man kann ihm vorwerfen, er habe sein Volk und den Glauben seiner Väter, als er in römische Dienste trat, schändlich verraten. Es ist eine Frage des persönlichen Standpunktes, ob man solche Vorwürfe für berechtigt hält oder nicht. Hätte man Josephus darauf angesprochen, hätte er zweifellos mit ehrlicher Entrüstung reagiert. Die Frage, ob sich Herodes nur aus innenpolitischem Pragmatismus jüdisch gegeben und sich ansonsten um die Religion seiner Untertanen wenig gekümmert hat oder ob so etwas wie persönliche Überzeugung im Spiel war, wenn er beispielsweise bei den Fußbodenmosaiken seiner Privatgemächer dem biblischen Bilderverbot entsprechend auf figürliche Darstellungen verzichtet hat, diese Frage lässt sich aus den überlieferten Quellen nicht beantworten. Es ist ohne weiteres möglich, dass Herodes im Gott der Judäer gut hellenistisch eine Art Landesgott sah, dem man nur innerhalb seines Territoriums Verehrung schuldete, und dass er sich in diesem Rahmen durchaus für einen ernsthaften Juden gehalten hat. Immerhin hat er diesem Gott einen Tempel gebaut, der im ganzen römischen Reich seinesgleichen suchte. Wir mögen eine solche Auffassung hoffnungslos synkretistisch finden, doch setzt der Synkretismusvorwurf eine reine Form von Religion voraus, die sich bei näherem Hinsehen als Fiktion erweist. In gewisser Hinsicht war und ist der Glaube aller Zeiten und Kulturen »synkretistisch«, die Volksreligion ebenso wie der Glaube der Gebildeten, und wer wollte ein Urteil über die Ernsthaftigkeit oder gar Gültigkeit solcher religiöser Lebensäußerungen fällen.

Die Außenansicht von Herodes' Leben und Werk ist allemal respektabel: Seine 33 Jahre währende Herrschaft bescherte den Juden in Palästina eine lange Phase verhältnismäßiger Stabilität und unter den Bedingungen der ohnehin unabänderlichen römischen Vorherrschaft ein Dasein, das zumindest erträglich war. Durch den Status des Herodes als *rex socius et amicus populi Romani* genossen die Untertanen des Judäerkönigs ein Maß an Freiheit, an das sie sich nach der Umwandlung Judäas in eine römische Provinz wohl nicht selten mit Wehmut erinnerten. Was die Gewaltsamkeit betrifft, mit der Herodes seine Herrschaft gesichert und seine Macht erhalten hat, so unterscheidet er sich von allen anderen antiken Herrschern wohl zuallererst darin, dass wir über seine Schandtaten außergewöhnlich gut informiert sind. Politische Morde im Familienkreis als Mittel der Thronfolgeregelung und des Machterhalts waren in orientalischen Herrscherhäusern genauso üblich wie in Rom. Selbst Augustus trug einen Brustpanzer unter der Kleidung, der Dolche stets eingedenk, mit denen einst Julius Cäsar niedergestreckt worden war. Wenn wir in der biblisch-jüdischen Geschichte nach Parallelen für die Skrupellosigkeit des Herodes suchen, dann stoßen wir auf keinen Geringeren als König Salomo. Man lese einmal die Erzählung von der Thronnachfolge Davids (2 Sam 9–20; 1 Kön 1–2), und man wird feststellen, dass der Kampf um die Macht zu allen Zeiten nach den gleichen Gesetzen funktioniert hat: Söhne putschten gegen ihre Väter, Brüder konkurrierten um den Thron, und wer ihn errang, suchte ihn zu festigen, indem er seine Konkurrenten umbrachte. Wer sich am Spiel um die Macht beteiligte, musste damit rechnen, dass er es verlor und seine Niederlage mit dem Leben bezahlte. Wem sein Leben lieber war als die Macht, hatte immer die Möglichkeit, sich augenfällig und für alle glaubhaft aus dem politischen Leben zurückzuziehen und ein unbehelligtes Dasein in maßvollem Wohlstand zu führen. Dass Herodes sogar seine Kinder nicht verschonte, hat zwar schon zu seinen Lebzeiten Aufsehen erregt, doch bleibt in der josephischen Darstellung unklar, ob wir dies in erster Linie der Machtversessenheit des Herodes zuschreiben sollen (im Alter offenbar gepaart mit wahnhaftem Misstrauen), oder teilweise auch den Ambitionen seiner Söhne, die Herodes ernsthaft gefährdeten oder ihn zumindest ständig in seiner Ehre verletzten, was nach orientalischer Auffassung mindestens genauso schlimm war.

Herodes war nicht das unüberbietbar tyrannische Scheusal, als das er in die Geschichte eingegangen ist, eher schon eine tragische Gestalt. Vollends hat ihn freilich erst die josephische Darstellung dazu gemacht.

C. WIRKUNG

1. Kindermörder?

Indem wir den Schlussteil dieses Buches über die Wirkungsgeschichte der Herodesgestalt mit dem betlehemitischen Kindermord aus dem zweiten Kapitel des Matthäusevangeliums einleiten, ist indirekt bereits eine Aussage über die Historizität dieser Überlieferung gemacht. Die Frage, ob Herodes auf die Nachricht von der Geburt eines »Königs der Juden« hin den Befehl gegeben hat, in Betlehem und Umgebung sämtliche Knaben bis zu einem Alter von zwei Jahren zu töten, muss nach Abwägung sämtlicher Argumente verneint werden. Der Kindermord von Betlehem ist vielmehr Teil einer legendarischen Ausgestaltung der Kindheit Jesu, die durch die Herodesgestalt eine historisierende Einkleidung erhält.

Diese Einkleidung ist freilich auf den ersten Blick gut gelungen,[165] denn der Kindermord hat sich, wie aus Mt 2,19 hervorgeht, nicht lange vor dem Tod des Herodes ereignet, und aus der josephischen Darstellung wissen wir, dass Herodes jeden Angriff auf seine Machtstellung umso unnachsichtiger verfolgt hat, je älter er wurde. Die grausamen Hinrichtungen im Zusammenhang mit der Adleraffäre zeigen dies in aller Deutlichkeit. Der Umstand, dass seine Sorge um die Sicherung seiner Herrschaft im Alter mitunter wahnhafte Züge annahm, würde erklären, warum Herodes auf das Ausbleiben der drei Weisen so kopflos reagiert und ein Massaker angeordnet

165 Vgl. zum Folgenden R. T. France, Herod and the Children of Bethlehem, und G. Theissen/A. Merz, Der historische Jesus, 149–151.

hat, anstatt seine Geheimpolizei auf das messianische Kind anzusetzen und es ohne viel Aufhebens zu beseitigen. Zu dem von Josephus erwähnten Spionageapparat des Herodes passt, dass er die drei Weisen als verdeckte Agenten einsetzt (Mt 2,7 f). Die in Kapitel 8.1 zitierte Formulierung der apokryphen Himmelfahrt des Mose, Herodes habe »die Alten und Jungen umbringen« lassen, kann zusammen mit der Notiz in Ant. 15,8,4/290 (Hinrichtung von Verschwörern samt ihrer Familien) außerdem als Hinweis darauf gewertet werden, dass Herodes auch Kinder nicht verschont hat, wenn es der Festigung seiner Herrschaft diente. Schließlich erwähnt Josephus im Zusammenhang der Intrigen des Pheroras eine Weissagung der Pharisäer, er und seine Frau würden dereinst an Herodes' statt herrschen (Ant. 17,2,4/43). Es ist also gut vorstellbar, dass Herodes über den Besuch der drei Weisen (Mt 2,1–3) und die schriftgelehrte Deutung des Prophetenwortes von einem Herrscher aus Betlehem (Mt 2,6) äußerst beunruhigt war. Selbst die im Detail ziemlich unglaubliche Geschichte von jenem Stern, der die Weisen (wie in einem Krippenspiel an Heilig Abend gerne dargestellt) exakt zum Stall von Bethlehem geführt haben soll, könnte die volkstümliche Ausschmückung einer astronomischen Spekulation über die Geburt eines gottgesandten Herrschers sein. Solche Spekulationen waren in der Antike durchaus üblich. Im Frage kämen eine besondere Konstellation von Jupiter und Saturn im Jahr 7 v. Chr. und ein im März 5 v. Chr. und im April 4 v. Chr. beobachteter Komet.

Andererseits verwundert es, dass Josephus den betlehemitischen Kindermord nicht erwähnt. Wenn dieser tatsächlich stattgefunden hat, ist kaum denkbar, dass Josephus davon nichts wusste, denn während politische Morde in antiken Herrscherfamilien nichts Ungewöhnliches waren, hätte sich ein Massaker an unbeteiligten und unschuldigen Kleinkindern dem öffentlichen Gedächtnis tief eingeprägt. Josephus hätte in den Antiquitates, wo er Herodes schon wegen viel weniger gravierenden Untaten scharf kritisiert, mit Sicherheit nicht versäumt, den Kindermord zu erwähnen. Diese Episode hätte vorzüglich in das Herodesbild der Antiquitates gepasst. Auch Lukas, der die Geschichte Jesu und der frühen Christen sonst mehrfach mit der Herodesdynastie in Verbindung bringt, scheint sie nicht gekannt zu haben, und das etwa zwei Jahrzehnte ältere Markusevangelium weiß noch gar nichts über Jesu Kindheit und Jugend.

Das entscheidende Argument gegen die Historizität des Kindermordes von Bethlehem sind jedoch die unabweisbaren legendarischen Züge des zweiten Kapitels des Matthäusevangeliums insgesamt. Es gibt zahlreiche religionsgeschichtliche Parallelen, die die Geburt eines Helden mit ganz ähnlichen Erzählelementen auskleiden. Die nächsten Parallelen sind frühjüdische Moselegenden. Während der biblische Text lediglich von einem allgemeinen Tötungsbefehl des Pharao spricht, wird der Pharao in einer von Josephus verarbeiteten Überlieferung von einem ägyptischen Schriftgelehrten vor der Geburt des Mose gewarnt, weil dieser die Ägypter demütigen werde, und er befiehlt daraufhin, alle neugeborenen männlichen Nachkommen der Israeliten zu töten (Ant. 2,9,2/205 f.). In der Darstellung des Targum, einer z. T. stark paraphrasierenden und ausschmückenden Übertragung des hebräischen Bibeltextes ins Aramäische, hat der Pharao einen Traum, den er von seinen Magiern deuten lässt.[166] Er erfährt, den Israeliten werde

166 Targum PsJonatan zu Ex 1,15. Eine englische Übersetzung bietet M. Maher, Targum Pseudo-Jonathan: Exodus, Collegeville 1984.

ein Sohn geboren, der einst Ägypten zerstören werde. Daraufhin gibt er den Tötungsbefehl. Eine Parallele aus dem römischen Bereich ist die legendarische Überhöhung der Geburt des Augustus. Sueton (*Augustus* 94) erwähnt »ein Wunderzeichen« wenige Monate vor der Geburt des Augustus, »durch welches verkündet wurde, die Natur sei im Begriff, dem römischen Volke einen König zu gebären«. Daraufhin habe »der aufs höchste erschrockene Senat den Beschluss gefasst, kein in diesem Jahr geborenes Kind sollte lebend aufgezogen werden«.[167]

Historisch ist am Kindermord von Betlehem das negative Herodesbild in der Zeit der Abfassung des Matthäusevangeliums. Der Evangelist konnte die Rolle des Verfolgers des messianischen Kindes eben mit keinem anderen besser besetzen als mit dem notorischen Ungeheuer Herodes. Natürlich kann die Möglichkeit nicht ausgeschlossen werden, dass der Überlieferung vom betlehemitischen Kindermord irgendein historisches Ereignis zu Grunde liegt, das dann vom Verfasser des Matthäusevangeliums oder auf einer früheren Überlieferungsstufe mit den Traditionen über Geburt und Kindheit Jesu verknüpft wurde. Da wir aber nirgends konkrete Anhaltspunkte dafür haben, kommen Überlegungen hierzu über bloße Spekulation nicht hinaus. Als geschichtlicher Haftpunkt im weitesten Sinne kommt immerhin die Geburt Jesu während der Regierungszeit des Herodes infrage, denn die Angaben der lukanischen Kindheitsgeschichte weisen in denselben Zeitraum.[168]

---

167 Übersetzung nach SUETON, Cäsarenleben, 148.

168 Vgl. Lk 1,5 (Geburt Johannes' des Täufers »in den Tagen des Herodes, des Königs des jüdischen Landes«) und Lk 1,26 (Empfängnis Marias, der Mutter Jesu, etwa ein halbes Jahr nach der Empfängnis Elisabeths, der Mutter des Johannes).

Ein erhebliches chronologisches Problem besteht allerdings darin, dass Lukas die Geburt Jesu in einen zeitlichen Zusammenhang mit dem Zensus des Quirinius rückt, der im Jahr 6 n. Chr. stattfand: Zwischen diesem Zensus und dem Tod des Herodes 4 v. Chr. liegen zehn Jahre! Alle bisherigen Versuche, beide Angaben miteinander zu harmonisieren, waren vergeblich. Auch die Datierung der Geburt Jesu in die Zeit vor 4 v. Chr. ist also mit Schwierigkeiten behaftet.

In der altchristlichen Literatur der nachneutestamentlichen Zeit wurde die Untat des Herodes noch vergrößert und ausgeschmückt. Die Kirchenväter betonten in ihren Bibelkommentaren und Predigten die Gewalttätigkeit und Brutalität des Herodes, seinen Stolz, sein Misstrauen und seinen Zorn. Sie stellten ihn als mordlüsternen Tyrannen dar und als teuflischen Gegenspieler Christi.[169]

Nach dem apokryphen koptischen *Bartholomäusevangelium* sind Kain, Judas und Herodes die einzigen, die nicht von Christus erlöst werden. Im ebenfalls apokryphen *Protevangelium des Jakobus* heißt es: »Als aber Herodes erkannte, dass er von den Magiern hintergangen worden war, geriet er in Zorn und schickte seine Mörder und befahl ihnen, alle Kinder von zwei Jahren und darunter zu töten« (22,1).[170] Dadurch, dass die Beschränkung auf Betlehem weggelassen wird, gerät der Tötungsbefehl des Herodes erst recht zum Massenmord. Justin notiert in seinem *Dialog mit dem Juden Tryphon*, Herodes habe, da er das

169 Vgl. dazu H. MERKEL, Art. Herodes der Große. D: Das Bild des Herodes in der Alten Kirche, Reallexikon für Antike und Christentum, Bd. 14, 826–830.

170 Übersetzung nach O. CULLMANN, Kindheitsevangelien: Protevangelium des Jakobus. In: W. SCHNEEMELCHER, Neutestamentliche Apokryphen, Bd. 1, 348.

Jesuskind nicht ausfindig machen konnte, »einfach befohlen, alle Kinder Betlehems zu töten« (78,7). Justin erwähnt zwar, dass sich der Tötungsbefehl auf Betlehem beschränkte, übergeht aber die bei Matthäus genannte Altersgrenze bis zwei Jahre. Auch dies steigert die Verwerflichkeit des Kindermordes. Im apokryphen *Martyrium des Matthäus*[171] ist von 3 000 ermordeten Kindern die Rede. Das *Protevangelium des Jakobus* weiß außerdem, dass Herodes es nicht nur auf Jesus, sondern auch auf Johannes den Täufer abgesehen hatte. Elisabeth floh daraufhin mit dem Johannesknaben in die Berge. Dort tat sich durch ein Wunder die Erde auf und verbarg Mutter und Kind in einer Erdspalte. Johannes' Vater, der Priester Zacharias, fiel den Schergen des Herodes zum Opfer, während er im Tempel Dienst tat, weil er den Aufenthaltsort des Johannes nicht preisgab (23,1–3):

»Herodes aber suchte den Johannes und sandte Diener zu Zacharias zum Altar, um ihn zu fragen: ›Wo hast du deinen Sohn verborgen?‹ Er aber antwortete und sprach zu ihnen: ›Ich bin ein Diener Gottes und weile beständig in seinem Tempel. Was weiß ich, wo mein Sohn ist.‹ Und die Diener gingen fort und meldeten ihm dies alles. Da geriet Herodes in Zorn und sprach: ›Sein Sohn soll wohl König über Israel werden?‹ Und er sandte die Diener wiederum zu ihm und ließ ihm sagen: ›Sprich die Wahrheit! Wo ist dein Sohn? Du weißt doch, dass dein Blut in meiner Hand ist.‹ Und die Diener gingen hin und meldeten ihm das alles. Da sprach Zacharias: ›Ich bin ein Märtyrer Gottes, nimm mein Blut hin! Meinen Geist aber wird der Herr aufnehmen, denn du vergießest unschuldiges Blut in dem Vorraum des Tempels des Herrn.‹ Und um die Morgendämmerung wurde Zacharias ermordet«.[172]

---

171 Die Stelle ist in einer englischen Übersetzung zitiert bei A. Schalit, König Herodes, 649 f., Anm. 12.

172 Übersetzung nach O. Cullmann, Kindheitsevangelien, 348.

Es ist gar nicht einmal abwegig, dass Herodes auch Johannes dem Täufer, dem Sohn eines Priesters, nach dem Leben trachtete, wenn man von den im Lukasevangelium geschilderten wunderbaren Umständen seiner Geburt ausgeht und in Rechnung stellt, dass Herodes in den Nachkommen der Hasmonäer nicht zuletzt deshalb zeit seines Lebens eine Bedrohung gesehen hat, weil sie zum Priesteramt befähigt waren. Die mutmaßliche Ermordung Aristobuls, des Bruders der Mariamme, ist hierfür das sprechendste Beispiel. Und doch ist die Erweiterung der Kindermord-Tradition um die Figur des Täufers eindeutig eine legendarische Ausschmückung, die die in der lukanischen Kindheitsgeschichte angelegte Parallelisierung Jesu und des Täufers weiterführt. Der gewaltsame Tod des Zacharias im Tempel ist offenbar aus dem Drohwort Jesu Mt 23,35 herausgesponnen, in dem vom »Blut des Sacharia [= Zacharias]« die Rede ist, »der zwischen dem Tempel und dem Altar ermordet« wurde.

Eusebius von Cäsarea verknüpft den betlehemitischen Kindermord mit dem Bericht des Josephus über das Lebensende des Herodes. Er zitiert ausführlich die Schilderung des Josephus von Herodes' qualvollem Sterben und resümiert: »Er erlitt damit eine gerechte Strafe dafür, dass er, um unserem Erlöser nachzustellen, die Knäblein in der Gegend von Betlehem hatte ermorden lassen« (*Kirchengeschichte* 1,8,16).[173] Euseb gibt damit der josephischen Deutung, wonach die qualvollen Krankheiten des Königs die göttliche Strafe für seine Schandtaten waren, eine christliche Wendung.

---

173 Übersetzung nach EUSEB VON CÄSAREA, Kirchengeschichte, 106.

2. Herodes im Talmud

Bevor wir die christliche Wirkungsgeschichte der Herodesgestalt bis ins Mittelalter hinein weiter verfolgen, werfen wir einen Seitenblick auf die rabbinische Literatur. Anders als in der christlichen Überlieferung, wo Herodes neben Judas und Pontius Pilatus zu den prominentesten Übeltätern gehört, haben ihm die Rabbinen wenig Beachtung geschenkt. In der Mischna erscheint er nur indirekt als Züchter einer neuen Taubenrasse,[174] und ansonsten findet sich zu Herodes nur noch ein einziger längerer Passus im Babylonischen Talmud, Traktat *Baba batra*. Die in diesem Text dokumentierte Hochschätzung des herodianischen Tempels[175] steht in krassem Gegensatz zum gänzlich negativen Portrait seines Erbauers:

»Herodes war ein Sklave im Hause der Hasmonäer und hatte seine Augen auf eine Jungfrau gerichtet. Eines Tages hörte er jemanden sagen: Jeder Sklave, der jetzt meutert, wird Glück haben. Da machte er sich auf und tötete seine ganze Herrschaft; nur diese Jungfrau ließ er zurück. Als diese sah, dass er sie heiraten wolle, stieg sie auf ein Dach, erhob ihre Stimme und sprach: Kommt jemand und sagt, er entstamme dem Hause der Hasmonäer, so ist er ein Sklave; von diesem war nur eine einzige Jungfrau zurückgeblieben, und diese stürzte sich von einem Dache auf die Erde. Hierauf konservierte er sie sieben Jahre in Honig ... Manche sagen, er beschlief sie, und er konservierte sie deshalb, um seine Leidenschaft zu befriedigen. Manche sagen, er beschlief sie nicht, und er konservierte sie deshalb, damit man sage, er habe die Tochter des Königs geheiratet«.[176]

---

174 Ein Detail, das sich auch archäologisch verifizieren lässt: Auf Masada wurden Reste eines Columbariums aus herodianischer Zeit gefunden. Josephus erwähnt außerdem Columbarien im Jerusalemer Herodespalast (Bell. 5,4,4/181).

175 S. o. S. 198.

176 *Baba batra* 3b. Hier und nachfolgend zitiert nach: Der Babylonische Talmud, neu übertragen von L. Goldschmidt, Bd. 8, 9f.

Ein Vergleich dieser Darstellung mit dem josephischen Bericht zeigt sofort, inwiefern sie den anzunehmenden historischen Sachverhalten entspricht und inwiefern und mit welcher Tendenz sie diese verzerrt und entstellt: Nach Josephus stand Herodes anfangs zwar im Dienst der Hasmonäer, aber er war kein Sklave. Bei der genannten »Jungfrau« aus dem hasmonäischen Königshaus handelt es sich natürlich um Mariamme. Die Usurpation des Thrones durch eine Palastrevolte ist frei erfunden, doch könnte man hierin einen leisen Nachhall dessen sehen, dass sich der politische Aufstieg des Herodes der inneren Entzweiung des hasmonäischen Herrscherhauses durch den Bruderkrieg zwischen Hyrkan II. und Aristobul verdankt. Auch die Notiz, dass er »seine ganze Herrschaft«, d. h. die ganze Hasmonäerfamilie umgebracht hat, kann man so stehen lassen, wenngleich die hasmonäische Linie über die zahlreichen Nachkommen der Mariammesöhne Alexander und Aristobul noch einige Generationen fortdauerte. Unzutreffend ist dagegen der Tod Mariammes vor ihrer Hochzeit mit Herodes und ihr Freitod,[177] den man sich wohl als Konsequenz ihrer Weigerung vorstellen soll, einen »Sklaven« zu heiraten. Die angebliche Herkunft des Herodes aus dem Sklavenstand verschärft den konfliktträchtigen Statusunterschied zwischen ihm und seiner hasmonäischen Frau, von dem auch Josephus berichtet. Vollends vernichtend ist die Behauptung, Herodes habe die Leiche der Mariamme in Honig konservieren lassen, um seine nekrophilen Neigungen oder aber seine Ehrsucht zu befriedigen.

---

177 Der Sturz Mariammes vom Dach erinnert an den missglückten Selbstmordversuch von Pheroras' Frau.

In der Fortsetzung des Textes finden sich Anklänge an die Ermordung von prohasmonäischen Mitgliedern des Synhedrions nach der Eroberung Jerusalems im Jahr 37 v. Chr.:

»Alsdann sprach er [d. h. Herodes]: Die Rabbanan [Gesetzeslehrer] sind es, welche sagen: einen von deinen Volksgenossen sollst du über dich zum König setzen (Dtn 17,15); da machte er sich auf und tötete alle Rabbanan bis auf Baba ben Butra, um sich von ihm Rates zu holen.«

Nach Josephus hat Herodes im Jahr 37 v. Chr. zahlreiche hochrangige Parteigänger des Antigonos hinrichten und damit die zehn Jahre zuvor ausgesprochene Vorhersage des Sameas in Erfüllung gehen lassen, das Synhedrion werde einst den gegen Herodes angestrengten Kapitalprozess mit dem Leben bezahlen. Tatsächlich hat Herodes nach seinem Sieg über Antigonos 45 Ratsmitglieder ermordet, Sameas und Pollio jedoch am Leben gelassen und beide in Ehren gehalten. Die im Talmud erzählte Ermordung der Gesetzeslehrer mit Ausnahme des Baba ben Butra scheint eine Reminiszenz an diese Vorgänge zu sein. Bei Josephus lesen wir jedoch nichts über die schriftgelehrte Bestreitung der Legitimität von Herodes' Königtum auf der Basis von Dtn 17,15. Nach der talmudischen Darstellung war Herodes des Weiteren nicht nur ein »Sklave«, sondern er war auch keiner »von deinen Volksgenossen«, d. h. kein Jude und somit in doppelter Hinsicht unrechtmäßig König.

Herodes habe dann, so der Talmud weiter, Baba b. Butra mit einem »Kranz aus Igelhaut« die Augen ausgestochen, den Erblindeten später aufgesucht und ihn mit verstellter Stimme dazu verleiten wollen, einen Fluch gegen ihn, den König, auszustoßen. In diesem Dialog bezichtigt sich Herodes zum Schein selbst, er sei von Geburt ein »Sklave«, also eigentlich »kein König«, sondern nur »ein Reicher« oder »ein Fürst«, und er tue nicht »die Werke deines Volkes«, d. h. er übertrete das jüdische Gesetz. Baba ben Butra lässt sich jedoch nicht zu einem Fluch hinreißen sondern antwortet, ähnlich wie Jesus bei der Versuchung durch den Satan, mit einem Schriftwort:

»Eines Tages kam er [d. h. Herodes] heran, setzte sich neben ihn und sprach zu ihm: Hat der Meister gesehen, was dieser böse Sklave getan hat? Dieser erwiderte: Was kann ich gegen ihn tun? Jener sprach: Mag der Meister ihn verfluchen. Dieser erwiderte: ›Auch in deinen Gedanken fluche dem Könige nicht‹ (Koh 10,20). Jener entgegnete: Er ist ja kein König. Dieser erwiderte: Mag er nicht mehr als sonst ein Reicher sein, und es heißt: ›und in deinen Schlafgemächern fluche nicht einem Reichen‹ (Koh 10,20). Mag er nicht mehr als ein Fürst sein, und es heißt: ›einem Fürsten in deinem Volke sollst du nicht fluchen‹ (Ex 22,27). Jener entgegnete: Nur wenn er nach den Werken deines Volkes handelt und dieser handelt ja nicht nach den Werken deines Volkes. Dieser erwiderte: Ich fürchte mich vor ihm. Jener sprach: Es ist niemand hier, der gehen und es ihm sagen könnte; nur ich und du sind hier anwesend. Dieser erwiderte: Es heißt: ›denn der Vogel unter dem Himmel entführt den Laut und der Geflügelte verrät das Wort‹ (Koh 10,20).«

Als sich Baba ben Butra partout nicht zu einem Fluch gegen Herodes hinreißen lassen will, weil auch die Wände Ohren haben können, gibt sich Herodes zu erkennen und sagt: »Hätte ich gewusst, dass die Rabbanan so vorsichtig sind, so würde ich sie nicht getötet haben. Wie kann ich es nur wieder gut machen?« Baba ben Butra gibt ihm daraufhin den Rat, als Wiedergutmachung den Tempel neu zu errichten. Herodes entgegnet, er fürchte die Römer, woraufhin ihm sein Berater vorschlägt, sich den Tempelneubau von Rom genehmigen zu lassen, den Bauantrag im Blick auf eine mögliche Ablehnung jedoch zu verschleppen und bereits mit den Bauarbeiten zu beginnen.

Indem die talmudische Darstellung den Tempelbau des Herodes auf sein schlechtes Gewissen wegen der Ermordung der Gelehrten zurückführt, verweigert sie ihm posthum jegliche Anerkennung für dieses verdienstvolle Bauprojekt. Schon Josephus hat Herodes Ruhmsucht als Beweggrund für den Tempelbau unterstellt, und das Motiv des schlechten Gewissens verwendet er im Zusammenhang des geschändeten und dafür prachtvoll ausgebauten Davidgrabes. Dass Herodes seinen gelehrten Berater um sein Augenlicht bringt, um unerkannt seine Loyalität auf die Probe zu stellen, deckt sich passgenau mit der josephischen Notiz, Herodes habe sich bisweilen in Verkleidung unter das Volk begeben, um seine Untertanen auszuhorchen. Auch die Auskunft des Herodes, die Furcht vor den Römern hindere ihn daran, den Tempel neu aufzubauen, passt im Prinzip zu der in Kapitel 7.4 geäußerten These, dass Rom die Baupolitik des Herodes stets aufmerksam verfolgt und mit der Bautätigkeit des judäischen Klientelkönigs bestimmte Erwartungen verknüpft hat, die Herodes sorgsam zu beachten hatte.

Fazit: Der talmudische Text verarbeitet historische Reminiszenzen und fiktive Elemente zu einem Herodesbild, das in seiner Verachtung für diesen Herrscher über die josephische Darstellung noch weit hinausgeht. Die erzählerische Ausschmückung negativer Wesenszüge des Herodes steht dabei hinter dem Einfallsreichtum der christlichen Quellen nicht zurück.

3. Christliche Spätantike und Mittelalter

3.1. Herodes in der christlichen Ikonographie

Die ältesten erhaltenen Herodes-Darstellungen[178] stammen aus der Mitte des 4. Jh.s. Die spätantiken Bildwerke – Sarkophagreliefs, Mosaike und Fresken – zeigen Herodes entweder als Gegenüber der drei Magier oder im Kontext der Kindermord-Szene. Erst im 11. Jh. findet sich mit der Darstellung von Herodes' Selbstmordversuch eine aus Josephus entlehnte Szene. Bis ins 11. Jh. hinein gewinnt die Herodes-Figur ihre Bedeutung in erster Linie durch die typologische Gegenüberstellung zu christologischen Motiven. So stellt etwa ein unvollendeter Sarkophag aus den Katakomben nahe der Basilika San Sebastiano in Rom (Mitte 4. Jh.) den Kindermord szenisch neben die Heilung eines Blinden durch Christus. Da Blindenheilung die für das christliche Heilsgeschehen »geöffneten Augen« symbolisiert, erscheint Herodes als Kontrastfigur zu dem nunmehr Sehenden. In blinder Verstocktheit trachtet er dem Jesuskind nach dem Leben.

Eine andere typologische Herodes-Deutung ist auf einer Gruppe von Sarkophagen aus dem späten 4. und frühen 5. Jh. zu erkennen, die die Szene der drei Magier vor Herodes (Audienz-Szene) in enger Anlehnung an die alttestamentliche Überlieferung von den drei babylonischen Jünglingen vor Nebukadnezar (Dan 3,8–30) gestalten. Die Weigerung der Jünglinge, das heidnische Kultbild anzubeten, wird auf diesen Sarko-

178 Das Folgende nach: M. A. Skey, Herod the Great in Medieval Art and Literature; D. Korol, Art. Herodes der Große. E: Ikonographie, RAC 14, 830–849; K. G. Beuckers, Rex iubet – Christus imperat, 77–121.

phagen in die Magier-Szene eingetragen, indem zur Herodes-Figur ein solches Standbild ergänzt wird. Herodes wird damit zum Typus Nebukadnezars, und die Magier vollziehen wie die drei Jünglinge aus dem Danielbuch die Abkehr vom Götzenbild, indem sie dem Stern folgen und Christus anbeten (*Adoratio*-Szene). Abb. 19 zeigt die beiden Stirnseiten des Caterviussarkophags von Tolentino. Die eine Seite zeigt die drei Magier vor Herodes: Im rechten Bilddrittel »steht ... der gestikulierende Herrscher vor einer hoch aufgestellten Büste ... In der Linken hält er einen kräftigen Stab, zu beiden Seiten wird er je von einem Soldaten flankiert. Etwas mehr als die linke Bildhälfte nehmen die drei Weisen mit phrygischen Mützen ein, die in verschiedener Haltung auf einen (nicht mehr vorhandenen) Stern über ihren Köpfen deuten, der kompositionell das direkte Gegenüber zu der Büste gebildet hat«.[179] In der Forschung wurde bezweifelt, ob es sich hier überhaupt um die Magier vor Herodes handelt und nicht vielmehr um die Jünglinge vor Nebukadnezar, doch sind der Stern und die programmatische Gegenüberstellung der *Adoratio*-Szene gewichtige Indizien für die Richtigkeit der vorgetragenen Deutung. Hinzu kommt im Falle des Caterviussarkophags die identische Kleidung (Mützen!) der Dreiergruppen auf beiden Stirnseiten.

Die Kindermorddarstellungen folgten bis ins Mittelalter einem relativ fest gefügten Schema. Sie finden sich häufig in Kindheitszyklen, die Stationen der Kindheit Jesu in aufeinander folgenden Szenen darstellen. Mitte des 9. Jh.s kamen thematisch weiter ausholende neutestamentliche Zyklen hinzu. Ein frühes Beispiel für die Einbindung des Kindermordes in

179 K. G. Beuckers, Rex iubet, 78.

Abb. 19: Stirnseiten des Caterviussarkophags (Tolentino)

einen Kindheitszyklus ist ein Diptychon aus dem 5. Jh. Das abgebildete Fragment (Abb. 20) zeigt den Kindermord, darunter die Taufe Jesu und dann das Weinwunder von Kana (Joh 2). Die Kindermordszene ist auf wenige Bildelemente reduziert: Rechts, auf einem

Abb. 20: Fragment eines fünfteiligen Diptychons (5. Jh.)

Thron sitzend, Herodes, der mit einer Geste den Kindermord befiehlt, in der Mitte ein Soldat, der ein Kind in die Luft schleudert, um es zu zerschmettern, am Boden ein bereits getötetes Kind, und am linken Bildrand zwei klagende Frauen. Häufig befindet sich unter den klagenden Müttern Elisabeth, die Mutter des Johannes. Sie ist am Kopftuch zu erkennen, ein Zeichen vorgerückten Alters (vgl. Lk. 1,7). Vorwiegend in byzantinischen Bildwerken wird alternativ die Flucht der Elisabeth mit dem Johannesknaben gezeigt, gelegentlich auch der getötete Zacharias. Diese Ergänzungen gehen auf die oben erwähnte Sondertradition des *Protevangelium des Jakobus* zurück: ein Hinweis auf die Rezeption apokrypher Evangelien bis ins Mittelalter hinein. Auch die in Mt 2,18 erwähnte klagende Rahel fand in Kindermorddarstellungen Eingang. Neben der häufig dargestellten Zerschlagung der Kinder gibt es einen eigenen Bildtypus, der die Tötung der Kinder mit Schwertern zeigt. Herodes spielt in diesen Bildzyklen meist nur eine untergeordnete Rolle. In einer Buchillustration des 9. Jh.s, in der der Kindermord in eine Initiale einarbeitet ist, fehlt er sogar ganz, ebenso in einigen byzantinischen Kindheitszyklen des 10. Jh.s. Vielmehr galt das Interesse den getöteten Knaben, die in den Predigten der Kirchenväter schon früh zu den ersten christlichen Märtyrern erklärt wurden und mit dem am 28. Dezember gefeierten »Fest der unschuldigen Kinder« ihren eigenen Gedenktag erhielten. Dagegen wurde das Magierthema in byzantinischen Bibelhandschriften dieser Zeit um die Befragung der Schriftgelehrten (Mt 2,4 f.) erweitert und, entlang dem bildlich illustrierten Text, szenisch aufgegliedert.

Von besonderer Bedeutung sind wegen zeitgeschichtlicher Bezüge und ikonographisch singulärer

Ausprägungen des Herodes-Themas zwei hochmittelalterliche Zyklen des 11. Jh.s: Die Holztüren der Stiftskirche St. Maria im Kapitol (Köln) und der Bildzyklus in der Klosterkirche Lambach in Oberösterreich. Die Ende der 40er Jahre des 11. Jh.s entstandenen zweiflügligen Bildtüren von St. Maria im Kapitol[180] zeigen auf 26 Bildfeldern die Geschichte Christi von der Verkündigung Mariens bis zur Himmelfahrt, jedoch in mehrfacher Durchbrechung der Erzählfolge der Evangelien. Maßgeblich für die Bildanordnung ist vielmehr wiederum eine Typologie, nämlich der Gegensatz von illegitimer und legitimer, von Christus autorisierter Herrschaft. Die Elemente der traditionellen Herodes-Darstellungen (Audienz und Kindermord) sind hierbei um drei weitere Szenen ergänzt, nämlich die (a) Meldung an Herodes, dass die drei Weisen ohne nochmalige Vorsprache weitergezogen sind, (b) die Befragung der Schriftgelehrten, und (c) die Ausgabe von Lanzen an die mit dem Kindermord beauftragten Soldaten. (a) Die Meldung an Herodes, dass sein Befehl an die drei Weisen zur nochmaligen Vorsprache nach der Findung des Kindes nicht ausgeführt wurde, offenbart die Begrenztheit seiner Macht und kompromittiert zugleich seine Herrscherstellung. Das Pendant auf dem rechten Türflügel ist die Himmelfahrt Christi, also seine Einsetzung in die unerschütterliche Machtstellung des himmlischen Herrschers. Dies ergibt einen typologischen Kontrast von illegitimer, missachteter Herrschaft, verkörpert durch Herodes, und der ewigen Herrschaft Christi. (b) Die Befragung der Schriftgelehrten ist entgegen der biblischen Erzählfolge der Meldung an Herodes nachgeordnet, bezieht sich also nicht auf den Geburtsort Jesu, sondern auf die Rat-

---

180 K. G. Beuckers, Rex iubet, 125-191.

suche des Herrschers, wie er angesichts der Unbotmäßigkeit der Weisen verfahren soll. Die Szene zeigt Emissäre des Herodes, die dem Hohenpriester in Übergröße dargestellte Münzen anbieten, d. h. ihn bestechen wollen. Diese Abwandlung des traditionellen Motivs ist zeitgeschichtlich als gezielte Anspielung auf den Kauf geistlicher Ämter zu verstehen, der im Investiturstreit des 11. und 12. Jh.s unter dem Schlagwort der »Simonie«[181] Gegenstand heftiger Kontroversen zwischen weltlicher und geistlicher Macht war. (c) Der Kindermordszene ist die ikonographisch singuläre Vergabe von Lanzen durch Herodes vorangestellt (Abb. 21). Die besondere Ausdruckskraft dieser Szenenfolge ergibt sich aus dem Symbolgehalt der Lanze als im 11. Jh. dominierendes Zeichen weltlicher Herrschaft: Die Lanze, die schon in der Audienz-Szene als Herrschaftssymbol eingeführt wird und in der Vergabe-Szene als zentrales Bildelement wiederkehrt, wird in der nächsten Szene, nun mit dem Blatt nach unten gerichtet, in schockierendem Kontrast zur Tatwaffe des Kindermordes. In den Herodes-Szenen kommt, wie im Bildprogramm der Kölner Türen überhaupt, die Position kirchlicher Reformkreise am Vorabend des Investiturstreits zum Ausdruck, die zwar nicht die Legitimität weltlicher Macht überhaupt bestreiten, wohl aber eindringlich vor ihrer Entartung hat warnen wollen.

Konkrete politische Bezüge im Zusammenhang des Investiturstreits erhält die Herodes-Figur im etwa 40 Jahre jüngeren Lambacher Zyklus. Die auf den Kölner Türen nur angedeutete Infragestellung der Herrschaft des Herodes wird in Lambach drastisch

181 Nach dem Magier Simon (Apg 8,18 f.), der Petrus für die Übertragung seiner Gabe der Geistverleihung Geld bot.

Abb. 21: Detail der Bildtüren von St. Maria im Kapitol: Lanzenvergabe, Kindermord

dargestellt durch den Sturz des eben noch stolz thronenden Königs. Eine weitere Szene zeigt Herodes, wie er einem Mann einen Beutel mit Münzen übergibt, wie in Köln wohl eine Polemik gegen den Einkauf weltlicher Herrscher in geistliche Ämter. Als Vorlage für diese Szene kommt die bei Josephus erwähnte Zahlung von 100 Talenten an Antipater infrage (s. o. S. 255), doch ist diese Identifizierung unsicher. Offenkundig ist dagegen die Anlehnung an Josephus bei einer weiteren Herodesszene (Abb. 22), die den versuchten Selbstmord des Königs mit einem Obstmesser zeigt (s. o. S. 272). Man beachte die Teufel im Hintergrund. Der Stifter der Lambacher Bilder, Bischof Adalbero von Würzburg, unterlag als Parteigänger Papst Gregors VII. Ende der achtziger Jahre dessen Gegner, Kaiser Heinrich IV., und musste sich nach Lambach zurückziehen. Das unmittelbare geschicht-

Abb. 22: Selbstmordversuch des Herodes
(Klosterkirche Lambach, ehem. Westchor)

liche Umfeld des Lambacher Zyklus lässt vermuten, dass die Darstellung des Herodes als unwürdiger Herrscher hier anders als in Köln mit Heinrich IV. auf einen konkreten Herrscher gemünzt ist.

Die Kunst des 12. Jh. bescherte dem Herodes-Thema zahlreiche weitere Impulse, die das ikonographische Inventar mittelalterlicher Herodes-Darstellungen enorm bereicherten. Aus diesem Jahrhundert stammen die Skulpturen-Darstellungen der Kathedralen von Chartre, Le Mans, Poitiers und von Notre Dame in Paris, die Fresken von Vienne (Saint-Pierre-les-Eglises) u. a., Glasfenster in Saint Denis, Chartre und Canterbury und zahlreiche Illustrationen in französischen, englischen, italienischen und skandinavischen Psalterien und Bibelhandschriften. Nach einigen Vorläufern im 11. Jh. setzt sich im 12. Jh. eine Herodes-Darstellung durch, die den König mit einem meist entblößten Schwert zeigt, und zwar gelegentlich auch dann, wenn er mit den Magiern spricht. Damit wird Herodes vollends zu einer bedrohlichen Figur. Fresken zu Themen aus der Johannesoffenbarung und Bibelhandschriften zeigen Herodes neben dem Drachen aus Offb 12, der das messianische Kind verschlingen will, d. h. sie setzen ihn in Beziehung zum endzeitlichen Gegenspieler Christi. Vermehrt zeigen Darstellungen des 12. Jh.s Teufel als Begleiter des Herodes, die ihm die Heuchelei gegenüber den drei Magiern und die Ermordung der Kinder von Betlehem einflüstern. Eine erhebliche Dramatisierung erfährt die Kindermordszene: Die Mütter wehren sich nun vehement und verteidigen ihre Kinder. Eine englische Psalmenhandschrift zeigt beispielsweise, wie eine Mutter einem Soldaten ins Bein beißt. Die klagende, d. h. passive Rahel tritt dagegen in den Hintergrund.

Die Motivik des 12. Jh.s wurde in den beiden darauf folgenden Jahrhunderten in reichem Maße angewendet und um eine Vielzahl von Themen aus der apokryphen Literatur und den Kirchenvätertexten erweitert. Darstellungen des 13. und 14. Jh.s zeigen den Tod des Herodes und seinen Sturz in den Höllenschlund. Die Bosheit und Brutalität des Herodes kommt in Mimik und Gestik in bis dahin nicht gekannter Plastizität zur Darstellung. Dagegen fällt die Herodes-Figur in der spätmittelalterlichen Kunst des 15. und 16. Jh.s eher stereotyp aus. Eine Ausnahme sind englische Glasfenster, auf denen sich Herodes selbst am Kindermord beteiligt, eine ikonographische Besonderheit, die sich auch in einem äthiopischen Evangeliar Anfang des 15. Jh.s findet.

Äußerst selten sind längere zyklische Bildfolgen zu Herodes. Ein Herodes-Zyklus, in dem sogar weitere Mitglieder seiner Familie vorkommen, findet sich in einem Psalterium aus dem frühen 13. Jh. und in den Illustrationen der Holkham-Bible aus dem 14. Jh.

Die Dramatik und Brutalität des Kindermordes hat die Malerei bis ins 17. Jh. hinein beschäftigt. Die bedeutendsten Werke stammen von Lukas Cranach (um 1515), Pieter Bruegel d. Ä. (um 1565/67), Nicolas Poussin (2. Viertel 17. Jh.) und Peter Paul Rubens (um 1635).

3.2. Liturgische und geistliche Dramen

Das geistliche Drama des Mittelalters[182] hat seinen Ursprung in der gottesdienstlichen Liturgie der rö-

182 Zum Folgenden vgl. H. ZIELSKE, Die Entwicklung des geistlichen und weltlichen Dramas und Theaters im Mittelalter; M. VALENCY, The Tragedies of Herod and Mariamne, 26–34; M. A. SKEY, Herod, 235–309.

misch-katholischen Messfeier. Am Anfang standen kurze Prosastücke, die in den fest gefügten, kanonischen Liturgietext eingeschoben wurden, so genannte Tropen. Solche Texteinschübe begegnen im 10. Jh. zunächst im Eingangsteil (Introitus) der Ostermesse. Der Engel am Grab des Auferstandenen fragt die am Ostermorgen zum Grab kommenden Frauen »Wen sucht ihr …«, worauf sich ein kurzer Wortwechsel entspinnt. Dieser wurde erst im Wechselgesang von zwei Halbchören vorgetragen, später durch Einzelpersonen in einer kurzen Dialogszene, die bereits eine gewisse mimisch-gestische Gestaltung erlaubte. Diese Form der Osterfeier, die bald überall verbreitet war, wurde im 11. und 12. Jh. um zusätzliche Szenen erweitert: um den Lauf der Jünger Petrus und Johannes zum Grab Jesu (vgl. Joh 20,3 ff.) und die Begegnung des Auferstandenen mit Maria Magdalena, die ihn zunächst für einen Gärtner hält (Joh 20,14 ff.). Im Osterspiel von Klosterneuburg (Anfang 13. Jh.) sind bereits zahlreiche weitere Rollen und Szenen hinzugekommen, etwa die Bestellung von Grabwächtern durch die Juden und Pilatus oder der Kauf von Spezereien durch die Frauen, die den Leichnam Jesu salben wollen. Hier ist der Übergang vom liturgischen Spiel als Teil der Messfeier zu einem den gottesdienstlichen Rahmen sprengenden dramatischen Spiel bereits vollzogen.

Nach dem Muster des Ostertropus wurde ab dem 11. Jh. auch in den Introitus der Weihnachtsmesse ein Tropus eingefügt, der sich rascher noch zu einem liturgiefreien Weihnachtsspiel entwickelte. Dargestellt wurde der Gang der Hirten zum Stall von Betlehem (*Officium pastorum*), oder aber, im *Officium stellae*, die Wanderung der Weisen aus dem Morgenland, die von einem Stern (lat. *stella*) zur Krippe geführt werden.

Mit Herodes, der sich den Weisen in den Weg stellt, erhielt die Handlung des *Officium stellae,* das am Epiphaniasfest (6. Januar) aufgeführt wurde, einen dramatischen Gegenpol zur der Gruppe der drei Weisen. Der in Mt 2,16 erwähnte Zorn des Herodes nach der heimlichen Abreise der Weisen kam dabei in derart derber Anschaulichkeit zur Darstellung, dass die gottesdienstliche Andacht stark litt. Nicht zuletzt an der Herodes-Figur entzündete sich der Unmut des Klerus über die Weihnachtsspiele, die zunehmend Volksfestcharakter bekamen. Der Augustinermönch Gerhoch von Reichersberg beklagte im Jahr 1161 die Possenreißerei bei den Weihnachtsspielen, etwa die matronenhafte Darstellung der Maria oder Kindergeschrei aus der Krippe, aber auch die mit viel Klamauk gespielte Rolle des Herodes, der mit einem Schwert herumfuchtelte, das Publikum bedrohte, die drei Weisen verprügelte, sie ins Gefängnis warf und die Schriftrolle mit dem Prophetenwort von einem Herrscher aus Betlehem (vgl. Mt 2,6) wütend in die Ecke schleuderte. Auch sein Tod (in Anlehnung an den Tod Agrippas I. nach Apg 12,23 und in bewusster Nichtunterscheidung beider Herrscher) wurde realistisch nachgestellt. Beispiele für solche Herodes-Szenen finden sich in einem Freisinger Officium stellae aus dem 11. Jh. und im Benediktbeurer Weihnachtsspiel des 13. Jh.s, das in der berühmten Carmina-Burana-Handschrift enthalten ist. In einem Spiel desselben Jahrhunderts aus Padua tritt Herodes sogar während eines Gottesdienstes auf, reißt das Lektionar an sich und setzt, während seine Schergen unter den Gottesdienstteilnehmern Schläge austeilen, die Lesung fort.

Doch nicht nur die Proteste des Klerus, auch der stark anschwellende Umfang dieser Spiele drängte die liturgischen Dramen schließlich aus den Kirchen heraus auf die Kirch- und Klosterhöfe und schließlich auf die Marktplätze. Mit diesem Wandel geht der Wechsel vom Kirchenlatein in die Volkssprachen einher. Aus dem 15. und 16. Jh. sind umfangreiche volkssprachliche Spielzyklen erhalten, die mit einem ungeheuren Rollen- und Materialaufwand betrieben wurden. Die Aufführung dieser pompösen Zyklen, die in ihrer entwickelten Form die gesamte Heilsgeschichte von der Weltschöpfung bis zum Endgericht in unzähligen Einzelszenen aneinander reihen, erstreckte sich nicht selten über mehrere Tage, ja Wochen. Am frühesten kamen diese Spiele unter dem Namen *mistères* in Frankreich auf. Der Name (wohl von lateinisch *ministerium*, »vorschriftsmäßige Leistung«) deutet an, dass man in diesen Spielen, die teilweise mit über 300 Rollen besetzt waren, trotz ihres volkstümlichen Charakters die Erfüllung einer religiösen Pflicht sah. Während die lateinischen liturgischen Dramen ausschließlich von Geistlichen gespielt wurden, kam nun eine Vielzahl von Laiendarstellern aus den Zünften und der Bürgerschaft der Städte zum Einsatz. Die ungeheure Stoffmenge erforderte, sollte der Inhalt für jedermann verständlich bleiben, eine starke Schematisierung der Handlungsabläufe und die Typisierung der Rollen. Herodes spielte als Typus des Bösen stets die Rolle des gotteslästerlichen, großsprecherischen Popanz, der auf der Bühne prahlerische Reden hielt und das Publikum durch seine Wutausbrüche und seine Grausamkeit das Fürchten lehrte.

4. Herodes-Dramen seit der Renaissance

Im Jahr 1544 erschienen die Schriften des Josephus erstmals im Druck. Die Erstedition des griechischen Textes durch Arnold Arlenius in Basel sorgte für eine rasche Verbreitung des josephischen Werkes in ganz Europa. Das bis dahin vorherrschende Bild vom Kindermörder Herodes wurde nun in einer für die Dramendichtung der späten Renaissance und der Neuzeit höchst fruchtbaren Weise ergänzt um die Mordtaten des Herodes im Kreise der eigenen Familie, vor allem aber um die Ehetragödie zwischen Herodes und Mariamme.[183] War der Kindermörder durch den biblischen Text gewissermaßen kanonisch und deshalb einer dramatischen Differenzierung oder gar Problematisierung nur in engen Grenzen zugänglich, so bot der josephische Stoff nun einen reichen Schatz für die dichterische Inspiration. Maurice Valency zählt in seinem Buch *The Tragedies of Herod and Mariamne* von 1940 – ohne Anspruch auf Vollständigkeit – nicht weniger als 37 Dramen und Tragödien, in denen dieser Stoff für die Theaterbühne bearbeitet wurde. Bereits 1552, also gerade einmal acht Jahre nach Erscheinen der Josephus-Edition des Arlenius, schrieb der berühmte Nürnberger Dichter und Meistersinger Hans Sachs (1494–1576) seine *Tragedia mit 15 Personen zu agirn, der Wütrich König Herodes, wie der sein drey Sön und sein Gmahel umbbracht, unnd hat 5 actus*.[184] Sachs hat

183 Seit Friedrich Hebbel hat sich die Namensform Mariamne eingebürgert, die aber auch schon in älteren Dramen begegnet.

184 Der Text ist zugänglich in: H. Sachs, Werke, hrsg. von A. v. Keller, Bd. 11, Hildesheim 1964, 132–161.

sich recht genau an die josephische Vorlage gehalten. Sein Interesse galt noch nicht wie in späteren Werken einer psychologischen Motivierung des Handlungsverlaufs und einer Feinzeichnung der beteiligten Charaktere. Herodes dient ihm als moralisches Exempel für die auf ein Leben voller Ungerechtigkeit notwendig folgende göttliche Strafe, weshalb er die Krankheiten und den Tod des Herodes auch in allen ekelhaften Details schildert. Das Schicksal Mariammes illustriert die an den Schluss des Dramas gestellte »hausbackene Moral« (Landau), eine Frau habe beim Umgang mit ihrem Ehemann die nötige Vorsicht walten zu lassen: Eine Frau, die

»... mit Kleidung sich auffmutzt/Mit Worten ieren Ehman trutzt/Die entzündet iren Ehmann/Die Eyffersucht und den Argwan/Das sich den für und für tut mern/Ob sie gleich frumb an Ehrn/So lest sich doch des Mans Unwillen/Und Eyffersucht nicht leichtlich stillen/Auf dem volgt gar vil Ungemachs/In ehling Standt, so spricht Hans Sachs«.[185]

Im Jahr 1560 wurde mit großem Erfolg die Tragödie *Marianna* des Venezianers Lodovico Dolce (1508–1566) aufgeführt.[186] Dolce hat die Grausamkeit des Herodes ebenso dramatisiert wie seine spätere Reue nach dem Tod Mariammes und so die Widersprüchlichkeit seines Charakters betont. Im Prolog verkündet die personifizierte Eifersucht, dass sie sich auf Befehl des Höllenfürsten Pluto des Herodes bemächtigen und ihn in den Untergang treiben werde. Dolce hat als erster die Eifersucht zum Leitmotiv eines Dramas erhoben und darin viele Nachahmer gefunden. In Frankreich nahm sich zuerst Alexandre Hardy (gest. 1631) des Stoffs an. Sein Drama *Mariamne*, das sich eng an Josephus hält

185 H. Sachs, Werke, Bd. 11, 161.
186 Marianna. Tragedia, Milano 1809 (Classici Italiani 244).

und einiges aus Dolces Marianna verwendet, kam um 1600 zur Aufführung.[187] Schlüssige Charakterbilder entstehen auch hier nicht: »Mariamne ist bald eine Furie, bald eine fromme Dulderin, bald das kokette Weib, das sich rühmt ..., den Gatten um den Finger wickeln zu können«. Auch Herodes ist »bald der grimmige Tyrann, bald der schmachtende Liebhaber mit den zwei Seelen in der einen Brust«.[188] Neu ist an Hardys Stück, dass er die dramatische Sympathie teilweise von den Opfern auf den Täter Herodes verlagert. Er schildert ergreifender noch als Dolce die Reue des Herodes und lässt sein Drama damit enden, dass Herodes einen vergeblichen Selbstmordversuch unternimmt und später der toten Mariamne einen Altar errichtet, ihr als Göttin täglich Weihrauchopfer darbringt und lebenslange Reue gelobt, um ihre Verzeihung zu erlangen.

Im Jahr 1636 brachte François Tristan l'Hermite seine *Mariane* auf die Bühne, ein Drama, das sich stark an Hardys *Mariamne* anlehnt.[189] Wie Hardy verlegt Tristan den Selbstmordversuch des Herodes aus seinen letzten Lebenstagen in die Zeit nach Mariammes Hinrichtung. Auch Hardys Mariamme-Altar begegnet bei Tristan wieder. Mehr noch als sein Vorgänger betont er die leidenschaftliche Liebe des Herodes und schwächt damit das Bild des Tyrannen erheblich ab. Mariammes Opferrolle wird dementsprechend modifiziert: Sie trägt dazu bei, die Handlungen des Herodes verständlich zu machen. Während Herodes seine Frau in Dolces Tragödie deswegen umbringt, weil er sie der

---

187 Mariamne. Édition critique par Alan Howe, Exeter 1989 (Textes littéraires 73).

188 M. LANDAU, Dramen, Teil 1, 201.

189 La Mariane. Introduzione par P. A. Jannini (Testi di letteratura francese 1), Milano 1969.

Untreue verdächtigt, muss sie in Tristans Drama sterben, weil sie Herodes zur Verzweiflung treibt. Die Titelgebung bei Hardy und Tristan ist insofern irreführend, als in beiden Stücken eigentlich Herodes die Hauptfigur ist.

Etwa zeitgleich mit Tristans Mariane kam das Trauerspiel *El Tetrarca* des Spaniers Pedro Calderon de la Barca (1600–1681) auf die Bühne.[190] Der Untertitel des Stücks lautet *El mayor monstruo los zelos* (»Das größte Scheusal ist die Eifersucht«), doch handelt es sich nicht um ein Eifersuchts- sondern eher um ein Schicksalsdrama. Dass Calderon von Herodes als »El Tetrarca« (»Der Tetrarch«) spricht, ist einer der vielen Anachronismen und Irrtümer des Stücks, dessen Handlung nur noch sehr eingeschränkt etwas mit der josephischen Vorlage zu tun hat. In der ersten Szene treffen wir Herodes und Mariamme, die bei Calderon Mariene heißt, in ihrem Landhaus an der Küste in der Nähe von Joppe. Herodes eröffnet der Königin, er plane, Antonius und Octavian gegeneinander auszuspielen, um dann zusammen mit ihr in Rom die Weltherrschaft zu übernehmen. Mariamme, von Herodes nach der Ursache ihres offenkundigen Kummers befragt, antwortet, ein Sterndeuter habe ihr verkündigt, sie werde durch das schrecklichste Ungeheuer der Welt umkommen und Herodes werde mit seinem Dolch, den er im Gürtel trägt, das töten, was ihm auf Erden am liebsten ist. Herodes versucht zunächst, Mariammes Bedenken zu zerstreuen, doch schwant ihm bald, dass dieses »Scheusal« etwas mit seiner

190 Das Stück liegt in einer deutschen Übersetzung vor in Calderón de la Barca, Schauspiele, Bd. 3: Eifersucht das größte Scheusal. Die Verwicklungen des Zufalls, hrsg. von J. D. Gries, Berlin ^{2}1840.

Liebe zu Mariamme zu tun haben, und sein Dolch, dessen er sich mit schicksalhafter Zwangsläufigkeit nicht entledigen kann, dessen Werkzeug sein könnte. Eine Schlüsselrolle nimmt im weiteren Verlauf der Handlung jenes Portrait der Mariamme ein, von dem Josephus berichtet, Alexandra habe es auf Anraten des Dellius zu Antonius geschickt. Bei Calderon ist es nicht Antonius, der sich in das Bildnis Mariammes verliebt, sondern Octavian. Er lässt von dem Bild großformatige Kopien anfertigen, die er stets mit sich führt. Als der von Octavian in einer Schlacht besiegte Herodes unterwürfig das Zelt Octavians betritt und die Gemälde erblickt, packt ihn die Eifersucht. Er will Octavian mit dem Schicksalsdolch töten, trifft aber nur ein in diesem Moment von der Wand fallendes Bildnis Mariammes. Am Ende des Stücks steht ein weiterer Versuch der Herodes, seinen Nebenbuhler zu töten. In diesem Moment verlischt die Lampe und Herodes erdolcht in der Dunkelheit aus Versehen Mariamme. Calderon hat die Handlung des Tetrarca, die streckenweise ziemlich an den Haaren herbeigezogen ist, mit lauter unhistorischen und phantastischen Details ausgeschmückt. Damit hat er den Geschmack seiner Zeit offenbar gut getroffen, denn die zeitgenössische Kritik hat ihn sehr gelobt.

Wir übergehen die vielen weiteren Herodes-Dramen, die das 17. Jh. sonst noch hervorgebracht hat, und wenden uns einem Werk des 18. Jh.s zu: Der *Mariamne* Voltaires.[191] Bei der Uraufführung im Jahr 1724 ist das Stück durchgefallen. Auch einer umgearbeiteten Fassung, die im Jahr darauf auf die Bühne kam, ging es nicht viel besser. Im Vorwort der 1730 erschienenen

191 Théâtre de Voltaire, Bd. 1: Oedipe; Fragments d'Artémire; Mariamne; L'indiscret, Stockholm 1816.

Druckfassung gibt Voltaire Rechenschaft über die Schwächen des Dramas: Der Charakter Mariammes ist ihm gar zu kalt geraten, außerdem zu statisch, als dass er das Interesse des Publikums hätte wecken können. Ebenso blieb in der ersten Fassung die dramatische Zeichnung der Herodesgestalt an der Oberfläche. Man begegnet einem Tyrannen, so ein Kritiker, der »nicht liebt und nie geliebt werden wird, der seine Frau nur quält, um zu quälen, und keinen stichhaltigen Grund dafür anzugeben weiß«.[192] In der revidierten Fassung ist Herodes auch der Liebe fähig und wird dadurch zu einer etwas sympathischeren und Mitleid erregenden Figur, doch entstehen so von Szene zu Szene unvermittelte Übergänge zwischen Liebe und Hass, Hass und Liebe, die für den Betrachter schwer nachzuvollziehen sind.

Anders als Voltaire hatte ein Jahrhundert später Friedrich Hebbel von seiner Tragödie *Herodes und Mariamne*,[193] die 1849 im Wiener Burgtheater auf die Bühne kam, trotz ihrer »in höchstem Grade kühlen Aufnahme« (Hebbel) eine hohe Meinung. Er hielt sie für sein Meisterwerk. In der Tat gilt das Stück in der Literaturwissenschaft als eines der besten Dramen über Herodes und Mariamme. Hebbel wandelt die josephische Vorlage dergestalt ab, dass Herodes, bevor er zu einer heiklen Unterredung mit Antonius nach Alexandria aufbricht, von Mariamme fordert, sie solle sich töten, falls er die Reise nicht überleben würde. Schwer gekränkt über das Ansinnen ihres Mannes, noch über seinen Tod hinaus über sie verfügen zu wollen wie über ein Ding, verweigert sie den Schwur,

192 M. Landau, Dramen, Teil 3, 195.
193 Herodes und Mariamne. Eine Tragödie in fünf Akten, Stuttgart 1966.

leistet ihn aber später aus freien Stücken, als Alexandra eine Verschwörung gegen Herodes anzettelt und Mariamme gegen ihren Mann aufbringen will. Dann erfährt sie jedoch, Herodes habe sie »unter's Schwert gestellt«, d. h. im Falle seines eigenen Todes auch den ihren befohlen. Dies empfindet sie als Frevel nicht nur gegen sich selbst, sondern gegen die Menschheit überhaupt: »Du hast in mir die Menschheit / Geschändet, meinen Schmerz muss jeder teilen ...«. Nach Herodes' Rückkehr kommt es zu einer Versöhnung, doch muss Mariamme bald darauf erfahren, dass Herodes jenen Tötungsbefehl (getreu Josephus) vor einer neuerlichen Reise wiederholt hat. Da beschließt sie, sich schrecklich an Herodes zu rächen. Sie provoziert durch offen zur Schau getragenen Hass ihr Todesurteil, vertraut aber vorher dem Römer Titus an, wie es eigentlich um ihre bedingungslose Treue bestellt war, bis Herodes sie so sehr enttäuschte. Herodes erfährt davon nach Mariammes Hinrichtung und ist nun ewiger Reue und Verzweiflung preisgegeben. Hebbel lässt sein Drama damit enden, dass Herodes durch die drei Weisen aus dem Morgenland von der Geburt eines Königs der Juden erfährt und in einer letzten Verzweiflungstat den betlehemitischen Kindermord befiehlt. Der von der Kritik als künstlich und unmotiviert gerügte Schluss verleiht dem Drama zum Ende hin Züge eines Puppenspiels. Hebbel wollte mit den drei Weisen, die Christus, d. h. aber den neuen, christlichen Äon ankündigen, auf eine geschichtsphilosophische Dimension seines Dramas aufmerksam machen: In Herodes artikuliert sich das Wüten der »untergehenden, ihrem Schicksal noch im Erliegen trotzenden und krampfhaft zuckenden alten Welt«.[194] Spätere Interpreten haben in

194 Zitiert nach Kindlers Neues Literatur-Lexikon, Bd. 9, 487.

diese Richtung weitergedacht, doch ist dem Bühnenpublikum dieser Aspekt verborgen geblieben. Bei einer Berliner Aufführung wurden die heiligen drei Könige mit schallendem Gelächter begrüßt.

5. Schlussbetrachtung

Man könnte eine kulturgeschichtliche Notwendigkeit darin sehen, dass es Herodes schließlich auf die Bühne verschlagen hat. Nachdem er in den geistlichen Dramen des Mittelalters jahrhundertelang den teuflischen Verfolger Christi und der ersten Märtyrer spielen musste, haben sich seit der späten Renaissance zahllose Theaterschriftsteller – berufene wie unberufene – seiner bedient, um Menschheitsthemen wie Liebe, Eifersucht und Hass, Schicksal und Zufall, den ewigen Kampf der Geschlechter und dergleichen mehr in immer neuen Variationen auf die Bühne zu bringen. Sie haben die josephische Vorlage ausgeschmückt, Rollen umbesetzt, neue hinzuerfunden, Handlungsstränge neu verzweigt und je nach Publikumsgeschmack viel Blut fließen lassen oder viele Tränen oder beides. Die Figur des Herodes war dabei stets eine Leerstelle, die der Dichter mit unterschiedlichen Charaktereigenschaften ausfüllen konnte, wie es der Entwurf seines Stückes gerade verlangte. Die Skala reicht in unzähligen Abstufungen vom kaltherzigen, brutalen Tyrannen bis zum leidenschaftlichen, ja romantischen Liebhaber, der durch schicksalhafte Umstände Opfer seiner brennenden Eifersucht wird.

Von einer Notwendigkeit kann deshalb die Rede sein, weil schon die josephische Herodes-Darstellung von dramatischen Elementen voll ist, die sich, sobald die Werke des Josephus gedruckt und in den europäischen Bibliotheken und Gelehrtenstuben vorhanden waren, dem Zugriff der Bühnenschriftsteller förmlich aufdrängten. Schon bei Josephus ist Herodes beides: eine historische und eine literarische Gestalt, und jene ist ohne diese nicht zu haben. Immerhin scheint uns Josephus über die äußeren Daten der Biographie des Herodes einigermaßen zuverlässig zu informieren, ebenso in zahllosen Einzelheiten, ohne dass wir den Beweis ihrer Glaubwürdigkeit erbringen könnten. Unser Bild von Herodes wird ergänzt durch die archäologische Erforschung seiner zahlreichen Bauten und durch das, was wir über die Rahmenbedingungen römischer Weltpolitik in der augusteischen Ära wissen. Die charakterliche Feinzeichnung des Menschen Herodes indes ist so augenfällig auf Josephus' literarische Ziele zugeschnitten, dass wir sie nur in Anführungszeichen in unsere Darstellung übernommen oder ganz ausgeblendet haben. Wenn wir uns an die historisch verifizierbare Außenseite von Herodes' Leben und Werk halten, stoßen wir auf eine Herrscherpersönlichkeit, die den Beinamen »der Große« fraglos verdient hat.

D. TAFELN, VERZEICHNISSE, BEILAGE

1. Zeittafel

73 v. Chr.	Geburt Herodes' des Großen
67	Tod der Salome Alexandra
	Beginn des Bruderkrieges zwischen Aristobul II. und Hyrkan II.
	Flucht Antipaters mit seiner Familie ins nabatäische Petra
66	Hyrkan II. wird von seinem Bruder abgesetzt
65	Pompeius in Syrien, Ende des Seleukidenreiches
63	Pompeius erobert Jerusalem, setzt Hyrkan wieder als Hohenpriester ein, ernennt ihn zum Ethnarchen
ab 60	Erstes römisches Triumvirat: Cäsar, Pompeius, Crassus
57	Neuordnung des Hasmonäerstaates durch Gabinius
ab 57	Machtkampf Aristobuls und seiner Söhne gegen Rom
55	Ägyptenfeldzug des Gabinius
	Crassus in Syrien
54	Crassus vergreift sich am Tempelschatz
49	Julius Cäsar überquert den Rubikon
	Tod Aristobuls und Alexanders
48	Zerwürfnis zwischen Cäsar und Pompeius. Tod des Pompeius
47	Sextus Cäsar in Syrien
	Julius Cäsar bestätigt Hyrkan als Ethnarch und ernennt Antipater zum Prokurator
	Herodes wird Gouverneur über Galiläa
	Hochzeit mit Doris
44	Ermordung Cäsars
	Cassius in Syrien, Herodes wird Verbündeter des Cassius
43	Ermordung Antipaters
	Zweites Triumvirat: Antonius, Octavian, Lepidus

42	Antonius und Octavian besiegen Crassus und Brutus Herodes verlobt sich mit Mariamme
41	Herodes trifft Antonius in Bithynien. Herodes und Phasaël werden zu Tetrarchen ernannt
40	Partherinvasion. Antigonos wird mit parthischer Unterstützung König. Selbstmord Phasaëls, Verstümmelung und Verschleppung Hyrkans Flucht des Herodes und seiner Familie nach Masada. Erste Romreise. Verleihung der Königswürde durch den röm. Senat
ab 39	Krieg gegen Antigonos
38	Sossius in Syrien Herodes mit Antonius vor Samosata
37	Hochzeit mit Mariamme Belagerung und Eroberung Jerusalems Antigonos in Antiochia hingerichtet
35	Mariammes Bruder Aristobul wird Hoherpriester Tod Aristobuls in Jericho
34	Herodes trifft Antonius in Laodizea Hinrichtung Josephs, des Ehemannes der Salome Besuch Kleopatras in Jerusalem
32	Bruch zwischen Antonius und Octavian
31	Schlacht bei Actium Hinrichtung Hyrkans II.
30	Tod des Antonius und Kleopatras Octavian bestätigt das Königtum des Herodes und erweitert sein Territorium
29	Hinrichtung Mariammes
28	Hinrichtung Alexandras
28/27	Hinrichtung Kostobars und der Baba-Söhne
27	Octavian nimmt den Namen Augustus an
25	Aelius Gallus' Araberfeldzug
24	Ehe mit der zweiten Mariamme
24/23	Zenodoros-Affäre. Weitere Gebietserweiterungen: Trachonitis u. a.
seit 23	Marcus Agrippa Generalstatthalter im Osten Mariammesöhne in Rom

23/22	Herodes trifft Agrippa auf Lesbos
22	Delegation aus Gadara bei Agrippa auf Lesbos
20	Augustus in Syrien, Treffen mit Herodes
	Nochmalige Gebietserweiterungen
	Pheroras wird Tetrarch von Peräa
17	Zweite Romreise, Rückkehr der Mariammesöhne.
	Rückkehr Agrippas in den Osten
15	Judäabesuch Agrippas
14	Schwarzmeerfeldzug und Kleinasienreise mit Marcus Agrippa
	Konflikte mit den Mariammesöhnen
	Herodes rehabilitiert Antipater
13	Treffen mit Agrippa in Ionien
	Romreise Antipaters in Begleitung Agrippas
	Herodes rehabilitiert Doris
12	Dritte Romreise
	Anklage der Mariammesöhne vor Augustus
	Einweihung Cäsareas
	Tod Agrippas
11–9	Nabatäerkrise
9	Zerwürfnis mit Augustus
8	Aussöhnung mit Augustus
	Vierte Romreise?
7	Hinrichtung der Mariammesöhne
6	Zweite Romreise Antipaters
5	Tod des Pheroras
	Rückkehr Antipaters, Prozess und Verhaftung
	Herodes verstößt Mariamme II.
4 v. Chr.	Adleraffäre
	Hinrichtung Antipaters
	Tod des Herodes
6 n. Chr.	Absetzung und Verbannung des Archelaos
	Judäa wird römische Provinz
	Zensus des Quirinius

2. Literaturverzeichnis

Abkürzungen nach Siegfried Schwertner, Internationales Abkürzungsverzeichnis für Theologie und Grenzgebiete (IATG²), Berlin ²1994 (= Abkürzungsverzeichnis der Theologischen Realenzyklopädie)

Quellen und Sammelwerke

Appian: Römische Geschichte. Zweiter Teil: Die Bürgerkriege, übersetzt von O. Veh, durchgesehen, eingeleitet und erläutert von W. Will, Stuttgart 1989.

Augustus: Meine Taten. Res Gestae Divi Augusti nach dem Monumentum Ancyranum, Apolloniense und Antiochenum, Lateinisch-griechisch-deutsch, hg. von E. Weber, Düsseldorf-Zürich ⁶1999.

Der Babylonische Talmud, neu übertragen von L. Goldschmidt, 12 Bde., Frankfurt 1996.

Berger, Klaus: Das Buch der Jubiläen (JSHRZ II/2), Gütersloh 1981.

Die Bibel nach der Übersetzung Martin Luthers, Stuttgart 1984.

Brandenburger, Egon: Himmelfahrt Moses (JSHRZ V/2), Gütersloh 1976.

Cassius Dio: Römische Geschichte, übersetzt von O. Veh, 5 Bde., München 1985–87.

Cicero: Gespräche in Tusculum, übersetzt und mit einer Einführung und Erläuterungen versehen von O. Gigon, München 1991.

Cicero: In Catilinam 1–4. Pro Murena. Pro Sulla. Pro Flacco, übersetzt von C. Macdonald, Cambridge (Mass.)-London ³1976 (LCL 324).

Dittenberger, Wilhelm: Orientis Graeci Inscriptiones Selectae, Leipzig 1903 (Bd. 1), 1905 (Bd. 2).

Diogenes Laertius: Leben und Meinungen berühmter Philosophen. 2 Bde. in einem Bd., Hamburg ³1990.

Eusebius von Cäsarea: Kirchengeschichte, herausgegeben und eingeleitet von H. Kraft, Darmstadt 1984.

FELDMAN, LOUIS. H./REINHOLD, MEYER: Jewish Life and Thought among Greeks and Romans. Primary Readings, Minneapolis 1996.

FLAVIUS JOSEPHUS: Aus meinem Leben (Vita). Herausgegeben, übersetzt und kommentiert von F. Siegert, H. Schreckenberg, M. Vogel und dem Josephus-Arbeitskreis des Institutum Judaicum Delitzschianum Münster, Tübingen 2001.

FLAVIUS JOSEPHUS: De Bello Judaico – Der Jüdische Krieg. Griechisch und Deutsch, Herausgegeben und mit einer Einleitung sowie mit Anmerkungen versehen von O. Michel, O. Bauernfeind, Darmstadt, Bd. 1 (³1982); Bd. 2,1 (1963); Bd. 2,2 (1969), Bd. 3 (1969).

FLAVIUS JOSEPHUS: Geschichte des Jüdischen Krieges, übersetzt und mit Einleitung und Anmerkungen versehen von H. Clementz, Wiesbaden o. J.

FLAVIUS JOSEPHUS: Jüdische Altertümer, übersetzt und mit Einleitung und Anmerkungen versehen von H. Clementz, Wiesbaden ⁸1989.

FLAVIUS JOSEPHUS, Kleinere Schriften: Selbstbiographie, Gegen Apion, Über die Makkabäer, Wiesbaden ²1995.

FREY, JEAN-BAPTISTE: Corpus Inscriptionum Judaicarum, Bd. 2, Rom 1952.

HABICHT, CHRISTIAN: 2. Makkabäerbuch (JSHRZ I/3), Gütersloh 1979.

Die HEILIGE SCHRIFT des Alten und Neuen Testaments, Zürich 1971.

v. HOFFMANN, DAVID/SAMMTER, ASCHER/BANETH, EDUARD: Mischnajot. Der vollständige Gesetzescodex der mündlichen jüdischen Lehre. Grundtext zum Talmud. Hebräisch punktierter Text mit deutscher Übersetzung und Kommentar, Basel ³1986.

JUSTIN MARTYR, Dialog mit dem Juden Tryphon, übersetzt von P. Haeuser (BKV 2. Reihe, Bd. 33), Kempten 1917.

JUVENAL, Satirarum Libri Quinque, hg. von K. F. Hermann, Leipzig 1900 [= Satiren].

MAHER, MICHAEL: Targum Pseudo-Jonathan: Exodus, Collegeville 1984.

MAIER, JOHANN: Die Qumran-Essener: Die Texte vom Toten Meer, Bd. 1, München 1995.

MARCOVICH, MIROSLAV: Iustini Martyris Dialogus cum Tryphone, Berlin 1997.

NEUSNER, J. (Hrsg.): The Tosefta. Translated from the Hebrew, 6 Bde., New York 1977–86.

NIESE, BENEDIKT: Flavii Josephi Opera, 7 Bde., Berlin 1885–1895.

PHILO VON ALEXANDRIA, Werke in deutscher Übersetzung, hg. von L. Cohn, Breslau und Berlin 1909–1964.

PLUTARCH: Lebensbeschreibungen. Nach der Übersetzung von J. F. Kaltwasser herausgegeben und bearbeitet von H. Floerke und L. Kröner, 6 Bde., München 1964. [= Vitae parallelae]

POHLMANN, KARL-FRIEDRICH: 3. Esrabuch (JSHRZ I/5), Gütersloh 1980.

SAUER, GEORG: Jesus Sirach (JSHRZ III/5), Gütersloh 1981.

SCHNEEMELCHER, WILHELM: Neutestamentliche Apokryphen, Bd. 1: Evangelien, Tübingen ^{6}1990.

SCHUNCK, KLAUS-DIETRICH: 1. Makkabäerbuch (JSHRZ I/4), Gütersloh 1980.

STERN, MENAHEM: Greek and Latin Authors on Jews and Judaism, 3 Bde., Jerusalem 1974–84.

STRABO: Geography, 8 Bde., übersetzt von H. L. Jones, Cambridge (Mass.)-London, 1917 ff. (LCL) [= Geographica].

SUETON: Cäsarenleben, Übertragen und erläutert von M. Heinemann, Stuttgart ^{7}1986 [im Text zitiert nach den einzelnen Kaiserviten].

TACITUS: Historien, Lateinisch-deutsch, herausgegeben von J. Borst, München ^{5}1984.

WILLIAMS, FRANK: The Panarion of Epiphanius, Book I (Sects 1–46), Leiden 1987.

Hilfsmittel, Sekundärliteratur

ÅDNA, JOSTEIN: Jerusalemer Tempel und Tempelmarkt im 1. Jahrhundert n. Chr., Wiesbaden 1999.

BAUER, WALTER/ALAND, KURT/ALAND, BARBARA: Griechisch-deutsches Wörterbuch zu den Schriften des Neuen Testaments und der frühchristlichen Literatur, Berlin-New York ^{6}1988.

BELLEN, HEINZ: Grundzüge der Römischen Geschichte, 2 Bde., Darmstadt ^{2}1995 (Bd. 1), 1998 (Bd. 2).

BENGTSON, HERMANN: Griechische Geschichte, München ^{2}1960.

BEUCKERS, KLAUS GEREON: Rex iubet – Christus imperat. Studien zu den Holztüren von St. Maria im Kapitol und zu Herodesdarstellungen vor dem Investiturstreit, Köln 1999.

BLEICKEN, JOCHEN: Augustus. Eine Biographie, Berlin 2000.

BOVON, FRANÇOIS: Das Evangelium nach Lukas, 1. Teilband: Lk 1,1–9,50 (EKK 3,1), Neukirchen-Zürich, 1989.

CALDERÓN DE LA BARCA, PEDRO: Schauspiele, Bd. 3: Eifersucht das größte Scheusal. Die Verwicklungen des Zufalls, hrsg. von J. D. Gries, Berlin ^{2}1840.

COHEN, SHAYE J.: The Beginnings of Jewishness, Berkeley 1999.

DOLCE, LODOVICO: Marianna. Tragedia (Classici Italiani 244), Milano 1809.

DEISSMANN, MARIELUISE (Hg.): Daten zur antiken Chronologie und Geschichte, Stuttgart 1990.

DIHLE, ALBRECHT: Die griechische und lateinische Literatur der Kaiserzeit, München 1989.

ENCYCLOPEDIA JUDAICA, 17 Bde, Jerusalem o. J.

FELDMAN, LOUIS H.: Asinius Pollio and His Jewish Interests, TAPA 84/1953, 73–80.

FELDMAN, LOUIS H.: Josephus and Modern Scholarship (1937–1980), Berlin 1984.

FELDMAN, LOUIS H.: Josephus's Interpretation of the Bible, Berkeley, 1998.

FENN, RICHARD K.: The Death of Herod. An Essay in the Sociology of Religion, Cambridge 1992.

FIENSY, DAVID A.: The Social History of Palestine in the Herodian Period, Lewiston 1991.

FITTSCHEN, KLAUS/FOERSTER, GIDEON (Hrsg.): Judaea and the Greco-Roman World in the Time of Herod in the Light of Archaeological Evidence. Acts of a Symposium. Organized by the Institute of Archaeology, The Hebrew-University of Jerusalem and the Archaeological Institute, Georg-August-University of Göttingen at Jerusalem, Nov. 3rd–4th 1988, Göttingen 1996.

FRANCE, RICHARD T.: Herod and the Children of Bethlehem NT 21/1997, 98–120.
GABBA, EMILIO: The Finances of King Herod. In: A. Kasher/ U. Rappaport/G. Fuks (Hrsg.), Greece and Rome in Eretz Israel, Jerusalem 1990, 160–168.
GESENIUS, WILHELM: Hebräisches und aramäisches Handwörterbuch über das Alte Testament, Berlin [17]1962.
GNILKA, JOACHIM: Das Evangelium nach Markus, 2 Bde. (EKK 2), Neukirchen-Zürich, 1978 (Bd. 1), 1979 (Bd. 2).
GOODENOUGH, ERWIN R.: Jewish Symbols in the Greco-Roman Period, Bd. 8, New York 1958.
GÖRG, MANFRED/LANG, BERNHARD (Hrsg.): Neues Bibel-Lexikon, 3 Bde., Zürich 1991–2001.
GUNNEWEG, ANTONIUS H. J.: Geschichte Israels bis Bar Kochba, Stuttgart [5]1984.
HALL, ROBERT G.: Ancient Rhetorical Method and the Training of an Orator. In: S. E. Porter/Th. H. Olbricht, The Rhetorical Analysis of Scripture, Sheffield 1997, 101–118.
HANSON, K. C.: The Herodians and Mediterranian Kinship, 3 Teile, BTB 19/1989, 75–84. 142–151; 20/1990, 10–21.
HARDY, ALEXANDRE: Mariamne. Édition critique par Alan Howe (Textes littéraires 73), Exeter 1989.
HEBBEL, FRIEDRICH: Herodes und Mariamne. Eine Tragödie in fünf Akten, Stuttgart 1966.
HEILIGENTHAL, ROMAN: Herodes der Große – Wohltäter oder Tyrann? Zur Bedeutung des Herodes im Kontext seiner Zeit. In: A. v. Dobbeler/K. Erlemann/R. Heiligenthal (Hrsg.), Religionsgeschichte des Neuen Testaments (FS Klaus Berger), Tübingen 2000, 137–148.
HENGEL, MARTIN: Judentum und Hellenismus, Tübingen [3]1988.
HOEHNER, HAROLD W.: Herod Antipas, Cambridge 1972.
HÖLBL, GÜNTHER: Geschichte des Ptolemäerreiches, Darmstadt 1994.
IRMSCHER, JOHANNES (Hrsg.): Lexikon der Antike, Augsburg 1990.
JACOBSON, DAVID M.: King Herod's »Heroic« Public Image, RB 95/1988, 386–403.
JACOBSON, DAVID M.: Three Roman Client Kings: Herod of

Judaea, Archelaus of Cappadocia and Juba of Mauretania, PEQ 133/2001, 22–38.
JAPP, SARAH: Die Baupolitik Herodes' des Großen, Rahden 2000.
JEREMIAS, JOACHIM: Jerusalem zur Zeit Jesu, Göttingen ^{3}1962.
JONES, ARNOLD H. M.: The Herods of Judaea, Oxford 1938.
KASHER, ARYEH: Jews, Idumeans, and Ancient Arabs, Tübingen 1988.
DER KLEINE PAULY. Lexikon der Antike in fünf Bänden, München 1975.
KNAUF, ERNST AXEL: Art. Qôs, Dictionary of Deities and Demons in the Bible, Leiden ^{2}1999, 674–677.
KINDLERS NEUES LITERATUR-LEXIKON, hrsg. von W. Jens, München 1988 ff.
KOKKINOS, NIKOS: The Herodian Dynasty. Origins, Role in Society and Eclipse, Sheffield 1998.
KOROL, DIETER: Art. Herodes. E: Ikonographie, RAC 14, Stuttgart 1988, 830–849.
LANDAU, MARCUS: Die Dramen von Herodes und Mariamne, Zeitschrift für vergleichende Litteraturgeschichte (N. F.) 8/1895, 175–212 (Teil 1); 279–317 (Teil 2); 9/1896, 185–223 (Teil 3).
LATZKE, HANS E./HANNING, MARTINA/LENZEN, MANUELA (Hrsg.): DuMont Reiseführer Heiliges Land, Köln 1995.
LEXIKON DER CHRISTLICHEN IKONOGRAPHIE, 8 Bde., Freiburg 1994.
LICHTENBERGER, ACHIM: Die Baupolitik Herodes des Großen, Wiesbaden 1999.
LIDDELL, HENRY GEORGE/SCOTT, ROBERT/JONES, HENRY STUART/MCKENZIE, RODERICK: A Greek-English Lexicon, Nachdr. der 9. Aufl. 1940, Oxford 1990.
LUZ, ULRICH: Das Evangelium nach Matthäus. 1. Teilband: Mt 1–7 (EKK I/1), Neukirchen-Zürich 1985.
MAIER, JOHANN: Geschichte des Judentums im Altertum, Darmstadt ^{2}1989.
MAIER, JOHANN: Zwischen den Testamenten. Geschichte und Religion in der Zeit des Zweiten Tempels, Würzburg 1990.
MASON, STEVE: Flavius Josephus on the Pharisees, Leiden 1991.

MASON, STEVE: Should Anyone Wish to Enquire Further (Ant. 1.25): The Aim and Audience of Josephus's Judean Antiquities/Life... In: Ders. (Hg.), Understanding Josephus. Seven Perspectives (JSP Suppl. Ser. 32), Sheffield 1998, 64–103.

MASON, STEVE: Flavius Josephus und das Neue Testament, Tübingen 2000.

MASON, STEVE: Flavius Josephus in Flavian Rome: Reading Between the Lines. Erscheint in: W. Dominik/A. J. Boyle (Hrsg.), Flavian Rome: Culture, Image, Text, Leiden 2002.

MEIER, JOHN P.: The Historical Jesus and the Historical Herodians, JBL 119/2000, 740–746.

MENGE, HERMANN: Langenscheidts Großwörterbuch Altgriechisch-Deutsch, Berlin [28]1994.

MERKEL, HELMUT: Art. Herodes der Große (A–D), RAC Bd. 14, Stuttgart 1988, 815–829.

MESHORER, JAACOV: Ancient Jewish Coinage, Bd. 2, New York 1982.

MÖLLER, CHRISTA/SCHMITT, GÖTZ: Siedlungen Palästinas nach Flavius Josephus, Wiesbaden 1976.

NEGEV, ABRAHAM: Archäologisches Bibel-Lexikon, Stuttgart 1991.

NETZER, EHUD: Die Paläste der Hasmonäer und Herodes' des Großen, Mainz 1999.

ÖKUMENISCHES VERZEICHNIS DES BIBLISCHEN EIGENNAMEN NACH DEN LOCCUMER RICHTLINIEN, Stuttgart [2]1981.

OTTO, WALTER: Herodes. Beiträge zur Geschichte des letzten jüdischen Königshauses, Stuttgart 1913.

PAPE, WILHELM/BENSELER, GUSTAV EDUARD: Wörterbuch der griechischen Eigennamen, Braunschweig [3]1884.

PEROWNE, STUART: Herodes der Große, Stuttgart 1957.

PEROWNE, STUART: Herodier, Römer und Juden, Stuttgart 1958.

PESCH, RUDOLF: Die Apostelgeschichte (EKK V), 2 Bde., Neukirchen-Zürich 1986.

PRAUSE, GERHARD: Herodes der Große. König der Juden, Hamburg 1977.

PUCCI BEN ZEEV, MIRIAM: Jewish Rights in the Roman World, Tübingen 1998.

Reifenberg, Adolf: Israel's History in Coins, London 1953.
Die Religion in Geschichte und Gegenwart, 3. Aufl., 7 Bde., Tübingen 1957–1965.
Die Religion in Geschichte und Gegenwart, 4. Aufl., bisher 4 Bde., Tübingen 1998 ff.
Rengstorf, Karl Heinrich: A Complete Concordance to Flavius Josephus, 4 Bde., Leiden 1973–1983.
Richardson, Peter: Herod. King of the Jews, Friend of the Romans, Minneapolis 1999 (1. Aufl. University of South Carolina 1996).
Roller, Duane W.: The Building Program of Herod the Great, Berkeley 1998.
Sachs, Hans: Werke. Hrsg. von A. v. Keller, Bd. 11, Hildesheim 1964.
Sandmehl, Samuel: Herodes. Bildnis eines Tyrannen, Stuttgart 1968.
Schalit, Abraham: Namenswörterbuch zu Flavius Josephus, Leiden 1968.
Schalit, Abraham: König Herodes. Der Mann und sein Werk, Berlin 1969.
Schneider, Theodor/Stemplinger, Eduard: Art. Adler, RAC Bd. 1, Stuttgart 1950, 87–94.
Schürer, Emil/Vermes, Geza/Millar, Fergus/Goodman, Martin: The History of the Jewish People in the Age of Jesus Christ, 3 Bde., Edinburgh 1973 (Bd. 1), 1979 (Bd. 2), 1986 (Bd. 3.1), 1987 (Bd. 3.2).
Schwartz, Daniel R.: Agrippa I., Tübingen 1990.
Schwartz, Daniel R.: Vorwort zu A. Schalit, König Herodes, Neudruck: Berlin 2001.
Sievers, Joseph: The Hasmoneans and Their Supporters, Atlanta 1990.
Sievers, Joseph: Josephus, First Maccabees, Sparta, the Three *Haireseis* – and Cicero, JSJ 32/2001, 241–251.
Skey, Miriam Anne: Herod the Great in Medieval Art and Literature, Diss. York 1976.
Smallwood, Mary: The Jews under Roman Rule, Leiden 1976.
Smend, Rudolf: Die Weisheit des Jesus Sirach erklärt, Berlin 1906.

STAZAK, M.: Art. Leviratsehe, NBL 2, 626 f.
STRACK, HERMANN LUDWIG/STEMBERGER, GÜNTER: Einleitung in Talmud und Midrasch, 7. Aufl. München 1982.
STERN, MENAHEM: The Reign of Herod and the Herodian Dynasty. In: S. Safrai/M. Stern (Hrsg.), The Jewish People in the First Century (Compendia Rerum Iudaicarum ad Novum Testamentum, Bd. 1,1), 216–307.
TARN, WILLIAM: Die Kultur der hellenistischen Welt, Darmstadt ^{3}1966.
THEISSEN, GERD/MERZ, ANNETTE: Der historische Jesus. Ein Lehrbuch, Göttingen ^{2}1997.
TRISTAN L'HERMITE, FRANÇOIS: La Mariane. Introduzione par P. A. Jannini (Testi di letteratura francese 1), Milano 1969.
TROMP, JOHANNES: The Assumption of Moses. A Critical Edition with Commentary, Leiden 1993.
VALENCY, MAURICE: The Tragedies of Herod and Mariamne, New York 1940.
VOGEL, MANUEL: Bericht über eine archäologische Erkundung Galiläas auf den Spuren des Josephus. In: A. Leinhäupl-Wilke/S. Lücking/J. M. Wiegard (Hrsg.), Jahrbuch Biblisches Forum 1999, Münster 2000, 147–161.
VOGEL, MANUEL: Vita 64–69, das Bilderverbot und die Galiläapolitik des Josephus, JSJ 30/1999, 65–79.
VOLTAIRE, FRANÇOIS MARIE AROUET DE: Théâtre de Voltaire, Bd. 1: Oedipe; Fragments d'Artémire; Mariamne; L'indiscret (Bibliothèque des auteurs classiques français 33), Stockholm 1816.
WACHOLDER, BEN ZION: Nicolaus of Damascus, Berkeley 1962.
WILLRICH, HUGO: Das Haus des Herodes zwischen Jerusalem und Rom, Heidelberg 1929.
ZANGENBERG, JÜRGEN: ΣΑΜΑΡΕΙΑ – Antike Quellen zur Geschichte und Kultur der Samaritaner in deutscher Übersetzung, Tübingen 1994.
ZIELSKE, HARALD: Die Entwicklung des geistlichen und weltlichen Dramas und Theaters im Mittelalter. In: Propyläen Geschichte der Literatur, Bd. 2, Berlin 1982, 414–445.
ZWICKEL, WOLFGANG: Calwer Bibelatlas, Stuttgart 2000.

3. Abbildungsverzeichnis